The Writing Cure

筆記療法

トラウマやストレスの筆記による心身健康の増進

S.J.レポーレ+J.M.スミス❖編

余語真夫+佐藤健二+河野和明+大平英樹+湯川進太郎❖監訳

北大路書房

THE WRITING CURE
How Expressive Writing Promotes Health
and Emotional Well-Being

Edited by
Stephen J.Lepore, PhD and Joshua M.Smyth, PhD

Copyright © 2002 by the American Psychological Association.
All rights reserved. Except as permitted under the United States Copyright Act of 1976,
no part of this publication may be reproduced or distributed in any form or by any means,
or stored in a database or retrieval system, without the prior written permission of the publisher.
This Work was originally published in English under the titles of
THE WRITING CURE:How Expressive Writing Promotes Health and Emotionaly Well-Being
edited by Stephen J.Lepore, PhD and Joshua M.Smyth, PhD,
as a publication of the American Psychological Association in the United States of America.
The Work has been translated and republished in Japanese language by permission of the APA through
The English Agency (Japan) Ltd.
This translation cannot be republished or reproduced by
any third party in any form without express written permission of the Publisher.

インスピレーションを与えてくれるステファニーとブリアンナのために
ステファン・J・レポーレ

先人たちに捧ぐ（Maiorum consuetudini deditus）
ジョシュア・M・スミス

監訳者まえがき

　些細なことから深刻なことに至るまで，生活で起こった各種の出来事を語ったり書き綴ったりすることは私たちの日常生活のありふれた行為です。ルーバン大学のベルナルド・リメイ博士の一連の研究によれば，人々は幸福などポジティブな感情体験だけでなく悲しみや怒りや恐怖などネガティブな感情体験をも他者に語る傾向があります。精神分析療法や認知行動療法や来談者中心療法などの心理療法では，自己の感情的問題を語ることが重要な役割を果たしています。恋する人，罪を犯した人，何か重大な秘密を隠し持つ人は，その事実や感情を告白しようかどうか苦悩し，結果として暴露してしまうこともめずらしくありません。しかし，人は常に自己の問題を語っているわけではありません。自分の身に起こった悲劇や苦悩について誰かに語りたいと望んでも，適切な聴き手がいなかったり，語ろうとする事柄が社会的に受容されにくいものであったり，語ることで自分の立場が危険にさらされると予想したり，語ることに対する社会的規制や社会的圧力がはたらいたりすると，語ることはできません。

　満足に語ることができずにいるトラウマティックな体験やストレスフルな体験を語ること，とりわけ筆記することが，精神の健康のみならず身体の健康に恩恵をもたらすことについての科学研究は，1980年代中頃にテキサス大学オースチン校のジェームズ・ペネベーカー博士と共同研究者によって始まりました。以来，トラウマティックな体験やストレスフルな体験を語ることの恩恵を明らかにするための多数の実証研究が行われ，その成果は心理学の一流の学術雑誌に発表されてきました。このテーマに関する研究の意義とアイデアの展開についてはジェームズ・ペネベーカー（著）／余語真夫（監訳）『オープニングアップ―秘密の告白と心身の健康―』（北大路書房，2000年）に詳しく述べられています。

　ペネベーカー博士の筆記パラダイムとそれに関連する研究成果は世界各地の研究者や臨床実践家，学生たちを魅了し，数多くの関連研究を生み出してきました。今日では，心理学の実験室だけでなく，臨床心理学の現場や医学的治療，あるいは学校教育においても筆記の効用が注目されています。最近のコンピュータ通信技術を活用した筆記による治療法の開発も進んでいます。それらの最新の研究成果を学び，今後の研究課題を見いだすのに役立つのが本書『筆記療法―トラウマやストレスの筆記による心身健康の増進法―』です。本書はコロンビア大学のステファン・レポーレ博士とシラキュース大学のジョシュア・スミス博士の編集により2002年にアメリカ心理学会出版局から出版された"Writing Cure: How expressive writing promotes health and emotional well-being."の全訳です。本書の日本

語版を出版するにあたり，日本の読者に向けてレポーレ博士とスミス博士からメッセージを受け取りましたのでご紹介いたします。

日本の読者の皆様へ

　本書の編者であるステファン・レポーレとジョシュア・スミスは，1998年にノースダコタ州ファーゴ市で開かれた会議の最中に，筆記が健康にもたらす有益な効果に関する本を編纂することを思いつきました。私たちはノースダコタ州立大学のキャンパスを散歩しながら，生活ストレッサーに筆記がもたらす有益な効果が広い範囲にわたることを示すたくさんの興味深い最近の研究について語り合いました。しかしながら，このテーマの全体をみわたす本を編纂するには時期尚早であるとも思われました。当時のほとんどの研究は高度に統制された実験室条件のもとで大学生を対象にして実施されたものであり，筆記の効果を調べた多くの研究の結果が臨床的に意味のあるものなのかどうかは定かではありませんでした。そのうえ，筆記が常に有効であるというわけではないことを示す証拠がありました。ある人々は他の人々よりもいっそう筆記による恩恵を受けるようですし，筆記による恩恵といわれているもののなかには，ストレスフルな出来事を筆記した人々に生じた改善効果よりも，むしろストレスフルな出来事について筆記しなかった人々に生じたネガティブな変化を反映したものが少なからず含まれていました。結局，私たちはこの魅力的なテーマに関してもっと多くの研究を活性化させるための本を編纂することに決めました。このようにして『筆記療法』が誕生しました。

　『筆記療法』の出版後数年間に，治療技法として筆記を利用することへの一般の人々と科学者の関心が高まってきました。このテーマに関する十数冊の本が出版されてきましたし，多数の患者群における心理的・身体的健康状態に及ぼす筆記表出法の効果を調べるための複数の大規模な臨床試験がアメリカ合衆国政府の助成金を得て実施されています。新世代の研究は，どのようにして，なぜ筆記が作用するのか，どのような人々が筆記を利用すると最も良い効果が生じるのか，筆記の教示や筆記が行われる状況を変えるとどのような効果が現れるのか，といった未知の核心的な問題に取り組んでいます。大学の統制された実験室状況とは異なった状況で筆記がもたらす恩恵を体系的に調べた非常に挑戦的な新しい研究から，私たちは多くのことを学びます。筆記が臨床群に対し

て生じる効果や日常応用場面で生じる効果，特にその身体機能や健康状態に及ぼす効果については，今後新たに確認されるものもあることでしょう。日常生活における利用と臨床的応用を目的としたさらなる研究と筆記パラダイムを洗練させていくことが求められます。
　『筆記療法』が日本語に翻訳されたことは大変すばらしいことで，私たちにとってそれは大変名誉なことです。筆記が心理的健康と身体的健康にもたらす効果に関する研究のほとんどは，これまで西洋文化圏，特にアメリカ合衆国と欧州北西地域で実施されてきました。健康やウェルビーイングに対して感情表出と筆記が果たす役割の文化差については興味深い疑問がたくさんあります。この『筆記療法』の日本語版によって，筆記療法が東洋文化圏にも適用できるのかどうかを確定する研究や，日本人の文脈でこの技法の独自の効用と限界を見きわめる新世代の研究が生まれることを望んでいます。

2004年7月3日
　　ステファン・レポーレ，Ph.D.　　　ジョシュア・スミス，Ph.D.
　　　　ニューヨーク，NY　　　　　　　　シラキュース，NY

　本書の監訳者と訳者たちはいずれも心理学の研究者であり，1990年代末より日本人を対象にした筆記表現パラダイムおよび関連する諸問題の基礎研究に取り組んできました。研究成果は個々人が心理学の諸学会で発表するとともに，日本心理学会ワークショップ「感情あるいは心的外傷経験の抑制と積極的処理をめぐる諸問題」や日本健康心理学会シンポジウムなどで集約され，議論と理解が深められてきました。わが国の心理学界では今，たとえば下山晴彦・丹野義彦（編）『講座　臨床心理学』（東京大学出版会）で提唱されているように，科学的根拠に基づいた臨床心理学の構築と実践活動の普及が急務となっています。われわれは，筆記パラダイムおよび筆記療法の基礎研究と臨床実践が，今後のわが国の臨床心理学において重要な役割を果たすものと確信しております。
　このテーマの科学研究および実践活動の重要性と意義を広く理解していただくために，そして何よりも現実にトラウマティックな体験やストレスフルな体験によって苦悩されている方々に希望を見つけていただくために，われわれは2000年に『オープニングアップ―秘密の告白と心身の健康―』（北大路書房）を翻訳出版いたしました。本書『筆記療法』の翻訳作業は，年々，世界的に広がりを見せるこのテーマの基礎研究と臨床実践活動の現状の理解を深め，わが国における研究と臨床実践をさらに促進するために，2003年から取り組んでまいりました。

偶然にも，本書が出版される 2004 年には，これまで蓄積してきたわが国における筆記パラダイム研究と関連研究をさらに発展させ，体系化することを目指した共同研究プロジェクト「情動の抑制と表出が心身に及ぼす影響に関する健康心理学的研究」(代表：大平英樹，分担研究者：余語真夫・佐藤健二・河野和明・湯川進太郎・野村理朗・磯和勅子) が文部科学省科学研究費基盤研究 (B) として採択されました。数年後には，文化に普遍的な筆記の効用とその生物心理社会的メカニズム，そしてわが国の人々に独自の発見や利用可能性が明らかになる予定です。

　本書の翻訳作業では，全 14 章とエピローグのそれぞれに翻訳担当者を割り当てました。各章の原稿は 5 名の監訳者が各自の専門性を活かして校正を行ないました。翻訳作業を進める過程では，鈴木光太郎先生（新潟大学人文学部行動科学講座）より有意義なご助言を賜りました。また徳島大学の佐藤健二ゼミの山本恭義氏（現在，徳島県立中央病院）および同志社大学の余語真夫ゼミの斉藤周子氏には翻訳作業の一部を手伝っていただきました。これらの方々に感謝を申し上げます。また，原著には記述事項の理解がわれわれにとって困難な箇所が複数ありましたが，レポーレ先生とスミス先生が電子メールを介してそれらの問題を的確に解決してくださいました。また，2003 年 10 月にオランダのティルブルグ大学で開催された国際会議「The 3rd International Conference on The (Non) Expression of Emotions in Health and Disease」に大平英樹と余語真夫，余語暁子が出席したおり，スミス先生と筆記療法について語り合う時間をもつことができ，われわれの理解はいっそう深まりました。

　本書の出版をご英断くださった北大路書房に感謝を申し上げます。企画段階から完成に至るまで，聡明できめ細かな助言と迅速かつ緻密な作業を忍耐強く遂行していただいた編集部の奥野浩之氏の貢献なしには本書の出版は実現しませんでした。格別の感謝を申し上げます。

　最後に，本書がわが国の心理学や医学をはじめ関連領域の学生や研究者，臨床家，教育者，実務家諸氏に読まれ，「筆記」の効用に関する基礎研究と実践活動がますます広がること，そして子どもから高齢者に至るまで多くの方々の健康の維持増進や病気の予防・回復に「筆記療法」が役立つことを願っております。

2004 年 7 月 28 日

監訳者一同

目　次

監訳者まえがき

Ⅰ　はじめに

1章　筆記療法—展望—　……3

1節　筆記と生活ストレスへの順応—最近の研究の事例—　5
2節　情動過程・認知過程・生物過程　9
3節　筆記表現法の新しい方向と臨床的応用　12

Ⅱ　筆記と生活ストレッサーへの順応—最近の研究例—

2章　筆記表現と血圧　……17

1節　情動の非表出と血圧の上昇—歴史的な概観—　18
2節　怒り表出，調節，血圧　19
3節　認知的な過程と血圧　21
4節　筆記表現と血圧研究のための臨床的枠組み　23
5節　結論—今後の方向性—　26

3章　情動表出，筆記表現法と癌　……31

1節　情動表出と癌—相関研究に基づく証拠—　32
2節　情動表出と癌—統制された実験研究からの証拠—　36
3節　情動表出と癌に関する研究の結論　46
4節　感情表現筆記パラダイムを癌患者に適用するための今後の指針　47

4章　生活を書き綴る──子どもの語りと心身のウェルビーイングの向上── ……53

    1節　筆記表現法と健康　54
    2節　社会における自己呈示としての語り筆記　55
    3節　社会的スキルと都市の健康　58
    4節　暴力防止手段としての筆記　59
    5節　文脈と研究計画　60

5章　抑圧型ならびにアレキシサイミアにおける筆記による感情開示の効果　……75

    1節　さまざまなタイプの感情の意識, 理解, 表出の制限　76
    2節　開示の調整因子としての感情の意識, 理解, 表出　78
    3節　抑圧型　79
    4節　アレキシサイミア　83
    5節　臨床的示唆　88
    6節　限界点と今後の研究課題　91

Ⅲ　感情・認知・生物学的過程

6章　情動の筆記と健康──情動と関連した体験, 生理, 行動の自己調整── ……97

    1節　情動　97
    2節　情動調整　99
    3節　筆記表現と情動調整　100
    4節　結論　110

7章　痛みのともなわない改善はありうるのか？──筆記表出と自己制御── ……117

    1節　効果的な自己制御とは何か？　118
    2節　筆記が効く理由──初期の仮説──　119
    3節　ネガティブ情動の役割についての疑問　121
    4節　ネガティブなライフイベントのポジティブな諸相に焦点を当てる　124
    5節　筆記トピック──可能性の開錠──　129

8章　ストレスと筆記表現とワーキング・メモリ　……133

1節　認知過程への生活ストレスの効果　133
2節　生活ストレスとワーキング・メモリ　135
3節　ワーキング・メモリに及ぼす筆記表現法の効果　136
4節　筆記表出はどのようにワーキング・メモリ容量を増やすか　138
5節　問題解決と意思決定　147
6節　身体的健康と精神的健康　148

9章　情動の表出と健康の変容―生物学的影響経路は同定できるか―
　……153

1節　生きた心理生物学的システムとしての人間　153
2節　情動とは何か　154
3節　情動と生理　155
4節　情動の表出と抑制　156
5節　調整要因　157
6節　情動の開示と健康　159
7節　情動の開示はどのように作用するか　163

10章　認知処理と開示と健康―心理学的メカニズムと生理学的メカニズム―
　……171

1節　開示の体験モデル　172
2節　開示の心理学的メカニズム―実証研究による証拠―　174
3節　認知処理,情動表出,免疫制御　177
4節　今後の研究の方向　183

Ⅳ　筆記表出の臨床心理学的利用における最新の動向

11章　基礎研究の成果を臨床実践に利用する―筆記表現法の潜在力―
　……193

1節　効果性と有効性　194
2節　実験室の知見を現場に当てはめてみる　195
3節　治療の一般化可能性　196
4節　実用可能性　203

5節　費用対効果　205
6節　将来の方向性　207
7節　要約　208

12章　インテラピー―インターネットを用いた治療的筆記のモデル―　……211

1節　臨床モデルの概要　212
2節　アムステルダム筆記プロジェクト　214
3節　インテラピー―インターネットによる構造化筆記―　219

13章　ワークブック―筆記表現パラダイムのための手段―　……235

1節　ワークブックの構造と分類　239
2節　実証研究　241
3節　ワークブックの一例　246
4節　結論　248

14章　何事にも時があり―人生の終焉に向けた筆記表現介入―　……253

1節　筆記表現法による介入　254
2節　QOLをアウトカムとした介入インパクトの推定値　260
付録　人生の時セッションにおいて筆記課題として取り上げられた視覚化の内容　270

エピローグ　情動的な出来事の筆記―過去から未来へ―　……277

1節　筆記パラダイム略史　277
2節　本質を探る　279
3節　本質以外のこと―因果関係と相関関係と結果―　282

人名索引　289
事項索引　292

執筆者一覧

ロジャー・J・ブース：Roger J. Booth, MSc, PhD, Department of Molecular Medicine and Pathology, University of Auckland, New Zealand
ミシェール・ブルーノ：Michelle Bruno, BA, Department of Psychology, Graduate Center of the City University of New York, New York
エリー・ビュトー：Ellie Buteau, MA, Social-Personality Psychology, Graduate Center of the City University of New York, New York
デルウィン・キャトレイ：Delwyn Catley, PhD, Department of Preventative Medicine, University of Kansas Medical Center, Kansas City
コレット・ダイーテ：Colette Daiute, EdD, Professor of Psychology; Graduate Center of the City University of New York, New York
シャロン・ダノフ＝バーグ：Sharon Danoff-Burg, PhD, Department of Psychology, State University of New York, Albany
エリザベス・ディビッド：Elizabeth David, MA, Sudbury, MA
カリナ・ディビッドソン：Karina Davidson, PhD, Department of Cardiology, Mount Sinai School of Medicine, New York
ウィリアム・ガリン：William Gerin, PhD, Department of Cardiology, Mount Sinai School of Medicine, New York
メラニー・A・グリーンバーグ：Melanie A. Greenberg, PhD, Department of Psychology, Alliant International University; San Diego, CA
ロイ・カーン：Roy Kern, PhD, Department of Counseling and Psychological Services, Georgia State University; Atlanta
ローラ・A・キング：Laura A. King, PhD, Department of Psychological Sciences, University of Missouri, Columbia
キティ・クライン：Kitty Klein, PhD, Department of Psychology, North Carolina State University, Raleigh
ルチアーノ・ラパーテ：Luciano L'Abate, PhD, Department of Psychology, Georgia State University; Atlanta
アルフレッド・ランゲ：Alfred Lange, PhD, Department of Clinical Psychology, University of Amsterdam, The Netherlands
ステファン・J・レポーレ：Stephen J. Lepore, PhD, Department of Psychology, Brooklyn College and Graduate Center of the City University of New York, New York
マーク・ラムレイ：Mark A. Lumley, PhD, Department of Psychology, Wayne State University, Detroit, MI
スーザン・K・ルトゲンドルフ：Susan K. Lutgendorf, PhD, Department of Psychology, University of Iowa, Iowa City
デブラ・マクレム：Debra J. Macklem, MEd, Department of Psychology, Wayne State University, Detroit, MI
ロナルド・S・マッコード：Ronald S. McCord, MD, Department of Medicine, East Tennessee State University, Johnson City
ジェームズ・W・ペネベーカー：James W. Pennebaker, PhD, Department of Psychology, University of Texas at Austin
キース・J・ペトリー：Keith J. Petrie, PhD, DipClinPsych, Department of Health Psychology, University of Auckland, New Zealand
ミルジャン・ショウトロップ：Mirjam Schoutrop, PhD, Center 45, Noordwijkerhout, The Netherlands
バート・シュリーケン：Bart Schrieken, MA, Department of Clinical Psychology, University of Amsterdam, The Netherlands
アミ・R・シュワルツ：Amy R. Schwartz, SB, Department of Medicine, Stanford University School of Medicine, Stanford, CA
カロライン・E・シュワルツ：Carolyn E. Schwartz, ScD, Department of Family Medicine and Community Health, University of Massachusetts Medical School, Worcester
デイビッド・シェフィールド：David Sheffield, PhD, Department of Psychology, Staffordshire University, Stoke-on-Trent, England
ジョシュア・M・スミス：Joshua M. Smyth, PhD, Department of Psychology, Syracuse University, Syracuse, NY
アネッテ・L・スタントン：Annette L. Stanton, PhD, Department of Psychology, University of Kansas, Lawrence
ティナ・トジェク：Tina M. Tojek, MA, Department of Psychology, Wayne State University, Detroit, MI
フィリップ・ウルリッチ：Philip Ullrich, MA, Department of Psychology, University of Iowa, Iowa City
ジャン＝ピエール・ヴァン・デ・ヴェン：Jean-Pierre van de Ven, MA, Department of Clinical Psychology, University of Amsterdam, The Netherlands

I
はじめに

1章
筆記療法 —展　望—

ステファン・J・レポーレ　　ジョシュア・M・スミス

　5000年前にシュメール人が粘土板に刻み込んだくさび形文字は，人類が意味を表現するための最も有力な先駆的道具―筆記文字―であった。どの時代にも，筆記は個人や社会全体の感情と思考，そして行動に著しい影響を及ぼしてきた。筆記の影響は望ましいものばかりであるとはいいがたいが，それは宗教，商業，政治，教育，芸術，職業生活など私生活および公生活のあらゆる側面にいきわたっており，生活を形づくってきたことは疑いない。本書はストレスフルな生活経験の文脈や余波において人間の経験をポジティブなものに形づくったり，作りなおしたりする筆記の力について検討する。本書の執筆者たちは，ストレスやトラウマが健康とウェルビーイングに及ぼす有害効果を弱めるための治療法として筆記を利用することができるのか，いつ，誰に対して，どのように利用すればよいのか，という重要な問いに取り組んでいる。

　治療を目的とする筆記の利用は，トラウマ経験に関係する病気を和らげるために表現療法を用いる心理療法の伝統から生まれたものと思われる（Smyth & Greenberg, 2000）。各種の心理療法の核心には，ストレスに関連した思考と感情の明確化，探究，表現を促進するための技法がある。初期の心理療法は解除反応理論に基づいていた。解除反応理論では，トラウマ経験を意識から排除しつづけることは健康に有害な影響をもたらし，健康に有害な影響は自由連想のような技法をとおして当初のトラウマ記憶を再生したり，トラウマに結びついた適切な感情を語ったり解放したりすることで消失すると主張されていた（Breuer & Freud, 1895/1966）。このようにして「語り療法」とよばれる心理療法が誕生した。

その後の理論家や臨床家たちは上述した初期のアイデアを発展させた。たとえばジャネ（Janet, 1919）は強烈なストレス生活経験は健康を阻害すると論じている。彼のモデルは認知過程，とりわけストレスに関連した情報の認知的統合を強調した。ストレスフルな出来事の記憶は断片的で未分化な感覚——当初の出来事で経験した音響，イメージ，感情状態に似通っており，同じように苦痛を感じさせる音響，イメージ，感情状態——が知覚レベルで組織化されたものであると彼は考えた。ジャネは知覚レベルの記憶が脈略のある物語に変換されることにより，トラウマ経験による健康阻害効果が弱まると主張した。ジャネの研究は表現療法における認知と情動のメカニズムを示唆しているという点で重要である。本書の執筆者の何人かは，ストレス経験の筆記が健康に及ぼす効果に認知過程と情動過程がどのように媒介しているのかを詳細に検討している。

　筆記の治療効果についての関心は，この数年間に研究者や一般大衆，臨床家たちのあいだで劇的に高まっている。関心が高まってきた背景には複数の要因がある。第1に，ペネベーカーら（Pennebaker, 1989）が開発してきた筆記介入法がめざましい成功を収めてきたことだ。ペネベーカーの「筆記表現」法では，人々はストレスフルな出来事に関して心の奥底にある思考と感情を20分から30分程度，数回に分けて筆記する。この短時間の介入によってしばしば多くのことが表現され，ストレスフルな生活事象に関する痛ましい自己陳述がなされる（展示 1.1 を参照）。多数の実験結果はこの筆記課題によって，喘息患者の肺機能の改善やリューマチ性関節炎患者の症状が緩和したり（Smyth et al., 1999），情動的な愁訴や身体健康愁訴が減少したり（Greenberg & Stone, 1992; Lepore, 1997; Pennebaker et al., 1990），対人関係と社会的役割機能が向上したりする（Lepore & Greenberg, in press; Spera et al., 1994）など，広い範囲で恩恵が生じることを示唆している。

　第2に，筆記介入法は今日の健康管理環境と厳しい費用の制約のなかで多くの臨床家や医療保健の専門家が探し求めている安価な治療法になるかもしれない。行動医学的介入が有効であるとする証拠が増えているにもかかわらず，行動学的治療法と生物医学的治療法の統合は進んでいない（Friedman et al., 1995）。とりわけ医療保健における行動医学的治療の経済的恩恵が広く報じられているため（Friedman et al., 1995），安価な行動学的治療法の進歩と妥当性を高めることは重要だ。

　第3に，人々はストレス経験を他者に語りたいと思っているが，さまざまな要因がそれを妨げている。社会的な規制がはたらいたり，移動の障害があったり，適切なサービスを利用することができなかったり，個人的な抑制がはたらいたりすると，ストレス経験やトラウマ経験を他者に語る機会が著しく減少する（Lepore et al., 1996; Pennebaker & Harber, 1993）。筆記はそれらの障壁の多くを取り除き，

他者からのしっぺ返しを受けずにあらゆる場所でストレスに関連した思考と感情を表現できる方法である。ストレスフルな生活事象とそれに関連した混乱やネガティブ情動について筆記することは，もちろん目新しいものではない。着想の源としてトラウマ経験を描いてきた過去数世紀の詩人や作家たちは，筆記がトラウマを変換し，自分自身や他者を癒す手段になると考えてきた（DeSalvo, 1999）。筆記表現法は治療の世界でも目新しいものではない。プロゴフ（Progoff, 1977）は，数十年前に精神療法の一技法として「日誌法」を普及させた。今日では心理療法を進める過程で「宿題」として筆記課題が与えられることもある。研究者が筆記の治療的効用を見定めるために統制された科学的実験に取り組みはじめたのはごく最近のことである。上述したように，統制された実験はストレス経験を筆記することが健康に恩恵をもたらしうることを強く示唆している。もちろんすべての実験が筆記の有効性を示しているわけではないし，あらゆる人に対して筆記が有効であるというわけでもない（Smyth et al., 1999 を参照）。実際に，ある研究者は筆記の有効性が疑わしいと論じている（たとえば，Greenlaugh, 1999）。急速に発展している比較的新しい研究分野において批判があることは適切なことであるし望ましいことである。本書の重要な目的の1つは筆記が健康に及ぼす効果を検討して，どの言説が科学的に証明されており，どの言説が科学的に証明されていないのかを明確にすることだ。

われわれは3つの大きな目標を掲げる。第1の目標は筆記表現法とそれが健康に及ぼす影響に関する最先端の理論と研究を示すことだ。この情報は，なぜ筆記表現法が健康に影響を及ぼすのか，筆記表現法は健康にどのような影響を与えるのか，筆記法が最も有効な条件と限界条件に関する基礎科学的な理解を深めるものである。第2の目標は，重要な研究課題や知識の欠陥に焦点をあわせることで，学生や科学者に新しい研究の指針を示すことだ。第3の目標は，臨床家が基礎研究の成果をどのように実践活動に応用しはじめているのかを伝えることだ。この情報は筆記表現法を治療技法の選択肢にくわえることに興味をもつ臨床家に役立つだろう。本書は3つのパートに分かれているが，読者は3つのパートに関連性があること，多数の引用文献が各パートで重複して引用されていることに気づくだろう。

1節
筆記と生活ストレスへの順応―最近の研究の事例―

本書のⅡ部では，生活ストレスからの身体的回復および情動的回復，非侵襲性

展示 1.1　乳癌への適応に果たす筆記表出の役割に関する研究の参加者マリー＝ジーン・ベッカーさんの筆記標本

　乳癌と診断されたことにより、規律正しく計画された自分の人生は不自由になりました。1996年度の新学期が始まる2日前に生検の結果が陽性であると伝えられました。私は4年生の担任教師です。新しい生徒がやってくる教室を準備するために、また州立大学に進学した自分のただ一人の子どもに送る荷物を用意するために診断前の1週間を費やしました。私はそれまで自分の生活のさまざまな事柄をうまくやりくりしていました。これからは人にお世話してもらわなければならないと心のなかで嘆くようになりました。選択肢について外科医に相談すると、乳癌はおおよそ8年前もしくは10年前からあり、手術を2週間後に遅らせても問題ないという説明を受けました。その2週間は、新学期が始まり、手術をしてから回復するまでの休職中の授業計画を作り、約80人の父母が集う講堂で4年生の授業計画について公式発表する「教師とすごす夕べの会」に出席するのに十分な時間でした。

　自分の身体の状態がわかっていましたが、生徒たちの親に長期的あるいは時々私が欠勤するのではないかという懸念を生じさせないようにするために病気の情報を伝えないことにしたため、その夕べの会は苦痛でした。私はまだ自分の乳癌の程度を知りませんでしたので、長期的な治療の見通しについて父母から質問されても答えることができなかったでしょう。私はまた父母の非常に平凡な事柄に関する質問によって自分の生命の危機的状況を意識させられ、気持ちが動揺しました。たとえばある父母は、学校で行われる誕生日会の日に子どもたちに何を持たせてやればよいのかと尋ねました。クッキーは？　飲み物は？　ケーキは？

　手術のため、ある誕生日会には参加できないことがわかっていたのですが、私は父母たちの関心を真剣に受けとめてしかるべき助言をしました。多くの親が自分たちの子どもに関して私と話をしたがっていました。娘は内気です。息子はだらしがありません。息子はあの子と仲が悪いので一緒にさせないようにしてください。生活における優先順位を思案しているときにも、そのような親にとってきわめて重要な関心事は、休職中に代わりを務めてくれる教師に申し送るべき情報として私の心に思い浮かんでいました。クッキーを持たせるかケーキを持たせるかを決めるなんてことは、私が直面している問題と比べてどれほど重要なことなのでしょう？

　新学期の2週間目に乳腺腫瘍の摘出手術を行うことが決まると、私の生活の復旧を医療関係者たちが手助けしてくれていると感じました。夫と私は勤労感謝の日に州立大学にいる息子を訪問する計画を立てていました。この計画は手術する前に実現したいと思いました。息子に診断の結果と手術が差し迫っていることについて伝えるべきかどうかは重大な決断でした。夫と私は何も話さないことに決めました。この事態の複雑さについては詳細に知らなかったからです。私たちは腫瘍が小さいものではないということを知りませんでした。手術室に運ばれていく途中、私は息子について思いをめぐらせていました。医療スタッフが私を寝台に縛りつけて最後にしたことは、手術で死んだ場合に備えて名札を足に結ぶことでした。そのようなことについてでさえ、手術後に息子に語るのをよしたほうがよいと考えました。

　月曜日の手術の後で、夫と私はその週末の土曜日にある州立大学フットボール大会に参加する計画、そして25年前の学生時代に出会い結婚した州立大学のキャンパスにある結婚誓約書を更新する計画を練っていました。この計画はすべて診断前に立てられたものでした。

展示 1.1

　州立大学を訪れているとき、息子はマージェリー・ウィリアムス作「ビロードうさぎ」の一文を読んでくれました。それは25年前の結婚式で朗読した箇所でした。朗読と結婚誓約書の更新が終わり、夫が「死ぬまで二人は離れない」と述べて涙を流したとき、私は息子に話さなければならないことがあると告げました。美しかったうさぎが、最愛のぬいぐるみとして長い時を経るうちにつぎはぎだらけでみすぼらしくなってしまったという「ビロードうさぎ」の一文を再び朗読しました。そのメッセージは、愛されるということが最も大切なことであり、永年愛されてきた結果どのような姿になったかは重要ではないということです。ビロードうさぎのように私はつぎはぎだらけでしたが、乳癌の手術をしたことでさらにつぎはぎが増えてしまったと息子に語りました。そして化学療法の治癒率が95％であること、当分の間、頭髪がところどころ禿げるが、やるべきことはどれも命を守るために有益であることを話しました。私は息子に心配しないよう、そして私を見舞うために頻繁に家に戻らなければいけないと思わなくてもよいと告げました。大学生活に慣れるために大学新入生の生活が妨げてはなりません。これらの事柄を説明するのを2週間遅らせたと息子に話した。すぐに話したとしても、私たちが知っているのは診断結果だけであり、しかもその診断は喜ばしいものではありませんでしたので。
　9月の末、私は腫瘍専門医と会い、できるものなら仕事を続けたいという希望を伝えました。医師は私が可能な限り学校で過ごせるように治療計画を調整してくれました。私が生活における自律性を取り戻し、やるべきことに取り組めるように、医師が支えてくれていると再び感じました。幸いなことに、頭髪が抜け落ちることを除いて副作用をほとんど受けませんでした。美しいかつらを買い、ほとんど毎日歩くようにしています。春になったら自分の状況について両親に話そうと考えています。乳癌という診断は世界の終末を意味しているのではありません。これまでと同じように生活の優先順位をつけて前進することができます。私は将来に対して楽観的ですが、癌が再発するかもしれないので警戒してもいます。私は今が人生で最良のときであると思いますし、これからも今と同じように生きていくことでしょう。診断結果を受ける前、結婚25周年の記念日が近づいてきたので夫と私は2カラットのダイヤモンド指輪を選んで注文しました。癌であることがわかってから、その指輪をどうしたいと思うかと夫に尋ねました。夫は指輪を早く手に入れよう、そしていつまでも私にその指輪をつけていて欲しいと言いました。

(注)　著作権はマリー＝ジーン・ベッカー (Mary-Jean Becker, 2000)

の医療技術，慢性疾患における筆記表現法の果たす役割を検討する。II部では筆記表現法の効力と限界，筆記表現法によって影響を受ける潜在的な健康状態の範囲，筆記表現法に対する反応における重要な個人差について解説する。

情動を表出することと表出しないことが心疾患や癌などの慢性疾患と密接に関係すること，またそれらの疾患とともに生きる人々や回復した人々の生活の質，治療と密接に関係することが古くより示唆されてきた。ディビッドソンら（Davidson et al., 2章）は，冠動脈心疾患やそれによる死亡の代表的な危険因子である高血圧と情動表出の関係を示す証拠を展望する。ディビッドソンらは筆記表現法と血圧降下の関係を示す試験的な実験の結果について考察し，この介入法が高血圧患者に対してどれほど有効であるのかを検討する。彼らは，ストレスの原因に関する怒りと侵入思考の調整が困難な人々において，高血圧との闘いに筆記表現法がどれほど有効であるのかについても考察する。この研究は冠動脈心疾患の危険が高い人々に焦点をあわせて介入する臨床家に役立つ方法を示唆している。

スタントンとダノフ＝バーグ（Stanton & Danoff-Burg, 3章）は，癌患者における健康に関連した生活の質と情動表出の関係を示す証拠について検討する。彼らは癌患者の心身健康に対するさまざまな種類の筆記課題の効果を比較する斬新な臨床試験の結果についても提示する。ネガティブな思考と情動に直面することを重視するペネベーカー（Pennebaker, 1989）のアプローチで使用された教示に基づく筆記により，癌に関連する身体症状が緩和し，医療機関への通院が減少することが明らかになる。癌経験のポジティブな側面の筆記が健康に有益であるということも興味深い。これらの研究成果は筆記法を利用することに興味がある臨床家にとって重要であり意味がある。ネガティブな思考と情動に焦点をあわせるよう筆記者に促す筆記の伝統的教示が，一時的に苦痛を生み出す場合があることも見いだされてきた。臨床家は，危機的状態の人や著しい苦痛を経験している人に対しては筆記表現法が問題を悪化させるのではないかと懸念するかもしれない。そのような場合，ストレスの原因のポジティブな側面に焦点をあわせることによって個人を調整することが最も有益であるのかもしれない（King, 7章も参照）。

筆記と健康に関する多数の研究は成人を対象にしているが，子どもも同様に恩恵を受けることが明らかにされている。学校は筆記法を実施するのに望ましい場面かもしれない。学校ではすでにコアカリキュラムのなかに筆記法が採用されている。だが，たいていの場合，筆記法は学習を増進するための手段としてよりも学習成果を評価するための手段として扱われている。ダイーテとビュトー（Dauite & Buteau, 4章）は，筆記が子どもの内的思考の産物であるだけでなく，子どもの思考を積極的に形成していくと論じている。彼らは物語を筆記することが子どもの社会的アイデンティティや葛藤の解消方略によい影響を与え，その結果とし

て危険な状況から子どもたちを保護すると述べている。彼らは現在進行しているニューヨーク市の学童を対象にした暴力予防介入で物語を利用した研究結果を示し，その見解を証明している。この研究は筆記された物語を符号化するための新しい方法論を研究者に提供するとともに，筆記が社会認知的発達および社会情動的発達を促進することによって健康を脅かす危険をどれほど減らしうるのかを明らかにしている。

　どんな結果が筆記表現法によって影響を受けるのかを知ることは大切であるが，筆記表現法によって最も恩恵を受けるのはどのような人なのかについて知ることも重要だ。ラムレイら（Lumley et al., 5章）は筆記表現法とそれ以外の表現療法に対する反応の個人差を検討する。彼らは情動の自覚や理解，表現における個人差がどれほど表現療法の健康に対する効果を弱めうるのかについて考察する。筆記表現法を含む表現法の有効性は，これまで主として比較的健康で心理的に洗練された人々を対象にして証明されてきた。だが，ラムレイと共同研究者たちが述べるように，表現法は情動の自覚能力や理解力，表現力が欠ける人々においても有効である。彼らの章は，筆記表現法の恩恵を受けるには，ある程度情動の自覚能力があり，心理的に洗練されていることが必要であることを示唆する。

　要約すると，本書のⅡ部に収められた各章は，筆記表現法がさまざまな健康障害に対して適用されるべき興味深い方法であることを示唆している。各章はまた，筆記表現法と健康の結びつきに関する限界条件と基礎メカニズムについての重要な疑問を提起している。これらの章は，筆記表出法が苦痛な思考や記憶をあからさまに扱うことなく恩恵を生じること，そして行動・心理・生理の複合メカニズムがはたらいている可能性についても示唆している。Ⅲ部の各章では筆記表現法が作用する潜在的メカニズムについてさらに詳細に検討する。

2節
情動過程・認知過程・生物過程

　Ⅲ部は心身健康に対する筆記表現法の影響についての最新の見解と将来の研究を刺激するために企画された。執筆者たちは感情・認知・生物学的システムに基づく順応のメカニズムについてさまざまな視点を提示する。それらの視点はしばしば互いに補い合うものである。思考・感情・行動の抑制には生理学的活動が必要であり，抑制は低いレベルの自律神経系の興奮を生じさせる。自律神経系の興奮が一定時間持続すると，順応のための生物学的メカニズムが損傷し，健康が阻害される危険が強まる（たとえば，McEwen, 1998）。筆記表現法について検討し

た初期の研究者たちは，健康に対する筆記表現法の効果の大部分は脱抑制によって説明できると考えていた。すなわち思考・感情・行動の抑制をやめることにより，自律神経系の興奮は収まり，健康が阻害される危険も減少する。ところがこの見解を支持する証拠は非常に少ないため，筆記が健康とウェルビーイングに影響する別の経路を探し当てる必要がでてきた。

　レポーレら（Lepore et al., 6章）とキング（King, 7章）は，筆記表現法が自己調整を促し，その結果，心身健康を増進することを示唆する。これらの章はいずれも自己調整について検討しているが，それぞれ自己調整過程の異なった側面を強調している。レポーレらの研究は発達心理学者や臨床心理学者が格別に注目してきた情動調整理論に基づいている。彼らは情動が調整されていないこと―情動が過度に制御されている場合も，情動がまったく制御されていない場合も―は不健康状態と関係するという観察に基づき，筆記表現法が過度の情動反応を調整することによって健康への恩恵を生じさせると論じる。彼らは注意・馴化・認知評価といった情動調整過程と筆記表現法の関係を示す証拠や，それらの情動調整過程が三種のチャネル―体験・生理・行動―に対してポジティブな影響を与えうるという証拠について検討している。

　一方，キングの研究は目標追求の維持と変化を促進するフィードバック回路を強調するサイバネティク理論と制御理論に基づいている。自己について学習したり，自己の優先順位や情動経験の意味を学習するために筆記を利用することができると彼女は述べる。筆記による学習過程を通じて，人は目標指向行動を維持するために行動を調整したり，あるいはおそらく人生の中心となりうる新しい目標をつくりだすことができる。このようなことから，キングの研究は自己に焦点をあわせるとともにポジティブ自己の構築における筆記の役割に焦点をあわせている（Daiute & Buteau, 4章）。スタントンとダノフ＝バーグ（Stanton & Danoff-Burg, 3章）と同じように，キングの研究はポジティブな側面（将来のポジティブな可能自己）に焦点化するという点で独自の立場にたっており，情動的に脆弱な患者に対する介入において筆記表現法を利用することに興味をもつ臨床家に魅力的な新しい方向性を示唆するものだ。

　筆記表現法と健康に関する研究の多くは抑うつ症状や上部呼吸器系疾患の症状など，各種の症状に焦点を向ける傾向があるが，健康にとって重要な側面の1つは日常生活を有能に過ごす個人の能力である。環境内の情報を知覚・処理・再生するといった認知機能の基本的な側面は，日常生活における役割機能と健康にとって重要である。たとえば，記憶や注意，あるいは判断の遅れは，重大な事故の原因になったり，医師の指示の遵守に影響を与えたり，生活ストレスに対する有効な対処様式を妨害したりするだろう。クライン（Klein, 8章）は，筆記表現法

がどのように認知処理，とりわけワーキング・メモリ機能の低下に影響するのかについて詳細な分析結果を提示する。彼女は，ストレスフルな生活事象が認知処理を妨げること，また筆記表現法が妨げられた認知処理機能を回復させることを示す興味深い証拠を提示する。さらに彼女は，認知処理機能の低下を診断するための独創的な方法を紹介する。今日にいたるまで，この領域の研究者たちの研究は認知処理機能を測定することが困難であるために停滞していた。

筆記が健康に及ぼす効果に媒介する高次の情動過程と認知過程を明らかにすることに加えて，低次の生物学的・生理学的媒介過程を確認することも重要である。ブースとペトリー（Booth & Petrie, 9章）とルトゲンドルフとウルリッチ（Lutgendorf & Ullrich, 10章）は，筆記表現法を含む表現法が健康と病気に密接に関係する生理学的過程に影響するのかどうか，そうだとしたらどのように影響するのかという問いに取り組む。ブースとペトリーは神経内分泌システムおよび免疫システムの機能と筆記表現法の関係を示す証拠を展望し，これらのシステムに影響する情動ストレス反応を筆記が変容することを論じる。彼らは，現在までの筆記表現法の実験では臨床的に意味のある免疫システムの変化が観察されていないので，研究成果を過大解釈しないよう読者に忠告する。彼らはまた，神経内分泌過程や免疫過程に対する筆記の効果は筆記者の特性や心理社会的環境の特性によって変動するようなので，神経内分泌過程や免疫過程に対する筆記表現法の効力を実際よりも低く見積もることに警告を発する。

ルトゲンドルフとウルリッチは，筆記者の特性と筆記内容の特徴が筆記の根本的な生物学的効果において重要な役割を果たしていることを明らかにする。彼らの章の核心部分では開示の「経験モデル」に焦点が向けられる。このモデルはトラウマと健康に関するジャネ（Janet, 1919）の理論と密接に関係する。彼らは，ストレスフルな出来事に結びついた情動・思考・感覚を認知的統合することに成功することが，ストレスフルな出来事からの回復における重要な課題であると論じる（6章と12章も参照）。彼らは処理の深さ，あるいは個人がストレスに関連した情動・思考・感覚を再体験することができる程度が回復過程において重要であること，すなわち処理が深くなればなるほど心理機能と免疫システムの機能が改善することを示す説得力のある証拠を提示する。

要約すると，Ⅲ部の各章は筆記表現法とさまざまな健康状態とを結ぶ複合的・横断的・相互作用的な経路を示唆する。トラウマに関連する思考と感情の脱抑制に焦点を向けた初期のモデルは筆記表現法が生み出す無数の恩恵を説明するには不十分である。筆記表現法が情動システムと認知システム，ならびに生理システムのはたらきを調整することは明らかだが，その正確なはたらき方や各種の変化の臨床的意味，あるいはこの方法によって影響を受けるのはどのような人かにつ

いてはまだ十分に解明されていない。Ⅲ部の各章は筆記表現法が健康とウェルビーイングに対してどのように影響するのかを理解するための道筋を示す。Ⅱ部とⅢ部に記された情報を臨床的に応用する方法についてはⅣ部で論述される。

3節
筆記表現法の新しい方向と臨床的応用

　Ⅳ部は基礎研究の成果の実践場面への利用に関するさまざまな見解を提示し，インターネットを用いた筆記介入法や集団療法に取り入れた筆記介入法など筆記表現法の新しい臨床的応用について考察する。これらの研究者たちが取り組んでいることが，この領域の新しい波を率いていくのではないかと期待する。

　Ⅳ部の最初の章で，スミスとキャトレイ（Smyth & Catley, 11章）は実験室における効果の検証から臨床的有効性の検証へと移行することの重要性に研究者の注意をひきつける。健康に対する筆記表現法の効果を実証した証拠の多くは，主として健康な大学生を対象にした厳密に統制された実験室実験で得られたものである。これらの実験の強みは擬似的な結果を生じさせている可能性のある多くの撹乱要因を取り除いていることだ。しかしながら，現実世界では健康に対する筆記表現法の効果が制限されたり，増幅されたり，あるいは歪められたりしているかもしれないので，それらの実験結果を現実世界に一般化する際には実験室実験の強みは弱みになる。臨床群を対象にした筆記表現法で説得力のある結果を見いだしたり，筆記表現法が最も効果を発揮すると思われる人の特性を明らかにしようとする新しい研究が，本書で報告された研究も含めて進行中である。筆記表現法の真価を確定するためにこれらの研究がさらに必要だ。

　Ⅳ部の他の章は，ストレスフルな生活経験やトラウマティックな生活経験を克服しようとしている患者の心身健康を促進するために筆記を利用する具体的な方法を紹介する。1つのアプローチは，心理的苦痛を和らげるための基本的な臨床技法として筆記表現法を使うことである。ランゲら（Lange et al., 12章）は，進行中の研究プログラムであるアムステルダム大学筆記プロジェクトについて詳細に考察する。その研究プロジェクトでは筆記表現法を用いた介入の臨床試験と，その臨床試験の過程で誕生した精神保健サービスのためのインターネットを利用した新しいアプローチが行われている。同じように，ラバーテとカーン（L'Abate & Kern, 13章）は，ワークブックとよばれる構造化された筆記課題を用いた精神保健サービスを実施するためにインターネットの利用を推奨する。彼らは自分たちのアプローチが，患者にとって利用しやすく安価であることなどから対面形式

の治療よりも利点が多いと述べている。彼らはまた，このような形式で筆記とインターネットを用いることにともなういくつかの潜在的な制約について考察する。

　シュワルツとディビィッド（Schwartz & David, 14章）は重度疾患の患者に対する集団療法の補助技法としての筆記の利用について考察する。集団療法やサポート集団はトラウマティックな生活事象，とりわけ慢性疾患や末期疾患を克服しようとしている人々のあいだで人気が高まっている。シュワルツとディビィッドは，リラクセーション療法のような治療と筆記を組み合わせることで相乗効果が生まれると述べている。筆記は個人の成長を促進するほか，集団内で筆記を共有することにより集団過程を促進するだろうと彼らは述べている。筆記は私的な行為であるが，それは強力な社会的影響を生じる。筆記者に対して何らかの反応がかえってくるだろうし，筆記者は読み手からのフィードバックを受け取るだろう。筆記は「ホームワーク」課題という形で治療過程で使われており，集団ミーティングや個人療法のセッション間に治療への心理的関わりを継続させるのに役立つようだ。

　要約すると，Ⅳ部は筆記表現法を用いた臨床研究の幕開けであり，筆記が臨床実践に役立つ魅力的でユニークな方法であることを明らかにする。これらの臨床応用のいくつかはまだ妥当性が十分に確認されているわけではない。そのため，Ⅳ部の執筆者たちは各自のやり方でデータ収集を続けているところであり，現時点での研究成果の限界を指摘するとともに注意深い観察が必要であると述べている。Ⅳ部の執筆者たちはまた，伝統的な治療法を利用できない人々や伝統的な治療法では十分な改善効果がみられない人々を安堵させたいと思っており，実際に筆記表現法を実施することによって一定の成果を上げている。

　本書は筆記表現法が健康に及ぼす効果に関する科学的探究の将来像を描いたジェームズ・ペネベーカーによるエピローグで締めくくる。ペネベーカーはこの領域における彼自身の貢献と，執筆者たちの手による理論の発展と新しいデータに関して興味深い洞察を行っている。本書で考察された研究成果ならびに基本テーマを彼自身の洞察および研究成果とよりあわせて将来の研究が挑戦するべき路を描きだす。健康とウェルビーイングを促進させる筆記表現法の臨床的有効性を大胆に探る試みを行う。

◆ 引用文献 ◆

Breuer, J., & Freud, S. (1966). *Studies on hysteria.* New York: Avon Books. (Original work published 1895)
DeSalvo, L. (1999). *Writing as a way of healing: How telling our stories transforms our lives.* San Francisco: Harper.
Friedman, R., Sobel, D., Myers, P., Caudill, M., & Benson, H. (1995). Behavioral medicine, clinical health psychology, and cost offset. *Health Psychology*, **14**, 509-518.
Greenberg, M.A., & Stone, A.A. (1992). Emotional disclosure about traumas and its relation to health: Effects of previous disclosure and trauma severity. *Journal of Personality and Social Psychology*, **63**, 75-84.
Greenlaugh, T. (1999). Writing as therapy. *British Medical Journal*, **319**, 270-271.
Janet, P. (1919). *Les medications psychologiques* [The Medication Psychological] (Vols. 1-3). Paris: Alcan.
Lepore, S.J. (1997). Expressive writing moderates the relation between intrusive thoughts and depressive symptoms. *Journal of Personality and Social Psychology*, **67**, 1030-1037.
Lepore, S.J., & Greenberg, M.A. (in press). Mending broken hearts: Effects of expressive writing on mood, cognitive processing, social adjustment, and health following a relationship breakup. *Psychology and Health.*
Lepore, S.J., Silver, R.C., Wortman, C.B., & Wayment, H.A. (1996). Social constraints, intrusive thoughts, and depressive symptoms among bereaved mothers. *Journal of Personality and Social Psychology*, **70**, 271-282.
McEwen, B.S. (1998). Protective and damaging effects of stress mediators. *New England Journal of Medicine*, **338**, 171-179.
Pennebaker, J.W. (1989). Confession, inhibition, and disease. In L. Berkowitz (Ed.), *Advances in experimental social psychology* (Vol.22, pp.211-244). New York: Springer-Verlag.
Pennebaker, J.W., Colder, M., & Sharp, L.K. (1990). Accelerating the coping process. *Journal of Personality and Social Psychology*, **58**, 528-537.
Pennebaker, J.W., & Harber, K. (1993). A social stage model of collective coping: The Loma Prieta earthquake and the Persian Gulf War. *Journal of Social Issues*, **49**, 125-146.
Progoff, I. (1977). *At a journal workshop: The basic text and guide for using the intensive journal process.* New York: Dialogue H.
Smyth, J.M., & Greenberg, M.A. (2000). Scriptotherapy: The effects of writing about traumatic events. In J.Masling & P. Duberstein (Eds.), *Empirical studies in psychoanalytic theories: Vol. 9. Psychoanalytic perspectives on health psychology* (pp.121-164). Washington, DC: American Psychological Association.
Smyth, J.M., Stone, A.A., Hurewitz, A., & Kaell, A. (1999). Effects of writing about stressful experiences on symptom reduction in patients with asthma or rheumatoid arthritis. *Journal of the American Medical Association*, **281**, 1304-1329.
Spera, S., Buhrfeind, E., & Pennebaker, J.W. (1994). Expressive writing and job loss. *Academy of Management Journal*, **37**, 722-733.

II

筆記と生活ストレッサーへの順応
―最近の研究例―

2章
筆記表現と血圧

カリナ・ディビッドソン　アミ・R・シュワルツ　デイビッド・シェフィールド
ロナルド・S・マッコード　ステファン・J・レポーレ　ウィリアム・ガリン

　情動表出が健康に果たす役割は，心身医学の登場以来ずっと議論されてきた。情動表出は根底にある心理的緊張を軽くすることによって健康を改善するという者もいれば（Alexander, 1950），対人緊張や自己概念の不一致を増すことによって健康を害するという者もいる。問題はさらに複雑であり，「筆記表現」と健康を結びつける刺激的な知見（Pennebaker, 1989; Smyth & Pennebaker, 2001）により，情動表出と健康の関係について新たな疑問が浮上してきている。筆記表現介入では，各個人は数日にわたって毎日20分から30分の間，衝撃的な個人経験について書くよう求められる。無作為統制した実験の結果，そうした介入は健康保健センター通院回数や病気の訴え，あるいは抑うつ症状の減少や，免疫系の改善，役割機能の改善など，心身健康のさまざまな側面にポジティブな効果を生み出すことが見いだされてきた（Smyth, 1998）。

　筆記表現がさまざまな心身健康の結果に影響を及ぼす際の無数の経路については本章では検討しない。その代わり2つの疑問に焦点を当てる。筆記表現はどのように血圧に影響を及ぼすのかという疑問と，筆記表現は高血圧症の患者の血圧を制御するのに有効かという疑問である。血圧の問題は健康への重大な脅威をもたらすものなので，血圧を効果的に制御する方法—非侵襲性で，患者が使いやすく，実施しやすい介入—の開発が不可欠である。慢性的に血圧が高いこと，すなわち**高血圧症**は心疾患の主要な危険因子であり，合衆国における死因の10％を占め，年齢を調整した有病率は白人で23％，アフリカ系アメリカ人で37％である（American Heart Association: アメリカ心臓学会, 1999）。高血圧はアテロー

ム性動脈硬化，左心室肥大，心臓血管疾患，脳卒中の危険性を高める（The Joint National Committee on Prevention, Detection, Evaluation, and Treatment of Health Blood Pressure: 高血圧の予防・発見・評価・治療に関する全国合同委員会, 1997）。

筆記表現が血圧に及ぼす効果についての直接的な検証はほとんど行われていない。しかしながら，筆記表現が血圧に及ぼす有益な効果を予測する強力な理論的根拠はあり，それらの大部分は情動表出と血圧に関する文献から得られる。したがって，本章は情動表出と血圧の関係についての文献の概観から始める。次に，情動表出と血圧を結びつける認知過程と情動過程について議論する。さらに，筆記表現と血圧の下降の関係を示す試験的データを提示する。最後に，高血圧の患者に与える筆記表現の潜在的な有益性と今後の研究の方向性について議論する。

1 節
情動の非表出と血圧の上昇──歴史的な概観──

アレクサンダー（Alexander, 1939, 1950）は，特定の情動の経験や表出を妨げることが特定の健康問題を引き起こすと考え，その心身医学的な仮説を提出した。彼は，憤怒の慢性的な抑制は慢性的な血圧の上昇をもたらすだろうと示唆した。しかしながら，情動抑制という構成概念の意味が曖昧なため，そうした仮説をどのように検証したらよいのかがはっきりしていなかった。アレクサンダーの著作は，不快な情動の抑制が無意識的な過程であると示唆していることもある（Dunbar, 1935; Wolff, 1937 も参照）。このことは明らかに測定上の問題を生む。理論家や研究者は，情動抑制はけっして完全にうまくいくわけではなく，身体の緊張や言いまちがいなど抑制の明白な徴候が常に認められると主張し，この意識をめぐる問題に対処してきた。情動的に抑制された人は質問紙の尺度上では怒りや不安や敵意をほとんど報告しないだろうし，そのような不快な情動をわずかにしか経験していない人と見分けがつかないかもしれない（さらなる議論は，Shedler et al., 1993 を参照）。しかしながら，不快な情動を無意識的に抑制している人は，不快な情動を生じていない人と比べて，血圧が高いはずである。

アレクサンダーの初期の著作（Alexander, 1939, 1950）は，不快な情動を故意に止めたり抑えたりすることは病気をもたらすだろうということも示唆していた。その場合，（不快な情動を経験することに対して）不快な情動の表出を抑制することが病気を生じさせる。この種の抑制は自己報告することが可能である。結果として，この見方を採用する研究者は，嫌悪事象や情動状態を経験したときにそれを報告することができる人と，自分の情動の表出を故意に抑制する人を同定し

ようと努めてきた。

　情動抑制に関するこれら2つの説明が，情動を表出しないことと高血圧症の関係についての最初の心身医学的理論には存在する。しかし，両者ははっきりと区別されているわけではない。実際，アレクサンダー（Alexander, 1939）は**情動経験**と**情動表出**という用語を同義語として用いているときもある。情動抑制という用語にはさまざまな意味が含まれていることと，抑制が意識的か無意識的かを確かめるための測定が難しいことから，（意識的であろうと無意識的であろうと）情動が表出されていないことを示すために，ここでは**情動の非表出**という用語を使う。さらに，初期の心身医学の著作における高血圧症の原因に関する考察は，おもに情動的な過程に焦点をあわせていて，認知的な過程には少しもふれていなかった。それがこの領域の歴史である。だが，より最近の研究や概念化では，筆記表現がどのようにして高血圧症に影響を及ぼすのかに関する最終的なモデルにおいて，認知的な内容，認知的な負荷，そして認知の意識侵入が考慮される見込みが高いことが示唆されている。

2節
怒り表出，調節，血圧

　情動の非表出と血圧に関する研究の多くは，怒り表出に焦点を当ててきた。自分の怒りを内に秘めておくこと，もしくは，そうした怒りを表に出すことは，血圧に対してポジティブな効果があるのだろうか？　だが，このような問いかけはあまりにも単純化しすぎであることがわかってきた。情動の非表出が血圧に及ぼす影響に関する大半の研究は，怒り─敵意─攻撃の複合体に焦点を当ててきた。簡単にいえば，それはここで**怒り**とよんでいるものである。怒り表出は，もともと，怒りを表出する者（アンガー・アウト）と怒りを表出しない者（アンガー・イン）に分類されうる，という一次元の構成体として概念化されていた（Funkenstein et al., 1954）。しかしながら，スピルバーガーら（Spielberger et al., 1985）は，怒り表出の自己報告尺度を考案し，アンガー・インとアンガー・アウトの項目は単一の次元ではなく，2つの分離した独立の因子であることを見いだした。

　アレクサンダー（Alexander, 1950）の著作には曖昧な記述があるが，怒り表出が安静時の血圧レベルを低下させるだろうこと，また，怒りの非表出が高血圧症を促進するだろうことについては明確に予測した。しかしながら，昨今の文献のなかでは，一見矛盾する2つの仮説が持ち上がっている。初期の心身医学的仮説（**心身医学モデル**）では，アンガー・インは急激な自律神経系の興奮状態を引き

起こし，時を経て，それが安静時の血圧の上昇をもたらすと仮定される。このことから，アンガー・インは健康を害するものとして概念化されている。このモデルは怒りの表出が血圧を下げるだろうと予測する。一方，これに相反する見方が**敵意－攻撃モデル**に組み込まれている。このモデルは，怒りの外的表出は激しく強い自律神経系の興奮をもたらすので健康に有害であると仮定する。そして，たび重なる怒り表出とそれにともなう覚醒亢進に曝されると，時間の経過とともに安静時の血圧が緩やかに上昇していくと予測する。また，このモデルは，怒り表出が社会的な葛藤を増やし，ソーシャルサポートを破壊する—これらは血圧をさらに上昇させうる要因である—と示唆する。したがって，心身医学モデルも敵意－攻撃モデルも，高まった自律神経系の興奮の頻繁かつ急激な経験が，安静時の血圧の上昇をもたらすだろうと提案している（Davidson, 1996）。

　サルスら（Suls et al., 1995）は，メタ分析的な概観で，安静時の血圧と怒りおよび怒り表出の尺度との関係を検討した。無作為抽出されたサンプルでは，スピルバーガーの目録（Spielberger et al., 1985）で測定されるようなアンガー・アウトは，より低い安静時の収縮期血圧と関連していた。また，スピルバーガーの目録あるいはゴールドスタインら（Goldstein et al., 1988）による別の自己報告尺度で評定されるアンガー・インは，より高い安静時の収縮期血圧および拡張期血圧と関連していた。ジョルジェンセンら（Jorgensen et al., 1996）は最近のメタ分析で，怒りの非表出はより高い安静時の血圧と関連し，怒り表出はより低い安静時の血圧と関連している，という知見を確認した。概して，メタ分析的な概観は心身医学モデルを支持しており，敵意－攻撃モデルを支持しない。しかしながら，何人かの研究者は怒り表出（アンガー・アウト）と高血圧との間に正の関係を見いだしている（Linden & Lamensdorf, 1990）。彼らは，怒り表出と血圧との間に線形関係はないと主張している。社会的葛藤モデル（Linden & Feuerstein, 1981）は，適応的な怒り表出は攻撃と無抵抗の間のどこかにあると仮定する。このモデルは怒り表出と血圧の関係がU字形曲線で表せることを示唆する。極端なアンガー・アウトの傾向がある人は，過度なアンガー・インの行動を見せる人と同じように，結果として社会的もしくは心理的な葛藤を生むと考えられ，高血圧になる危険性がきわめて高いだろう（Linden & Lamensdorf, 1990）。この2つの極端な怒り表出様式の中間に位置する人の血圧が最も低くなる傾向にある。

　アンガー・インもしくはアンガー・アウトの面で極端でない人は**反省的怒り対処者**といわれ（Gentry et al., 1982; Harburg et al., 1979），いくつかの研究が社会的葛藤モデルを支持してきた（Davidson et al., 2000; Everson et al., 1999）。たとえば，エバーソンら（Everson et al., 1999）は，ある大きな共同体サンプルにおいて，高血圧症の発症率が怒り表出様式と関数関係にあることを報告し，反省的怒り対処

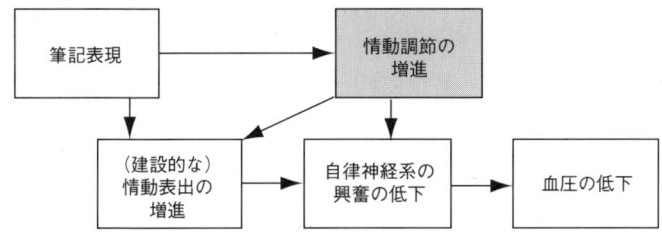

図2.1　筆記表現と血圧のモデルに付加される情動調節という媒介変数

者の発症率が最も低いことを見いだした。ディビッドソンらは，反省的怒り対処と似た，**建設的怒り行動－言語化**（CAB-V）とよばれる怒り表出様式を説明してきた（Davidson et al., 2000）。彼らは，自分の怒りを表出しがちな人，ただし，建設的で反省的なやり方でそれをしがちな人が，より低い安静時の血圧レベルを示すことを見いだした。このように，適度な怒り表出が血圧レベルのためには最もよいという証拠はあるが，さらに多くの研究がこの領域でなされる必要がある。さらに次のように推測される。情動表出の代わりとして，あるいは情動表出に加えて，筆記表現が情動調節を通して健康変数に作用するならば，筆記表現は情動調節を増進して，より建設的な怒り対処もしくは反省的な怒り対処をもたらし，そのことが比較的弱い自律神経系の興奮をもたらし，最終的にはより低い血圧を導くだろう（図2.1を参照）。筆記表現が情動調節に及ぼす影響に関する議論については本書の6章を参照するとよい。

3節　認知的な過程と血圧

　上述したように，高血圧症に関する初期の心身医学モデルは情動的な過程を強調しており，事実上，認知的な過程を無視していた。しかしながら，認知的な過程，特にストレスフルな経験と関連する認知過程は血圧に影響する可能性があることを信じる根拠がある。研究者たちは，トラウマに関連した思考・記憶・イメージの持続やそのような侵入思考を避けようとする努力といった認知的な過程が，結果的に覚醒亢進・心理的苦痛・病気をもたらすだろうと仮定してきた（たとえば，Creamer et al., 1992; Lepore et al., 1996）。情動を喚起する経験についての侵入思考は，ストレスフルな出来事の不完全もしくは首尾一貫性のない認知的統合の

結果として生じるとみなされている（たとえば，Lepore, 1997; Lepore et al., 2000）。さらにわれわれは，思考侵入に加えて，個人的な悲劇を了解できないこと，もしくは認知的な統合の欠如が，怒りとそれにともなう覚醒を高め，やがて血圧を高めるだろうと推測する。

認知的な統合は侵入思考と関連があり，侵入思考は血圧の上昇を含む健康リスクと関連があるという証拠がある（図2.2を参照）。たとえば，ディサビーノら（DiSavino et al., 1992）は，被害者のトラウマに関連した語りを分析し，時間を経て語りの体制化が進むと侵入思考や心理的苦痛が減少するという関係を見いだした。別の研究者たちは，人々に怒り喚起的な出来事を思い出させると不快な気分と血圧が高まり，その出来事に関する侵入思考があると血圧の回復が妨げられることを見いだした（Schwartz et al., 2000）。この研究者たちは，怒り想起課題の後に，人々にある気晴らしをさせると，そのおかげで怒り喚起的な出来事に関する侵入思考を弱めることができ，血圧がより素早く安静時レベルに回復することを示した。また，この研究者たちは，反芻する傾向がある人（**特性的反芻者**）は，気晴らしをしない条件における血圧の回復が最も遅いことを見いだした。これらの知見を考え合わせると，侵入思考はストレスフルな経験に関する首尾一貫した認知的統合がなされていないことを示しており，それによって血圧が上昇し，当初の出来事が存在しなくても血圧の上昇が持続される。

シュワルツら（Schwartz et al., 2000）による知見は，気晴らしは侵入思考を減らすため，侵入思考が血圧に及ぼす影響を弱めるのに効果的な技法であるということを示唆する。しかしながら，この結果を解釈したり実行に移したりする際には多少注意を要する。気晴らしは人が侵入思考から短期間逃れるのを助けるだろうが，ある思考を積極的に抑制しようとすることは，後々その思考をかえって激化させるという逆説的効果を生じさせることがある（Wegner et al., 1987）。気晴らしに加えて表出的な技法は，ストレスに関連した侵入思考を経験している人に

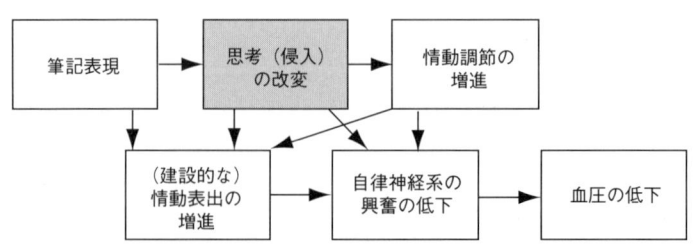

図2.2　筆記表現と血圧のモデルに付加される思考侵入という媒介変数

対して有効だろう。レポーレら（Lepore et al., 2000）は，人があるストレスフルな映像について話すよう求められた場合，その映像に関する侵入思考は少なく，同じ映像を再び見せられたときの心理的ストレスが少ないことを見いだした。彼らの分析は，侵入思考の低減には，心理的ストレスに対する言語表出のポジティブな効果が媒介していることを示唆する。他の研究者（本書の8章と12章を参照）は，個人的なトラウマを筆記するとトラウマに関連した侵入思考が減少することを見いだしてきた。ただし，レポーレ（Lepore, 1997）は，差し迫った大学院入学試験（たとえば，医科大学入学試験，法科大学院入学試験，学部卒業生成績試験）について筆記しても侵入思考の頻度は減らないが，侵入思考と抑うつ症状のつながりが弱まることを見いだした（Lepore & Greenberg, in press を参照）。このように，筆記表現を含む表出的な技法は，心理的および生理的な状態に及ぼす侵入思考の頻度と影響力の両方を低減させる可能性がある。表出的な技法が認知的統合を促進するほど侵入思考の頻度は低減するはずであり，ストレスフルな刺激への慣れを促すほど侵入思考の影響力は弱まるはずである（Lepore, 1997; Lepore et al., 2000 を参照）。しかしながら，この領域では，これまでほとんど研究が行われてこなかった。

4節 筆記表現と血圧研究のための臨床的枠組み

われわれは情動表出，特にストレスフルな人生経験に結びついた不快な情動や怒りの表出がさまざまな形で血圧に影響することを議論してきた。この概観では，われわれは筆記表現が血圧に影響を及ぼすと仮定する。特にストレス下にある人や自分のストレスフルな経験を認知的に統合していない人にとってはそうだろう。筆記表現は，人が不快な情動，特に怒りの表出を緩めるのに役立ち，結果として血圧を下げるかもしれない。人が極端な怒りの抑制と表出（もしくはその両方）をやめるのに筆記表現が役立つのであれば，怒りの程度は弱まり，怒りがちな人の血圧は下がるはずである。また，筆記表現は，人がポジティブで支援的な社会的関係を維持したり社会的葛藤を回避したりするのに役立つことで間接的に血圧を下げるかもしれない。筆記することで人が自分の怒り経験を弱め，怒り表出を加減できるのであれば，社会的な相互作用が改善するかもしれない。われわれは，筆記表現が情動調節機能に加えてストレスに関連した認知すなわち侵入思考の頻度もしくは影響力を弱めることによって，血圧を下げるだろうと仮定する。侵入的な認知の減少は，より適切な怒り制御とより建設的な情動表出をもたらすこと

だろう。こうした変化のいずれかもしくはそのすべては，慢性的な自律神経系の興奮を抑え，血圧によい影響を与えることだろう。しかしながら，現状ではそれらの仮定を確認する実験の数よりもはるかに多くのメカニズムと推測が存在する。

そこで次に，この研究の流れで取り組まれるべき基本的な問い，すなわち，筆記表現は血圧に影響を及ぼすのかどうかを考えることとする。これまでたった1つの実験だけが，この問いに取り組んでいる。クロウら (Crow et al., 2001) は，52名の参加者（女性29名，男性23名；平均年齢41歳）を，筆記表現条件もしくは統制条件に無作為に割り当てた。家庭用電子モニター（オムロン・ヘルスケア社，イリノイ州ヴァーノンヒルズ）を使って普段の血圧値を2回測定し，その2回の記録を平均して基準値とした。参加者は次に，どちらかの条件に割り当てられた。筆記表現条件の人は，トラウマティックな出来事を含む生活上のいくつかの問題について書くよう求められた。統制条件の人は取るに足らない非情動的な話題について書くよう求められた。参加者は連続3日間，各自の話題について20分間の筆記を行い，その後，最後に筆記した日からおよそ6週間後に実験室を再訪した。再度，2回の血圧値を測定し，平均をとって介入後の値とした。

平均すると，筆記表現条件に割り当てられた26名の参加者は，収縮期血圧と拡張期血圧ともほぼ3mmHgの低下を経験した（収縮期血圧は127.9から125.2になり，拡張期血圧は81.8から78.6に下がった）。実験条件間の差がいくぶん大きかった（拡張期血圧では5.6mmHgの差，収縮期血圧では3.4mmHgの差）。ただ，その差の一部は統制条件における収縮期血圧と拡張期血圧の予期しなかった上昇によるものであった。拡張期血圧の差は有意であったが ($p < .05$)，収縮期血圧の差は有意傾向であった ($p < .07$)。だが，血圧のわずかな低下でさえも心筋梗塞や脳卒中といった将来的な出来事のリスクを減らしうる (American Heart Association, 1999)。

クロウらの知見は有望だが，予備的なものとして考えるべきである。その実験は試験的な実験であったためサンプルサイズは小さい。また，普通は統制条件の参加者の血圧が短時間に上昇するとは誰も予想しないだろう。この知見を追試することに加え，高血圧症の人もしくは高血圧症の危険因子をもつ人に筆記表現がもたらす効果を検討することが重要だ。われわれは，血圧の制御が十分でない軽度の高血圧患者が，血圧に及ぼす筆記表現の効果を検討するのに適した集団であると考える。いくつかの研究は，行動的な介入により，制御の不十分な軽度の高血圧症患者の安静時血圧が下がることを証明してきた (Linden & Chambers, 1994)。一方，制御が十分な高血圧症患者（拡張期血圧が90以下）や正常血圧者の集団は「床」効果を生じるため，よほど小さな変化しか示さないものと予想される。このように，クロウらによって報告された血圧のわずかな低下は，軽度の

高血圧症者の潜在的な血圧低減効果を過小評価させる可能性がある。

　高血圧患者が特に筆記表現介入から利益を得るかもしれないもう1つの理由は，高血圧の集団と正常血圧の集団を区別するとみなされている高血圧の集団のパーソナリティ特徴に関係する。多くの研究者は，ある安定した特性をもつ人は高血圧になる危険性がより高いと仮定してきた（Harburg et al., 1964）。この領域の研究者たちは，高血圧症の人は過去と未来の出来事を制御することができないとみなす傾向を反映すると思われる「服従性」の得点が高いことを示唆してきた。過去と未来の出来事を制御することができないという知覚は「脅威」の知覚と受動的な対処を導き，生理学的には自律神経系のいっそうの興奮をもたらすかもしれない。筆記表現は脅威の知覚や無力感を低減するのに役立つだろう（Greenberg et al., 1996）。さらに，「高血圧パーソナリティ」の人を含む特定の人たちは，このパーソナリティ障害を示さない人よりも「抑圧的」であり，ストレス時に社会的な相互作用から引きこもる可能性が高いと思われる（Repetti, 1992）。たとえば，抑圧的な人は，情動の表出が乏しく，返報性のある自己開示行動を示すことが少ないと思われる（King & Emmons, 1990）。抑圧的な人はまた，自分が社会的に認められるかどうかを気にするため，他者からの支援を受けるチャンスを先送りしてしまったり減らしたりしているようだ（Repetti, 1992）。したがって，抑圧が社会的に動機づけられている場合には，筆記は他者から承認を求めるような社会的過程を最小限に抑えるため，特に有益だろう。

　筆記による表現は，社会的な反響を起こさずに認知的再体制化や情動表出のはけ口となることにより，重要な社会的機能を果たすかもしれない。この処理モデルでは，情動を過度に抑制する人もしくは情動を過度に表出する人は，破壊的な情動の爆発を避けるために，社会的な相互作用の頻度と強度の両方を下げるようなやり方で，自分の世界を能動的に構築する可能性が高い（Smith, 1994, 1995）。社会的関係を保ちながら（Zuroff & Mongrain, 1987），不快でストレスフルな社会的相互作用を減らすことが筆記表現によってできるかもしれないので，筆記は特定の人々にとっては理想的な方法となるだろう。たとえば，敵意を抱いている人は，他人に感情をぶちまけてしまったことで次にはその人が自分に対して否定的に反応するようになることを，書くことによって避けられるかもしれない（Smith & Christensen, 1992）。このように，筆記表現は，患者が（怒りのような）不快な情動を自分の社会的関係に持ち込まず，他者とのストレスフルな相互作用を減らし，社会的関係を維持するのに役立つかもしれない。

5節
結論―今後の方向性―

　奥底にある思考や情動を表出すると血圧は下がるだろうという仮説から心身医学が始まったことは興味深い。フロイト（Freud, S.）の中核的な精神分析理論に起源をもち（Alexander, 1950），いったんは人気を失ったその当初の考えに，一巡して立ち戻ったことは行動科学における面白い話の1つである。筆記表現が心理過程と生理過程に影響する経路についての推測は変化してきたが，心身医学分野の発端に多大な影響を与えた基本的な直観が生きつづけており，その直観を完全に捨て去らずに検証する柔軟な姿勢を保ってきたことは，この分野のほめるべきところである。

　現在，筆記表現が血圧に及ぼす影響についての研究に取り組むことには，それなりの価値がある。この介入が安静時の血圧に及ぼす影響に関する直接的な証拠はほとんどないけれども，その基礎をなすモデルや経路については間接的には支持されており，クロウら（Crow et al., 2001）の試験的なデータもまだ確定したものではないとはいえ有望である。高血圧症は合衆国ではいぜんとして大きな公衆衛生問題であり，死亡率・罹患率・金銭の点から見ると莫大な費用がかかっている。筆記表現介入は，この問題に対処する費用効果の高い手段となるかもしれない。その場合，この領域における今後の研究は，どの方向に進むべきなのか？

　今後の研究では血圧は複数の時点で，できれば自由行動下血圧測定技術で測られるべきであるというサルスら（Suls et al., 1995）の提案にわれわれは賛成である。これは非常に重要なことである。診察室で測定された血圧や，実験室の助手が1,2回だけ測定した血圧は，その人の厳密な安静時の血圧レベルとしては不十分な指標かもしれないからだ。さらに，われわれは他の候補となるメカニズムの測定を考慮することを勧める。もし介入が血圧にポジティブな効果をもたらすならば，複数の経路が媒介している可能性がある。また，きわめて詳細に生理メカニズムを検討することも重要だ。たとえば，血圧の変化をもたらす基礎的な血行動態を非侵襲的に研究することは可能である。研究者は血圧の変化が中枢メカニズム（たとえば，心拍出量。これは1分ごとに心臓から拍出される血液の量である）に由来するのか，もしくは末梢メカニズム（たとえば，全末梢抵抗。これは末梢の血管収縮の測度である）に由来するのかを区別することができる。こうした技術を筆記表現研究に採用する1つの理由は，さまざまな行為メカニズムが種々の心理状態と結びついていることにある。少なくとも，この種の指標の1つである全末梢抵抗は情動表出と関連している（Mendes et al., 1999）。だが，筆記表現も血圧も，行動医学の他の領域と同じいくつかの制約に苦しめられるだろう。第1に，血圧

応答性—ここで想定される基礎的なメカニズムの1つ—が安静時の高血圧をもたらすという明確な証拠はない（Pickering & Gerin, 1990）。筆記表現が血圧に対して臨床的な影響力をもつことを示すはっきりした証拠がないのなら，そもそも筆記表現が血圧に作用するメカニズムをつきとめることの意味が問われることになる。研究者は，今後，アセスメント法として行動観察と質問紙を用い，妥当性のある個人差に基づいて，介入が成功する見込みのある下位集団の同定を試みるとよい。

◆ 引用文献 ◆

Alexander, F. (1939). Emotional factors in essential hypertension. *Psychosomatic Medicine*, **1**, 173-179.

Alexander, F. (1950). *Psychosomatic medicine. Its principles and application*. New York: Norton.

American Heart Association. (1999). *2000 Heart and stroke statistical update*. Dallas, TX: Author.

Creamer, M., Burgess, P., & Pattison, P. (1992). Reaction to trauma: A cognitive processing model. *Journal of Abnormal Psychology*, **101**, 452-459.

Crow, D. M., Pennebaker, J. W., & King, L. A. (2001). *Effects of writing about stress in an organization setting*. Manuscript submitted for publication.

Davidson, K. W. (1996). Self- and expert- reported emotion inhibition: On the utility of both data sources. *Journal of Research in Personality*, **30**, 535-549.

Davidson, K. W., MacGregor, M. W., Stuhr, J., Dixon, K., & MacLean, D. (2000). Constructive anger verbal behavior predicts blood pressure in a population-based sample. *Health Psychology*, **19**, 55-64.

DiSavino, P., Turk, E., Massie, E., Riggs, D., Penkower, D., Molnar, C., & Foa, E. (1992, November). *The content of traumatic memories: Evaluating treatment efficacy by analysis of verbatim descriptions of the rape scene*. Paper presented at the 27th annual meeting of the Association for the Advancement of Behavior Therapy, Atlanta, GA.

Dunbar, H. F. (1935). *Emotions and bodily changes. A survey of literature on psychosomatic interrelationships, 1920-1933*. New York: Columbia University Press.

Everson, S. A., Kaplan, G. A., Goldberg, D. E., Lakka, T. A., Sivenius, J., & Salonen, J. T. (1999). Anger expression and incident stroke: Prospective evidence from the Kuopio ischemic heart disease study. *Stroke*, **30**, 523-528.

Funkenstein, D. H., King, S. H., & Drolette, M. (1954). The direction of anger during a laboratory stress-inducing situation. *Psychosomatic Medicine*, **16**, 404-413.

Gentry, W. D., Chesney, A. P., Gary, H. E., jr., Hall, R. P., & Harburg, E. (1982). Habitual anger-coping styles: I. Effect on mean blood pressure and risk for essential hypertension. *Psychosomatic Medicine*, **44**, 195-202.

Goldstein, H. S., Edelberg, R., Meier, C. F., & Davis, L. (1988). Relationship of resting blood pressure and heart rate to experienced anger and expressed anger. *Psychosomatic Medicine*, **50**, 321-329.

Greenberg, M. A., Wortman, C. B., & Stone, A. A. (1996). Emotional expression and physical health: Revising traumatic memories or fostering self-regulation. *Journal of Personality and Social Psychology*, **71**, 588-602.

Harburg, E., Blakelock, E. H., & Roeper, P. J. (1979). Resentful and reflective coping with arbitrary

authority and blood pressure: Detroit. *Psychosomatic Medicine*, **41**, 189-202.
Harburg, E., Julius, S., McGinn, N. F., McLeod, J., & Hoobler, S. W. (1964). Personality traits and behavioral patterns associated with systolic blood pressure levels in college males. *Journal of Chronic Diseases*, **17**, 405-414.
Jorgensen, R. S., Johnson, B. T., Kolodziej, M. E., & Schreer, G. E. (1996). Elevated blood pressure and personality: A meta-analytic review. *Psychological Bulletin*, **120**, 293-320.
King, L. A., & Emmons, R. A. (1990). Conflict over emotional expression: Psychological and physical correlates. *Journal of Personality and Social Psychology*, **58**, 864-877.
Lepore, S. J. (1997). Expressive writing moderates the relation between intrusive thoughts and depressive symptoms. *Journal of Personality and Social Psychology*, **73**, 1030-1037.
Lepore, S. J., & Greenberg, M. A. (in press). Mending broken hearts: Effects of expressive writing on mood, cognitive processing, social adjustment, and health following a relationship breakup. *Psychology and Health*.
Lepore, S. J., Ragen, J. D., & Jones, S. (2000). Talking facilitates cognitive-emotional processes of adaptation to an acute stressor. *Journal of Personality and Social Psychology*, **78**, 499-508.
Lepore, S. J., Silver, R. C., Wortman, C. B., & Wayment, H. A. (1996). Social constraints, intrusive thoughts, and depressive symptoms among bereaved mothers. *Journal of Personality and Social Psychology*, **70**, 271-282.
Linden, W., & Chambers, L. A. (1994). Clinical effectiveness of non-drug therapies for hypertension: A meta-analysis. *Annals of Behavioral Medicine*, **16**, 35-45.
Linden, W., & Feuerstein, M. (1981). Essential hypertension and social coping behavior. *Journal of Human Stress*, **7**, 28-34.
Linden, W., & Lamensdorf, A. M. (1990) Hostile affect and casual blood pressure. *Psychology and Health*, **4**, 343-349.
Mendes, W. B., Seery, M. D., Blascovitch, J., & Reis, H. (1999, October). *Emotional expression and suppression as challenge and threat*. Abstract presented at the 39th annual meeting of the Society for Psychophysiological Research. Grenada, Spain.
Pennebaker, J. W. (1989). Confession, inhibition, and disease. In L. Berkowitz (Eds.), *Advances in experimental and social psychology* (Vol. 22, pp. 211-244). Orlando, FL: Academic Press.
Pickering, T. G., & Gerin, W. (1990). Cardiovascular reactivity in the laboratory and the role of behavioral factors in hypertension: A critical review. *Annals of Behavioral Medicine*, **12**, 3-16.
Repetti, R. L. (1992). Social withdrawal as a short-term coping response to daily stressors. In H. Friedman (Ed.), *Hostility, coping, and health* (pp. 151-165). Washington, DC: American Psychological Association.
Schwartz, A. R., Gerin, W., Christenfeld, N., Glynn, L., Davidson, K. W., & Pickering, T. G. (2000). Effects of an anger-recall task on poststress rumination and blood pressure recovery in men and women. *Psychophysiology*, **37**(Suppl. 1), S12-S13.
Shedler, J., Mayman, M., & Manis, M. (1993). The illusion of mental health. *American Psychologist*, **48**, 1117-1131.
Smith, T. W. (1994). Concepts and methods in the study of anger, hostility, and health. In A. W. Siegman & T. W. Smith (Eds.), *Anger, Hostility, and the heart* (pp.22-42). Hillsdale, NJ: Erlbaum.
Smith, T. W. (1995). Assessment and modification of coronary-prone behavior: A transactional view of the person in social context. In A. Goreczny (Ed.), *Handbook of health and rehabilitation psychology* (pp. 197-217). New York: Plenum Press.
Smith, T. W., & Christensen, A. J. (1992). Hostility, health, and social contexts. In H. S. Freidman (Ed.), *Hostility, coping, and health* (pp. 33-48). Washington, DC: American Psychological Association.
Smyth, J. M. (1998). Written emotion expression: Effect sizes, outcome types, and moderating variables. *Journal of Consulting and Clinical Psychology*, **66**, 174-184.

Smyth, J. M., & Pennebaker, J. W. (2001). What are the health effects of disclosure? In A. Baum, T. A. Revenson, & J. E. Singer (Eds.), *Handbook of health psychology* (pp. 339-348). Hillsdale, NJ: Erlbaum.

Spielberger, C. D., Johnson, E. H., Russell, S. F., Crane, R. J., Jacobs, G. A., & Worden, T. J. (1985). The experience and expression of anger: Construction and validation of an anger expression scale. In M. A. Chesney & R. H. Rosenman (Eds.), *Anger and hostility in cardiovascular and behavioral disorders* (pp. 5-30). New York: Hemisphere.

Suls, J., Wan, C. K., & Costa, P. T., Jr. (1995). Relationship of trait anger to resting blood pressure: A meta-analysis. *Health Psychology*, **14**, 444-456.

The Joint National Committee on Prevention, Detection, Evaluation, and Treatment of Health Blood Pressure. (1997). The sixth report of the Joint National Committee on Prevention, Detection, Evaluation, and Treatment of High Blood Pressure. *Archives of Internal Medicine*, **157**, 2413-2446.

Wegner, D. M., & Schneider, D. J., Carter, S. R., & White, T. L. (1987). Paradoxical effects of thought suppression. *Journal of Personality and Social Psychology*, **53**, 5-13.

Wolff, H. G. (1937). Personality features and reactions of subjects with migraine. *Archives of Neurology and Psychiatry*, **37**, 895-921.

Zuroff, D. C., & Mongrain, M. (1987). Dependency and self-critisism: Vulnerability factors for depressive affective states. *Journal of Abnormal Psychology*, **96**, 14-22.

3章
情動表出，筆記表現法と癌

アネッテ・L・スタントン　　シャロン・ダノフ＝バーグ

「癌になるまでは私は『ストイック』であった。癌になって以来，私は恐怖心，希望，悲しみを自分で認めること，そして人に認めてもらうことがどれほど大切であるかを実感している。」

「癌になった私のある友人は無口になってしまった。だが自分が直面していることや感じていることを話すことはとても簡単なことなのだ。存分に泣くと気分はよくなり，そして闘いを再開することができる。」

　これらの感想はわれわれの研究の参加者が表現したものである。癌の診断を受けた女性が適応していく過程で感情を表現する開示がいかに重要であるかが強調されている。このような健康によい効果は，実験的に誘導された筆記による情動表出に関する論文で証明されている有益な効果と一致する（Pennebaker, 1993）。スミス（Smyth, 1998）は感情表現筆記法による開示を検討した13の実験のメタ分析を行った結果，全体の効果サイズが.47となり，統制群と比べて実験群では23％の改善効果があると結論した。感情表現筆記法は自己報告された健康状態，心理的ウェルビーイング，生理学的指標（たとえば，免疫機能），そして総合的な機能（たとえば，学業成績や失業後の再就職）に対して著しく有益な効果を生じた。ただし，これらの実験の対象者は心身ともに健康な大学生であった。
　感情を表出する開示は健康状態の悪い人々にも同じ恩恵をもたらすのだろうか？　われわれの主要な目標はこの疑問に取り組むことである。特に癌に対する適応において情動表出と情動処理が果たす役割に注目する。患者母集団に対する

感情表現筆記法については公刊された論文はほとんどないので，われわれは相関研究や心理学的介入など感情表現筆記法以外の方法で明らかにされた癌患者における情動表出の役割についても考察することにした。われわれは患者，とりわけ女性の乳癌患者における感情筆記開示に関する実験結果について論じる。最後に今後の基礎研究と応用の指針について述べる。

1節
情動表出と癌—相関研究に基づく証拠—

研究者たちは情動表出と癌に関して大きく2つの疑問を提起してきた。第1の疑問は，情動表出が癌の発症や進行において何かの役割を果たしているのか，というものである。第2の疑問は情動表出は癌と診断された人々の適応を促進するのか悪化させるのか，というものである。この第2の疑問は本章の目的に沿ったものであるが，第1の疑問については実質的な研究がこれまで行われてきているので注目することにする。

癌の発症と進行における情動の表出（非表出）

癌—細胞の増殖を制御できなくなる疾患の総称—はさまざまな内因性要因（遺伝など）と外因性要因（喫煙など）によって生じるとされる。論争の的になっている仮説の1つは，一定の性格傾性が癌の発症と進行に影響を与えているというものである。注目されることの多い個人の特徴の1つは情動表出性であり，情動を表出しない傾向がある人々は癌に罹りやすいと想定されている（たとえば，タイプC性格，Temoshok & Dreher, 1992）。この領域の研究法では癌患者の標本とそうでない人々の標本が比較される（Bleiker & van der Ploeg, 1999）。癌患者と健常者統制群を比較する回顧的研究の問題点は，癌の診断事実が情動表出性に関する自己報告を歪めてしまうことである。準予測研究では，典型的には，疑わしい生体組織が発見された時点で調査を開始し，その後，悪性と診断された患者と良性と診断された患者を比較する。生体組織検査の結果が出るのを待つ患者の多くが最終的な診断を正確に言い当てることができることを証明した研究（Schwartz & Geyer, 1984）でさえも，生体組織検査を受けたという事実が情動表出性の自己報告を歪めるという問題を生じさせる。方法論としては完璧な予測研究では，当初は健常な人々の性格構成概念が査定され，その後，癌と診断された人とそうでない人との違いを発見するために数年間にわたって追跡調査が行われる。

この領域を評論する研究者たちはそれぞれ違った結論を導き出している。アイゼンク（Eysenck, 1994）は，情動の抑制と癌の発症・進行とのつながりは実証研究によって明確に証明されていると結論している。反対に2つの研究グループ（Bleiker & van der Ploeg, 1999; Mulder et al., 1992）は，これまでの研究では決定的な答えは得られていないとしている。ガルッセンとグッドキン（Garssen & Goodkin, 1999）はネガティブ情動の抑制に関する証拠は癌の発症よりもむしろ癌の進行に大きな役割を果たしていると結論している。

われわれの知るかぎり，心理社会的因子と癌の発達の関係について考察した展望論文は1本しかなく，しかもその論文は乳癌に限定したものである（McKenna, et al., 1999）。その論文の著者たちは，癌と診断された女性と良性腫瘍と診断された女性，あるいは健常者統制群とを比較した46の研究について，その効果サイズが.99であることを示した。否認・抑圧対処様式（情動を表現できないことを意味する）を含む8種類の性格構成概念が検討された。統計学的に意味のある効果サイズのうち，否認・抑圧対処様式（15の研究のうち，13の研究が生体組織検査の実施前に性格の査定を実施した）の効果サイズが最も大きかった（ヘッジスのg値.38）。このことから平均的な乳癌女性は，健常者統制群の65％の女性に比べて，不愉快な感情を制御するよう試みていると推定される。標本サイズの安全基準によれば，否定的な結果を示した218の研究は変数間の関係の有無を判定するための有意水準を下げる必要があった。高齢女性を対象にした研究や標本サイズの小さい研究は，若齢女性や標本サイズの大きい研究よりも，乳癌と否認・抑圧対処様式の関係をいっそうよく示した。この関係は他の多数の潜在的な媒介因子（たとえば，被験者や研究者の診断に関する知識）によって影響されることはなかった。他の統計学的に意味のある効果サイズは，分離と喪失，ストレスフルな生活事象，葛藤・回避型性格において認められた（その効果は頑健ではなかったが）。これらの研究のほとんどは準予測研究であった。それゆえに，患者自身が生体組織検査の診断結果が出る前に診断結果を予想することによって性格の自己報告が歪められてしまった可能性がある。そのうえ査定する性格の構成概念が明確でなかったり，概念について研究間で一貫性がなかったりする（たとえば，情動の意識的な抑制と無意識的な抑圧に関する定義をめぐる問題などがある）。

方法論と概念に関するそのような制約があるため，その展望論文から明快な結論を導き出すことはできない。また予測的研究においても，第3の変数が情動を表出しないことと癌の発症と進行の原因である可能性が残っている。しかしながら，そのマッケンナら（McKenna et al.）のメタ分析は，方法論的に信頼できる調査とメカニズムの特定をさらにすすめることによって，情動を表出しないことと癌の発症と進行の関係の頑健性が保障されることを示唆している。癌の発症

メカニズム（たとえば，慢性的な生理的亢進，免疫抑制，喫煙などの健康行動。Garssen & Goodkin, 1999; Greer & Watson, 1985）と，癌の進行メカニズム（たとえば，治療への不誠実さ）とは異なると思われる。理論から導き出されたメカニズム（Andersen et al., 1994 を参照）を慎重に考証することによってのみ，癌の発症と進行における情動抑制の役割を明らかにすることができる。

情動表出と癌への適応

　情動表出と癌への適応の間に正の相関もしくは負の相関があるという相関研究の結果は，表出がどのように概念化され測定されるかによって変わる。診断後 6 か月にわたり 80 名の乳癌患者の標本を追跡調査したコンパスら（Compas et al., 1999）は，最初の診断時に測定された苦痛度の個人差を統計学的に取り除いた場合，一種の対処方略である情動発散度が苦痛の強さと関連していることを明らかにした（最初の診断時に測定された情動発散度は癌に対する苦痛の変化を予測しなかった）。しかしながら，情動発散の測度にはネガティブ感情の発散をともなうカタルシスを意味する質問項目（たとえば，「私の感情は抑え込まれており，それがまさに爆発した」）が含まれていた。カタルシス的な情動表出は有害であるにもかかわらず，研究者たちは「乳癌に対する反応として感情を表出することは情動の調整を導くとともに情動の理解を深めるため，適応的であると思われる」（p.202）と示唆した。

　苦痛とは無関係の測度や，意図的に使われる方略を表す測度で情動表出を査定した場合，情動表出は癌患者の良好な適応を予測した。たとえば，フィップスとムルハーン（Phipps & Mulhern, 1995）は，親の知覚する家族の表出性が，骨髄移植（おもに白血病による）を経験した子どもたちの適応の時間的変化を予測することを明らかにした。乳癌初期治療を完了した 92 名の女性に対する 3 か月間の長期追跡研究（Stanton, Danoff-Burg, et al., 2000）の目的は，ストレスフルな状況下での合目的な情動処理と情動表出に取り組む情動的アプローチ（Stanton, Kirk, et al., 2000）による対処が，乳癌への適応に与える影響を明らかにすることであった。われわれは**情動処理**については，自己の情動を認め，情動の意味を探究し，情動への理解を深める能動的で意図的な試みであると概念化し，**情動表出**については個人形式（たとえば，日記をつける），および対人形式でストレッサーに関する自己の情動を表現する能動的で意図的な試みであると概念化した（Stanton, Kirk, et al., 2000）。研究の開始時点で癌をめぐる情動を表出した女性たちは，ほとんど表出しなかった女性たちに比べ，その後の 3 か月間の癌に関連する症状（たとえば，痛み）による受診が少なく，身体健康と活力の自覚が増大し，苦痛が減

少した。同様の結果は，表出以外の対処方略の得点（たとえば，ソーシャルサポートの希求度）と年齢，研究開始時の従属変数の値の個人差を統計学的に取り除いた場合にも現れた。社会的文脈で自分がよく受容されていると考えている女性では，情動表出型の対処は生活の質の改善と関係があった。

　このように情動表出型対処は有益であるという結果が認められたが，一方，情動処理型対処はいずれの測定時期においても著しい苦痛度を表す1つの従属変数との間でしか関連を示さなかった。すなわち，この研究では情動処理よりも情動表出について強力で一貫した結果が認められた。ストレッサーが持続しているときには情動処理の効用が減じるのかもしれない。研究の開始6か月前に癌と診断され，情動処理型対処で高得点を示した平均的な女性は，癌をめぐる感情について満足のいく理解にたどりついていないか，反芻によって苦痛を悪化させたのかもしれない（たとえば，Morrow & Nolen-Hoeksema, 1990）。情動処理と情動表出が組み合わさった場合にのみ苦痛は軽減されるのかもしれない（Stanton, Danoff-Burg, et al., 2000）。

　情動に取り組む対処は，希望を抱きやすい性格傾向―目標に向かう決意と目標達成のための計画をつくる能力を含む構成概念―と情動表出型対処を結びつけ，両者の関係を調整することによって目標が明確になり，目標達成が促進するのかもしれない（Snyder et al., 1991）。たとえば，ある女性は癌と診断されたことによって生じた統制感の喪失をめぐる感情を表出することで，自分の癌経験や人生において制御できることと制御できないことを区別し始めたり，到達可能な目標に向かって前進し始めたり，自分の経験のなかで統制可能性の低い側面を積極的に受容し始めたりするのかもしれない。

　情動表出の効用に関する間接的な証拠は，情動抑制と適応の関係，より一般的には回避と適応の関係についての研究で得られている。クラッセンら（Classen et al., 1996）は，乳癌が転移あるいは再発した女性を対象にした研究を行い，情動表出の統制が強い人々は苦痛が強いことを明らかにした（Watson et al., 1991も参照）。前立腺癌の男性の情動表出について調べたヘルゲソンとレポーレ（Helgeson & Lepore, 1997）は，エージェンシー―独立性と自信に満ちた自己への肯定意識を表す性格構成概念―が情動を表出することの快適さと関連しており，それはさらに良好な精神健康全般と癌への適応（たとえば，医師とのコミュニケーション，配偶者との親密さ，性への興味など）に結びつくことを発見した。一方，他者との関わりを排除した自己注視を表す排他的エージェンシーは情動を表出することの難しさ（たとえば，「恐怖心を認めるのは難しい」）と関連しており，そのことは精神的健康全般の不良と癌への不適応に結びついていた。精巣癌患者に対する研究を行ったリエカーら（Rieker et al., 1985）は，情動の隠蔽が性機能

障害と関係すると報告している。以上に述べた3つの研究はいずれも横断研究なので因果関係については明らかにしていないものの情動抑制と不適応の関係を示唆している。

回避志向型対処に関する多数の研究は癌に関する認知・情動に対して回避するよりも接近するほうが有益であることを示す間接的証拠を提出している。癌患者以外の患者を対象にした研究は情動の回避は一定の条件下で有益であることを示している(たとえば、Bonanno et al., 1999)。だが、乳癌患者に対する縦断研究(Carver et al., 1993; Stanton & Snider, 1993)は、時間が経過しても回避志向型対処は著しい苦痛と関連することを示している。個人がいったい何を回避しようとしているのかがまさに問題になるのだが、おそらくそこでは一群の苦痛情動(たとえば、恐怖、悲しみ)と思考(たとえば、自分が死ぬべき運命にある)が回避の対象になっている。ひとまとめにして考えると、相関研究、とりわけ縦断計画による相関研究は、癌患者が表出を通じて情動に接近する意図的な試みが健康状態を改善することを明らかにしている。以下では実験計画法によって因果関係を明らかにするための強力な証拠を提示した研究結果について紹介する。

2節 情動表出と癌—統制された実験研究からの証拠—

癌患者において情動表出と有益な健康効果の関係に関する証拠は、2つの領域の実験研究、すなわち無作為化され統制された心理学的介入実験と、筆記を通じて誘導された情動表出に関する実験で得られている。以下ではこの2つの研究領域について展望し、癌以外の患者を対象にした実験を含む筆記介入法について議論を展開する。

癌患者への心理学的介入試験

無作為化され統制された実験を実施した研究者たちは、癌患者に対する心理学的介入が生活の質を高めたり(Andersen, 1992の展望論文を参照)、免疫機能を改善したり(Fawzy et al., 1990)、生存日数を延ばしたりする(Fawzy et al., 1993; Spiegel et al., 1989)ことを証明してきた。無作為化された実験で用いられる構造化された心理学的介入には対処スキル訓練やソーシャルサポート、情動表出、ストレス・マネジメント法や痛みコントロール法など豊富にある。これらの介入法は大きな網をかけるので多数の患者に恩恵をもたらすが、介入法のどのような要

素が有益な結果を生み出したのかを明確にすることはできない。数ある要素のなかで情動表出の有効性を確定するには，フルコースの治療と要素を絞り込んだ治療を比較して，介入における不可欠な要素を探りあてる解体実験を行うことが役立つだろう（本書の 11 章を参照）。

メイヤーとマーク（Meyer & Mark, 1995）は成人の癌患者集団に対する無作為化され統制された心理社会的介入実験の効果に関するメタ分析を行い，介入の内容によって有効性が変わるのかどうかを調べた。45 の実験がメタ分析の対象になった。患者の大部分はアメリカ合衆国の白人女性であった。情動的適応（$d=.24$）と機能的適応（$d=.19$），そして治療と疾患に関連した身体症状（$d=.26$）に対する有益な効果が認められたが，医学的指標（$d=.17$）に対する有益な効果は認められなかった。種類の異なる治療（たとえば，認知行動療法，ソーシャルサポート）の間で統計学的に意味のある有効性の違いは認められなかったが，それは統計学的な検定力が弱いことによるものかもしれない。情動表出は複数の種類の治療に含まれているように思われる。

癌患者に対する最も有名な心理学的介入実験は，治療パッケージの中心に明確に情動表出の要素を取り入れている。乳癌転移患者，また最近ではヒト免疫不全ウィルス患者（Classen et al., 1999）に対して利用されているスピーゲル（Spiegel）による感情表現を積極的に行う支持的な集団療法は，病気や病気が人生に及ぼす影響に関する感情を率直かつ十分に表現するよう集団のメンバーを奨励する。集団のメンバーは，情動を共有することに加えて，身体的な障害や医師とのコミュニケーション，家族関係，人生の意味，死への直面などの話題について話し合う。

10 年以上前にスピーゲルら（Spiegel et al., 1989）は，心理療法の効果検証研究に参加した乳癌転移患者を 10 年間追跡した結果を報告した。介入群の患者と統制群の患者は定期的に腫瘍学的治療を受けており，両群の間で年齢，婚姻状態，治療法，あるいは癌の進行段階に統計学的な差はなかった。初期の報告では，無作為に群分けされ週 1 回，1 年間にわたって集団療法を受けた患者の気分障害は減り，なかでも催眠療法を含む治療を受けた患者の痛みが著しく緩和されたと論じられている（Spiegel & Bloom, 1983; Spiegel et al., 1981）。この介入法は生存日数に作用するよう計画されたものではなかったが，10 年間の追跡調査の結果は介入群の女性（50 名）が統制群の女性（36 名）よりも平均 2 倍（調査開始時から死亡するまでの期間はそれぞれ 36.6 か月と 18.9 か月）長生きしたことを明らかにした（Spiegel et al., 1989）。この研究は批判され，そのような効果の基礎メカニズムは依然として不明である。その研究者たちはそのような効果を生む潜在的な媒介要因としてソーシャルサポート，治療への応諾，健康行動の変化，神経内分泌機能，免疫機能について考察した。

無作為化され統制された実験からの証拠は情動表出の誘導を含む多様な介入法が癌患者に有益な結果をもたらすことを示唆しているが，情動表出がきわめて重要な要因であると結論することはできない。有益な効果を生む基礎メカニズムを特定するよう計画された研究が求められる。そのような研究によって臨床的に有効で費用効果の高い介入法を計画することができるようになる。無作為化され統制された従来の実験に参加した患者集団の人口統計学的特徴は比較的等質であった。それゆえに将来の実験では癌患者を対象にして，情動表出を基本にすえた構造化された介入法の効果が性別，人種，民族の違いによって異なるかどうかを検討する必要がある。

感情表現開示実験

　患者の母集団に対して筆記表現パラダイム（Pennebaker & Beall, 1986），あるいはそれに類似した方法を試した実験は数少ない。ケリーら（Kelley et al., 1997）は72名のリューマチ性関節炎（平均年齢56.6歳；83%が女性）を，ストレスフルな出来事をめぐって心の奥底にある感情を1日15分間，4日続けてテープレコーダに向かって語る情動開示条件か，あるいは何も感情を感じさせない写真の内容について同じ期間テープレコーダーに向かって語る統制条件のどちらかに無作為にふり分けた。その実験課題の終了後，平均3か月間に診療所を訪れた患者が査定された。情動開示条件の患者は，統制条件の患者に比べて情緒不安が少なく，日常活動における身体機能が良好であると報告した。開示が痛みの訴えや医師の診断による関節の具合に及ぼす効果は認められなかった。しかしながら開示課題に取り組んだ直後に不快気分が増大した患者は，その後，関節障害の改善を示した。

　ある筆記パラダイム実験（Smyth et al., 1999）は喘息患者（58名；平均年齢41歳；73%が女性）とリューマチ性関節炎（49名；平均年齢51歳；71%が女性）を対象にして実施された。実験の被験者は人生で最も苦痛な出来事か，あるいは感情がともなわない話題のいずれかを3セッション筆記した。最初の筆記課題の実施前，筆記課題の2週間後，8週間後，そして16週間後に身体機能が査定された。統制群の患者の健康状態は変化しなかったが，肺活量計で測定された開示条件の喘息患者の肺機能は16週間後（2週間後，8週間後においても）に著しい改善を示した。また専門医による臨床検査によれば，開示条件のリューマチ性関節炎患者の全般的な関節障害も著しく改善した（ただし16週間後）。要約すると，開示条件の患者のうち著しい改善を示した者は47%であったが，統制条件の患者のうち改善を示した者は16週間後の時点で24%のみであった。

乳癌患者を対象にして感情表現開示パラダイムによる2つの臨床実験が実施された。ウォーカーら（Walker et al., 1999）は乳癌のⅠ期あるいはⅡ期の女性（平均年齢54歳）を放射線治療の最終日に癌とは関係のない出来事や計画について実験者に語る統制条件，あるいは30分間の筆記介入を1セッション（放射線治療の最終日か翌日）実施する条件もしくは3セッション（放射線治療の最終週）実施する条件のいずれかに無作為にふり分けた。開示条件の患者は自分の癌体験をめぐる心の奥底にある考えと感情について筆記するよう指示された。14名が統制条件を完了し，11名が1セッション筆記条件，そして14名が3セッション筆記条件を完了した。放射線治療の1週間後，4週間から6週間後，16週間後，28週間後に，ネガティブ気分を感じる程度と癌に関連する思考の意識侵入度および回避度が電話面接で尋ねられた。ネガティブ情緒特性と放射線治療の副作用の重さが共変量として扱われた。いずれの従属変数に対しても条件の主効果および条件×面接時期の交互作用は統計学的に有意でなかった。28週間後の平均値を視査したところ，筆記条件の患者のネガティブ気分とポジティブ気分，癌に関連する思考の回避度と意識侵入度はいずれも統制群の患者に比べてわずかに高かった。これらの患者に対しては筆記表現法が無効であるという可能性が示唆されるとともに，標本サイズの小ささやポジティブ情緒指標に反映される適応状態の改善によって筆記表現法の効果が確認できなかったのかもしれない。あるいは実験者が患者の身体健康状態を診断しなかったということにも注意をはらうべきだ。

われわれはⅠ期とⅡ期の乳癌に対する初期治療を終えて間もない60名の女性を無作為に条件にふり分けて筆記表現法の臨床実験を実施した（Stanton et al., in press）。この実験の目的は癌体験をめぐる心の奥底にある考えと感情を筆記する条件が心身健康に及ぼす効果を癌体験の事実側面について筆記する統制条件との比較で検証することであるが，癌を体験したことで得られた恩恵について筆記することの効果を調べることも目的であった。自己記述を分析した先行研究（たとえば，Affleck & Tennen, 1996）では，深刻な健康障害に直面した多くの人々は，それを経験したことによってポジティブな性格への変化の知覚（たとえば，共感性や自尊心の上昇）や良好な対人関係の増加，人生における優先すべきことの見直しといった恩恵を得ることが明らかにされている。また健康障害を経験して恩恵に自発的に気づくことは良好な適応状態と結びつく（Affleck & Tennen, 1996）。

恩恵への気づきを実験的に誘導すると有益な効果が生じるという実験結果は，苦痛感を引き起こすことが筆記表現パラダイムによる有益な変化の前提条件ではないことを示唆している（King & Miner, 2000 も参照）。女性に対して実験的に恩恵への気づきを誘導すると情動表出全般を感じることを強いることになり，意図しない効果を生じさせる可能性があるが，たいていの女性には医学的治療を完了

展示3.1 実験条件で使用した教示

感情表現開示条件

　これから行う4回のセッションでは，乳癌の体験をめぐってあなたの心の奥底にある思考と感情を書き綴っていただきたいと思います。私は乳癌を患った方々があらゆる感情を経験されることを承知しています。それらの感情のすべてに注目してください。筆記に取り組むときには十分に自分を解放して，心の奥底にある感情と思考を探り出してください。あなたは乳癌の診断結果を知る前，診断結果を知らされた後，治療期間，そして今現在感じているさまざまな感情と変化について考えるかもしれません。どんなことを書いてもよいですが，心の奥底にある思考と感情に注目することがとても重要です。理想をいえば，誰にもくわしく話したことのない感情や思考や変化に注目していただきたいと思います。あなたは癌体験をめぐる思考と感情を，あなたの人生のその他の側面──幼少期，愛する人々，愛してもらいたい人々，自分はどのような人間なのか，どのような人になりたいか──と結びつけるかもしれません。くり返しますが，筆記する際に最も重要な点は心の奥底にある感情と思考にしっかりと注目することです。唯一の規則は終了合図があるまで休まずに書き綴ることです。書くことが尽きてしまったら，すでに書いたことをくり返し書き綴ってください。文法も綴りも文章構成も気にする必要はありません。書いた文字を消したり，横線を引いたりする必要はありません。ただひたすら書き綴ってください。

恩恵への気づき筆記条件

　これから行う4回のセッションでは，乳癌の体験をめぐるあなたのポジティブな思考と感情を書き綴っていただきたいと思います。私は乳癌を患った方々がしばしば何らかのポジティブな感情を含むあらゆる感情や思考，変化を経験されることを承知しています。この筆記課題では，一連の癌体験であなたが経験してきたポジティブな思考と感情だけに注目してください。［以下，感情表現開示条件と同じ教示を「ポジティブな」思考と感情に修正して続ける］

事実のみを筆記する統制条件

　これから行う4回のセッションでは，乳癌とその治療に関する事実をくわしく書き綴っていただきたいと思います。私は乳癌を患った方々のあいだで発見法，診断，治療法がどれほど異なるのかを知りたいと思います。したがいまして，乳癌の疑いが出てからこれまでに起こったすべての出来事を非常にくわしく書いていただくことがとても重要です。私は乳癌を患った方々があらゆる感情を経験されることを承知していますが，この筆記課題では事実のみを書くことに専念し，感情については書かないようにしてください。事実は大きすぎることも小さすぎることもありません。乳癌を発見したのはいつか，誰が発見したのか，自分の癌について医師や人々に相談したこと，提供された情報，そしてどんな治療法が選択されたのか書き綴ってください。あなたが考えつく限りの事実を含み，乳癌の疑いが出てから今日までに経験されたことを残らず書き綴ってください。くり返しますが，筆記する際に最も重要な点は事実に注目して，できる限り事実情報を詳細に起こったことを再構成するよう努力していただくことです。唯一の規則は……［以下，感情表現開示条件と同じ教示が続く］

（注）これらの教示はスタントンらの論文（Stanton et al., in press）から引用した。

展示 3.2 感情表現開示と恩恵に注目する筆記の事例

感情表現開示条件

　ふり返ってみると，私は昨年，治療を受けていたときに，そう，恐怖心，不自由さ，かなりの恐怖を感じていたことを思い出した。しかし，最後には終わるのだと考えた。髪の毛が戻らないかもしれない，つまり誰にも見られたくない。裸になると，自分の胸が嫌だった。

　手術室に入るのを待つ部屋で，私はあらゆることに思いをめぐらせた。彼らの考えている以上の問題はないのだろうか？　彼らは私の乳房を切除する必要があるのだろうか？　私は化学療法を受けなければならなくなるのだろうか？　私は目覚めないことについてはそれほど心配しなかったが，その週やその月に直面するであろうことについて心配した。癌について考えた。何も知らないのが一番耐えがたい。あなたは重い病気を患い，長期間にわたって苦闘してきた友人だった。でも私は心の奥底ではまったく大丈夫だという気持ちをいつももっていた。

　今はどんな些細なことも私を凍りつかせる！　どんな痛みも癌の再発を意味する……，そして私は心のどこかで癌が再発すると信じているとそうなるにちがいないと思い心配する。ポジティブに考えようとするとそれはストレスになる。治療が終わったことで感じる喪失感が今週の最大の問題だ。癌と闘うために，そして休養するために，あなたはあらゆる手をつくして数か月間が過ぎ，そして医師がすべての治療を完了した。私はどのように後始末をすればよいのかしら？

恩恵への気づき筆記条件

　そのことによって，私は自分の人生を評価し，自分が数えられないほど祝福されていることに気づいた。そのことによって，私は家族と友人，そして教会に感謝した。

　私には揺るぎない結婚生活があり，素敵な夫がいることに気がついた。夫はとても情愛が深く，理解があり，支えてくれた。母は半月ほど私のそばにいてくれ，洗濯や家事を手伝ってくれた。彼女も応援してくれた。その間，私はあらゆることに対して肯定的な態度をもち，そうすることによって本当に救われた。それまで思っていたほどではなかったが，私は自分の強さを認めた。

　私は辛抱強くなること，そして人やものごとに対して時間をかけることを学んだ。それでもなお，私はせっかちで，ものごとを駄目にしてしまうことがある。そういうとき，私は「これは重要ではない。ペースをゆるめ，人生において大切なことに注目しよう」と考えて立ち止まる。人生に対してこのような新しい考え方をすることは素晴らしいことだ。このように考えることにより，友人や家族，幸せ，人生の質，そしてあなたの本当の感情に注意が向くようになる。私は自分が良き友人であるかのように思う。

　悪い状況から良いことが現れるということは本当だ。私は毎日，人生を違った観点から考察している。私は癌になったことで新しい人々と出会い，彼らは私の人生に良い影響を与えてくれる。私は祈りの力，神の力，そして神の強さをかつてないほどに感じてきた。私の人生はとても豊かに祝福されている。

(注) これらの教示はスタントンらの論文 (Stanton et al., in press) から引用した。

するまでにネガティブ情動を表現する機会が十分にあったことだろう。われわれはこのようなことから，癌体験の事実側面だけを筆記する統制条件と比べて，実験的に誘導された感情表現開示と恩恵への気づきの双方がウェルビーイング（健康に関連する生活の質，情緒）と身体健康（癌による受診，自己報告される身体症状）に有益な効果をもたらすだろうと仮説をたてた。われわれはまた，癌に関連する思考と感情を回避する傾向が弱い女性は，その傾向が強い女性——情動開示を誘導することは難しい——に比べて情動開示による恩恵をよく受けるだろうと推測し，癌に関連する思考と感情を回避する程度によって筆記条件の効果が異なるのかどうかを探った。

　３つの条件に女性患者（平均年齢50歳，乳癌診断後の経過時間は平均28週間）が無作為にふり分けられ，それぞれの条件では20分間の筆記セッションが3週間以内に4セッション行われた。訓練を受けた研究助手が患者の自宅か実験室で筆記セッションを実施した。研究助手たちは患者に筆記課題の教示を伝えるため，それぞれの患者がどの条件に割りあてられているのかは知っていたが実験の仮説については知らされておらず，標準的な台本に記されている教示を読み上げただけであった。展示3.1は最初の筆記セッションで患者に提示された教示である。以降の筆記セッションではそれよりも短縮された教示が使われた。筆記によって何か特別な恩恵が得られると患者が期待しないよう配慮して実験が行われた。

　筆記文は転写され，実験目的を知らない判定者に，無作為順に並べられた筆記文のどれが実験条件で記述されたものなのかを指摘するよう求めた。240部の筆記文に対する判定者の正解率は95％で，被験者が実験の教示に忠実に従ったことがわかる。展示3.2に示したように，恩恵に気づかせる筆記条件と感情を表出開示する筆記条件の筆記文の事例は筆記課題によって生じた反応の幅を示している。

　筆記セッションの直後には3つの条件の間に自己報告された生理学的興奮とポジティブ情動の差はなかった。しかしながら感情表現条件の被験者と統制条件の被験者は，病気経験によって得た恩恵に注目するよう誘導された被験者よりも，筆記後に苦痛の増加を報告した。この筆記パラダイムでは一般的に統制条件の被験者で苦痛が増加することはないが（Smyth, 1998），被験者は統制筆記条件で典型的に筆記される平凡な話題（たとえば，クロゼットの中身など）ではなく癌体験の詳細な事実に注目するように求められたためにこのような結果になったと考えられる。感情表現筆記の後の苦痛の増加は筆記パラダイムの文献では典型的な結果である（Smyth, 1998）。多数の女性が苦痛な筆記課題が最終的には恩恵をもたらすという感想を述べた。ある女性は次のように述べている。「過去１年間に起こったことを自分の言葉で考えることができた。自分の人生がどうなのか，こ

れからどのような人生を送りたいのかを考えた。どれも難しい問題であるが，全体としてはよい経験であったと思う」。別の女性は次のように述べている。「癌について書いたことにより，自分がこれまで意識しなかった感情が現れた。それらの感情を自分で理解することで夫や親友たちとの会話が増え，彼らが感じていたことや話すのを恐れていたことが明らかになっていった。これらのことがすべて私たちの関係をいっそう親密なものにし，会話を発展させる扉を開いてくれたと思う」。だが，筆記セッションの1か月後と3か月後に査定を行ったとき多くの被験者が肯定的な報告をしているにもかかわらず，心理状態に対する筆記条件の主効果は認められなかった。この実験の被験者は，他の研究の癌患者に比べて全般的に生活の質がよく，苦痛が弱く，元気であると自己報告していた。しかしながら被験者が自己報告した癌に関する思考の回避と実験条件の交互作用が苦痛に対して認められた。癌に関する思考の回避度が低い女性では感情表現開示によって苦痛が弱まったが，回避度が高い女性では弱まらなかった。一方，回避度の高い女性は病気体験によって得た恩恵に気づく条件で苦痛が弱まる傾向があった。

　身体健康に関連する結果については，筆記セッション1か月後の身体症状報告に3つの条件間の差は認められなかった。しかしながら3か月後には統制条件と比較して感情表現筆記条件の身体症状は減少し，恩恵に気づく条件の身体症状得点は統制条件と感情表現開示条件の中間であった。筆記セッション後3か月間の癌に関連する症状（たとえば，リンパ節障害）による通院記録についても3つの条件間で差が認められた。感情表現筆記条件の女性（平均0.40回）と恩恵に気づく筆記条件の女性（平均0.90回）は，統制条件の女性（平均2.20回）に比較して，筆記セッション後3か月間に癌に関連する症状による通院回数が少なかった。身体健康状態に対する筆記条件と回避度の交互作用は認められなかった。以上のことから，この実験で認められた身体健康に関する恩恵は別の疾患の患者を対象にしたスミスら（Smyth et al., 1999）の実験の結果と同じものであったといえる。

　この実験におけるもう1つの重要な発見は，筆記で苦痛な思考と感情に向き合わなくても患者が恩恵を受けることができるということだ。感情表現開示条件の被験者と同様に，癌体験で得た恩恵について筆記するように誘導された女性は，統制筆記条件の被験者よりも筆記セッション後3か月間の癌に関連する症状による通院回数が少なかった（Stanton et al., in press）。感情表現開示条件の被験者は自らの癌体験のポジティブな側面について筆記した女性に比べて通院回数や身体症状の訴えがわずかに少なかった。しかしながら，恩恵に注目する筆記条件の女性は感情表現開示条件の被験者よりも，癌体験に関する理解が深まったという知覚や研究プロジェクトの価値，筆記がもたらした長期的な効用とい

う点でわずかに良好な結果を示した（Stanton et al., in press）。キングとマイナー（King & Miner, 2000）も実験的に恩恵への注目を誘導することが有益であることを証明している（本書の7章を参照）。118名の大学生を対象に行われた彼らの実験は，トラウマティックな出来事をめぐって心の奥底にある考えと感情を筆記することと，トラウマティックな出来事を経験したことによって得た恩恵について筆記することが，統制筆記条件と比較して，筆記セッション3か月後と5か月後の健康センター通院回数を減少させた。われわれの実験結果はペネベーカーら（Pennebaker et al., 1997）の実験結果とも一致している。彼らは筆記による情動開示に関する6つの実験結果を分析して，被験者がポジティブ情動語を使うことと健康上の恩恵が関連することを明らかにした。

　われわれは逆境に直面している人々に対する一種の介入法として恩恵に注目した筆記を導入することについて注意事項を助言してきた（たとえば，Stanton et al., 1992）。実際，「明るい面を見るよう」に人々に勧めたり，不幸な出来事の良い面に注目するよう勧めたりすると，苦境を矮小化していると思われたり，苦境を理解していないと思われたりする。われわれの実験の標本では，恩恵に注目する筆記は実験計画の少なくとも3つの側面に対して有益な効果を生み出したと考えられる。第1の側面として，われわれは特定の恩恵に注目するよう被験者に指示していない。むしろ被験者は自ら想起して探究したさまざまな恩恵を整理した。第2の側面として，われわれは恩恵に注目する筆記に取り組む被験者に対して癌体験のポジティブな側面とネガティブな側面の両方に注目するよう誘導しなかったが，ネガティブな思考と感情を被験者が別の方法で処理したという証拠がある。恩恵に注目することは苦痛な情動に向き合っている状態をリフレッシュするものであったと多数の被験者が感想を述べている。たとえば，ある女性は「ポジティブな側面について20分間書き綴るよう最初に求められたとき，『まさか，冗談でしょう？！』と思った。その後，ポジティブな側面について考え始めると，私は思い浮かんでくるすべての事柄に驚かされた！」と述べている。別の被験者は次のように書き記している。「このプロジェクトについて考え始めた当初は，癌の診断結果によって生じた苦痛感と傷ついた気持ちを語ろうと考えていた。私は癌のポジティブな側面について書く準備はしていなかった。私はこのプロジェクトがこのような形で終了したことをうれしく思う」。このようなわけで恩恵に注目して筆記する条件の被験者は，癌が再発したり社会的に拒絶されたりしないようにするために世界に対して陽気な顔をして見せるよう癌患者に圧力をかける「過酷なポジティブ思考」（Holland & Lewis, 2000, p.14）の犠牲者にはならなかった。むしろ，この条件はポジティブ情動とネガティブ情動のバランスのとれた表出をもたらしたかもしれない。第3の側面として，この実験は医学的初期治療を完了

した後に実施された。われわれの意見では，癌の診断結果が出た直後に筆記介入を実施することは非常に違った効果，おそらく有害効果を生み出す可能性がある。人生に脅威を与える病気の診断から恩恵を見つける能力とその適応効果は，その人がその出来事に関するネガティブ情動に注意を向け，その体験の意味を理解するようになった後にはじめて自然に生じるのかもしれない（たとえば，Janoff-Bulman & Frantz, 1997）。

スタントンら（Stanton et al., in press）の実験に関する最後の注目点は，恩恵に注目して筆記する条件は医学的にポジティブな結果を生み出したが，その条件よりも感情表現筆記条件のほうが有益であるということを示唆していることだ。いくつかの証拠は恩恵に注目して筆記する条件に比べて感情表現筆記条件では身体症状の訴えと癌関連症状による通院回数がわずかに少ないことを示している。さらに恩恵に注目して筆記する条件の2名の被験者がポジティブ体験だけを書き綴ることに気がすすまず，ポジティブな体験は自分の体験の「物語の一部」にすぎないという感想を述べている。筆記直後には苦痛が強まるが，癌をめぐるあらゆる思考と感情を表現することは癌患者が受ける健康上の恩恵を最大にすることは明らかである。さまざまな形式の感情表現筆記法の相対的なリスクと恩恵については今後の研究の課題である。

上述してきた4つの無作為化された実験の結果は，完全に合致しているわけではないが，患者母集団に対する感情表現筆記パラダイムの潜在力については保証している。自己報告された身体健康指標もしくは客観的な身体健康指標を査定した3つの臨床実験（Kelley et al., 1997; Smyth et al., 1999; Stanton et al., in press）は感情表現筆記法が生み出す重要な恩恵を明らかにした。（ケリーら（Kelley et al.）は1つの身体健康指標に対する有効性を確認したが，他の指標に対する有効性は見いだせなかった）。乳癌女性では身体症状の訴えと癌関連症状による通院回数の減少（Stanton et al., in press），リューマチ性関節炎患者では症状改善（Smyth et al., 1999）と日常活動における身体機能の改善（Kelley et al., 1997），喘息患者では肺機能の改善（Smyth et al., 1999）というように身体健康に関連する指標に対して有益な効果が生じた。これらの結果はそれぞれの診断を受けた患者にとって医学的妥当性があるとともに機能的意味をもっている。

心理学的健康に関する実験結果は複雑だ。ケリーら（Kelley et al., 1997）の実験における感情表現筆記条件の被験者は統制筆記条件の被験者よりも情緒不安が少ないと報告した。ウォーカーら（Walker et al., 1999）は心理学的変数における条件間の差を見いだしていない。スタントンら（Stanton et al., in press）は2つの筆記条件の心理学的恩恵が癌をめぐる思考と感情を回避する程度で変わることを発見した。スタントンらの実験の女性被験者たちは，他の実験の癌患者の標本と

比較して，実験の開始時点で人生の質がいっそうポジティブであると報告しており，またウォーカーら（Walker et al., 1999）はポジティブ情動を測定する尺度の平均値がその尺度のほとんど上限値であったと述べている（そしてその実験の標本サイズは4つの実験のなかで最小であった）。苦痛を強く経験している患者はおそらく感情表現筆記法によって多くの心理学的恩恵を獲得したと思われる。さらにスタントンらの実験結果は，筆記者の既存の心理学的属性によって感情表現筆記が心理学的指標にあたえる効果が変動することを示唆している。

3節
情動表出と癌に関する研究の結論

　要約すると，相関研究の証拠と実験研究の証拠は癌と診断された人々において情動表出が果たす役割の重要性を明らかにしている。癌の発症に関するマッケンナら（McKenna et al., 1999）によるメタ分析は，感情を表出しない傾向がリスクになりうることを示唆している。しかしながらマッケンナらが展望したさまざまな実験のうち，想定されてきた因果関係に異議をとなえるための真に予測的な計画で実施された実験はなかった。われわれは癌の発症と進行にはそれぞれ固有のメカニズムが関与していること，もっと方法論的に優れた研究が必要なこと，そして性格要因が関係していると結論することは被害者を咎める潜在力になる危険性があるので十分に慎重にならなければならないことを強調したい。
　情動表出が癌に対する心理学的適応を促進させるかどうかという疑問を検討した横断的相関研究と縦断的相関研究は，ネガティブ情動を統制せずに発散することが不適応と関連しており（Compas et al., 1999），一方，情動を表出する意図的な努力が有益な効果を生み出すことを明らかにしている（Stanton, Danoff-Burg, et al., 2000）。心理学的介入実験（たとえば，Spiegel et al., 1989）も支持的な文脈のなかで情動を表出することが癌患者に恩恵をもたらすことを示唆しているが，それらの精神療法には多様な要素が含まれているので明快に結論を下すことはできない。おそらく情動開示が適応的であるとする最強の証拠は癌患者（Stanton et al., in press）とその他の疾患の患者（Kelley et al., 1997; Smyth et al., 1999）に対して，筆記を通じて情動を開示する過程を実験的に誘導した研究から得られる。だが，それらの実験の結果は完全に一貫するものではない（たとえば，Walker et al., 1999）。情動開示が適応的であるという証拠は心理的機能に関連した結果よりも身体健康に関連した結果において明確である。患者母集団を対象にした実験はこれまでほとんど実施されてこなかった。感情表現筆記パラダイムを用いた研究

の結果は数多くの疑問を提起し，われわれはこれからそれらの疑問に取り組んでいくことになる。

4節
感情表現筆記パラダイムを癌患者に適用するための今後の指針

　癌患者の心理学的健康状態と身体健康状態に対する感情表現筆記法の効果をめぐる非常に素朴な疑問は，既存の実験結果が果たして信頼できるものなのかどうかということである。現在，乳癌患者に対する感情表現筆記法の2つの実験のうち1つの実験においてのみ健康上の恩恵が認められている（Stanton et al., in press）。癌以外の患者の母集団（Kelley et al., 1997; Smyth et al., 1999）と健康者の標本（Smyth, 1998を参照）で得られた有効性を示す実験結果は，乳癌患者を対象にした実験結果の信頼性と妥当性の保証を高めるものである。癌患者に対する感情表現筆記パラダイムの実験を継続することによって信頼性と妥当性がいっそう保証される。異なる個人特徴をもつ癌患者に対する効果の一般性についても疑問がある。健康者の標本では女性よりも男性のほうが感情表現筆記法の効果がいくぶん強く現れる（Smyth, 1998）。さらに男性の癌患者，とりわけ受容的な社会的文脈におかれている男性の癌患者に情動表出がもたらす恩恵（Lepore, 2001; Lepore & Helgeson, 1998），不妊カップルの男性に情動表出がもたらす恩恵（Berghuis & Stanton, in press; 大学生の男性を対象にした逆の実験結果についてはStanton et al., 1994を参照）を示唆する証拠がある。感情表現筆記法の有益な効果は男性の癌患者にも，その他の癌の患者にも，癌患者の最愛の人にも一般化できるのだろうか？　疾患が進行している患者や，治療過程の異なる段階にいる患者にも恩恵は生じるのだろうか？　癌患者に対する感情表現筆記に関する最も興味深い疑問は，誰に，どのような条件下で，どれくらい筆記表現することが恩恵をもたらすのかということである。本書に執筆している多数の研究者は感情表現筆記法の効果が生じる媒介要因とメカニズムに関する疑問に取り組んでいる。

　感情表現筆記パラダイムの効力を増強することはできるのだろうか？　物語の一貫性や因果思考，ポジティブ情動など感情表現筆記の効果を生むメカニズム（たとえば，Pennebaker et al., 1997）として想定されているさまざまな要素を介入のための教示に組み込むことで，いっそう強力な結果が生じるだろう。キャメロンとニコルス（Cameron & Nicholls, 1998）は，楽観主義傾向の人々が筆記による情動開示に取り組むと保健センターへの通院回数が減少するという効果が生じるが，

悲観主義傾向の人々においては自己制御に関する明快な教示に基づいて感情表現筆記に取り組んだ場合にだけ保健センターへの通院回数が減少することを発見した。楽観主義傾向の弱い女性が乳癌と診断されると適応状態が悪化するリスクがあるので (Carver et al., 1993; Stanton & Snider, 1993)，癌患者のための筆記パラダイムに将来そのような教示を付け加えることがよいかもしれない。

　研究の別の方向性は標準的な感情表現筆記パラダイムとそれ以外の筆記法の比較を行うことである。ストレスフルな体験によって得られたさまざまな恩恵に注目することが有益であることを示唆する暫定的な証拠がある (King & Miner, 2000; Stanton et al., in press)。他の筆記教示を研究する価値はある。たとえば試練を予期したり対処プランを作成したりすることは，はじめて癌と診断された患者に役立つ筆記法になるかもしれない。複数の介入法の結果を比較することは，どのような介入法が患者に最も有益であるのかを知るためだけでなく，効果が生じる基礎過程を明らかにするために取り組む価値がある。

　感情表現筆記が治療の効力を長期的にもたらすのかどうか，また感情表現筆記が癌患者に有効であることが知られている他の治療方略と相補的に連携しえるものなのかどうかについてもわかっていない。生活の質の向上や数か月以上の長期にわたる健康状態の向上など，周辺波及的な恩恵を促進することが感情表現筆記法の基本的な効果であるのかどうかも謎である。さらに感情表現筆記法は効果的な心理社会的介入の補助として役立つかもしれない。治療効果の理論的メカニズムを解明すること，そして深刻な健康危機に直面している人々に実際に応用することに，このパラダイムに関する研究の潜在力がある。

◆ 引用文献 ◆

Affleck, G., & Tennen, H. (1996). Construing benefits from adversity: Adaptational significance and dispositional underpinnings. *Journal of Personality,* **64**, 899-992.
Andersen, B. (1992). Psychological interventions for cancer patients to enhance quality of life. *Journal of Consulting and Clinical Psychology,* **60**, 552-568.
Andersen, B. L., Kiecolt-Glaser, J. K., & Glaser, R. (1994). A biobehavioral model of cancer stress and disease course. *American Psychologist,* **49**, 389-404.
Berghuis, J. P., & Stanton, A. L. (in press). Adjustment to a dyadic stressor: A longitudinal study of coping and depressive symptoms in infertile couples over an insemination attempt. *Journal of Consulting and Clinical Psychology.*
Bleiker, E. M. A., & van der Ploeg, H.M. (1999). Psychosocial factors in the etiology of breast cancer: Review of a popular link. *Patient Education and Counseling,* **37**, 201-214.
Bonanno, G. A., Znoj, H., Siddique, H. I., & Horowitz, M. J. (1999). Verbalautonomic dissociation and adaptation to midlife conjugal loss: A follow-up at 25 months. *Cognitive Therapy and*

Research, **23**, 605-624.
Cameron, L. D., & Nicholls, G. (1998). Expression of stressful experiences through writing: Effects of a self-regulation manipulation for pessimists and optimists. *Health Psychology*, **17**, 84-92.
Carver, C. S., Pozo, C., Harris, S. D., Noriega, V., Scherier, M. F., Robinson, D. S., Ketcham, A., Moffat, F. L., & Clark, K. C. (1993). How coping mediates the effect of optimism on distress: A study of women with early stage breast cancer. *Journal of Personality and Social Psychology*, **65**, 375-390.
Classen, C., Diamond, S., & Spiegel, D. (1999). Supportive-expressive group therapy for cancer and HIV patients. In L. VandeCreek & T. L. Jackson (Eds), *Innovations in clinical practice: A source book* (Vol. 17, pp. 119-134). Sarasota, FL: Professional Resource Press.
Classen, C., Koopman, C., Angell, K., & Spiegel, D. (1996). Coping styles associated with psychological adjustment to advanced breast cancer. *Health Psychology*, **15**, 434-437.
Compas, B. E., Stoll, M. F., Thomsen, A. H., Oppedisano, G., Epping-Jordan, J. E., & Krag, D. N. (1999). Adjustment to breast cancer: Age-related differences in coping and emotional distress. *Breast Cancer Research and Therapy*, **54**, 195-203.
Eysenck, H. J. (1994). Cancer, personality and stress: Prediction and prevention. *Advances in Behavior Research and Therapy*, **16**, 167-215.
Fawzy, F. I., Fawzy, N. W., Hyun, C. S., Elashoff, R., Guthriee, D., Fahey, J. L., & Morton, D. L. (1993). Malignant melanoma: Effects of an early structured psychiatric intervention coping and affective state on recurrence and survival 6 years later. *Archives of General Psychiatry*, **50**, 681-689.
Fawzy, F. I., Kemeny, M. E., Fawzy, N. W., Elashoff, R., Morton, D., Cousins, N., & Fahey, J. L. (1990). A structured psychiatric intervention for cancer patients:II. Changes over time in immunological measures. *Archives of General Psychiatry*, **47**, 729-735.
Garssen, B., & Goodkin, K. (1999). On the roll of immunological factors as mediators between psychosocial factors and cancer progression. *Psychiatry Research*, **85**, 51-61.
Greer, S., & Watson, M. (1985). Towards a psychobiological model of cancer: Psychological considerations. *Social Science and Medicine*, **20**, 773-777.
Helgeson, V. S., & Lepore, S. J. (1997). Men's adjustment to prostate cancer: The role of agency and unmitigated agency. *Sex Roles*, **37**, 251-267.
Holland, J. C., & Lewis, S. (2000). *The human side of cancer: Living with hope, coping with uncertainty.* New York: Harper Collins.
Janoff-Bulman, R., & Frantz, C. M. (1997). The impact of trauma on meaning: From meaningless world to meaningful life. In M. Power & C. R. Brewin (Eds.), *The transformation of meaning in psychological therapies* (pp. 91-106). New York: Wiley.
Kelley, J. E., Lumley, M. A., & Leisen, J. C. C. (1997). Health effects of emotional disclosure in rheumatoid arthritis patients. *Health Psychology*, **16**, 331-340.
King, L. A., & Miner, K. N. (2000). Writing about the perceived benefits of traumatic events: Implications for physical health. *Personality and Social Psychology Bulletin*, **26**, 220-230.
Lepore, S. J. (2001). A social-cognitive processing model of emotional adjustment to cancer. In A. Baum & B. Andersen (Eds.), *Psychological interventions for cancer* (pp. 99-118). Washington, DC: American Psychological Association.
Lepore, S. J., & Helgeson, V. S. (1998). Social constraints, intrusive thoughts, and mental health after prostate cancer. *Journal of Social and Clinical Psychology*, **17**, 89-106.
McKenna, M. C., Zevon, M. A., Corn, B., & Rounds, J. (1999). Psychosocial factors and the development of breast cancer: A meta-analysis. *Health Psychology*, **18**, 520-538.
Meyer, T. J., & Mark, M. M. (1995). Effects of psychosocial interventions with adult cancer patients: A meta-analysis of randomized experiments. *Health Psychology*, **14**, 101-108.
Morrow, J., & Nolen-Hoeksema, S. (1990). Effects of responses to depression on the remediation of

depressive affect. *Journal of Personality and Social Psychology*, **58**, 519-527.
Mulder, C. L., van der Pompe, G., Spiegel, D., Antoni, M. H., & de Vries, M. J. (1992). Do psychosocial factors influence the course of breast cancer ? A review of recent literature, methodological problems and future directions. *Psycho-oncology*, **1**, 155-167.
Pennebaker, J. W. (1993). Putting stress into words: Health, linguistic, and therapeutic implications. *Behavior Research and Therapy*, **31**, 539-548.
Pennebaker, J. W., & Beall, S. (1986). Confronting a traumatic event: Toward an understanding of inhibition and disease. *Journal of Abnormal Psychology*, **95**, 274-281.
Pennebaker, J. W., Mayne, T. J., & Francis, M. E. (1997). Linguistic predictors of adaptive bereavement. *Journal of Personality and Social Psychology*, **72**, 863-871.
Phipps, S., & Mulhern, R. K. (1995). Family cohesion and expressiveness promote resilience to the stress of pediatric bone marrow transplant: A preliminary report. *Developmental and Behavioral Pediatrics*, **16**, 257-263.
Rieker, P.P., Edbril, S.D., & Garnick, M.B. (1985). Curative testis cancer therapy: Psychosocial sequelae. *Journal of Clinical Oncology*, **3**, 1117-1126.
Schwartz, E., & Geyer, S. (1984). Social and psychological differences between cancer and noncancer patients: Cause or consequence of the disease? Psychotherapy and Psychosomatics, 41, 195-199.
Smyth, J.M. (1998). Written emotional expression: Effect sizes, outcome types, and moderating variables. *Journal of Consulting and Clinical Psychology*, **66**, 174-184.
Smyth, J.M., Stone, A.A., Herewitz, A., & Kaell, A. (1999). Effects of writing about stressful experiences on symptom reduction in patients with asthma or rheumatoid arthritis: A randomized trial. *Journal of the American Medical Association*, **281**, 1304-1309.
Snyder, C.R., Harris, C., Anderson, J.R., Holleran, S.A., Irving, L.M., Sigmon, S.T., Yoshinobu, L., Gibb, J., Langelle, C., & Harney, P. (1991). The will and the ways: Development and validation of an individual-differences measure of hope. *Journal of Personality and Social Psychology*, **60**, 570-585.
Spiegel, D., & Bloom, J.R. (1983). Group therapy and hypnosis reduce metastatic breast carcinoma pain. *Psychosomatic Medicine*, **45**, 333-339.
Spiegel, D., Bloom, J.R., Kraemer, H.C., & Gottheil, E. (1989). Effect of psychosocial treatment on survival of patients with metastatic breast cancer. *Lancet, ii*, 888-891.
Spiegel, D., Bloom, J.R., & Yalom, I. (1981). Group support for patients with metastatic cancer: A randomized outcome study. *Archives of General Psychiatry*, **38**, 527-533.
Stanton, A.L., Danoff-Burg, S., Cameron, C.L., Bishop, M., Collins, C.A., Kirk, S.B., Sworowski, L.A., & Twillman, R. (2000). Emotionally expressive coping predicts psychological and physical adjustment to breast cancer. *Journal of Consulting and Clinical Psychology*, **68**, 875-882.
Stanton, A.L., Danoff-Burg, S., Cameron, C.L., & Ellis, A.P. (1994). Coping through emotional approach: Problems of conceptualization and confounding. *Journal of Personality and Social Psychology*, **66**, 350-302.
Stanton, A.L., Danoff-Burg, S., Sworowski, L.A., Collins, C.A., Branstetter, A.D., Rodriguez-Hanley, A., Kirk, S.B., & Austenfeld, J.L. (in press). Randomized, controlled trial of written emotional expression and benefit finding in breast cancer patients. *Journal of Clinical Oncology*.
Stanton, A.L., Kirk, S.B., Cameron, C.L., & Danoff-Burg, S. (2000). Coping through emotional approach: Scale construction validation. *Journal of Personality and Social Psychology*, **78**, 1150-1169.
Stanton, A.L., & Snider, P. (1993). Coping with a breast cancer diagnosis: A prospective study. *Health Psychology*, **12**, 16-23.
Stanton, L.L., Tennen, H., Affleck, G., & Mendola, R. (1992). Coping and adjustment to infertility. *Journal of Social and Clinical Psychology*, **11**, 1-13.
Temoshok, L., & Dreher, H. (1992). *Type C behavior and cancer*. New York: Random House.

Walker, B.L., Nail, L.M., & Croyle, R.T. (1999). Does emotional expression make a difference in reactions to breast cancer? *Oncology Nursing Forum*, **26**, 1025-1032.

Watson, M., Greer, S., Rowden, L., Gorman, C., Roberston, B., Bliss, J.M., & Tunmore, R. (1991). Relationships between emotional control, adjustment to cancer and depression and anxiety in breast cancer patients. *Psychological Medicine*, **21**, 51-57.

4章
生活を書き綴る[*1]
―子どもの語りと心身のウェルビーイングの向上―

コレット・ダイーテ　　エリー・ビュトー

　環境状態や対人ストレスは，都市特有の環境で暮らしている子どもたちの健康に深刻な脅威となっている。密集や資源の欠乏，人口の大移動は，暴力―それは，アメリカ合衆国における若者たちの傷害致死の3分の1を占め，犠牲者を苦しめる慢性的な心身障害の原因となっている―と結びついている（Hamburg, 1998; Laub & Lauritsen, 1998）。学校環境で起こる若者たちの心身を害する主たる攻撃と暴力は喧嘩である。それゆえに保護過程に関する研究では若者同士の対人葛藤が重要な意味をもつ。トラウマの表出コミュニケーションについての研究は，社会性の発達に関する研究と，青年期の葛藤およびそれに関連する危険因子についての洞察とを結びつける豊富な知識の源泉である。

　道徳性プログラムおよび暴力防止プログラムは，差別のように暴力的葛藤をきわめて頻繁に生じさせる対人関係をめぐる問題について語り合う機会を創出してきた（Samples & Aber, 1998; Walker, 1998）。そのようなプログラムは対人的葛藤に結びついたトラウマの表出コミュニケーションとトラウマの対処法を教授する機会になっている。教師と親による社会的支援は，暴力にさらされた子どもたちのウェルビーイングにとってきわめて大切である（Kliewer et al., 1998）。対人関係問題のプログラムは，習慣化したトラウマティックな葛藤について教師と子どもが認識を深め，分析・理解し，そして（時には）解決する語り合いの場を提供する。若者の間で起こる葛藤を処理するには，たとえば「その場を立ち去る」とか「大人に話す」といった段階的な手続きを踏む防止プログラムもあるが，語り合うだけでなく，組織内の衝突や対人関係の衝突に巻き込まれた人々に考えや感

情を探究させ，それによって感情経験の適切な表出を導く防止プログラムもある。

　ここで述べる研究は身体傷害を負う危険と語り筆記を結びつけるための一歩である。子どもたちの筆記の保護的側面について研究することは，学校場面における心身健康を扱う急速に進展する活動に役立つだろうし，筆記が健康に果たす役割についての知識を増やすだろう。われわれは子ども（筆記表現法の研究ではほとんど研究されていない）に焦点を当てており，またペネベーカー型筆記パラダイム（Pennebaker, 1997）の厳密な実験統制を実施できない現場で研究に取り組んでいることから，本書の他の著者たちとは違ったアプローチで健康とウェルビーイングにおける筆記について検討する。語り筆記の社会的側面がどのように子どもを保護しうるのかを説明するとともに，語り筆記の体系的な分析と心身に危害を及ぼす喧嘩のような対人的問題行動の測定を通じて，語り筆記が子どもを保護するという見解を探究する。

1節 筆記表現法と健康

　筆記の治癒過程の分析は精神力動的過程に関する仮説を基盤にして行われてきた。筆記パラダイムの理論は，健康な心身システムに対してストレスとなる抑圧されたトラウマを取り除く言語表出の心理学的機能を特定してきた（Pennebaker & Beall, 1986）。研究は特に痛ましい経験を筆記することと関連づけて情動解放と情動制御のメカニズムに焦点を当ててきた。筆記表現による開示の効果の治癒メカニズムとして注意や情動制御などの認知過程が探究されてきた（Lepore, 1997, 本書の 6 章）。筆記表現の自己制御機能は目標追従過程におけるフィードバック情報の登録と調整という観点で概念化されてきた。キング（King, 本書の 7 章）の自己制御理論は，苦痛な体験に関する筆記の情動解放過程で人はフィードバック情報を登録し，トラウマに対する習慣的反応を壊し，自己の中心的な信念と価値観を修正すると仮定している。自己制御が最良の自己に関する語りをともなうとき，保護的な側面は効果的になる。

　心身問題を生じさせるに十分なほど強力で深みのある感情を打ち明けるよう計画された筆記パラダイムは，自由表現による筆記表出を短時間のうちにくり返す（Pennebaker, 1997; Smyth, 1998）。感情語や因果関係を示す接続語，その他の感情を表現する言語学的指標が確立されており，それらの指標は自律神経系過程の状態や「学業成績平均値」「欠勤日数」などの社会的な過程を含む広い範囲の健康状態と関連づけられてきた（Pennebaker, 1997）。このような結果は，誰からも非

難されない私的な実験室状況で自由に表現することでもたらされるとされてきた。自己制御の社会的側面についてはまだ十分に探られていないが，その過程は筆記表現が健康に果たす役割を新たに浮かび上がらせる社会文化的で論証的な理論と通じている。

　教室で実施される暴力防止プログラムにおける語り筆記表現の役割についての理論的説明は，情動を解放するためにトラウマ体験を語ること，そしてトラウマ体験の筆記によって自己知識を深める過程が必要であり，肯定的な自己呈示を増やして他者との関係を強化するためにその知識を使う必要があると仮定しており，これらの仮定はペネベーカー型筆記パラダイムにおける仮定と同じである。トラウマティックな出来事（この場合は対人葛藤）の筆記を短期間あるいは長期にわたってくり返すよう求める点で，われわれの研究は方法論的にも筆記パラダイムと一致するものである。教室のような現場では実験的な条件統制を行うことはできないので，われわれは秩序だった分析を行うために類似した状況における多数の筆記セッションでデータを集めた。伝統的な筆記パラダイムと同様，われわれのパラダイムにおける筆記の分析では，筆記文および健康リスクと関連のある行動の報告に基づいて情動に関連する言語学的指標を測定する。

　本研究のユニークな特徴の1つは保護過程における対人的側面を概念化していることだ。筆記による表出コミュニケーションの社会的性質に関するこの理論は，情動解放の重要性と自己制御機能に関する仮説を組み込んでおり，それらの過程に対人関係の本質があると考える。この対人関係をめぐる問題の教育プログラムは，葛藤をめぐる諸問題の筆記による自己表現を促すよう，また筆記者と登場人物の感情の重要性や，たとえ問題があったとしても感情を共有して相手との関係にはたらきかけることの重要性など，さまざまな価値を促すように計画されている。本研究のもう1つの特徴は，本研究が対象とする母集団と状況に適切な効果指標，すなわち子どもの社会行動を検討していることである。語り筆記の測定では，先行研究で用いられた表現要素の他に，対人関係の表象と語りの構造を説明する指標が付け加えられた。

2節 社会における自己呈示としての語り筆記

　筆記は個人が統制している象徴的過程であるが，同時に社会的な過程でもある。談話に関する理論は，筆記者がどのように文化的価値を演出し，独自の視点でどのように意味のある結末に向けて社会的相互作用に関わるのかを説明する

(Billig, 1999)。社会文化理論の研究者たちは，筆記のような象徴的手段を通じて人々は文化の一員として発達・成長し（Wertsch, 1991），子どもは7歳くらいになると複雑な解釈過程を通じて文化的表象を変換するために筆記を用いると説明している（Daiute, 1998）。精神力動論は象徴過程が意図や行動を隠蔽したり表現したりすると説く（Billig, 1999）。

　語りは単なる報告ではなく，アイデンティティの発達（Hermans & Hermans-Jansen, 1995）や学習（Daiute & Griffin, 1993）に役立つ。語りという手段を通して子どもたちは各自の文化の道徳観や慣例，あるいは情緒を内面化していく（Nelson, 1993）。一貫性のような語りの構成要素がウェルビーイングに関係し（Baerger & McAdams, 1999），また語りは発達で要求される批判的内省や抵抗の文脈でもある。語り筆記は社会的位置づけの一形式であり，読み手に対して書かれたり，自分自身に向けて書かれたりする（Nystrand & Wiemelt, 1993）。若者は語り筆記のなかでアイデンティティを試したり，アイデンティティを更新したり，自分が社会生活に関わるためのさまざまな動機を生み出したりしながら，自己表象を形成していく。子どもは適切な支援を受けながら人生に対する健全な方向性を創出するために筆記を用いることが可能である。ストレスフルな出来事の筆記は一種の自己制御過程であり，筆記者は自己に対する挑戦的な経験を把握し，真実であろうとなかろうと進行中の自己内省と動機づけの基礎になる効力のある自己を徐々に形成していく。

　対人関係における保護過程は語りという形式で統合される。語り表現は，現実世界の出来事を示すとともに，出来事に対する評価的意味，すなわち語り手がなぜその物語を語っているのかを伝える談話方略を示している（Labov & Waletzky, 1997）。評価的な意味づけにより，ストーリーの説明と文脈のなかで語り手と読み手が結ばれる。たとえば「その子は家に走って帰った。そしてその子のお姉ちゃんは，友だちから電話がかかってきていたよ，と言った」という短いストーリーは登場人物（子ども，姉，友だち）と出来事（走る，電話があった）に関する社会的コミュニケーションである。それを「その子は家に走って帰った。とても足早に。そしてその子のお姉ちゃんは，友だちからほんの少し前に電話がかかってきていたよ，と言った」というように評価を交えて変換すると，ストーリーは語り手と読み手の間の意味深い相互作用を表現するようになる。「とても足早に」とか「ほんの少し前に」という形容句のような評価指標は，語り手がそのストーリーを語った理由として，切迫しているという情報を付け加えるのである。

　語り筆記を通じて社会に自己を埋め込むことは，詳しく語る価値のある経験や読む価値のある経験をした人物としての立場を語り手に与えたり，単なる出来事に意味づけを行う解釈者としての立場や，ある反応をするに値する人物としての

立場，物語った作品によって未来に備えている人物としての立場，あるいは，他者だけでなく自己さえも読者になって想像されたり解釈されたり崇拝される人物としての立場を語り手に与える。語り手が経験する特定の葛藤が書き綴られるとき，筆記の社会的解釈機能によって治癒が促進する。

　暴力防止プログラムは，あらゆる教育課程と同様に，子どもたちが複雑なやり方で利用する特定の現実に関する見解，すなわち対人スクリプトを教授する。たとえば，暴力防止プログラムに参加した子どもたちの語りの対人スクリプトは闘争スクリプトから社会的に責任をもつべき葛藤スクリプトへと変わり，さまざまな背景をもった子どもたちは各自の対人スクリプトを異なる文脈に適用する能力を示した（Daiute et al., 2001; Daiute & Jones, in press）。以下の2つのストーリーは，対人スクリプトが闘争で枠づけられた葛藤（第1ストーリー）から交渉が介在した問題（第2ストーリー）へと変化した事例である。

　　パソコンをめぐる喧嘩
　　　学校で私のパソコンを友だちが使いたがった。彼女は私の椅子を押しのけた。だから，私は彼女を払いのけた。そして，自分のパソコンを見つけなさいよ，と言ってやった。彼女はわかったわ，と言った。

　次に示す語りは，非常に異なる形式で組織化された葛藤だ。その葛藤に対して同等の責任があり，その葛藤を解消するために社会的調整手段である計画設定を要求する権利を等しくもつ2人の登場人物のストーリーが記述されている。

　　自転車をめぐる喧嘩
　　　ある日のこと，僕は友だちと口論した。僕の自転車について口論した。彼はいつも僕の自転車を独り占めするので，僕は一度も乗っていない。僕がぜんぜん乗れないので，僕たちは時間割を作った。彼が1時間使ったら，僕が1時間使うようにした。

　対人スクリプトが知覚と行為を組織化するという証拠がある。闘争ストーリーが社会的責任ストーリーに変換されると，その後，何らかの向社会的行為が起こる。将来の出来事に対する志向性を変える手段として，生活におけるさまざまな出来事を語り直すよう求める心理療法（Hermans & Hermans-Jansen, 1995）があるが，それと同様に支持的な教育環境で対人相互作用について書くことは発達を促進する。

　要するに，語り筆記は葛藤的文脈における対人関係の多様な選択肢を思い描くための象徴空間である。たとえば，語りには文化が規定する期待と慣例が常に埋め込まれている。暴力防止プログラムでひどい暴力について書いたり，文化の道

徳観を模倣するように自分の経験を書き直したりするとき，子どもたちは反発しながら文化における期待や慣例を探究するのである。暴力防止プログラムにおける子どもたちの筆記文を継時的に詳細に検討し，語り筆記の保護機能に関するそれらの見解について検討する。

3節
社会的スキルと都市の健康

　親や重要な大人との間で結ばれる肯定的関係のような適切な社会的支援が欠けている場合，暴力にさらされた子どもたちは集中困難や侵入思考，不安，抑うつなど無数のストレスを生じる（Kliewer et al., 1998）。物質的資源が困窮している家庭や社会的圧迫によって苦しめられている家庭の子どもたちには，成熟した対人関係と自己決定権，そして健全な対人関係が必要である。そのような環境にいる子どもたちの人生は，人種差別主義者の脅威を認識し，その脅威を緩和する能力によって左右される（Boyd-Franklin & Franklin, 2000）。豊かな資源をもっている子どもたちはアイデンティティの揺らぎや対人関係の揺らぎといった別の性質の問題に直面し，そのことによって疎外されていると感じたり危険な行為を冒したりすることもある（Lightfoot, 1998）。

　暴力防止プログラムは，講師の指導により，若者の生活や若者が暮らすコミュニティにおけるさまざまな葛藤と関連する社会問題について検討する。代表的な暴力防止プログラムでは，人種差別や民族差別，性差別などの社会問題を検討し，葛藤をめぐる交渉過程を通じて子どもたちに対処法を教える（Samples & Aber, 1998; Walker, 1998）。多くの暴力防止プログラムでは，知識（子どもたちが葛藤についてどのように理解しているのか）と行動（子どもたちが過去にどれくらい攻撃もしくは暴力的葛藤に関与してきたか）の変化の諸側面を概念化している。研究は暴力防止プログラムによって心身健康のリスクが減るという効果を示唆しているが（Samples & Aber, 1998），他にも若者たちが挑戦的環境をどのように概念化するのか（Daiute, 2001），暴力防止プログラムで伝えられる価値観に対して若者たちがどのように抵抗し，価値観を転換し，馴染んでいくのか（Daiute et al., in press），あるいは不当に犯罪の源であるとみなされた子どもたちが環境からもたらされる極端な脅威に対してどのように対処するのか（Cross & Strauss, 1998）を調べる必要性を指摘している。暴力防止に関するさまざまなモデルには，異なる文脈に共通する知識と行動を結び付ける個人の意味づけメカニズムが欠けているように思われる（Levitt & Selman, 1996）。

語り筆記は，社会的目的と個人的目的のために，言語と価値を含む文化的な道具を制御する象徴過程である。それゆえに語り筆記は個人的な意味を生成する場である。たとえば，自分の生活についての語りを書き綴ることは，社会的文脈における自己呈示に積極的に関与することであり，また情動の解放に積極的に関与することでもある。若者はプログラムされた社会的価値と，自分自身の経験および想像過程を結び付けるために語り筆記を用いることが可能である。

4節 暴力防止手段としての筆記

　暴力防止プログラムに参加した教師と生徒は，社会的葛藤を描いた質の高い児童文学を読み，語り筆記の心理社会的機能について議論した（Walker, 1998）。差別的な葛藤についての文化的に忠実な事例を描いた作品に基づいて，登場人物の動機と行為，そして葛藤対処法が議論された。たとえば，小学校3年生は『天使の子，竜の子（*Angel Child, Dragon Child*）』（Surat, 1983）の差別的葛藤について研究した。この本は，最近合衆国に移住し，差別的ないじめを受けたベトナム人の少女ホアの物語である。小学校5年生は『メイフィールド交差点（*Mayfield Crossing*）』（Nelson, 1993）を研究した。おもな登場人物は1960年代南部のアフリカ系アメリカ人集団で，黒人が通う小規模の中学校が閉鎖され，子どもたちは別の町にある白人が多数を占める中学校に送り込まれるという物語である。教師の手引書には理論に基づく活動の枠組みが記されていた。たとえば手引書は，本を音読する前に教師が自分自身の生活の一場面に言及したり，その本が書かれた社会歴史的文脈の情報を説明したりするよう示唆している。活動には本を音読することや，登場人物たちの生活における社会的状況がどのようにして葛藤を深めていったのか，登場人物たちがどのように互いの相違を解消していったのかを子どもたちに考えさせる，質疑を交えた議論を展開することや，終始，登場人物の情動に注意をはらうことが含まれている。この介入法では，子どもたちは少人数の集団で，架空の語りと自分自身の葛藤物語，そしてその小説の結末について書き綴るよう指示された。

　語り筆記の活動は，子どもたちが文学作品で提起された社会的問題を分析し，そのような問題が自分自身の生活でどのようにして起こるのかを考察し，葛藤に対する有効で健全な対処法を想像する機会になるよう計画された。

5節
文脈と研究計画

　この研究は，子どもたちが読み書きに基づく暴力防止プログラムに参加した年の秋学期と春学期に，筆記文と危険行動に関する報告を収集した。筆記は授業時間に行われた。子どもたちはその年に交互に架空の語り2本と自伝的語り2本を執筆するよう求められた。

　自伝的語りを筆記する課題では，子どもたちは過去に経験した社会的葛藤について書くよう求められた。あなた自身，あるいはあなたの知っている人が，同年齢の友だちか級友，あるいは誰かとの間で意見の相違や葛藤を生じたときのことを書きましょう。どんなことが起こりましたか？　関係者はそのことについてどのように考えたり感じたりしましたか？　どのような結末になりましたか？　この課題は，現実体験が社会的スキルの教示と子どもの体験を結び付けるという考えに基づいている。このようにして自伝的語りは個人的に意味のある文脈を形成し，葛藤の分析方略と解決方略を転換させるのである。しかしながら，教示で理想化された価値と合致しない体験を適合させる圧力，そしておそらく隠蔽する圧力が，自伝的語りを表出する価値を縮小してしまうかもしれないので，われわれは葛藤に関する架空の語りも収集することにした。

　このプログラムにおける活動の前後で，教師は架空の語りの筆記課題を指示した。『3人（Three）』という物語の次の場面を想像してみましょう。『ジェイマとマックスは親友でした。マックスの隣にパットが引っ越してきて，2人は長い時間を一緒に過ごすようになりました。ある日，ジェイマは，マックスとパットが一緒に歩いて笑っているのを目撃しました』。次にどんなことが起きたでしょうか？　この友人たちがどのようにして仲良くなっていったのか，物語を続けてください。どんなことが起きたのでしょう？　彼らはこの出来事についてどのように考えたり感じたりしたのでしょう？　いったいどのような結末を迎えたのでしょうか？　この架空の語り課題はプログラムの規定の活動以外の側面を診断するために行われたものであり，架空であればこそ示される葛藤の表象についての情報を提供した。

　本研究の目的は筆記の心理社会的理論を構築することであり，また子どもの健康を脅かす行動要因と筆記の関係を調べることであった。問題行動の自己報告と語りの関係を調べることは，筆記における象徴的過程が子どもの行動に関係しているのかどうか，関係しているとすればどのように関係しているのかを検討する第一歩になる。研究はプログラムで促進される対人関係の志向性の変化が時間を経て問題行動の報告の減少を予測するという仮説のもとで，語りにおける対

人関係変数の変化と問題行動の報告の変化の関連に注目するものであった。「語りの対人関係スクリプトの変化は問題行動の報告の変化とどのように関係するのか？」という疑問，そして「自己決定と対人関係が統合されたパターンに向かって変化することは，問題行動の減少にどのような役割を果たすのか？」という疑問が検討された。

方　法

データと語り分析

　本研究のデータは，小学校3年生と5年生（79名）による316件の語りで，そのうち158件の語りは秋学期と春学期に実施された架空の語り課題で書き綴られたものであり，残りの158件の語りは秋学期と春学期の自伝的語り課題で書き記されたものであった。これらの語りの33％はヨーロッパ系アメリカ人，33％はラテン系アメリカ人，20％はアフリカ系アメリカ人，5％はアジア系アメリカ人，9％は最近の移民（ヨーロッパ系，カリブ系）という人種および民族背景の分布で構成され，男女同数であった。それらの子どもたちは全員，合衆国北東部の大都市に住んでいる。そこでは経済状況が中流以下の貧困家庭に公立学校が提供されている（約50％の子どもたちの家庭は経済的困窮層であった）。子どもたちの多くは犯罪発生率の比較的高い低所得者層向けの公営団地で暮らしていた。研究の包括基準は，(a) 親の同意と子どもの同意を得ていること，(b) 架空の語り課題の筆記文2本と自伝的語り課題の筆記文2本がそろっていること，(c) 秋学期と春学期の行動報告データがそろっていることであった。語りの筆記原稿は個人名，クラス名，学校名を省いてコード化された。

　データ分析におけるおもな課題は，架空の語り課題と自伝的語り課題に現れた社会的表象の範囲を見定めることであった。社会的表象とは，登場人物の観点と葛藤，葛藤解消方略，その他の社会的問題，所属組織を含む登場人物の描写と登場人物間の関係を指す。語りにおける社会的表象は筆記能力に左右されるため，われわれは語りの構造を説明する符号化図式を作成した。展示4.1は語りの社会的関係と語りの構造の位相についての符号化図式の概要である。

　語りの構造の符号化図式は，英語を母語として話す子どもの口語発達研究（Peterson & McCabe, 1983; Stein & Albro, 1997）や英語を母語として書く子どもの口語発達研究（Daiute & Griffin, 1993）に基づき，語りの基本要素を測定するように計画されている。展示4.1に示すように，この符号化図式は登場人物と行為，状況，登場人物の変化，筋書きの展開，そして筋書き構造の種類を分類する。語りの構造の符号化は，次に引用する小学校3年生のジョージが書いた文章の特徴

展示 4.1 語りの構造，符号，変数

語りの構造
- 全体的な語りの要素（以下の3つの下位カテゴリの合計値）
  1. 焦点になる人物の確立
  2. 行為：ストーリーに動きを与える。言動
  3. 設定
- 登場人物（以下の3つの下位カテゴリの合計値）
  1. 焦点になる登場人物—主人公
  2. その他の登場人物（複数の人物）
  3. 自己が含まれている
- 登場人物の展開（以下の4つの下位カテゴリの合計値）
  1. 身体的な記述と特性
  2. 性格特性
  3. 文脈
  4. 動機
- ストーリーの結末（以下の3つの下位カテゴリの合計値）
  1. 魔術的解決
  2. 主要な問題が最小限しか言及されていない
  3. 主要な問題が十分に解決されている
  4. 副次的な問題も解決されている
- 意味（以下の3つの下位カテゴリの合計値）
  1. ストーリーを明確に内省している
  2. ストーリーの社会的意味
  3. 文化的重要性

語りの社会的関係
- 登場人物：自伝的語りでは焦点になる人物（主人公），その他の人物1（敵対者），その他の人物2，人物3
  架空の語りではジェイマ（あるいは主人公），マックス，パット，その他
- 登場人物の行為（すべての登場人物の合計）
- 登場人物の言葉（すべての登場人物の合計）
- 登場人物の心理状態（すべての登場人物の異なる心理状態の合計）
  1. 認知（思う，わかる，信じる……）
  2. 意図（意図する，試みる，するつもりだった……）
  3. フィーリング（欲する，望む，悲しくなる，幸せ……）
  4. 知覚（見た，気づいた，聞こえた，聴いた……）
- 葛藤交渉方略（以下の6つの下位カテゴリの合計値）
  1. 魔術的（「私たちは仲良くなった」と記しているが，どのようにしてそうなったのかが示されていない）
  2. 言語的交渉段階（「私はごめんねと言った」，説き伏せた，同意したなど）
  3. 身体的交渉段階（抱きしめた，おもちゃを返した，共有したなど）

> 展示 4.1

  4. 精神的交渉段階(「私が悪かったと言いたかった」など)
  5. 葛藤関係にある登場人物のそれぞれの視点の認知,強調,承認
  6. 和解もしくは請願(ルールの確立,説得,固執,譲歩)
● 葛藤交渉方略の実行者(以下の5つの下位カテゴリの合計値)
  1. 運
  2. 葛藤の当事者のうちの一人が主要な役割を果たした
  3. 葛藤の複数の当事者が関与
  4. 葛藤の傍観者・仲裁者が解決
  5. 葛藤の傍観者・仲裁者が促進
● 意味(以下の3つの下位カテゴリの合計値)
  1. 葛藤についての内省
  2. 対人的影響についての内省
  3. 社会的・文化的文脈への埋め込み

(注) 符号化に関する情報は Colette Daiute, Graduate Center, The City University of New York, 365 Fifth Avenue, New York, NY から入手可能。

をとらえている。子どもたちの綴りと語法はすべての事例において原文のままである。

友だち同士の喧嘩
　ある日の音楽の時間,僕はアレクシスと一緒に作業していた。タイロンは腹を立てた。僕が一緒に作業しなかったもんだから。でも,その後で僕たちは仲直りした。そして僕はタイロンと一緒に作業した。するとアレクシスが僕に腹を立てた。だから僕は2人と一緒に作業した。僕たちはみんな友だちになった。

　洗練度は低いとはいえ,この筆記文が登場人物(僕とアレクシス),行為(作業している),状況(ある日の音楽の時間),そして解決を示していることを語り構造の位相の符号化は明らかにしている。この「友だち同士の喧嘩」の物語を書いたジョージと同様,たいていの子どもたちは架空の語りと自伝的語りの文脈で基本的な語りを構成した。
　語りの社会的関係の位相の符号化はさまざまな語り解析システムのなかでユニークなものであり,それは本研究の焦点である。この符号化は,登場人物間の相互作用や集団間の相互作用,それらの相互作用に対する各登場人物の感情と思考,それらの相互作用の困難さの質,それらの相互作用の困難さに関連するさまざまな過程,そして語りの社会的・政治的体制化を測定する。語りの社会的関係は内的状態(認知,意図,感情,知覚など)や社会的関係に関する記述を含む各種の

標識によって明らかにされる。

　ジョージの語りの社会的関係の符号化は，登場人物の視点と権利（ジョージと協同作業する）をめぐって葛藤が強まったことを明らかにした。主人公の「僕」は別の登場人物「アレクシス」にさまざまな心理状態—「立腹」という感情，理由の認識を意味する「……だから」—を導くいくつかの行為に関与している。語りの社会的関係の符号化は，語り手としての筆記者と登場人物としての筆記者を含め，語られた言葉と言外の意味の双方において心理社会的表象を明らかにしている。ジョージの筆記文は比較的短いものであるが，他の2人の登場人物の心理社会的状態が表象されている（「タイロンは腹を立てた……」「するとアレクシスは腹を立てた」）。主人公の心理社会的状態は他の登場人物の状態（「腹を立てた。僕が一緒に作業しなかったから」）と主人公自身の行為（「そして僕はタイロンと一緒に作業した」「だから僕は2人と一緒に作業した」）の因果関係を正当化して表現されている。筆記者すなわち主人公は「僕が彼らと一緒に作業すれば彼らは腹を立てないだろう」という解決案を通じて他の登場人物の内的状態に関する仮説を伝えている。2人の友人がそれぞれ筆記者と仲良くしたいと思っていることから葛藤が生じていることが示唆されている。この葛藤解決方略は主として物理的なもの（「だから僕は2人と一緒に作業した」）ではあるが，個々の登場人物の欲求を満足させるというよりもむしろ対人関係の調和を達成するものである（「僕たちはみんな友だちになった」）。このように対人関係の状態と社会的関係を記述することは語り分析としては斬新なアプローチである。3人から4人の評価者によって，少なくとも80％の信頼性で架空の語り課題と自伝的語り課題の語りに現れた社会的関係と語りの構造が符号化された。

　社会的表象と語りの構造の関係を調べるために，全体的な語りの社会的関係と語りの構造の符号間の相関関係を調べた。時期と課題の種類（架空の語り課題，自伝的語り課題）にかかわらず相関係数は弱い水準から中程度の強い水準までが示され，秋学期よりも春学期で高かった。架空の語り課題における語りの社会的関係と語りの構造の相関は秋学期には.35，春学期には.51であった。自伝的語り課題における語りの社会的関係と語りの構造の相関は秋学期には.48，春学期には.52であった。これらの相関は語りの社会的関係の表象が語りの構造では説明されない何かをとらえていることを示している。このことは，語りの社会的関係の新しい測定法の根拠を示すために，そして社会的関係の分析が合衆国の学校で用いられるヨーロッパ系アメリカ人に特殊な語り構造の性質に依存するものではないことを立証するために重要である。

　語りの構成要素の符号化は，筆記文における所与のカテゴリの有無を示している。2つのカテゴリのいずれかに分類された項目の数を加算し，「登場人物の

行為数」「登場人物の口論数」「心理状態を表す語の数」「登場人物の認知を表す語の数」「登場人物の感情を表す語の数」といった変数の値を算出した。同様に、視点の異なる解決方略の数とその行為数を数えて「視点解決方略の数」と「解決方略実行者数」を算出した。

語りの社会的関係の指標

子どもたちの語り筆記の指標として21種の変数の合計値を用いた。春学期における架空の語り課題と自伝的語り課題の変数の合計得点から秋学期におけるそれらの課題の変数の合計得点を引いた。これらの語り表象の得点は、回帰分析によって、トラウマや慢性的傷害、あるいは社会的に孤立する危険に子どもたちをさらす、問題行動の存在および変化との関係が検討された。

われわれは架空の語り課題の変数と自伝的語り課題の変数の両方において問題行動指標との関係を調べた。情動解放と自己発達について架空文脈の使用と自伝的文脈の使用に関するいくつかの仮説が検討された。自伝的語り課題における語りは、子どもたちの実際の葛藤体験から引き出されたものであり、執筆時点における主要な問題点についての解釈が反映されている。架空の語りの筆記についての分析は、個人的な葛藤について開示すること（そして、個人的な葛藤を開示することが自分に対する評価や成績にもたらす影響についての子どもたちの予想）が語り筆記と問題行動との関係に影響するか否かについての情報を提供する。架空の語り課題の文脈はベールで覆われたペルソナとなり、子どもたちは開示することが恥ずかしいと感じることを探究することができる。また架空の登場人物の誰かに自分自身の視点を置くことによって別の自己を探究することができるようになる。一方、自伝的語り課題は、子どもたちが詳細を直接的に呈示することから、治癒するかもしれない諸問題についての潜在的な公開である。

問題行動の指標

われわれの研究に参加した子どもたちは学年暦の最初と最後に問題行動質問紙に回答した。問題行動質問紙では前年の喧嘩の回数、校長室への呼び出し回数、そして停学回数が尋ねられた（Schultz & Selman, 2000）。質問項目に対する回答の選択肢として、喧嘩の回数については「0回」、「1回」、そして「2－3回」から「12回以上」までの数字のペアが用意され、校長室への呼び出しと停学の回数については「4回以上」までの数字のペアが用意された。

それらの行動は社会的孤立やスティグマ（烙印づけ）をもたらすものなので、この質問紙は傷害のリスク、慢性的な身体的問題のリスク、心理的ウェルビーイ

ングに対する脅威を与える（と，われわれが理論化した）出来事への子どもたちの関与度を明らかにする。これらの自己報告は実際の喧嘩や校長室への呼び出しや停学についての客観的な指標ではないかもしれないが，子どもたちの知覚や投影を表している。子どもたちが語りのなかで社会的表象をどのように変化させるかを検討することは語り筆記の治癒機能を検討するために必要だ。

　学校での喧嘩のくり返しは校長室への呼び出しのような懲戒手続きと関係する。校長は重要な校則に違反した子どもを停学処分にするかもしれない。処罰されること，とりわけ停学処分を受けることにより，子どもたちは危険にさらされる。学校から締め出されることで学習の支障が増え，子どもたちは社会の主流から外れていく。喧嘩の報告は校長室への呼び出しの報告よりも多く，停学の報告が最も少なかった。これら3つの変数は互いに関連しているので，測定時点での問題行動の有無によって子どもたちの集団を2つの群に分けた。データ分析のために集団を分割し，秋学期には問題を報告したが春学期には報告しなかった子どもたちに注目して行動変化を検討した。

結　果

　語り筆記の変化から問題行動の変化を予測するために，秋学期に問題行動を報告したが春学期に問題行動を報告しなかった子どもたちのデータ（1と符号化した）と，秋学期に問題行動を報告しなかったが春学期に問題行動を報告した子どもたちや問題行動の変化を示さなかった子どもたちのデータ（0と符号化した）を分けた。上述した包括基準に従い，標本は79名であった。標本の性別と学年構成を表4.1に示す。上述したように開示の有無とプライバシーにふれるか否かは架空の語り課題と自伝的語り課題筆記で異なるので，筆記内容の分析は課題別

表4.1　標本の性別と学年の構成

問題行動の生起	性別		学年	
	男児	女児	3年生	5年生
秋学期				
起こった	45	55	62	38
起こらなかった	44	56	47	53
春学期				
起こった	42	58	58	42
起こらなかった	48	52	52	48

79名，数字は%

に行った。語りの予測変数ごとにロジスティック回帰分析を行った。

架空の語りに関する分析は，解決方略の実行者数，解決方略の数，語りの社会的関係の最高水準がそれぞれ増加すると，問題行動が減少する確率が上昇するという関係を明らかにした。たとえば，解決方略の実行者数に変化を示さなかった子どもが問題行動を減少する確率は.15 である。秋学期に問題行動を報告しているが春学期に解決方略の実行者数を 1 ポイント以上増やした子どもが春学期に問題行動を起こさない確率は.31 である。この子どもが春学期に解決方略実行者数を 1 ポイント減らすと春学期に問題行動を起こさない確率は.06 になる。これと同じ関係のパターンが，解決方略数ならびに語りの社会的関係の最高水準についても認められる。

秋学期に問題行動を報告したが春学期には問題行動を報告しなかった子どもに比べて，春学期に問題行動が増えた子どもや変化を示さなかった子どもは当初から語りの社会的関係の最高水準が比較的高かった。しかしながら秋学期に問題行動を報告したが春学期には問題行動を報告しなかった子どもたちが春学期に到達した筆記の水準は，その他の子どもたちが春学期に示した筆記の水準よりも優れていた（表 4.2 を参照）。

表 4.2　語りの変数の平均値

語りの種類：変数	秋学期		春学期	
	平均値	標準偏差	平均値	標準偏差
架空の語り：解決方略の実行者総得点				
問題行動の増加もしくは変化なし	.70	.55	.83	.63
問題行動の減少	.27	.46	.80	.56
架空の語り：社会的関係の最高値				
問題行動の増加もしくは変化なし	3.55	1.05	3.70	1.05
問題行動の減少	2.53	1.19	3.80	.77
架空の語り：解決方略の総数				
問題行動の増加もしくは変化なし	1.14	.91	1.19	.97
問題行動の減少	.47	.74	1.20	.86
自伝的語り：社会的関係に関する意味や影響				
問題行動の増加もしくは変化なし	.14	.35	.16	.37
問題行動の減少	.07	.26	.47	.64
自伝的語り：解決方略の実行者総数				
問題行動の増加もしくは変化なし	.63	.70	.91	.64
問題行動の減少	.40	.63	1.13	.52

79 名

これら問題行動に関する結果は，社会的関係に対する葛藤の意味とその影響についての内省である自伝的語りの変化によって有意に予測されるとともに，解決方略実行者数の変化によって有意に予測される。子どもが社会的関係に対する葛藤の意味とその影響についての内省において変化を示さない場合，秋学期に問題行動を示した子どもが春学期に問題行動を示さなくなる確率は.16である。その子どもの内省的語りが春学期に1ポイント上昇すると，春学期に問題行動を報告しない確率は.37に上昇する。春学期の内省が乏しいなら，春学期にその子どもが問題行動を報告しない確率は.06に下がる。自伝的語りにおける解決方略実行者数に関する結果のパターンは内省のパターンとよく似ている。春学期に問題行動が増えた子どもたちや変化を示さなかった子どもたちに比べ，春学期に問題行動が減った子どもたちの秋学期の内省と解決方略実行者数は少なく，春学期のそれらの値は多かった（表4.2を参照）。

　解決方略について筆記することは子どもたちの問題行動との関係で重要だ。特に問題行動の報告の減少と関連して葛藤の解決に関する表象と解決行動が増加することは，架空の語り課題と自伝的語り課題の両方に共通する語りの機能を示している。この関係を示す語りに関する特定の変数は複雑な社会的関係志向をとらえている。葛藤の重要性に関する言及が増えるという自伝的語り課題特有の結果は現実状況に関連したその課題の力を示唆しており，社会的関係の最高水準が上昇するという架空の語り課題特有の結果は架空の語りにおける理想化の力を示唆している。

　ロジスティック回帰分析で検証された21種の変数のうち，対人的危険行動の変化と明確な関連を示した3つの変数は安全な葛藤解決方略をとらえている。解決方略の数はこのプログラムで教授された各種の解決方略が語りに現れた数の合計である。教授された解決方略には「立ち去る（これは脅威的な葛藤状況における最適な反応）」，「徹底的な話し合い」，「妥協」，「身体接触（抱き合うなど）」，「新しい解決法を見つける」，そして解決を想像したり目指したりする「心的方略」がある。解決行動を増やすことは社会的に望ましい賢明な方略だ。解決行動の変数は，緊張が生じたときに援助者（親，教師，仲間など）に助けを求めるような葛藤解決の表象の原因となるからだ。語りの社会的関係の最高水準の上昇は，語りに表象される対人交渉に向かっていく全体的傾向をとらえている。社会的関係の水準が高くなるほど方略としては成熟したものになる。社会的関係の尺度の最高水準の1つは，社会的・文化的関係に対する葛藤の影響についての登場人物や筆記者の明確な内省的語りと，問題行動の報告の減少に関連している。本研究にはプログラムを評価する目的はなかったが，語り筆記の社会的側面における成熟の問題についての洞察を得るために比較群から収集されたデータは，語り筆記と

社会的文脈[*2]が相互作用するという性質を明らかにしている。

　筆記の治癒機能がどのように現れるかを示す事例がある。自分の人種・民族性がジャマイカ人であると認識している小学校5年生のダイアナは，秋学期に報告した問題行動（10回）に比べて春学期に報告した問題行動（2回）が少なかった子どもの1人だ。以下に示すように，ダイアナの葛藤に関する自伝的語りは問題行動の報告の減少に関連する筆記のさまざまな変化を示している。ダイアナは秋学期のストーリー「私の葛藤：ダイアナの場合」のなかで友だちのセリーナとの葛藤について書き綴った。

> **私の葛藤：ダイアナの場合**
> 　私は公園で友人のセリーナと喧嘩した。彼女は私の名前を呼びつけて私をぶった。私が立ち去ると彼女はついてきた。でも，私はとにかく彼女の名前を呼ばなかった。私は不愉快だったけれど，彼女が言ったことを聞いて少し悲しかった。けれどそれが本当でないことを私は知っていた。

　このダイアナとセリーナの喧嘩の記述は秋学期のものであり，主人公そして被害者としての筆記者の視点が優勢である。ダイアナは名前を呼ばれ，ぶたれ，気分を害した。ダイアナはセリーナの名前を呼ぼうとしていたことをほのめかしているが，「私はとにかく彼女の名前を呼ばなかった」と報復している。また，葛藤を解決しようとする試みについての記述がない。一方，ダイアナが春学期に語った「喧嘩」は葛藤に対する解決方略と内省について報告している。

> 　友だちと私は映画を観ていた。私たちはその映画を前に観たことがあり，ふざけて喧嘩しはじめた。私はひどく彼女を傷つけてしまったものだから，彼女は怒り，私をひどく傷つけた。そして喧嘩になった。彼女は私をぶって，今度は私が彼女をぶち返した。彼女がつかみかかってきたので私は逃げることができなかった。私は逃げ出し，彼女を蹴とばした。私が蹴とばしたので彼女は傷つき，私を平手打ちし，そして私は泣いた。私は泣いているのを彼女に見せないようにしようとした。でも泣くことを抑えられなかった。とっても傷ついた。私は平手打ちを彼女にお返ししたけれど，彼女にはまったく効果なしだった。私たちはその後も喧嘩を続け，私は泣き，そして家に帰った。すると彼女は電話してきて「ごめんね。喧嘩しても何にもならない」と言った。私は「ごめんね」と言い，そして仲直りした。

　友人が電話をかけてきて謝罪し，その葛藤の解決が進んだとダイアナが報告していることは興味深い。ダイアナが同じように謝罪したら，2人は仲直りした。友人が「喧嘩しても何にもならない」と指摘したときに葛藤についての内省が解決方略に組み込まれた。

　ダイアナが書き記したこれらのストーリーは，問題行動の減少に関連した語り

のダイナミックな特徴を例証しており，また語り筆記の保護的側面の性質についても示している。春学期のストーリーで報告されている精緻で長期化した喧嘩が例証しているように，攻撃的で暴力的な行動についての報告がすべて語り筆記によって除去されるわけではない。それらの出来事は別の対人スクリプトのなかで報告されている。春学期に記された「喧嘩」についての語りを，秋学期に書かれたストーリーと関連づけたり，筆記された秋学期という時点と関連づけたり，ダイアナの生活におけるさまざまな喧嘩と関連づけたり，それらの出来事の報告と関連づけることはできない。だが，物理的葛藤の報告の仕方は明らかに変化しており，またダイアナが葛藤について向社会的な方向で語った時期と彼女の生活で起こる問題行動の報告が減った時期がほぼ同じであることも明らかである。

「向社会的」な葛藤解決の増加と問題行動の報告の減少との関係の基礎には，物理的世界における変化や物理的世界に対する子どもの志向性の変化があるのかもしれない。喧嘩などについての子どもたちの報告は，葛藤に関する語りの変化と同様に行動に関する「語り」という点で変化しているのかもしれない。子どもたちが行動質問紙への回答で用いる対人スクリプトを変えるのと同様に，語りを体制化するための対人スクリプトを変えるのであれば，談話と行為の結びつきは研究する変数を概念化するための重要なステップになる。

ヴィゴツキー（Vygotsky, L. S.）によるフィーリングと情動の区別は，参照的報告（たとえば，登場人物の行為に関する変数）の増加と語りの評価（たとえば，解決，実行者，重要性などの変数）の増加の比較によって特徴づけられる筆記内容を説明する。それらは問題行動の報告の減少と切り離すことができない。

> フィーリングと情動は明らかに似ているのだが，これらの過程は精神生活において異なった役割を果たしている。危険を察知していち早く身構える人と危険を察知せずに攻撃される人を比較してみよ。あるいは逃げることができる人と危険を発見して驚いている人を比較してみよ。言いかえると，その状況の適切な出口を発見できる人と発見できない人を比較してみよ。このような2種類の状況にともなう心理学的過程は非常に異なっている。(Vygotsky, 1987, p.335)

彼は次のように説く。「このシステムで『問題』なのは知性的過程そのものでも情動的過程そのものでもなく，両者の関係なのだ」(Vygotsky, 1987, p.337)。語り筆記の評価の位相，特にその社会・情動的な質をともなった評価の位相が強力な保護機能を果たしているということをわれわれは明らかにしたと思われる。

考　察

　子どもたちの葛藤解決スキルには成熟した理解力と制御が要求されるが，本研究は語り筆記がそれらの発達をどのように支援するのかを明らかにしている。志向性の変化と自己報告された行為の変化は，本研究のダイアナや他の子どもたちを社会生活の別の立場に移行させる変化であると，われわれの理論的枠組みに基づいて主張したい。資源の乏しい志向性によって取り返しのつかない危害を生じる相互作用に子どもが巻き込まれるかもしれないとき，心理社会的志向性の変化は命を守ることさえある重大な変化を生み出すだろう。

　この比較的新しい方法は，筆記パラダイムとの関連づけられた系統的な方法で，基準となる記述と，語り筆記および健康リスク指標の関係を明らかにし，将来の研究の展開に対する洞察を提供する。本章で記述した研究は，語りは社会的文脈における自己呈示の社会的過程であると定義し，社会—認知—情動生活を統合するものとしての筆記の治癒機能を探求する。語りは，人間関係でストレスのある環境における生活の諸側面に影響を及ぼすものであろう。

　本研究は語り筆記の影響力に関する暫定的で記述的な検討であるが，葛藤的な社会的関係における心理状態の表現の性質とその発達は，教育場面や臨床場面における筆記の価値を示唆している。葛藤に関する語りをくり返し筆記することは教育場面や子どものカウンセリング場面における一般的な実践法ではない。筆記過程に関する最近のアプローチは筆記する話題を指定することについて難色を示している。子どもたちに葛藤や痛ましい経験などの特定問題について書くように要請することは正しくない，もしくは支配的であると思われるかもしれない。だが，社会的葛藤の語りを促された子どもたちが示す表現の幅広さは，そのような見解に異を唱える証拠である。子どもたちと教師に思いやりのある公正な傾聴を導き，いかなる極端な表現をも無視しない実践法をプログラムとして確立することは可能である。本章で論じてきた子どもたちの語り筆記における社会的・情動的豊かさは，標準化された試験の成績を向上させることに直接関係しないという理由で学校教育から除外されているこのような課程を採用するべきであることを物語っている。学校で社会的問題に関する課題をもっと増やせば，カウンセリングの必要性がある程度減るかもしれないし，これまで自分の苦痛を表現する機会のあった生徒に対してカウンセラーはもっと高度な介入に取り組むことができるだろう。本研究は小学校3年生（7歳から8歳）になれば子どもたちは自分の向上のために語り筆記を継続して利用することができることを示しており，また，上述した語りの社会的関係の符号化図式による洞察は，語り筆記が子どもたちに自己内省を促すために用いる方法として臨床家やカウンセラーに役立つことを明

らかにしている。

　われわれの目的は筆記の回復機能を理解することであった。われわれは個人に責任が帰せられると考えているわけではない。特に自分の健康とウェルビーイングを支援してくれる環境に依存できるはずの子どもたちが危険にさらされている場合には，子どもたちに責任を負わせることはできない。現実的な問題を前にして，われわれ研究者は子どもたちが自己決定のためや社会的結びつきの形成のため，あるいは保護されるために利用することができる支援の仕方を見つける。この研究で明らかになったことは，教育・臨床・社会福祉事業の実践と政策に応用されるとともに将来の研究に応用されるだろう。われわれは間もなく，筆記の拡張機能，すなわち子どもの健全な育成とリーダーシップに関連したさまざまな筆記の機能について研究することを望んでいる。

◆ 注 ◆

＊1：本研究はウィリアム T 財団およびロックフェラー財団ベラジオ研究会議センターの支援により行われた。

＊2：プログラムへの参加が架空の語りの筆記課題に及ぼす影響力を調べるために反復測定による分散分析を用いた。比較群は同じ学校に所属する似通った背景をもっているが，暴力防止プログラムには参加していない子どもたちだった。本研究で論じられた子どもたちの群（処置群）によって書かれた架空の語りと，学年が2年前後する比較群の21種の語り変数の平均値の変動を分析したところ，いくつかの有意な時間×群の交互作用が認められた。比較群では，21種の語り変数のうち，処置群で増加した語りの社会的関係の変数の値がいずれも低下した。

◆ 引用文献 ◆

Baerger, D.R., & McAdams, D. P. (1999). Life story coherence and its relation to psychological well being. *Narrative Inquiry*, **9**, 69-96.

Billig, M. (1999). *Freudian repression: Conversation creating the unconscious.* New York: Cambridge University Press.

Boyd-Franklin, N., & Franklin, A. J. (2000). *Boys into men: Raising our African-American teenage sons.* New York: Dutton.

Cross, W. E., & Strauss, L. (1998). The everyday functions of African American identity. In J. Swim & C. Stangor (Eds.), *Prejudice: The targets perspective* (pp.268-278). New York: Academic Press.

Daiute, C. (1998). Points of view in children's writing. *Language Arts*, **75**, 138-149.

Daiute, C. (2000). Narrative sites for youths' construction of social consciousness. In M. Fine & L. Weis (Eds.), *Construction sites: Excavating class, race, gender, and sexuality among urban youth* (pp.211-234). New York: Teachers College Press.

Daiute, C. (2001). Social relational knowing in writing development. In E. Amsel & J. Byrnes (Eds.), *Language, literacy, and cognitive development* (pp.193-229). Mahwah, NJ: Erlbaum.

Daiute, C., Buteau, E., & Rawlins, C. (2001). Social relational wisdom: Developmental diversity in

children's written narratives about social conflict. *Narrative Inquiry*, **11**(2),1-30.
Daiute, C., & Griffin, T.M.(1993). The social construction of written narrative. In C. Daiute (Ed.), *The development of literacy through social interaction* (pp.97-120). San Francisco: Jossey Bass.
Daiute, C., & Jones, H. (in press). Diversity discourses: Reading race and ethnicity in children's writing. In S. Greene & D. Abt-Perkins (Eds.), *Talking, reordering, writing, and race: Contribution to racial understanding by literacy research*. New York: Teachers College Press.
Daiute, C., Stern, R., & Lelutiu-Weinberger, C. (in press). Negotiating violence prevention. *Journal of Social Issues*.
Hamburg, M. A. (1998). Youth violence is a public health concern. In D. S. Elliott, B. Hamburg, & K. R. Williams (Eds.), *Violence in American schools: A new perspective* (pp.31-54). New York: Cambridge University Press.
Hermans, H. J. M., & Hermans-Jansen, E. (1995). *Self-narratives: The construction of meaning in psychotherapy*. New York: Guilford Press.
Kliewer, W., Lepore, S.J., Oskin, D., & Johnson, P. D. (1998). The role of social and cognitive processes in children's adjustment to community violence. *Journal of Consulting and Clinical Psychology*, **66**(1), 199-209.
Labov, W., & Waletzky, J. (1997). Narrative analysis: Oral versions of personal experience. *Journal of Narrative and Life History*, **7**(1-4), 3-38.
Laub, J. H., & Lauritsen, J.L. (1998). The interdependence of school violence and neighborhood and family conditions. In D. S. Elliott, B. Hamburg, & K. R. Williams (Eds.), *Violence in American schools: A new perspective* (pp.127-155). New York: Cambridge University Press.
Lepore, S. J. (1997). Expressive writing moderates the relation between intrusive thoughts and depressive symptoms. *Journal of Personality and Social Psychology*, **73**, 1030-1037.
Levitt, M. Z., & Selman, R. (1996). The personal meaning of risk behavior: A developmental perspective on friendship and fighting in early adolescence. In G. G. Noam & K. W. Fischer (Eds.), *Development and vulnerability in close relationships* (pp.201-233). Mahwah, NJ: Erlbaum.
Lightfoot, C. (1998). *The culture of adolescent risk-taking*. New York: Guilford Press.
Nelson, V. M. (1993). *Mayfield crossing*. New York: Avon.
Nystrand, M., & Wiemelt, J. (1993, February). *On the dialogic nature of discourse and learning*. Paper presented at the annual meeting of the National Council of Teacher of English Research Assembly, Pittsburgh, PA.
Pennebaker, J. W. (1997). Writing about emotional experiences as part of a therapeutic process. *Psychological Science*, **8**(3), 162-166.
Pennebaker, J. W., & Beall, S. (1986). Confronting a traumatic event: Toward an understanding of inhibition and disease. *Journal of Abnormal Psychology*, **95**, 274-281.
Peterson, C., & McCabe, A. (1983). *Developmental psychology: Three ways of looking at children's narratives*. New York: Plenum.
Samples, F., & Aber, L. (1998). Evaluations of school-based violence prevention programs. In D.S. Elliot, B. A. Hamburg, & K. R. Williams (Eds.), *Violence in American schools* (pp.217-252). New York: Cambridge University Press.
Schultz, L. H., & Selman, R. L. (2000). *The meaning and measurement of social competence from a developmental perspective*. Unpublished manuscript. Cambridge, MA: Harvard Graduate School of Education.
Smyth, J. M. (1998). Written emotional expression: Effect sizes, outcome types, and moderating variables. *Journal of Consulting and Clinical Psychology*, **66**, 174-184.
Stein, N. L., & Albro, E. R. (1997). Building complexity and coherence: Children's use of goal-structured knowledge in telling stories. In M. Bamberg(Ed.), *Narrative development: Six approaches* (pp. 1-44). Mahwah, NJ: Erlbaum.

Surat, M. M. (1983). *Angel child, dragon child*. New York: Scholastic.
Vygotsky, L. S. (1987). Emotions and their development in childhood. In R.W. Rieber & A. S. Carton (Eds.), *The collected works of L. S. Vygotsky: Vol.1.* Problems of general psychology (pp.325-338). New York: Plenum Press.
Walker, P. (1998). *Voices of love and freedom*. Logan, IA: Perfection Learning Corp.
Wertsch, J. (1991). *Voices in the mind: Toward a sociocultural theory of mediated action*. Cambridge, MA: Harvard University Press.

5章
抑圧型ならびにアレキシサイミアにおける筆記による感情開示の効果

マーク・ラムレイ　ティナ・トジェク　デブラ・マクレム

> 「外傷体験や誰にも言わずに自分の奥のほうにしまっていた感情について書けですって？　そんなことを言われても、私はこれまでストレスといえるような体験を何1つしていないわ。私の人生はまったく申し分のないものだったのよ。」
>
> リューマチ性関節炎のある中年女性

> 「どういうことがストレスになったのか、僕にはわからないし、自分が何を感じているのかもわからない。」
>
> 漠然とした身体症状を訴える若い男性

筆記や発話による開示によって、健康や機能が増進しやすいのは、どのような人なのだろうか？　逆に、どういう人だと、開示の恩恵を受けられなかったり、場合によっては、悪化したりするのだろうか？　われわれは、ペネベーカー（Pennebaker, 1997）もいうように、開示が成功するかどうかは、人々にどの程度、ネガティブな感情の記憶にアクセスし、表現し、処理し、究極的には解決する能力や自発性があるかによると考えている。自身のストレス体験を認め、そうした体験の記憶をよび起こし、それらの感情を同定、言語化し、最終的には、その体験について異なった考えをするようになったとき、その人は開示による恩恵が受けられるようになるのだ。本章では、人々のやる気や能力次第で開示の効果が変わってくるかどうかを検討する。特に、本章では、感情の意識や理解に欠陥のある、抑圧型やアレキシサイミア（失感情症）といった、2つのタイプの人々についての理論や研究を検討する。

1節 さまざまなタイプの感情の意識,理解,表出の制限

　感情の意識,理解,表出の問題について,これまでさまざまなラベルが用いられてきた。たとえば,抑制された,表出に両義的な,無感情な,防衛的な,秘密主義の,意図的に抑制した,抑圧された,ストイックな,失感情症的な,低レベル思考の,情動知性が低いなどが,その例だ。こうした用語は,これらの概念を区別しようとしたり,これらの概念を特定の人々に適用しようとしたりする研究者や臨床家をともすれば混乱させがちだ。ケネディ＝ムーアとワトソン(Kennedy-Moore & Watson, 1999)は,最近,こうした概念の混乱を整理すべく1つのモデルを提出している。ケネディ＝ムーアとワトソンのモデルでは,情動喚起刺激の提示からその結果としての情動表出の間に5つの段階またはプロセスがあると考えられている。それぞれの段階は表出の進行を妨げる人格特徴や環境要因と関連している。彼らの5つの段階とは以下のものだ。

段階1　反省以前の反応
　基本的または1次的な情動状態やそれにともなう生理的覚醒を引き起こすには,その人の心理学的,生物学的な閾値を越えなくてはならない。情動を喚起する閾値が高かったり,刺激が好意的あるいは無関連と評価されたりして,反省以前の反応が欠如していたり,制限されていれば,表出は起こらない。

段階2　反応の意識的知覚
　刺激が基本的な情動反応を引き起こすと,人はこの体験を意識的に認識する必要がある。しかし,怒り,恐怖,悲しみなど,自分自身のネガティブな感情を認めることを妨ぐ防衛的な知覚を行う人もいる。こうした人は,無意識的にネガティブな体験を否認するように動機づけられているように思える。自分のなかにネガティブな体験を認めないので,たいがいネガティブな感情を否認し,それらを表出しない。後で論じるように,こうして動機づけられた意識の欠如は,**抑圧的対処**とか**抑圧型**とかいわれてきた。

段階3　反応のラベルづけと解釈
　もしネガティブな情動体験を意識に入れることができれば,段階3が起こる。つまり,その感情を同定し,ラベルをつけ,理解しようとするのだ。しかし,感情を認識し,弁別し,同定するのが困難な人もいる。その結果,そうした人は,典型的には,感情表出が浅薄になり,未分化なものとなり,感情伝達が貧しいものとなる。

段階4　反応を受け入れられるものと評価する
　感情を区別し処理できると，それが表出されるかどうかは何よりもその人の表出についての態度や価値観，関心次第となる。発達の途上で特定の感情の表出を抑制するように教えられたり，文化によってはある感情の表出を抑制するように教えられたりする。たとえば，怒りや悲しみを感じていると認識しても，それらの感情を表出することを否定的に評価するために，そうした感情が抑制されるかもしれない。

段階5　表出する社会的文脈の知覚
　最後に，普段は自分が特定の感情を表出することを許しているとしても，当座の環境がその表出を思いとどまらせるかもしれない。権威者とのつきあいや非常事態のときのような特定の状況では，表出するような状況ではないとして，怒りや恐怖を表出するのを抑制するかもしれない。

　情動開示に関する文献では，**抑制や抑制パーソナリティ**という用語を，感情の意識や表出が制限されるさまざまな理由を覆ってしまうまでに，広げすぎてしまう傾向がある。たとえば，**抑制パーソナリティ**は，無意識的に自身のネガティブ感情の認知を回避するよう動機づけられている人を記述するのに用いられてきた。抑制も自分の感情を同定する能力に欠陥のある人に言及すべく，使われてきた（Paez et al., 1995；Pennebaker, 1997）。われわれは，**抑制や意図的抑制**という言葉は，せいぜい，段階4である表出に対する否定的な態度や，段階5である表出する場面ではないとの知覚のために，特定の感情を表出しない人を記述するためにとっておくべきだと考える。つまり，意識的かつ故意に感情を表出しない場合をここでは抑制とする。したがって，われわれの考えやケネディ＝ムーアとワトソンのモデルでは，抑圧と失感情症は，抑制と根本的に違うということになる。この区別は，筆記による開示研究が通常はいかになされているかを考えるうえできわめて重要だ。

　もしあなたが典型的な筆記開示研究の実験条件に割り当てられた参加者だとしたら，あなたは以下のような教示を与えられるだろう。つまり，「全人生のなかで最も外傷的な体験に関する最も深い考えや感情について書いてください。書く際は，最も深い感情や考えを実際に解放してそれらを探究してください」と。これらの教示は，筆記開示パラダイムのもととなる理論同様，参加者は，ケネディ＝ムーアとワトソンのモデルの最初の3段階は行うことができるが，段階4と5では援助を必要としているということを前提にしているように思える。すなわち，旧来の開示技法は，せいぜい，ネガティブ感情を引き起こす出来事を体験し，進んでネガティブ感情体験をもつことを意識的に認め，自分の感情を探究，探索で

きるが，開示し表出する手助けや許可が欲しい人に適しているのだ。明示的にネガティブな体験やプライバシーを開示することを奨励する一般的な開示研究は，これまでそうした機会のなかった参加者にはネガティブ体験を暴露する素晴らしい機会になる。また，言語化し，体験についての考えが変わるたびに，以前開示した体験を新たに見つめるまたとない機会となる。

　しかし，ネガティブな感情体験をもつことを意識的に認めたり許したりできなかったり，感情について混乱していたり，感情の同定や理解ができなかったり，言語で感情を伝達することができない人には何が起こるだろうか？　われわれは，早期の段階で感情の意識や表出が行き詰まっている人は，通常の開示技法から恩恵を得られないと考えている。この章では，自己のネガティブ感情を回避するように動機づけられている人（抑圧型）や感情の意識や理解の欠損のために，感情の探究が損なわれている人（アレキシサイミア）における開示の効果を検討する。

2節
開示の調整因子としての感情の意識，理解，表出

　開示への反応に影響する個人差を同定するのは重要だ。応用的な視点からは，そのような変数を知ることで，**誰が恩恵を得られるか**を示すことができ，より確かな開示の処方とより正確な結果の予測が可能となる。理論的な観点からは，個人差の研究により，**なぜ**開示への反応に個人差があるのかを明らかにとし，ひいては，理論の精緻化と発展が可能となる。

　どのようにすると，感情の意識，理解，表出の個人差が開示への反応に影響するかを調べられるだろうか？　一般的には，ベースライン時の所定の特徴に関して全参加者を査定し，その後，介入し，追跡調査によりデータを収集した後に，それらの特徴が健康への開示の効果を「調整」するかをみるためにそれらの特徴を調べる。調整があれば，介入の結果への効果は，調整変数の水準に依存するといわれる。調整変数は実験群のある結果と関連するが，統制群では別の結果と関連する。心理療法の研究者は，これを**態度と治療の交互作用**とよぶ。それは，分散分析や回帰モデルでは，群と個人差調整変数の有意な交互作用によって統計的に示される。

　無作為化された実験研究で交互作用をみるのが調整因子を調べる最も適切な方法だが，この方法は保守的なやり方で，交互作用のなかには他より統計的に検出しがたいものもある。研究者にとっては，開示の個人差調整因子を調べるにはそれほど厳密ではない方法を用いるのがごく一般的となっているようだ。たとえば，

交互作用を調べるのではなく,パーソナリティ変数と開示群の結果には有意な関係があるが,統制群では有意な関係がないことだけを示そうとする研究者もいる。さらに寛大な方法では,パーソナリティ変数と開示群の結果の有意な関係だけが,統制群に言及することなく示される。さらには,開示が成功した人としない人を比べることで,誰にとって開示が機能するのかを推測しようとする研究者もいる。これらすべての方法は解釈する際に本質的な限界点がある。

ペネベーカーとキオフの1999年時点の展望では,誰が開示から恩恵を得るのかを示す,一貫したパーソナリティ尺度を明らかにした文献はないとされている (Pennebaker & Keough, 1999)。しかし,その時点では,開示の調整因子に関する研究はほとんど実施されていなかった。その後,いくつかの研究が公刊され,感情の意識や表出の個人差を調べ,それらがどのように開示の効果と関連するかを検討した未公刊の研究も,われわれのものも含め存在している。しかし,あらかじめ断っておくが,開示の調整因子に関する研究はまだ始まったばかりで,いくつかの研究はまだ公刊されておらず,また,一貫した結果が得られていない場合もある。しかし,われわれは包括的でありたいと望んでおり,調整因子としての感情の意識や表出と,開示後の結果との関係に関するすべての関連研究を提示し,適宜,仮の解釈や結論を下す。この発展しつつある領域でより多くの研究が現れるにつれて,われわれの結論も変わっていくだろう。

3節 抑圧型

ケネディ=ムーアとワトソンは,抑圧的対処や抑圧型によって,感情表出へと至る出来事の系列のなかの段階2の失敗,すなわち,動機づけられたネガティブ情動の意識の欠如が起こりうることを示唆している。ここでは,自己の否定的な側面,特にネガティブ感情や動機が明らかな意識的な意図や認識なく日常的に否認されている,あるパーソナリティスタイルについてふれる。抑圧型の研究は,ワインバーガーら (Weinberger et al., 1979) が,抑圧概念を操作的に定義したことにより,大きく活気づいた。ワインバーガーらは,自己報告上の不安が低い者は2つの集団からなり,マーロン・クラウン社会的望ましさ尺度(以下,MC尺度,Crowne & Marlowe, 1964) に対する反応から両者を区別できることに注目した。ネガティブ情動の報告が低く,MC尺度の得点も低い者は,本当にネガティブ情動を低度にしか体験していない。しかし,ネガティブ情動得点が低く,MC尺度の高い,**抑圧型**とよばれる人たちは真の低不安の人たちとは異なっている。

たとえば，彼らは，覚醒あるいはネガティブ感情の行動的，生理的な徴候を示すし，自己に関する肯定的な感覚を脅かす体験を回避する（Schwartz & Kline, 1995; Weinberger, 1990）。抑圧的対処に関する大部分の研究は，ワインバーガーらにより開発された方法を踏襲しているけれど，ワインバーガー適応尺度（Weinberger, 1991），ミロン行動健康尺度（Millon et al., 1982）などの他の方法も開発されている。

抑圧型と開示課題への反応

　章の始めに引用しているのは，筆記または発話による開示研究への参加を勧められた2人の人物のものだ。最初のものは，リューマチ性関節炎のある中年女性のもので，彼女は実験群に割り当てられ，ストレス経験について話すように求められた。彼女は割り当てられた課題を完了せず，数週間後には研究からドロップアウトしていった。自分の人生は申し分のないもので，ストレス経験なんてないというのが彼女の言い分だった。彼女の反応は，抑圧型の典型的な反応だ。つまり，ストレスを否認し，自己の否定的な側面の心理学的な探究を要する体験を回避する。

　抑圧的対処は筆記または発話による開示のプロセスや結果にどのような悪影響を及ぼすのだろうか？　抑圧型が開示の恩恵を受けられるとの議論も成り立ちうる。自分の楽なペースで人を狼狽させるような体験を開示するという私的で自己志向的な課題によって，ことによると，抑圧型も防衛を下げて，ネガティブ体験を乗り越えるプロセスを始めることもあるかもしれない。何日もこうしたことをくり返すと，うまく防衛を出し抜けるかもしれない。セラピストの存在と反応が抑圧型から強い防衛反応を引き出すかもしれない心理療法と違って，私的な開示課題は理屈としては抑圧型に向いているということもありうる。また，自分自身や自分の体験を肯定的に見る抑圧型の傾向から，開示のなかで，開示課題の良好な結果と関連づけられてきたポジティブ感情が，大いに表出されるといったこともありうる（Pennebaker et al., 1997）。

　しかし，われわれは，抑圧型は開示からあまり得るものがないのではないかと考えている。非抑圧型や統制条件の抑圧型と比較すると，悪化することさえあるかもしれない。上述の例にみられるように，抑圧型は開示によって肯定的な自己像が脅かされるため，開示課題への関わりを完全に避けてしまうかもしれない。関わったとしても，個人的なネガティブ感情を意識的に認め同定するのは困難だろう。体験を打ち明けるとしても，病気になったとか，愛する者を亡くしたとか，比較的ありふれた，表面的で，公に認められている体験に限定されるだろう。そ

の場合でさえ，抑圧型はネガティブ情動の表出を否認し，最低限しか表出しないだろう。そうなると，開示の恩恵はあまり受けられない。

　われわれの文献レビューは，抑圧型における筆記あるいは発話による開示研究の効果を調べた3本の研究に限られる。ペネベーカーとビールは1986年に46名の学部生を対象に，筆記開示が健康ならびに短期的な生理的覚醒と気分に及ぼす効果を調べている（Pennebaker & Beall, 1986）。参加者は，以下の4つの話題のうちの1つについて書くように求められた。すなわち，外傷体験に関連する感情，外傷体験に関連する事実，外傷体験に関する事実と感情の双方，平凡な話題のうち，1つについてだ。MC尺度もベースライン時に実施した。外傷体験に関する事実と感情の双方について書いた場合が最も健康になるという結果が得られたが，全参加者を一集団として分析してみると，MC尺度は従属変数のいずれとも関連していなかった。しかし，不幸なことに，著者たちは実験条件の参加者と統制条件の参加者を一緒にしてしまっており，MC尺度の高さが筆記表現のみの結果とどう関連しているかわからなくなってしまっている。また，MC尺度のみの使用でも抑圧的対処を近似的に測定したことにはなるかもしれないが，ネガティブ情動をも測定し，MC尺度とあわせて，抑圧型を同定するのが望ましかった。

　エスターリングら（Esterling et al., 1990）は，1990年に，エプスタイン・バー・ウイルス（Epstein-Barr Virus: EBV）陽性の学部生に個人的なストレス経験について30分書かせたうえで採血し，EBV抗原の力価で免疫機能を調べた（値が高ければ免疫制御が低下している）。開示文は用いられた感情語の率で評定され，参加者は，情動語の率によって，高開示，中開示，低開示群に分類された。参加者は，さらに，ミロン行動健康尺度により，抑圧型，過敏者（非防衛的），何でもない者に分類された。その結果，パーソナリティスタイルと開示量の交互作用がEBV抗原の力価を予測することが明らかとなった。開示の程度とは関係なく，抑圧型ではEBV抗原の力価が相対的に高かったが，開示量の最も多い過敏者ではその値が最小だった。このことから，抑圧型は感情筆記で得るものはないが，最も開示した非防衛的な人（過敏者）は恩恵にあずかることが示唆される。効果サイズは大きく，相対的に少ないサンプル（13名の抑圧型）でも有意な結果が得られていた。この研究はわれわれの仮説を支持するように思えるが，解釈には注意が必要だ。非開示統制条件への無作為割り当てを含む実験ではないため，抑圧型が開示課題に独特な反応を示すという明確な結論は出せない。

　1999年の未公刊の修士論文で，ハバル（Habbal, 1999）は自分自身または家族が癌を患ったことのある53名の高齢女性に，ストレス経験か，統制条件として日常の出来事について4週間にわたって週に1度書くように依頼した。ベースライン時にワインバーガー適応尺度も実施し，筆記の開始から1か月後と3か月後

の時点での気分，身体症状，さらには，風邪を引いたかを自己報告により測定した。ワインバーガー適応尺度の防衛性が高い女性は，低い女性より文章で使用するネガティブ感情語が少なかった。また，風邪の予測に筆記群と防衛の程度の交互作用傾向があった。防衛傾向が低い女性は筆記の後の月に風邪を引きにくかったのに対し，防衛傾向が高い女性は，防衛傾向と風邪が関連しない統制群と同様な結果だった。この結果から，防衛的な参加者は筆記開示の恩恵を受けられないことが示唆される。しかし，これらの結果は3か月も持続しない。また，他の健康指標と防衛傾向はどの時点においても関係が認められなかった。

要約：抑圧的対処と開示

　レビューした研究のうち，エスターリングらの研究とハバルの研究は，抑圧型は開示課題からあまり得るものがないことを示唆しており，これらの一方は，抑圧型は開示にネガティブ感情語を用いることが少ないことを示していた。しかし，エスターリングらの研究には統制群がなく，また，ハバルの未公刊の研究では，1つの従属変数に限られた結果であり，それもまた有意傾向にとどまっている。ペネベーカーとビールによる否定的な結果は度外視できるだろう。分析方法に問題があり，抑圧が開示群のなかだけで恩恵を受けられないことと関係しているかがわからないのだから。クリスチャンセンらによる2つの補足的な研究も抑圧の役割の説明に役立つかもしれない（Christensen & Smith, 1993; Christensen, et al., 1996)。クリスチャンセンらは，学部生男性を対象に，開示の調整変数としての敵意特性の役割を調べている。条件は，5分程度の簡単な発話による自己開示と統制条件としての非開示だ。敵意傾向の高い人は，開示に対して血圧変化ならびにナチュラルキラー細胞活性の亢進で反応したが，こうした変化は敵意傾向の低い人や統制条件では起こらなかった。抑圧型は敵意傾向の高い人のなかにはおらず，敵意傾向の低い人の一部を成していると考えられるため，これらの研究もまた，ネガティブ情動を認める人は開示から得るものがあるが，それを否認する人には得るものがないことを示唆している。要約すると，今後十分に検討していく必要はあるが，抑圧が筆記開示の効果を妨げることを示す証拠はあると思われる。

4節
アレキシサイミア

　ケネディ＝ムーアとワトソンのモデルでは，感情が喚起された状態を同定し，それにラベルをつけられなければ，感情表出が段階3で妨げられていることになる。文字通り，「感情に対する言葉が欠如していること」を意味する，**アレキシサイミア**という用語は，精神力動論的な志向のある臨床家によって1970年代初頭につくり出された。彼らは，さまざまなストレス関連疾患や心身症で苦しむ患者の多くが洞察志向の心理療法に向かないことに気づいたのだった。そうしたクライエントは，どこからネガティブ気分やストレス経験が生じているかをほとんど洞察しないし，何が症状を悪化させる要因なのかよくわかっていないように思える。重要だと思える人間関係や感情を喚起するように思える状況についてどう思うかを聞いても，アレキシサイミアの人は「わかりません」と混乱して答えられないか，「気分が悪い」と曖昧で単純な答えを出すのがほとんどだ。そうでなければ，「胃が痛い」のように身体の状態を答えたり，感情に関連する時期や人や場所など外的な要因を単に記述したりするにとどまってしまう。アレキシサイミアの人は，表現に乏しく，堅く，単調な場合が多く，その会話は，内的・心的な体験ではなく，外面で具体的な体験に絞られる（Taylor et al., 1997）。

　テイラーらは1997年にアレキシサイミアに関する文献を広範にレビューし（Taylor et al., 1997），アレキシサイミアは，抑圧でもないし，意図的に抑制された状態でもないと結論づけている。むしろ，アレキシサイミアは，内省，想像，空想のような認知機構を用いて，感情を処理したり調整したりする能力の失効あるいは欠如であるとした。われわれの研究室の研究もそのレビューには含まれている（Lumley et al., 1996）。われわれは，いかにアレキシサイミアが健康問題の危険因子になるかを調べている。アレキシサイミアの人は，さまざまな内科疾患ならびに精神疾患の患者のなかに多くみられるが，特に，身体表現性障害，物質乱用，摂食障害，不安障害，高血圧，慢性疼痛の人に多い。アレキシサイミアの研究は，ほとんどすべてが自己報告式のトロント・アレキシサイミア尺度（TAS; Taylor et al., 1985）か，その20項目改訂版（TAS-20; Bagby, Parker, et al., 1994）を用いてなされている。TAS-20ではアレキシサイミア得点が総点から出せるが，多くの研究では，因子分析により抽出された3つの下位尺度，すなわち，「感情同定ならびに分化困難」「感情記述困難」「想像や空想の欠如した外面的認知スタイル」ごとに得点を算出し，分析を行っている。「感情同定ならびに分化困難」の例は「自分の身体の感覚に戸惑うことが多い」で，「感情記述困難」とは，たとえば，「他人をどう思っているか言葉にするのは難しい」だ。「外面的認知スタイル」とは，

たとえば，「なぜそうなったかを理解するより，ものごとを起こるままにしておくほうが好きだ」というようなことだ。

アレキシサイミアと開示課題への反応

　章の始めの2番目の引用は，筆記開示研究に参加した身体症状を示す若い男性のものだ。アレキシサイミアの典型的な反応で，感情に混乱して，ストレスの原因がどこにあるかわかっていないことが見て取れる。

　アレキシサイミアの人は，開示介入にどう反応するだろうか？　筆記開示の恩恵に浴すると考える人もいるだろう。アレキシサイミアの人はこれまでストレスを理解し解決するために精神生活を点検するよう勧められてこなかったし，そんな機会もなかったのかもしれない。以前はそんなことをするのが意味のあることだとも思わなかったし，そんなことに時間を費やさなかったのかもしれない。おまけに，身体症状や人間関係の苦闘によって，彼らは機能を改善するために何かをするように促されているかもしれない。こうして，アレキシサイミアの人も，ストレス経験を内省し，開示し，処理することを学ぶ新しい機会を利用するかもしれない。

　それでも，われわれは，アレキシサイミアは，一般的な開示課題のプロセスと結果に干渉すると考える。アレキシサイミアの人は，彼らの感情のすべてを含む，ストレス経験について書いたり話したりしてくださいといった単純な教示で混乱しがちだ。これらの教示はアレキシサイミアの欠損のまさに核心にふれてしまう。自分の内的状態や感情の認知的引きがねを理解できない，感情を適切に表現できないといった欠損だ。アレキシサイミアのクライエントを診ている臨床家の観察に示されるように，こうしたクライエントは，進んで開示介入を試みようとするかもしれないが，混乱し，おそらく，ストレッサーを同定できず，ネガティブ感情やポジティブ感情を区別しラベルづけするのに苦労し，ほとんど何も自分の経験に洞察を示さないだろう。理論的には，これらの欠損により開示から恩恵を受けるのに必要な認知的作業や感情的な作業が妨げられるはずだ。

　いくつかの公刊，非公刊の研究で，研究者たちはいかにアレキシサイミアが開示への反応を予測するかを検討している。最初の研究は一見われわれの仮説と矛盾する。パエッツらは1999年に学部生に対し，3日間の集中的な筆記か，1日3分の簡単な筆記のどちらかをさせている（Paez et al., 1999）。参加者は，TAS-20の「感情記述困難」下位尺度にも回答した。感情記述困難が高い参加者は，内省的ではなく，自己関連づけも少なく，（ネガティブ感情語ではなく）ポジティブ感情語も少ないと評される文章を書いた。結果に関しては，感情記述困難が高い

参加者は，簡単な筆記に比較して，集中的な筆記の2か月後に実質的なネガティブ感情の低下が報告されている。ポジティブ感情については変化がなかった。こうしたパターンは感情記述困難が低い参加者にはみられない。対照的に，簡単な筆記を行った参加者のみにおいて，感情記述困難の高さが2か月後のネガティブ感情の高さと関連するという結果がみられた。著者らは筆記表現によってアレキシサイミアでも気分の改善がみられるようだと結論しているが，TASの1つの下位尺度だけではアレキシサイミア概念のすべてをとらえることはできないことを指摘しておくべきだろう。そもそも，この下位尺度は，内向性や人前で感情を話すことへの抵抗感を測定しており（Bagby, Taylor, et al., 1994），むしろ，恥の感覚と関連が深い尺度なのだ（Suslow et al., 2000）。このように，この研究は，社会的あるいは感情的に抑制されていて，自分の気持ちについて普段は話さないような人には，何日か集中的に筆記すると効果があるということを予備的に示しただけで，本当のアレキシサイミアの人にはこれらの結果は当てはまらないかもしれない。

スミスらは印刷中の論文で，TAS-20 を用いたアレキシサイミアと，文章のいくつかの特徴，気分変化，健康結果の関係を，71名のリューマチ性関節炎または喘息の患者を対象に調べている（Smyth et al., in press）。TAS-20 総得点と，文章に個人的なことや感情が表現されていたかの他者評価，どの程度物語構造を有していたかの他者評価，筆記前後の気分の変化，4か月時点での医者による身体的健康の評価との間に，いかなる関係もみられなかった。この否定的な結果は，サンプル数が比較的大きく，注意深く実施され，臨床サンプルが用いられているだけに注目に値する。しかし，これらの健康に対する結果に関する否定的な報告にはいくつか注意しなければならない点がある。まず，分析に統制群が含まれていない。したがって，統制群では，アレキシサイミアは異なった結果と関連する可能性は残っている。さらに，著者らは，たった1つの結果測度しか報告していない。したがって，別の測度でも同じ結果が得られるかはわからない。最後に，著者らも指摘しているように，これらのサンプルの TAS-20 の平均点は 44.5 点と低い。したがって，得点の分布範囲が狭いために，有意な関係が得られなかったのかもしれない。

すでに紹介したハバルの 1999 年の研究では，TAS が癌の履歴のある 53 名の女性のベースラインのアレキシサイミア傾向を調べるのに用いられていた（Habbal, 1999）。アレキシサイミア傾向が高いほど，文章のなかにネガティブ感情語をあまり用いなかった（$r = .34$, $p < .05$％水準で有意）。また，1か月のフォローアップ時での身体症状の有無に関して，群と TAS 得点の交互作用に有意傾向があった。開示群でアレキシサイミア傾向の低い参加者はフォローアップ時に症状が軽

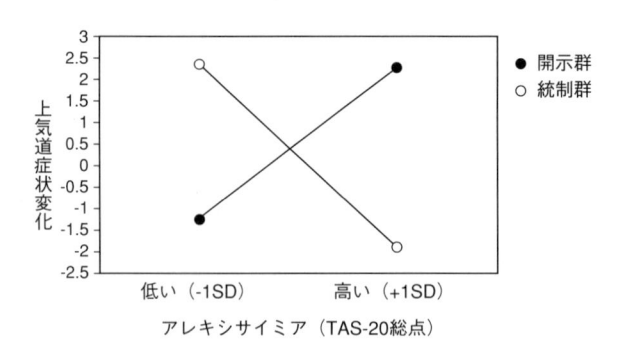

図5.1 身体症状のある学部生では、アレキシサイミアが開示群と3か月後の上気道症状変化の関係を調整する

減した。しかし、アレキシサイミア傾向の高い開示群の参加者は何の恩恵にも浴さなかった。これらの効果は3か月時にはみられていないし、アレキシサイミアの効果は気分や風邪など他の測度では得られていない。

われわれの研究室で行った2つの研究からも、アレキシサイミアにより開示の恩恵を受けにくくなることが示唆されている（Lumley et al., 2001）。その一方の研究では、身体症状の亢進がみられる学生を、ストレス体験について4日間筆記する開示群か、中立的な話題について4日間筆記する統制群のいずれかに割り当てた。また、61名の参加者にTAS-20を実施し、ベースライン時と筆記3か月後の2回、さまざまな健康に関する測定を行った。その結果、TAS-20総点と群の交互作用により8つの症状尺度において上気道疾患の症状が予測できることが明らかとなった。図5.1はその交互作用を示している。開示群では、アレキシサイミア傾向が高いと、3か月の経過のなかで上気道疾患症状がわずかに増悪している。他方、統制群では、アレキシサイミア傾向が高いと、症状が軽減している。われわれは抑うつ症状の変化も査定したが、下位尺度である外面的認知スタイル得点と群の交互作用により抑うつの変化が有意傾向ではあるが予測できることが示された。しかし、TAS-20総点にも他の2つの下位尺度にもそうした効果はなかった。開示群の参加者のなかで、外面的認知傾向が高ければ、より抑うつが増加していた。他方、統制群では、外面的思考と抑うつの変化の間に何の関連もみられなかった。

最近、われわれはまた、リューマチ性関節炎の患者を対象に、発話による開示の効果を調べた以前の研究（Kelley et al., 1997）のデータを用いて、アレキシサイミアの検討を行った（Lumley et al., 2001）。患者は、4日間、自宅で独りスト

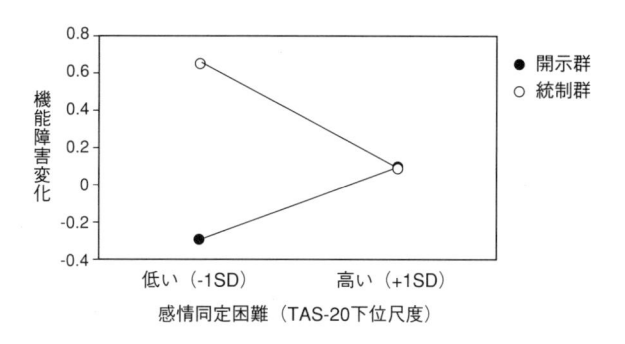

図 5.2　リューマチ性関節炎患者では感情同定困難が開示群と 3 か月後の機能障害変化の関係を調整する

レス経験についてテープレコーダーに吹き込む群か，中立的な話題について吹き込む群かに分けられた。われわれは，68 名の患者の健康状態をベースライン時と 3 か月後の 2 回，査定した。これらの査定のなかには，リューマチ科の医者による関節運動障害の査定（歩行時間，握力，関節腫脹，圧痛）と，関節炎重症度尺度（Arthritis Impact Measurement Scale-2; Meenan et al., 1992）を用いた自己申告性の痛みと，機能障害の査定が含まれている。われわれは，ベースライン時に TAS-20 を用いてアレキシサイミア傾向を査定した。その結果，群と感情同定困難尺度との交互作用により 3 か月にわたる自己申告性の機能障害の変化を予測することが明らかとなった。TAS-20 総点ならびに他の下位尺度にはそのような効果はなかった。図 5.2 はこの交互作用を図示したものだ。感情同定が困難であるほど，開示群の患者の機能障害が増加した。しかし，逆に統制群では，感情同定が困難であれば，機能障害が低下した。注目すべきことは，開示は感情同定が困難な患者では，機能障害に影響を与えないが，感情同定困難の低い開示者では，機能障害が改善したということだ。有意傾向ではあるが，交互作用により関節障害の変化が予測できることも示された。機能障害の結果と同様に，開示群の患者では，感情同定が困難であるほど関節障害は増悪していたが，統制群では，感情同定が困難であれば，わずかながら関節障害が改善していた。

要約：アレキシサイミアと開示

　われわれの研究室での 2 つの研究とハバル（Habbal, 1999）の研究において，アレキシサイミアならびにその一部の傾向が高いと，開示によって健康の増進が

得られていない。しかし，これらの研究は未公刊であり，また，十分に有意な結果が得られているというわけではないため，これらの研究が及ぼす影響には一定の限界がある。パエッツら（Paez et al., 1999）の研究は，少なくとも一見するとアレキシサイミアにより開示の恩恵を受けられなくなるという仮説と対立するようにみえる。しかし，彼らの結果は，おそらくは内向性や恥のせいで，抑制している人にとっては，開示は効果的であると解釈したほうがよいように思える。スミスら（Smyth et al., in press）による否定的な結果は，アレキシサイミアにより開示の恩恵を受けられなくなるという仮説に，より批判的なものだ。しかし，統制群の分析が欠如しており，たった1つの結果測度しか用いておらず，また，アレキシサイミア測度の分布範囲が限られている可能性があり，この否定的な結果の影響はそれほど大きくない。

　アレキシサイミアにより開示の恩恵を受けられなくなるという仮説への付加的な支持は，特異な集団を対象とした2つの研究から得られる。開示は伴侶に先立たれた成人を対象とした大サンプルで何の効果もないことが見いだされている（Stroebe & Stroebe, 1996）。また，外傷後ストレス障害の患者を対象とする小サンプルの研究で，外傷後5週間は，開示は心身に有害であるということが示されている（Gidron et al., 1996）。ペネベーカーとシーガル（Pennebaker & Seagal, 1999）は，こうした否定的な効果が得られた理由は，参加者の不安や抑うつのためだろうと示唆している。つまり，このような不安や抑うつのために，認知的処理に欠損が生じ，外傷体験を体制化する能力が損なわれたためではなかったかということだ。こうした認知的処理の欠損や，外傷体験の体制化の障害は，アレキシサイミアの特徴と一致する。抑うつや外傷後ストレス障害の患者の多くは，アレキシサイミア傾向が高いことが知られており（Taylor et al., 1997），これらの研究における否定的な効果はアレキシサイミアによって生じたのではないかと示唆される。アレキシサイミアは直接査定されていないため，これらの考えは推測にとどまる。要約すると，われわれは，アレキシサイミアにより開示の恩恵を受けられなくなるという仮説に対するいくつかの支持を得た。

5節
臨床的示唆

　開示法は誰に最も適しているのだろうか？　いくつかの研究は，抑制によって表出が妨げられている人（モデルの段階4と5）が最も開示から恩恵を得られるというわれわれの主張を支持する。たとえば，レポーレとグリーンバーグ

(Lepore & Greenberg, in press）は，大学生を対象に失恋体験を筆記させ，侵入思考の程度の低い人ではなく，高い人でのみ健康が増進するという結果を見いだした。それより前に，レポーレ（Lepore, 1997）は同様の効果を見いだしていた。つまり，差し迫っている試験について筆記すると，試験についての侵入思考が高い人でのみ，気分が改善されたのだ。侵入思考は，その人が感情的な苦悩を抑制し，回避しようとしながらも，その苦痛の存在を認識しているサインと考えられる（Horowitz, 1986）。サリヴァンとネイシュ（Sullivan & Neish, 1999）は，歯医者での処置を受けようとしている人を対象に，歯医者の恐怖について簡単に筆記させた効果を調べた。痛みの緩和や気分の改善というよい結果は，心配を認め，痛みが制御できないことを認めた，いわゆる痛みで大騒ぎする開示者で認められた。われわれの研究室の最近の研究で，ノーマンら（Norman et al., 2001）は，慢性の骨盤痛を抱え，感情の表出について葛藤を抱えている女性患者のうち，自分の痛みの悲惨な結果について書いた群は，統制群のなかで感情の表出に葛藤を抱えた人がポジティブな生活体験について書くよりも，筆記が役立っていた。感情表出について葛藤しているということは，意識的に感情を抑制していることを認めているということだ。最後に，スミス（Smyth, 1998）のメタ分析的な展望で，男性は女性よりも筆記表現で恩恵を受けられるということが示唆されているが，男性は一般的に女性よりも感情表出を抑制しがちだと考えられている。以上のように，ネガティブ感情を体験していることを認め，感情を表出してよいか葛藤している人，感情を抑制し回避しようとしている人，侵入思考をもち心配している人は開示の恩恵に浴するという予備的な証拠がある。

　対照的に，抑圧型やアレキシサイミアの人の，適応改善には別のストレス管理法や修正された開示法が必要ではないかと考えられる。抑圧型を対象とした治療に関する文献はほとんどないが，ミロン（Millon, 1996）は，ストレス管理の伝統的な認知行動技法に最初のうちは焦点を当てると最も有効なのではないかと示唆している。リラクセーション訓練，問題解決，主張訓練などの技法は，心理的にさほど脅威的ではないし，抑圧型の人に容易に受け入れられるかもしれない。痛みや身体的な問題のある抑圧型の人のなかには，筋肉や神経システムが，主観的には厄介と感じない人生上の出来事について話すときになぜ反応するのかについて徐々に興味をもち，バイオフィードバックに反応する人もいるかもしれない。このように心理的に安全な方法で最初にアプローチすることで，抑圧型の人のなかには自身の心理的なストレス源について調べようとし始めるかもしれない。このようにネガティブな情動体験を内省し開示する必要がある開示や他の技法は，構造化され，より心理的な脅威の少ない認知行動技法を適用した後の，2番目に行われる技法として抑圧型の人に用いるのがよいだろうと考えられる。

アレキシサイミアはさまざまな精神疾患ならびに心身症の患者に広く認められているが，抑圧型と同様にアレキシサイミアについても介入法の研究はほとんどない。臨床観察によると，アレキシサイミアの人は伝統的な洞察志向的な方法からは恩恵が受けられないことが示唆されている。なぜなら，彼らの外面的認知スタイルや感情理解の困難のため，洞察や感情処理が妨げられるからだ。さらに，アレキシサイミアの人の対人関係のスタイルは，よそよそしく，人と関わりあいをもとうとしない。そのため，治療において対人関係論的なアプローチは困難だ (Freyberger, 1977)。しかし，アレキシサイミアの人は行動療法では規則的にセッションに参加し，宿題もきちんとやろうとする (Lumley et al., 1994)。このことは，治療が構造化され指示的になれば，アレキシサイミアの人は自身の感情を意識し認知的に処理する技能を確立できるような課題に従事するようになることを示唆している。バレスネヴェイト (Beresnevaite, 2000) は，心臓病をもつアレキシサイミアの患者は，心理的な意識を高めるための多様で構造化された課題を利用したグループ療法による介入によく反応したと報告した。これらの訓練により，アレキシサイミア傾向や，その後の循環器系の問題が軽減した。

　われわれは，アレキシサイミアの人は，通常どおりの開示課題では非常に難しいだろうと考えるが，課題を修正すれば役に立ちはするだろう。何日にもわたる筆記は，おそらく感情技能に限界があるような人にも徐々に役立つようになる。何人かの研究者がより多くの教示や指示を筆記者に与える方法の可能性を検討してきた。たとえば，キャメロンとニコルス (Cameron & Nicholls, 1998) は，開示と並行して，対処方略について筆記するように求めると，自分を悲観論者だと評定する人によい効果をもたらすことを見いだしている。最近，われわれは，筆記開示課題の修正版を開発し，検証している。その方法は，アレキシサイミアの人が4日間の筆記開示の効果を最大にするのに役立つよう計画された4つの教育的なモジュールから成っている。これらのモジュールは，参加者がストレス経験を認識し，さまざまなネガティブ感情を同定し，ラベルをつけ，いかにストレス経験が認知や対人関係に影響を及ぼすかを理解し，経験についての認知をいかに変えるかを援助することを目指している。われわれは，通常の開示教示に対して，この修正法が優れているかどうかを検証中だ。われわれは，アレキシサイミアの人はより構造化されたやり方により利益を得られるだろうと考えている。

6節
限界点と今後の研究課題

　現在利用できるいくつかの研究により，われわれは，感情の意識や表出の個人差が開示の調整要因になると結論づけたくなる。研究計画に関して，いくつかの研究は，統制群がなかったり，分析のなかに統制群を含めていなかったりする。統制群がなければ，調整要因の効果が開示に特有のものなのか，パーソナリティ変数の全般的な効果を見いだしたのか，明らかとはならない。すなわち，ある特徴をもった人は，概してより良かったり，悪かったりするのかということもわからない。調整要因を調べるためには，統制群を含め，群と調整変数の交互作用を調べるべきだ。第2の限界点として，大部分の研究者は，開示群と統制群との違いを出すことに血まなこになり，調整変数への関心は二次的なものとみなしているようだ。しかし，主効果をみるためだけに計画され，行き当たりばったりにベースライン時にいくつかのパーソナリティ測度を含め，その後，事後的に調整変数を調べる調査研究は，否定的な結果を出すか，再現できない結果を出すか，そのどちらかの場合が多い。この欠点を改善することは，最初から調整変数を調べるために計画し，その効果を検出するのに十分な大きなサンプルを用い，潜在的な調整変数の点で幅広い参加者を募ることを意味する。

　われわれはまた，結果の解釈についても関心を寄せている。第1に，実験的な研究においてさえ，調整要因に関する結果は本質的に相関があるといったもので，因果関係についてのさまざまな解釈が考えられる。抑圧型やアレキシサイミア（あるいはそれ以外の調整要因）によって課題成績が変わると結論づけることはできない。なぜなら，そのパーソナリティ変数は，調整要因の効果の本来の根源である他のいくつかの変数の近似にすぎないかもしれないからだ。第2に，われわれは抑圧型やアレキシサイミアを人間の不変的な特性として扱ってきたが，これらの変数の安定性には疑問がある。たとえば，アレキシサイミアは抑圧型と同様に，外傷体験の結果として生じているようだ（Lumley et al., 1996）。さらに，抑圧型もアレキシサイミアも，ことによると開示課題を含む感情の意識の介入に反応して，ともに緩和したり軽減したりすることがありうるだろう。われわれは，開示がアレキシサイミアや抑圧型に変化をもたらすかどうかを調べるために，開示後のこれらのパーソナリティ変数を再検討する研究を進めている。

　われわれは，研究者たちに，感情の意識も表現スタイルも異なる人々が書いたり話したりする話題について検討することをお願いしたい。われわれの知る限りでは，パーソナリティ変数とともにこれを検討した人はいない。たとえば，抑圧型の人は，抑圧型でない人よりも，表面的で一般に広く認められた問題（病気の

ような)についての開示や筆記を回避するだろうか？ アレキシサイミアの人は，筆記の際に用いられる話題や感情の選択に混乱を来たすのだろうか？ われわれはまた，たとえばパス解析を用いて，ベースライン時の個人差と媒介変数や健康上の結果とを関連づける研究を必要としている。最後に，われわれは研究者たちに，実験群の主効果がみられた場合でも，調整要因の分析を実施することを願う。否定的な結果もまた重要であり，われわれは，調整要因についての否定的な結果も彼らの大事な論文に含めてほしいと願う。

　感情の処理過程についての調査は，さまざまなタイプの感情の機能を説明し，研究のための構成概念の選択を方向づけ，臨床家に適切な介入の方向を示すために，よりよい理論モデルを必要とする。ケネディ＝ムーアとワトソン（Kennedy-Moore & Watson, 1999）のモデルが本章のわれわれの考えを導いてきてくれたが，その見解を支持したり異議を唱えたりするような，実証的な証拠はほとんどない。5つの表現プロセスがお互いに相容れないものなのか，それらが順々に表現に至るのかといったことを含めてだ。われわれは，感情の意識，理解，表出についての文献に書かれてきた無数のプロセスやラベルがこのモデルのなかに含まれうるかどうかわからないし，それに代わるモデルがよりよいのかもわからない。現在までに，いくつかの吟味すべき理論モデルが提出されてきた。たとえば，レーンとシュワルツ（Lane & Schwartz, 1987）は，感情の意識や複雑さの発展に関する段階モデルを提唱し，ラボヴィエ＝ヴェフ（Labouvie-Vief, 1999）は，感情価調整や感情の複雑さの二次元モデルを提唱し，メイヤーとサロヴェイ（Mayer & Salovey, 1997）は，感情知性モデルとそれに対応する検査一式を広めた。これらのモデルは感情開示に関する将来の研究や，臨床の成果において検討されるべきだ。

◆ 引用文献 ◆

Bagby, R.M., Parker, J.D.A., &Taylor, G.J.(1994). The Twenty-item Toronto Alexythimia Scale-I. Item selection and cross-validation of the factor structure. *Journal of Psychosomatic Research*, **38**, 23-32.

Bagby, R.M., Taylor, G.J., & Parker, J.D.A. (1994) The Twenty-item Toronto Alexythimia Scale-II. Convergenr, discriminant, and concurrent validity. *Journal of Psychosomatic Research*, **38**, 33-40.

Beresnevaite, M.(2000) Exploring the benefits of group psychotherapy in reducing alexithymia in coronary heart disease patient: A preliminary study. *Psychotherapy and Psychosomatics*, **29**, 117-122.

Cameron, L.D., & Nicholls, G. (1998). Expression of stressful experiences through writing. Effects of a self-regulation manipulation for pessimists and optimists. *Health Psychology*, **17**, 84-92.

Christensen, A.J., Edwards, D.L., Wiebe, J.S., Benotsch, E.G., McKelvey, L., Andrews, M., &

Lubaroff, D.M. (1996). Effect of verbal self-disclosure on natural killer cell activity; Moderating influence of cynical hostility. *Psychosomatic Medicine*, **58**, 150-155.

Christensen, A.J., & Smith, T.W.(1993). Cynical Hostility and cardiovascular reactivity during self-disclosure. *Psychosomatic Medicine*, **55**, 193-202.

Crowne, S.P., & Marlowe, D.(1964). *The approval motive: Studies in evaluative dependence*. New York: Wiley.

Esterling, B.A., Antoni, M.H., Kumar, H., & Schneiderman, N.(1990). Emotional repression, stess disclosure responses, and Epstein-Barr viral capsid antigen titers. *Psychosomatic Medicine*, **52**, 397-410.

Freyberger, H.(1977). Supportive psychotherapic techniques in primary and secondary alexithymia. *Psychotherapy and Psychosomatics*, **28**, 337-342.

Gidron, Y., Peri.T., Connolly, J.F., & Shalev, A.Y (1996). Written disclosure in posttraumatic stress disorder: Is it beneficial for the patient? *Journal of Nervous and Mental Disease*, **184**, 505-507.

Habbal, R.(1999). *Emotinal disclosure in women: The moderating effects of personality*. Unpublished master's thesis, San Diego State University.

Horowitz, M.J.(1986). *Stress response syndromes* (2nd ed.). Northvale, NJ: Jason Aronson.

Kelley, J.E., Lumley, M.A., & Leisen, J.C.C.(1997). Health effects of emotional disclosure in rheumatoid arthritis patients. *Health Psychology*, **16**, 331-340.

Kennedy-Moore, E., & Watson, J.C (1999). *Expressing emotion: Myths, realities, and therapeutic strategies*. New York: Guilford Press.

Labouvie-Vief, G.(1999). Emotions in adulthood. In V. Bengston & K. E. Schaie (Eds.), *Theories of adult development and aging* (pp.253-267). New York: Springer.

Lane, R.D., & Schwartz, G. E. (1987). Levels of emotional awareness: A cognitive-developmental theory and its appliciation to psychopathology. *American Journal of Psychiatry*, **144**, 133-143.

Lepore, S.J. (1997). Expressive writing moderates the relationship between intrusive thoughts and depressive symptoms. *Journal of Personality and Social Psychology*, **73**, 1030-1037.

Lepore, S.J., & Greenberg, M.A.(in press). Mending broken hearts: Effects of expressive writing on mood, cognitive processing, social adjustment, and health following a relationship breakup. *Psychology and Health*.

Lumley, M.A., Downey, K., Stettner, L., Wehmer, F., & Pomerleau, O.F. (1994). Alexithymia and negative affect: Relationship to cigarette smoking, and nicotine dependence, and Smoking cessation. *Psychotherapy and Psychosomatics*, **61**, 156-162.

Lumley, M.A., Naoum L., & Kelley, J.(2001, March). *Alexithymia as a moderator of the effects of written and verbal emotional disclosure*. Poster presented at the annual meeting of the American Psychosomatic Society, Monterey, CA.

Lumley, M.A., Stettner, L., & Wehmer, F. (1996). How are alexithymia and psysical illness linked? A review and critique of pathways. *Journal of Psychosomatic Research*, **41**, 505-518.

Mayer, J.D., & Salovey, P.(1997). What is emotional intelligence? In P.Salovey & D.J.Shuyter (Eds.), *Emotional development and emotional intelligence: Educational Implications* (pp.3-31). New York: Basic Books.

Meenan, R.F., Jason, J.H., Anderson, J.J., Guccione, A.A., & Kazis, L.E.(1992). AIMS2: The content and properties of a revised and expanded Arthritis Impact Measurement Scales Health Status Questionnaire. *Arthritis and Rheumatism*, **35**, 1-10.

Millon, T.(1996). *Disorders of personality: DSM-IV and beyond*. New York: Wiley.

Millon T., Green, C.J., & Meagher, R.B(1982). *Millon Behavioral Health Inventory*. Minneapolis, MN: Interpretive Scoring Systems.

Norman, S., Lumley, M., Dooley, J., Schram, L., & Diamond, M.(March, 2001). *Written emotional disclosure in women with chronic pelvic pain*. Poster presented at the annual meeting of the American Psychosomatic Society, Monterey, CA.

Paez, D., Basabe, N., Valdoseda, M., Velasco, C., & Iraurgi, I. (1995). Confrontation: Inhibition, alexithymia, and health. In. J. W. Pennebaker (Ed.), *Emotion, disclosure, & Health* (pp.195-222).Washington, DC: American Psychological Association.

Paez, D., Velasco, C., & Gonzalez, J.L., (1999). Expressive writing and the role of alexithymia as a dispositional deficit in self-disclosure and psychological health. *Journal of Personality and Social Psychology*, 77, 630-641.

Pennebaker, J.W., (1997). *Opening up: The healing power of expressing emotions* (Rev. ed.). New York: Guilford Press.

Pennebaker, J.W., & Beall, S.K.(1986). Confronting a traumatic event: Towers an understanding of inhibition and disease. *Journal of Abnormal Psychology*, 95, 274-281.

Pennebaker, J.W., & Keough, K.A., (1999). Revealing, organizing, and reorganizing the self in response to stress and emotion. In R.J.Contrada & R.D. Ashmore(Eds.), *Self, social identity, and physical health* (pp.101-121). New York: Oxford University Press.

Pennebaker, J.W., Mayne, T.J., & Francis, M.E.(1997). Linguistic predictors of adaptive bereavement. *Journal of Personality and Social Psychology*, 72, 863-871.

Pennebaker, J.W., & Seagal, J.D.(1999). Forming a story: The health benefits of narrative. *Journal of Clinical Psychology*, 55, 1243-1254.

Schwartz, G.E., & Kline, J.P.(1995). Repression, emotional disclosure, and health: Theoretical, empirical, and clinical considerations. In. J. W. Pennebaker (Ed.), *Emotion, disclosure, & health* (pp.177-193). Washington, DC: American Psychological Association.

Smyth, J.M.(1998). Written emotional expression: Effect sizes, outcome types, and moderating variables. *Journal of Consulting and Clinical Psychology*, 66, 174-184.

Smyth, J.M., Anderson, C.F., Hockemeyer, J.R., & Stone, A.A.(in press). Does emotional non-expressiveness or avoidance interfere with writing about stressful life events? An analysis in patients with chronic illness. *Psychology and Health*.

Stroebe, M., & Stroebe, W.(1996, July). *Writing assignments and grief.* Paper presented at The Non-Expression of Emotions and Health and Disease Conference, Tilburg.The Netherlands.

Sullivan, M.J.L., & Neish, N. (1999). The effects of disclosure on pain during dental hygiene treatment: The moderating role of catastrophizing. *Pain*, 79, 155-163.

Suslow, T., Donges, U.S., Kersting, A., & Arolt, V.(2000). 20-Item Toronto Alexithymia Scale: Do difficulties describing feelings assess proneness to shame instead of difficulties symbolizing emotions? *Scandinavian Journal of Psychology*, 41, 329-334.

Taylor, G.J., Bagby, R.M., & Parker, J.D.A.(1997). *Disorders of affect regulation: Alexithymia in medical and psychiatric illness.* New York: Cambridge University Press.

Taylor, G.J., Ryan, D., & Bagby, R.M.(1985). Toward the development of a new self-report alexithymia scale. *Psychotherapy and Psychosomatics*, 44, 191-199.

Weinberger, D.A.(1990). The construct validity of the repressive coping style. In J.L.Singer (Ed.), *Repression and dissociation: Implication for personality theory, psychopathology, and health*(pp.337-386). Chicago: University of Chicago Press.

Weinberger, D.A.(1991). *Social-emotional adjustment in older children and adults: Psychometric properties of the Weinberger Adjustment Inventory.* Unpublished manuscript, Case Western Reserve University, Cleveland, OH.

Weinberger, D.A., Schwartz, G.E., & Davidson, R.J.(1979). Low-anxious, high-anxious, and repressive coping styles: Psychometric patterns and behavioral and physiological responses to stress. *Journal of Abnormal Psychology*, 88, 369-380.

III

感情・認知・生物学的過程

6章
情動の筆記と健康
―情動と関連した体験,生理,行動の自己調整―

ステファン・J・レポーレ　　メラニー・A・グリーンバーグ
ミシェール・ブルーノ　　ジョシュア・M・スミス

> 「……最も晴れやかな気持ちになれるのは,とにかく自分の思考や感情のすべてを書き出すことができるときです。それができなければ,私はきっと窒息死してしまうことでしょう。」
>
> アンネ・フランク（1944年3月16日）

ストレスフルな出来事を体験した人が筆記表現法を行うと心身の健康を増進する効果があることを示す実証的証拠が積み上げられてきた（Smyth, 1998）。本章では,筆記表現がもたらす有益な効果を,自己調整過程がどのように媒介するのかについて考える。特に,筆記表現法が情動に関連した体験,生理的反応,行動の調整を改善し,さらに心身の健康を増進することを示していく（Greenberg & Lepore, in press を参照）。

1節 情動

1世紀以上昔,ダーウィン（Darwin, 1872）とジェームズ（James, 1884）は,情動とは,進化において重要な状況で引き起こされる適応的な行動的・生理的反応の傾向のことであると主張した。たとえば,原始のジャングルでは,突然の音は捕食動物の接近を知らせるものであったかもしれない。そのような状況での適

応的な反応は，他の行動をいっさいやめ，その音源に注意を向け，攻撃か逃走のためにエネルギーを動員することである。そうすることで生存の可能性が増したために，その反応を支える生物学的要因が次の世代に遺伝していくこととなった。そのために，そうした反応が必ずしも適応的であるとはいえない現代においても，人間は突然の音に対して強い否定的な情動反応を示すのである。その深く染みついた情動反応に加えて，人間は正常な発達の過程で新たな情動反応を学習する。たとえば，羞恥心は社会的な相互作用を通じて獲得される反応であるし，嫌悪感は食中毒を体験した人にみられるように，連合学習を通じて獲得される反応である。筆者らは，生得的な情動反応や学習された情動反応は，重要な刺激に向けて反応を方向づけることによって，適応を促進すると考えている。

　情動反応には，少なくとも3つのシステムが含まれている。3つのシステムとは，「主観－体験的システム」「神経生理学－生化学的システム」「行動－表出的システム」である (Lang, 1968)。各システムは，重要な刺激と個人の関係に影響を及ぼしている。**体験的要素**とは感情状態のことであり，それは肯定的な（たとえば，喜び），または否定的な（たとえば，苦痛）感情価をもっている。この感情状態によって，人間は自分にとって何か重要なことが起こったことに気づき，その刺激に接近するかまたはそれを回避する必要があることを理解するのである。また，**生理学的要素**とは神経内分泌系の活動や中枢神経・自律神経系の活動であり，覚醒の調整を行っている。この覚醒レベルの調整によって，エネルギーを保存するために活動を止めたり，あるいはエネルギーを解放して活動を支えたりするのである。**行動的要素**とは，顔，身体，言語の反応である。このシステムにはさまざまな機能があり，たとえば，刺激に接近するかそれを回避するかを指示したり，それを他の人間に伝えたりする。

　このような体験的，生理的，そして行動的な側面における情動の反応傾向は，ある程度独立している。たとえばヘビが現れたときに，主観的には「怖くない」と報告しても，生理的には恐怖反応を示すこともある (Rachman & Hodgson, 1974)。心拍の高まりなどの特定の反応傾向は，恐れや怒り，悲しみなどのさまざまな情動状態に付随して起こる (Cacioppo et al., 2000)。しかし，急性ストレスにさらされている際に主観的に知覚されるストレスや覚醒は，生理的変化との間に弱い相関があるにすぎないという報告もある (Feldman et al., 1999)。これらの研究結果から，情動システムにはそれぞれ独自の決定因があり，情動を調整するためにとられるどの方法も，それぞれのシステムに異なった影響を及ぼすことが示唆される。後に論じるが，このことは，なぜ筆記表現法が精神的健康よりも身体的健康に強い効果をもたらすのかを説明するものかもしれない。つまり，筆記表現法は主観的な情動的体験よりも身体の覚醒を強く調整する可能性があると考

えられる。

2節
情動調整

　情動調整とは、自己制御あるいは自己コントロールといった、広義の構成概念の一部であり、特に3つの情動の側面—体験、生理、行動—のどれかにおける反応の質、頻度、持続期間をコントロールすることをいう（Eisenberg et al., 2000を参照）。そして情動調整は、どのような情動を抱くのか、どのような状況でそれを感じるのか、どのくらいそれを体験し表出するのか、に影響を及ぼしている。この定義では情動調整の作用が強調されており、情動調整が努力を要する意識的な過程であることを意味している。しかし、情動調整は常にコントロールされ、努力を要し、かつ意識的な過程であるとは限らない。

　情動調整は、**不十分な調整、適度な調整、過度な調整**といった、連続性のあるものとしてとらえることができる。この連続性の末端に位置する人、つまり、調整が不十分な人は情動を調整することが難しく、そのため、身体的かつ心理学的な健康の問題を引き起こす危険性が高まってしまう。このような人は、情動を喚起するような刺激に対する反応を、ほとんど、あるいはまったくコントロールすることができない。彼らは情動を強烈に体験し、生理的覚醒が過度に起こってしまい、衝動的な情動の表出や行動をほとんどコントロールすることができないのである。ストレッサー（stressor: ストレスを引き起こす刺激）に反応する生理システムは、頻繁にあるいは慢性的に活動すると、しだいにそのシステムが障害される。そうすると、将来ふりかかってくるストレッサーに適応する能力は徐々に衰えていってしまう（McEwen, 1998）。おそらく、こうした生理病理学的過程の結果として、ストレス中の慢性的で過度な覚醒は心臓血管系の障害や伝染性の疾患の発症につながるリスク・ファクターとなりうる（Lepore, 1998）。また、敵意や不安、抑うつといった強い否定的な情動は、喘息、関節炎、冠状動脈の疾患につながるリスク・ファクターとなるとされている（Friedman & Booth-Kewley, 1987）。さらに、敵意と衝動性は対人関係の問題の一因にもなってしまう（Smyth, 1992）。

　それとは対照的に、過度に情動を調整する人は情動の反応傾向を縮小したり、抑制したり、あるいは抑圧したりしてしまう。過度な情動のコントロールは、癌（Gross, 1989）や心臓血管系の障害（本書の2章）に結びつく。ある理論では、情動を抑制するために必要な努力は結果的に不健康で慢性的な覚醒状態を引き起

こすとされている（Pennebaker, 1989）。たとえば，葛藤を回避する人は怒りを抑制すると考えられるが，そうすることで自律神経系の覚醒は慢性的に増加し，結果的に冠状動脈疾患に結びついてしまう。事実，情動の抑圧は交感神経系の活動増加につながり（Gross & Levenson, 1993），抑圧によって免疫システムの機能が損なわれることが報告されている（Petrie et al., 1998）。また，狼狽するような情報を回避する人は，疾患の兆候や症状を自覚できず，そのために発見が遅れ，問題がある状況や対人関係の問題に取り組めなくなってしまう可能性がある。

3節 筆記表現と情動調整

ストレスフルな出来事を体験した場合には，過度な反応と不十分な反応との間で情動のバランスをとることが必要となる。図6.1に示されているように，筆記表現には，注意を導く，馴化を容易にする，認知の再体制化を助ける，といった，情動調整の過程を進行しやすくし，情動のバランスがとれるように援助する機能があると考えられる。以下にこれらの調整メカニズムについて，いくつかの項に分けて議論するが，これらの過程の間には相関があり，互いに影響を及ぼし合っている。

注 意

注意（attention）は情動調整の中心である。その理由は，情動反応や先行刺激をコントロールするには，その以前にそれらに注目しなくてはならないからである。筆記表現法を行うことによって，ストレスの源，つまりストレッサーがもつさまざまな側面に注意が向き，さらに主観的，生理的，行動的反応にも注意を向けることができる。それらの側面に注意を向けることによって，筆記表現法はその他の情動調整過程をも促進しうるのである。たとえば，否定的なストレスに関連した思考や感情に注意を向けると，情動の馴化（habituation）（たとえば，生理的反応や感情的反応の低減）が促進される。

筆記を行う際の教示によって，状況のさまざまな側面やその状況に対する情動反応に注意を向けることができる。ペネベーカー（Pennebaker, 1989）が初期に提唱した理論では，ストレッサーがもつ，避けられがちで否定的な側面に注意を向けることを重視していた。望ましくないストレスに関連した思考や感情を抑制すると，結果的に不健康なレベルの覚醒を引き起こし，それを慢性化させること

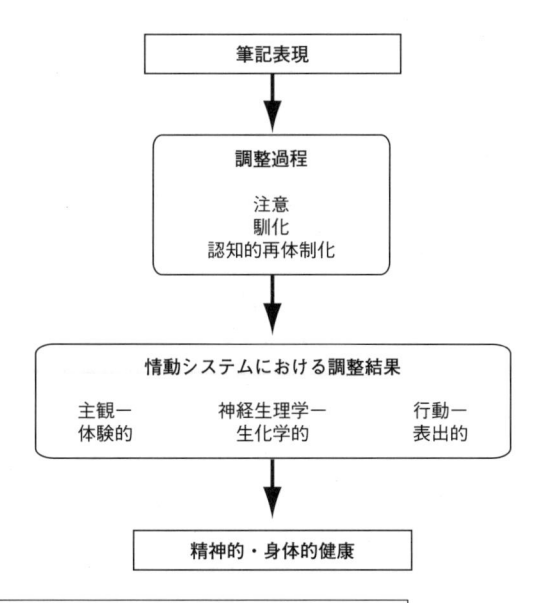

```
                ┌─────────────┐
                │  筆記表現   │
                └──────┬──────┘
                       ↓
              ┌─────────────────┐
              │    調整過程     │
              │      注意       │
              │      馴化       │
              │  認知的再体制化 │
              └────────┬────────┘
                       ↓
         ┌──────────────────────────┐
         │ 情動システムにおける調整結果 │
         │ 主観―  神経生理学― 行動― │
         │ 体験的  生化学的   表出的 │
         └────────────┬─────────────┘
                      ↓
              ┌─────────────────┐
              │ 精神的・身体的健康 │
              └─────────────────┘
```

図6.1 筆記表現法が健康に及ぼす効果の情動調整モデル

になると考えられていたためである。ペネベーカーによって開発された筆記法では，ストレスフルな出来事に関するできるだけ深い思考や感情について書くように教示している。予想どおり，この方法によって情動表出，とりわけ否定的な情動表出は増加し，その出来事からの回避や過度な情動コントロールは妨げられ，否定的な情動体験が短期的に増加した（Smyth, 1998）。しかし，この方法によって，覚醒が低減し，より長期的には気分の改善もなされる可能性がある（Smyth & Pennebaker, 2001）。

ペネベーカーの方法によって，さまざまな母集団における身体的かつ情動的な健康の問題が減少した。しかし，注意を否定的なものに向けることは必ずしも必要なことではないかもしれない。最近の研究では，ストレッサーの肯定的な側面や，ストレスフルな体験をして有益だったことに注意を向けることによって，健康が増進したことが報告されている（本書の3章，7章）。後に出てきたこの方法は，ペネベーカーの方法よりも肯定的な感情表出を引き出しやすい。それによって健康増進を説明することができる。肯定的な情動は，ストレッサーに対する否定的な情動反応から生じるであろう持続的な覚醒や長期的な苦痛を，結果的に緩めたり，あるいは弱めたりすることができるとされている（Bonanno, 2001; Fredrickson & Branigan, 2001）。したがって，ストレッサーの肯定的な側面について筆記することは，肯定的な情動を引き起こし，それがストレッサーによって引

き起こされた否定的な情動を和らげる「緩衝剤」としての役割を果たすと考えられる。また，肯定的な情動によって，将来のストレスに対処するための新たな人的・社会的資源の開発を促すことも可能である。たとえば，関心と興奮は探索的行動や技術を向上させる行動を動機づけるが，その一方で，幸福は社会的つながりを強くするような，肯定的な社会的活動を促すだろう。

　確かに，ストレッサーの肯定的な側面に注意を向ける筆記法は健康を増進させるが，ペネベーカーの方法はそれよりも強い効果を生み出す可能性がある。それを裏づける研究として，スタントンとダノフ＝バーグ（Stanton & Danoff-Burg, 本書の3章）は，乳癌にかかった女性を対象に，癌体験に関連した事実に焦点を当てて筆記する群，癌体験についてのできるだけ深い思考や感情に焦点を当てて筆記する群，癌を体験したなかで得られた有益な体験に焦点を当てて筆記する群の3群に無作為に配置して研究を行った。3か月後の追跡調査では，深い思考と感情について筆記した群のほうが事実のみを筆記した群よりも身体徴候がはるかに減少していることが報告され，有益な体験について筆記した群の身体徴候は他の2群の中間に位置する結果となった。この結果から，否定的なものも含めた広範囲の思考や感情を探索することのほうが，限られた範囲の肯定的な思考や感情に焦点を当てることよりも概して有益であることが示唆される。しかし，それでもなお，ストレッサーの肯定的な側面について筆記し，望ましくない思考や感情に直面しないことによって健康が増進するという発見には，重要な臨床的示唆があるといえる。なぜなら，なかには肯定的な面に焦点を当てるほうを好む人や，ストレッサーに直面することに耐えられない人がいて，この方法を必要とする臨床場面があるかもしれないからである。

　このような研究分野では，まったく異なった筆記方法であるにもかかわらず，なぜいずれも肯定的な結果になるのかを検討することが，今後の重要な課題である。ここでは，妥当と思われる2つの解釈を提示する。まず1つ目は，どのような方法が有効であるかは人によって異なる可能性がある，ということである。過度に情動を調整する人にとっては否定的な思考や情動に直面するほうが有効かもしれないし，十分な情動調整ができない人にとっては状況の否定的な側面から肯定的な側面へと注意を向け直すほうが有効かもしれない。実際，HIVの女性患者に関する最近の研究において，マン（Mann, 2001）は，悲観主義傾向の女性たちにおいては，将来について肯定的に筆記することが，服薬の指示をよく守ることや苦痛が低減したことと関連していたが，楽観主義傾向の女性たちにおいては反対の効果があったことを明らかにしている。2つ目は，ストレッサーの異なった側面（たとえば，「損失」対「利益」）に注意を向けること，あるいはストレッサーに対するその人の反応に注意を向けること（たとえば，「悲しみ」対「安心」）は，

それぞれ健康への異なった媒介要因に影響する可能性がある，ということである。たとえば，ストレッサーに関連した否定的な思考や情動に焦点を当てることは，おもに馴化の過程を通じて否定的な情動反応を低減させるのかもしれない。それとは対照的に，ストレッサーの肯定的な側面に焦点を当てることは，おもに認知的再体制化を通じて，あるいは上記で述べたように肯定的な感情が増加することで，否定的な情動反応を低減させるのかもしれない。また，肯定的な感情の増大によって，認知的再体制化を促進することさえも可能であるかもしれない（たとえば，Bonanno, 2001; Fredrickson & Branigan, 2001）。

馴化

　馴化とは，くり返される刺激への反応が減少すること，と定義されている（Groves & Thompson, 1970）。筆記表現法による介入は，暴露療法のようなものだと考えられている。すなわち，筆記表現法はストレスフルな刺激にくり返しさらされることを通じて，否定的な情動とのつながりを消去する方法と考えられている（Lepore, 1997）。筆記表現法が馴化の過程に影響を及ぼすことを考えるうえで，ここではワトソンとマークス（Watson & Marks, 1972）による研究を紹介する。彼らは，恐怖症に特有の刺激にさらすこと（たとえば広場恐怖をもつ人を，人で混雑した場面にさらすこと），あるいは恐怖症とは無関係であるが，恐怖を引き起こすような刺激にさらすこと（たとえば広場恐怖をもつ人を，人がトラに食べられる場面にさらすこと）によって，恐怖症をもつ人に情動の馴化が生じることを観察した。その結果，これらのいずれかの刺激にさらされた恐怖症の患者の不安と回避は低減した。ワトソンとマークスは，恐怖を喚起するどのような刺激に暴露しても，生理的かつ心理的馴化が促され，時間を経て恐怖反応は減少すると述べている。したがって，馴化は2つの異なるタイプ，つまり刺激に関連した馴化と反応に関連した馴化に分類されるといえる。

　刺激に関連した馴化とは，長期的な暴露の結果，恐怖を喚起する特定の刺激への情動反応性が減少することである。また，**反応に関連した馴化**は，どのような刺激にも長期的または強度な暴露によって，恐怖反応への情動反応性が減少することである。ストレスフルな出来事について筆記している間，人々は体験を構成する要素（場面，出来事の関係者，行動），身体感覚，情動，あるいは思考を含む反応を記述する。さらに，人々はストレスフルな体験を思い出すにつれて，否定的な情動が引き起こされる。したがって，筆記表現法によって，刺激に関連した馴化と反応に関連した馴化のいずれも促進されると考えられる。

　最近の筆記表現法の研究では，刺激に関連した馴化を支持するデータが報告さ

れている。筆記表現法はストレスに関連した侵入的思考（intrusive thought）が及ぼす精神的，身体的健康への影響を減少させるが，このことから，筆記表現法によって侵入的思考への感度が低下する，あるいは侵入的思考に馴化するようになることが示唆される。レポーレ（Lepore, 1997）の研究では，筆記表現法によって，差し迫ってきた重要な試験に関する侵入的思考と抑うつの徴候との関連が弱められることが報告された。図6.2に示すように，試験の1か月前に測定された侵入的思考は，統制群では試験3日前の抑うつの徴候と正の相関があったが，筆記表現群では相関がなかったのである。別の研究（Lepore & Greenberg, in press）では，筆記表現法によって，対人関係の破綻についての侵入的－回避的思考の尺度と上気道疾患（URI）症状との相関が弱まっていたことが報告されている。特に，侵入的－回避的反応のレベルが高いことと，統制話題について筆記した患者群のURI症状が短期的に増加することとの間に関連はあったが，破綻について表現豊かに筆記した患者群のURI症状とは相関しなかった。

　ストレッサーについて筆記している間の馴化を明らかにした研究者もいる。スミスら（Smyth et al., 1999）は，最もストレスフルだった人生体験について筆記した喘息患者または関節痛患者の情動反応を3日間連続で調べた。対象者に各筆記セッションの直前・直後で，肯定的気分と否定的気分のレベルを評定するように求め，気分変化得点（筆記前－筆記後）が筆記実施日ごとに計算され

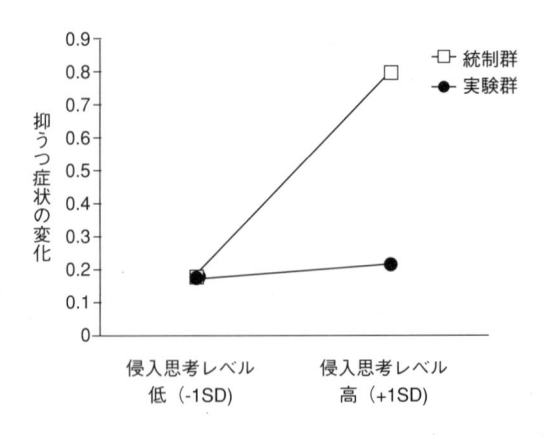

| 図6.2 | 事前の侵入的思考レベルと筆記の条件が抑うつの変化に及ぼす効果 |

　　　　実験群は差し迫った入学試験について筆記し，統制群は日常の活動について筆記した。時点1の
　　　　測定は試験1か月前に，時点2の測定は試験3日前に実施した。筆記は試験10日前に施行された。
　　　　侵入思考レベル高群はIES得点が平均より+1SD以上，侵入思考レベル低群はIES得点が平均より
　　　　-1SD以下であった。IES: Impact of Events Scale（出来事インパクト尺度）（Horowitz et al., 1979）。
　　　　Lepore, 1997, p. 1033. を，アメリカ心理学会，筆者の許可を得て転載。

た。その結果，図6.3に示されているとおり，2，3日目よりも筆記初日のほうがより否定的気分が増大していた（$p < .01$）。肯定的な感情についても同じような傾向が認められた（$p < .08$; Hockemeyer et al., 1999）。また，皮膚伝導水準（Skin Conductance Level: SCL）を測定することによって，筆記表現が生理的覚醒とどのくらい関連しているかを調べた研究もある。ペネベーカーら（Pennebaker et al., 1988）はSCLに何の効果もみられなかったことを報告したが，それとは対照的にペトリーら（Petrie et al., 1995）は，トラウマ筆記群のSCLは筆記日ごとに確実に低減していたが，統制群では筆記した最初の2日間はSCLが低減したものの，後半の2日間では再び上昇したことを報告した。これらのデータを総合すると，実験参加者らは筆記中にくり返される暴露を通じて，ストレスに関連した刺激に対して情動的に馴化されたことが示唆される。

別の研究では，反応と関連した馴化と整合する結果が得られている（Greenberg et al., 1996）。この研究の参加者は，過去の個人的なトラウマについて筆記する群，想像上のトラウマについて筆記する群，まったく情動的ではない出来事について筆記する群の3群に無作為に割り当てられた。想像上のトラウマを筆記する群の被験者は，実際のトラウマを筆記する群の被験者と1対1で対応させられ，実験参加者ごとに後者の群と同じ話題を筆記することが求められた。図6.4に示されるとおり，1か月後の追跡調査において，実際のトラウマを筆記した群と想像上のトラウマを筆記した群の両方で，統制群よりも学生健康センターへの医師訪問回数が少なくなっていたことが示された。筆者らは，想像上のトラウマを筆記し

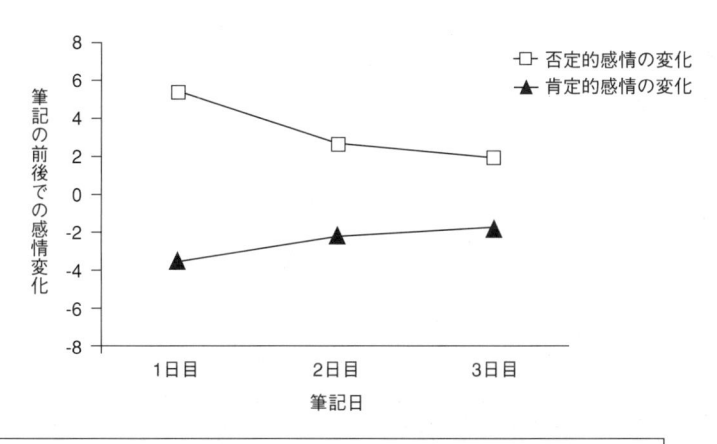

図6.3 筆記セッションの前後における肯定的な，または否定的な気分の変化

筆記を重ねるにつれて，否定的な気分の上昇，肯定的な気分の減少のいずれも小さくなっており，情動の馴化がみられた。得点は平均を表す。

た群は安全な状況のなかで否定的な情動と順応する機会を得て，それによって人生のさまざまな領域における，否定的な情動に対するコントロールの知覚と耐性が増大し，健康が改善されたと論じた。

情動へのはたらきかけは，馴化において重要である。フォア（Foa, 1997）は，ストレスフルなものに馴化するためには，否定的な情動のなかでも強いものを最初に体験すべきであり，それを体験した後に否定的な情動は暴露中や暴露のセッションを経て，徐々に低減すると論じた。筆記研究のなかには，この仮説と一致した結果を示すものがいくつか存在している。われわれが行った研究結果の二次的な分析では，筆記中に表出された否定的情動語（たとえば，悲しい）の割合と，ベースラインから追跡調査時にかけてみられるURIの徴候の変化との間には，有意な負の相関があることが明らかにされた（$r = -.26, p < .05, n = 73$）。このことから，否定的な情動をより多く表出することは，報告された健康の改善と関連していると考えることができる。ちなみに，われわれの研究結果では，肯定的な情動の表出と健康との間に関連は認められず，他の研究（たとえば，Pennebaker et al., 1997）とは異なる結果となった。また，別の研究では，情動に焦点を当てた語の表出割合が高かった参加者のエプスタイン・バー・ウィルス（EBV）の抗体レベルは筆記後により低くなっており，情動の表出が少なかった人よりも免疫機能が高まっていることが示唆された（Esterling et al., 1994）。さらに，「より

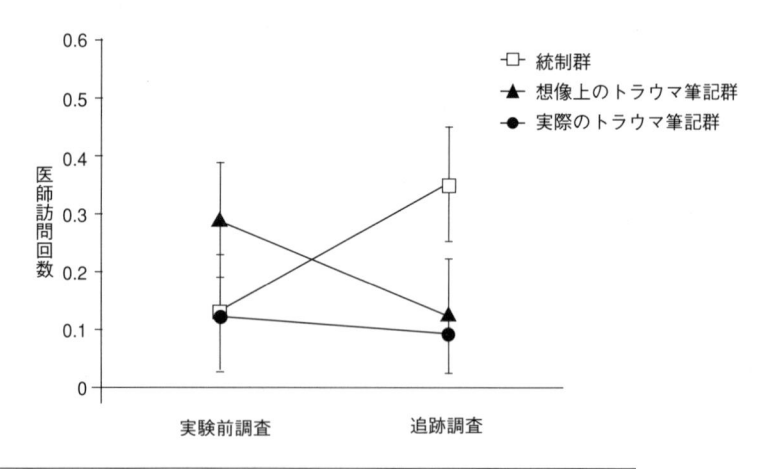

| 図6.4　実験前調査と追跡調査時における各群の医師訪問回数の平均値 |

実際のトラウマ筆記群は実際に体験した過去のトラウマについて，想像上のトラウマ筆記群は仮定されたトラウマについて，統制群は些細な出来事について筆記した。実験前調査は筆記の1か月前，追跡調査は筆記の1か月後に行われた。
Greenberg et al., 1996, p. 592. から許可を得て転載。

深刻である」と主観的に評定したストレスフルな出来事について筆記した参加者は,「あまり深刻ではない」と評定した出来事を筆記した人よりも,追跡調査時において身体症状が減少していたことが明らかにされている (Greenberg & Stone, 1992)。これはおそらく,より深刻なストレッサーについて筆記することが,否定的な情動への暴露を増大させたためだと考えられる。

認知的再体制化

情動調整のメカニズムの3つ目に,認知的再体制化があげられる。本書では,数名の筆者が筆記表現法はストレスと関連した思考や覚醒に変化をもたらすことを論じている。このことから,ストレッサーに関連した内的刺激(たとえば,記憶),あるいは外的刺激(たとえば,環境)に対する見方,あるいは,そうした刺激による情動反応に対する見方の変化が,どのくらいうまく情動を調整できるかを決定する,と予想される。

馴化と同様に,認知的再体制化も複雑な構成概念であり,さまざまな方法で操作されてきた。ある研究では,筆記されたエッセイの内容を分析している。内容分析の方法を用いて,ペネベーカーら (Pennebaker et al., 1997) は,ストレスフルな人生体験について筆記した人は認知語(たとえば,「わかる」「知る」「理解する」)の使用が筆記をするにつれて増えたときに,健康上の問題が最もよく改善されることを見いだした。しかし,追試を行っても,この結果が再現されなかった研究もあった(たとえば, Greenberg & Lepore, in press)。また,ドナリーとマレー (Donnelly & Murray, 1991) は,どのようなエッセイを書くことが健康に有益な認知の変化を生じさせるのか(たとえば,筆記した内容についての理解がよりよく表現されている,など)を評定している。そこでは,ストレスフルな事象を筆記した実験参加者において,統制群よりも有益な認知の変化が起こっており,このことから筆記は認知的再体制化を促進するという証拠が得られている。

別の方法として,侵入的思考の頻度の変化を調べることで認知的再体制化を測定しているものもある。このような間接的な方法では,思考の侵入はストレッサーについての認知処理が不完全であることを反映している,と仮定されている (Lepore, 1997)。認知処理仮説では,思考の侵入は,既存のスキーマにそれとは相容れないストレスフルな出来事からの情報を認知的に同化する際に生じる,精神的苦闘の産物であると主張している。つまり,ストレスフルな出来事を認知的に統合することができれば,侵入的思考は減少し,消滅するといえる。しかし,侵入的思考に及ぼす筆記表現法の効果を検討した研究の結果は,複雑なものであった。ショウトロップ (Schoutrop, 2000) の報告によれば,ストレスフルな人生

体験について筆記した大学生の侵入的思考は，筆記介入後に減少したが，統制群ではそのような改善は認められなかった（本書の8章も参照）。それとは反対に，筆記表現法は侵入的思考の頻度に影響を及ぼさなかったと報告する研究もいくつか存在している。それらの研究では，頻度には効果はみられなかったものの，侵入的思考によって，気分や心理学的，生理学的徴候に及ぼされる否定的な効果が低減したことが報告されている（Lepore, 1997; Lepore & Greenberg, in press; Smyth et al., 2001）。

このような複雑な結果は，サンプリングの違いやストレッサーのタイプ，測定の時間枠などの，いくつかの原因によるものかもしれない。あるいは，筆記表現法は，侵入的思考の頻度と情動的な衝撃のいずれをも変えるかもしれない（Lepore, 1997; Lepore et al., 2000 参照）。ショウトロップ（Schoutrop, 2000）は，ネガティブな体験を筆記した群は，統制群と比較して，侵入的思考と抑うつ症状がより大きく低減することを示した。さらに，ネガティブな体験について筆記した群のうち，ベースラインで侵入的思考が高いレベルにあった人は，低いレベルにあった人よりも，追跡調査時に抑うつ症状が低減していることも示した。後者の結果は，筆記表現法によって侵入的思考への馴化が増大する，という仮説と一致するものである。しかし，ショウトロップの研究では，統制群における侵入的思考と抑うつの関連が報告されておらず，脱感作が実験群のみに確実に起こっているということはできない。これらの結果から，筆記表現法は侵入的思考の頻度と衝撃のいずれも減少させることがおおむね示唆されるが，この方法で特定の効果を得るために必要とされるさまざまな要因や適切な時間枠については，まだわかっていない。

認知的再体制化を評価するために，自己報告式の尺度によって信念や態度の変化を査定する方法もある。たとえば，ある話題や自己の知覚に対する思考や態度（たとえば，「その話題や自分自身を，より肯定的に感じるかどうか」；Donnelly & Murray, 1991）が，筆記介入によってどのくらい変化したかを評定した研究がある。その研究では，ストレスフルな出来事について筆記した参加者は，些細な出来事について筆記した参加者と比較して，より肯定的な認知の変化を報告した。恋愛の破綻に関する研究において，レポーレとグリーンバーグ（Lepore & Greenberg, in press）は，筆記前後に恋愛関係が破綻した相手に対する参加者の感情や態度（たとえば，憤慨），および参加者自身に対する感情や態度（たとえば，罪責感）を測定した。その結果，破綻に対する態度は時間経過にともなって変化したものの，筆記の効果は認められなかったのである。つまり，予測に反し，自己や他者，およびその状況に対する核となる信念は，筆記表現法によって影響されないことがこの結果から示唆される。

筆記表現法の効果の媒介要因としての認知的再体制化の役割を調べることを目的とした実験も行われている。たとえば，実験参加者を統制話題（時間の管理）について筆記する群，トラウマティックな出来事に対する反応を詳細に物語化する群，トラウマに対する反応を断片的に記述したリストを作成する群の3群に無作為に割り当てて比較を行った研究がある（Smyth et al., 2001）。その結果，出来事を物語のように筆記した参加者は，統制群と断片的な筆記を行った群の両方と比較して，疾患によって生じた活動の制約が減少していた。このことはつまり，筆記表現法が健康に及ぼす良い効果を体験するためには，結合された物語の作成が必要であることを示している。しかし，この結果は，断片的に筆記した群よりも物語のように筆記した群のほうが，刺激や反応あるいはトラウマに関するスキーマの意味的な要素に対して，より暴露され，馴化した結果であるともいえる。

筆記表現法によって，状況の知覚が変化するだけではなく，状況への反応の知覚も変化しうる。筆記表現法は，人々が自分自身とつながっている感覚を強めたり，自らの情動反応を体験し，受容するようにはたらく。トラウマに対する感情を，自らが所属している社会的ネットワークのメンバーに聞かせた場合，彼らがそれを聞いてよそよそしく批判的に，あるいは不快に感じているようなふるまいを見せるのであれば，その人はトラウマ後の感情を受容しにくくなることがある（Lepore et al., 1996）。筆記法の典型的な手続きは，筆記する者ができるだけ深い思考と感情を探求することを促す構成になっており，それは，そのような感情を体験することは有益であるということを前提として行われている。自己呈示を気にしたり，他者の視点を内容に含めたり，あるいは他者がより聞きやすいようにストーリーを作ったりすることをせずに，感情を探索することは，やむにやまれず湧き上がってくるものというよりはむしろ，自らにとって必要不可欠な部分として感情をとらえるようになる手助けになるのかもしれない。さらに，開示中に感情を思考や記憶と統合することで，これらの反応（感情）が妥当なものであると主観的にとらえられるようになるかもしれない。筆記によって，特定の過去や現在進行中の出来事における感情の原因を理解し始めるようにもなる可能性もある。筆記表現法は，ある種の心理療法のように，「以前は受け入れられないものとみなされた体験の体制化を意識し，受け入れる」（Greenberg & Safran, 1987, p.193）ための場を設定するものなのかもしれない。

これらの仮説は実証的研究において，いくらかの支持を得ている。たとえば，ある研究では，実験参加者は自身の感情を不信に思い，抑圧しようとすることについて筆記し，仮説が支持された（Greenberg et al., 1996）。別の開示研究では，アレキシサイミア（失感情症）傾向が高い対象者，つまり感情を識別し描写する能力に障害がみられる人は，アレキシサイミア傾向が低い人よりも開示後に

否定的な気分が大きく減少したが，この結果は，開示によって情動的な体験が促進されたことを示している（Paez et al., 1999）。さらに，スウァンボン（Swanbon, 1999）は，自分が同性愛者であることに対して，できるだけ深い感情や思考を筆記した男性は，些細な出来事について筆記した統制群に比べて，追跡調査時に同性愛に関連した感情がより明確化したと報告する傾向にあったことを示した。また，実験群では同性愛に関連した感情からの回避が減少したと報告され，これは心身医学的症状の減少と関連があった。

筆記表現法は，認知と情動の明確化を促進することに加え，ストレスへの耐性を生み，恐怖などの否定的な情動を消し去ることをコントロールできる体験をもたらす。その結果，否定的な情動に対処できる人間として自分自身をみることができるようになり，自己概念が変化するのかもしれない。いいかえれば，筆記表現法によって，情動調整に対する自己効力感が増すのであろう。パエッツら（Paez et al., 1999）による研究では，トラウマについて表現豊かに筆記した人は，筆記後，自らの体験をコントロール可能なものとしてとらえていた。情動的な体験をよりコントロールできると感じられるようになると，否定的な気分は消失し，その結果，慢性的で主観的なストレスが低減すると考えられる。実際，アルツハイマー患者の介護者を対象とした研究では，気分の調整が可能であると予期されるほど，精神的苦痛や身体症状が低減することが報告されている（Brashares & Catanzaro, 1994）。

4節 結 論

筆記表現法は実施が比較的容易で，幅広く精神的・身体的健康に頑健な効果をもたらすために，臨床家にとっても研究者にとっても刺激的なものである。筆記の有益さを説明するために，本章では情動と情動調整における理論や研究を紹介した。情動反応の傾向と情動反応の自己調整は，精神的・身体的健康の結果に関する有力な媒介変数であり，論文で報告された結果の多くをこの視点から説明することができる。

情動調整と精神的健康の結果との関連は，ほぼ明らかである。抑うつのように内在化された障害や，不安のように外在化された障害は，情動調整の問題として定義されている。また，攻撃や危険を冒すこと，あるいは引きこもりといった行動上の問題も，情動調整の問題として概念化されている（Eisenberg et al., 2000）。その一方で，情動調整と身体的健康との関連は明白であるとはいえない。しかし，

否定的な気分，行動，そして生理的覚醒の，不十分な，あるいは過度な調整は，身体的健康をむしばむ可能性があるという証拠も見いだされている。また，この章では，情動調整と身体的・精神的健康の結果との関連を強調するとともに，筆記表現と情動調整の過程との関連について，その概略を述べようと試みた。そして，情動調整のそれぞれのモデルにおいて注目され，情動開示の論文において媒介変数として位置づけられている3つの調整過程（注意，馴化，認知的再体制化）に焦点をおいた。

注意は，明らかに情動調整機能の中心である。ストレスフルな刺激に対する注意の度合いによって，その刺激への暴露の頻度と，その継続時間が変化する。その結果，その刺激への初期的な情動反応が変化することになる。ストレッサーとその反応のさまざまな側面に注意を向けたり，そらしたりすることによって，注意は3つの情動システムすべて（体験，生理，行動）における反応を直接低減したり，活性化したりする。さらに，注意は馴化や認知的再体制化といった他の情動調整の過程に影響を及ぼすことにより，情動システムの活動に間接的に影響を及ぼしているのである。

以上から，筆記表現法が注意の配分に影響を及ぼすことは明確であるが，これからの研究で明らかにすべき課題はまだ残っている。まず，なぜストレッサーの否定的な側面，あるいは肯定的な側面に注意を向けることが有効であるのか，いまだに明らかにされていない。筆者らは，それぞれの筆記方法が，書く人がもつ注意スタイル（たとえば，「接近型」や「回避型」）に左右されて，有益になったり，そうではなかったりするのだろうと示唆してきた。さまざまな人格や対処スタイルをもつ人々にとって筆記法が最大限の効果を発揮するような介入方法の組み立て方について，臨床家に情報を提供できるようになるために，これは将来明らかにすべき重要な課題であるといえる。さらに，肯定的な筆記の効果について，研究を行う必要がある。こうした研究はいまだに数は少ないが，それらは革新的な研究である。しかし，それらの研究では，ストレッサーの肯定的な側面のみを筆記しても効果が得られることは，証明されていない。たとえ肯定的な側面を強調するように教示がされても，人は必然的にストレスフルな出来事の否定的な側面についても筆記したり考えたりするものである。肯定的な筆記は，ある人にとっては否定的な筆記よりも有益であるかもしれないこと，また否定的な面を強調する筆記によって生じる否定的な情動の短期的な影響なしに健康への効果が得られる可能性があることから，この路線の研究を追求していくことは重要である。第2に，注意に対する筆記の長期的効果について研究する必要がある。筆記表現法の操作確認は注意が筆記中に変化することを示しているが，筆記後の注意については，実際は何もわかっていない。しかし，短期的な筆記介入によって，注意

における長期的な変化が引き起こされるために，適応に確実な効果がもたらされ，それが健康への効果を媒介する情動システムに影響を及ぼす可能性が考えられる。

　筆記表現法が刺激と反応の両方に対する馴化をも促すことが，いくつかの研究から示されている。そのほとんどが，体験的情動システムにおける馴化のモデルを支持するものである。筆記セッション中に頻繁に筆記することによって，否定的な情動，時には肯定的な情動の強度が低減したことが報告されている（Hockmeyer et al., 1999）。また，筆記後に，ストレッサーに関する侵入的思考と抑うつ症状との関係が弱まったことも示されている（Lepore, 1997）。さらに，想像上のトラウマについて筆記した後は，否定的な情動に対する耐性がより強くなることが示唆されている（Greenberg et al., 1996）。生理的情動システムにおける馴化については，複雑な，あるいは間接的な証拠が得られている（Pennebaker et al., 1988; Petrie et al., 1995）。レポーレとグリーンバーグ（Lepore & Greenberg, in press）は，筆記表現法が持続された覚醒によって生じた緊張と疲労を低減することを示した。この結果から，この研究は，将来有望な領域である。

　とりわけ，体験的情動システムと生理的情動システムにおける馴化の関連を調べることは重要である。筆記表現法は，気分への強い影響がないときでさえ，身体的健康に有益な効果をもたらすことが実証されている（たとえば，Lepore & Greenberg, in press; 本書の3章）。このことから，生理的馴化は主観的な馴化とは無関係に，あるいは，それよりも前に生じると推測される。ジェームズ（James, 1884）は，生理的反応は情動における主観的な体験よりも先に生じる，と論じている。そうであるならば，健康を促進する生理的変化は，気分における変化よりも先に生じうる。ストレッサーに対する生理的反応に馴れが生じれば，苦痛感が継続されるにもかかわらず，健康には有益である可能性がある。

　研究者たちは，筆記表現中や筆記表現後の認知的再体制化の実証的証拠を探し求めている。これらの方法による結果はポジティブであったり，無効であったり，または矛盾したものであったりと，さまざまである。筆記に関連した短期的な認知的変化の実証的証拠はいくつかあるものの，筆記によって，世界や自己，あるいは対人関係に関する基本的なスキーマに，永続的で深いレベルでの変化が生み出されることを立証できるような頑健なデータはない。加えて，認知的変化が筆記による健康への効果を媒介しうる情動システムの変化につながるかどうかは，明らかにされていない。認知的再体制化の研究は，注意や馴化過程の研究よりも複雑である。これまで用いられてきた測度があまりにぞんざいであったり（たとえば，単語数），信頼できるものではなかったり（たとえば，全体評価），あるいは測定が間接的であったり（たとえば，侵入的思考の頻度）した可能性がある。また，実験での筆記の回数と時間（一般的に，1週間から4週間にかけて60分

から80分)があまりに短いために,永続的な変化までに到達できない可能性もある。スキーマ化した信念を変えるためには,より多くの筆記介入が必要なのかもしれない(Lange et al., 本書の12章を参照)。これらの問題が解決されるまでは,認知的再体制化を筆記のメカニズムの説明候補から排除すべきではない。これからは,認知心理学などの他領域の方法を援用したり(Klein, 本書の8章),より質的な方法を用いたり,あるいは,認知的表現の変化に敏感な測定方法を作ることで,研究をすすめていく時期なのかもしれない。

　要約すると,筆記表現法は情動調整のメカニズムを通じて,ストレッサーへの適応を促すことができる。精神医学,臨床心理学,健康心理学,あるいは社会心理学などの領域において,情動の調整不全(情動の体験,生理,行動に及ぼす過度な,あるいは,不十分なコントロール)が精神的・身体的健康に有害な影響を引き起こす,という主張が支持されている。本章で紹介した研究結果は,筆記表現法がストレスフルな刺激や否定的な情動に対する注意や馴化に影響を及ぼすことを示しており,それはストレッサーやストレス反応に関連した認知の再体制化にも影響を及ぼすことを示唆している。われわれのアプローチは,認知的,情動的,生理的メカニズムを,情動調整という単一の説明に統合することによって,本書の他章で紹介されている個々のアプローチを拡張するものであるといえる。われわれのアプローチから,さまざまな情動システムにおける効果をとらえるために,将来的には複合的な方法と測度を用いて研究すべきであることが示唆される。加えて,精神的健康と身体的健康における,それぞれのシステムの相対的な意義を同定するための研究デザインを開発するべきである。特定の情動調整のメカニズム(たとえば,注意,馴化,認知的再体制化)と特定の情動反応(たとえば,主観的,生理的,行動的な反応)の関係を検証し,その関係が時間の経過とともにどのように変容するかを研究することによって,なぜ筆記表現法が精神的かつ身体的健康に頑健な効果を及ぼすのかについての理解が進むと考えられる。

◆ **引用文献** ◆

Bonanno, G.A. (2001). Emotionself-regulation. In T.J. Mayne & G.A. Bonnanno (Eds.), *Emotions: Currenet issues and future directions* (pp.251-285). New York: Guilford Press.

Brashares, H.J., & Catanzaro, S.J. (1994). Mood regulation experiencies, copoing responses, depression, and sense of burden in female caregivers of Alzheimer's patients. *Journal of Nervous and Mental Disease*, **182**, 437-442.

Cacioppo, J.T., Berntson, G.G., Larsen, J.T., Poehlmann, K.M., & Ito, T.A. (2000). The psychophysiology of emotion. In M.Lewis & J.M.Haviland-Jones (Eds.), *Handbook of emotions* (2nd ed., pp.173-191). New York: Guilford Press.

Darwin, C. (1872). *The expression of the emotions in man and animals.* New York: Appleton.

Donnelly, D. A., & Murray, E.J. (1991). Cognitive and emotional changes in written essays and therapy interviews. *Journal of Social and Clinical Psychology*, **10**, 334-350.

Eisenberg, N., Fabes, R.A., Guthrie, I.K., & Reiser, M. (2000). Dispositional emotionality and regulation:Their role in predicting quality of social functioning. *Journal of Personality and Social Psychology*, **78**, 136-157.

Esterling, B.A., Antoni, M.H., Fletcher, M.A., & Margulies, S. (1994). Emotional disclosure through writing or speaking modulates latent Epstein-Barr virus antibody titers. *Journal of Consulting and Clinical Psychology*, **62**, 130-140.

Feldman, P., Cohen, S., Lepore, S.J., Matthews, K., Kamarck, T., & Marsland, A. (1999). The impact of negative emotions on acute physiological responses to stress. *Annals of Behavioral Medicine*, **21**, 211-215.

Foa, E.B. (1997). Psychological processes related to recovery from a trauma and an effective treatment for PTSD. *Annals of the New York Academy of Sciences*, **821**, 410-424.

Frank, A., & Pressler, M. (Eds.)(1997). *The diary of a young girl: The definitive edition.* Bantam Books: New York.

Fredrickson, B. L., & Branigan, C. (2001). Positive emotions. In T.J. Mayne & G.A.Bonanno(Eds.), *Emotions:Current issues and future directions* (pp.251-285). New York:Guilford Press.

Friedman, H. S., & Booth-Kewley, S. (1987). The "disease-prone" personality: A meta-analytic view of the construct. *American Psychologist*, **42**, 539-555.

Greenberg, L.S., & Safran, J.D. (1987).The disease-prone personality: A meta-analytic view of the construct. *American Psychologist*, **42**, 539-555.

Greenberg, M.A., & Lepore, S.J. (in press).Theoretical mechanisms involved in disclosure:From inhibition to self regulation. In I. Nyklicek & A. J. J. M. Vingerhoets (Eds.), *The expression and non-expression of emotions in health and disease.* Amsterdam:Harwood Academic.

Greenberg, M.A., & Stone, A.A. (1992). Emotional disclosure about traumas and its relation to health: Effects of previous disclosure and trauma severity. *Journal of Personality and Social Psychology*, **63**, 75-84.

Greenberg, M.A., Wortman, C.B., & Stone, A.A. (1996). Emotional expression and physical health: Revising traumatic memories or fostering self-regulation. *Journal of Personality and Social Psychology*, **71**, 588-602.

Gross, J.J. (1989). Emotional expression in cancer onset and progression. *Social Sciences and Medicine*, **28**, 1239-1248.

Gross, J.J., & Levenson, R.W. (1993). Emotional surpression: Physiology. self-report, and expressive behavior. *Journal of Personality and Social Psychology*, **64**, 970-986.

Groves, P.M., & Thompson, R.F. (1970). Habituation: A dual-process theory. *Psychological Review*, **77**, 419-450.

Hockemeyer, J., Smyth, J., Anderson, C., & Stone, A. (1999). Is it safe to write? Evaluating the short-term distress produced by writing about emotionally traumatic experiences. *Psychosomatic Medicine*, **61**[Abstract].

Horowitz, M.J., Wilner, N., & Alvarez, W. (1979). Impact of Events Scale:A measure of subjective stress. *Psychosomatic Medicine*, **41**, 209-218.

James, W. (1884). What is an emotion? *Mind*, **9**, 188-205.

Lang, P.J. (1968). Fear reduction and fear behavior: Problems in treating a construct. In J.M.Schlien (Ed.), *Research in psychology* (Vol.3, pp.90-103). Washington, DC: American Psychological Association.

Lepore, S.J.(1997). Expressive writing moderates the regulation between intrusive thoughts and depressive symptoms. *Journal of Personality and Social Psychology*, **7**, 1030-1037.

Lepore, S.J.(1998). Problems and prospects for the social support-reactivity hypothesis. *Annals of*

Behavioral Medicine, **20**, 257-260.
Lepore, S.J., & Greenberg, M.A. (in press). Mending broken hearts: Effects of expressive writing on mood, cognitive processing, social adjustment, and health following a relationship breakup. *Psychology and Health*.
Lepore, S.J., Regan, J., & Jones, S. (2000). Talking facilities cognitive-emotional process of adaptation to an acute stressor. *Journal of Personality and Social Psychology*, **78**, 499-508.
Lepore, S.J., Silver, R.C., Wortman, C.B., & Wayment, H.A. (1996). Social constraints, intrusive thoughts, and depressive symptoms among bereaved mothers. *Journal of Personality and Social Psychology*, **70**, 271-282.
Mann, T. (2001). Effects of future writing and optimism on health behaviors in HIV-infected women. *Annals of Behavioral Medicine*, **23**, 33.
McEwen, B.S. (1998). Protective and damaging effects of stress mediators. *New England Journal of Medicine*, **338**, 171-179.
Paez, D., Velasco, C., & Gonzalez, J.L. (1999). Expressive writing and the role of alexithymia as a dispositional deficit in self-disclosure and psychological health. *Journal of Personality and Social Psychology*, **77**, 630-641.
Pennebaker, J.W.(1989). Confession, inhibition, and disease. In L.Beckowitz (Ed.), *Advances in experimented and social psychology* (Vol.22, pp.211-244). Orlamdo, FL:Academic Press.
Pennebaker, J.W., Kiecolt-Glaser, J.K., & Glaser, R.(1988).Disclosure of traumas and immune function: Health implications for psychotherapy. *Journal of Consulting and Clinical Psychology*, **56**, 239-245.
Pennebaker, J.W., Mayne, T.J., & Francis, N.E.(1997). Linguistic predictors of adaptive bereavement. *Journal of Personality and Social Psychology*, **72**, 863-871.
Petrie, K.J., Booth, R.J., & Pennebaker, J.W. (1998). The immunological effects of thought suppression. *Journal of Personality and Social Psychology*, **75**, 1264-1272.
Petrie, K.J., Booth, R.J., Pennebaker, J.W., Davison, K.P., & Thomas, M.G. (1995). Disclosure of trauma and immune response to a hepatitis B vaccination program. *Journal of Consulting and Clinical Psychology*, **63**(5), 787-792.
Rachman, S., & Hodgson, R. (1974). Synchrony and dessynchrony in fear and avoidance. *Behavior Research and Therapy*, **12**, 311-318.
Schoutrop, M. (2000). *Structured writing and processing traumatic events*. Unpublished doctoral dissertation, University of Amsterdam.
Smyth, T.W. (1992). Hostility and health: Current status of psychosomatic hypothesis. *Health Psychology*, **11**, 139-150.
Smyth, J.M. (1998). Written emotional expression: Effects sizes, outcome types, and moderating variables. *Journal of Consulting and Clinical Psychology*, **66**, 174-178.
Smyth, J.M., & Pennebaker, J.W. (2001). What are the health effects of disclosure? In A.Baum, T.A.Revenson, & J.E.Singer (Eds.), *Handbook of health psychology* (pp.339-348). Hillsdale, NJ: Erlbaum.
Smyth, J.M., Stone, A.A., Hurewitz, A., & Kaell, A. (1999). Effects of writing about stressful experiences on symptom reduction in patients with asthma or rheumatoid arthritis. *Journal of the American Medical Association*, **281**, 1304-1329.
Smyth, J.M., True, N., & Souto, J. (2001). Effects of writing about traumatic experiences: The necessity of narrative structuring. *Journal of Social and Clinical Psychology*, **20**, 161-172.
Swanbon, T. (1999). *The physical and psychological health effects of self-disclosure in homosexual males*. Unpublished doctoral dissertation, California School of Professional Psychology, San Diego.
Watson, J.P., & Marks, I.M. (1972). Relevant and irrelevant fear in flooding: A crossover study of phobic patients. *Behavior Therapy*, **2**, 275-293.

7章
痛みのともなわない改善はありうるのか？ ―筆記表出と自己制御―

ローラ・A・キング

　筆記の効用に関して現在までに2つの結論を出すことができる。第1に筆記表出は確かに健康増進に寄与する。第2になぜこのような効果が生じるのかは明らかでない。これまで筆記の無数の効用を説明するためにさまざまなメカニズムが仮定されてきた。フロイト派のカタルシスや洞察の観点（Freud, 1901/1960）から，行動主義の馴化と消去の概念（Domjan, 1998）までその範囲は及ぶ。これらの説明は療法として筆記を扱う視点と適合し，また直観的にも正しく感じられる。しかし，筆記のパラダイムを用いた実証知見は，この種の説明に疑問を投げかけることもある。本章では，これまでの筆記研究の概念的な発展を概観し，初期の説明ではとらえきれない最近の実証知見に焦点を当てる。全体で，筆記が自己制御に及ぼす影響を通じて筆記の効用を理解できる可能性を論じていく。ライフイベントの筆記を，それらの出来事をライフストーリーに編集する行為として考えれば，なぜ特定のストーリーが他のストーリーよりも有益であるかを理解することができる。また，従来の研究がネガティブなライフイベントのみに焦点を当てていたことが，統合的な筆記の理解を妨げてきたことを示す。最後に，このありふれているが謎だらけの開示の影響を解明しうる将来の研究指針について考える。

1節
効果的な自己制御とは何か？

　本章において自己制御とは，効果的に目標を追求し，そのフィードバックを受け，それに応じて行動を調節する能力を指す。制御理論（Powers, 1973）の視点では，動機はフィードバックループの階層のなかに存在すると考えられている。上位目標は下位目標の達成によって遂行され，その進展は常時モニタリングされている（King et al., 1998）。この種の制御の効果は，より的確な目標の同定，より有効なフィードバックのモニタリング，そしてより生産的な目標追求方略の生成によって高められるはずである。人間の自己制御の鍵となる特徴の1つは感情反応である。カーヴァーとシャイアー（Carver & Scheier, 1982）は，自己制御においてポジティブ情動やネガティブ情動がフィードバック機構としてはたらく様相を論じている。われわれが感じる喜びや悲しみ，興奮や消沈は，価値を置く目標への実際の進展と期待していた進展の比較に対応したものであるという。

　自己制御が高まると何が生じるのであろうか？　自分という人間について，優先順位について，情動的反応の意味について学習するに従い，人は価値を置く目標に向けてより効果的な努力ができるようになる。また，よく制御された者は目標追求がきちんと反映された情動を経験するようになる。よって，彼らの情動反応は繊細で情報価値が高いものとなる（Carver & Scheier, 1982）。では，なぜトラウマを経験した者は，自己制御分野で困難が生じるのだろうか。トラウマティックな経験は制御が行われるシステムを突き崩すのだと考えられる。トラウマ事象は目標の選択を先導する中心的信念や価値を変えてしまうのかもしれない（たとえば，Janoff-Bulman, 1992）。自己制御において動機的階層の上位の事象は常に明確化されている必要があり，動機階層の最上位での著しい変化は，下位目標を用済みのものとみなしてしまうことにつながるのかもしれない。加えて，予期せぬトラウマ事象による情動的な崩壊は，感情フィードバックという水を濁らせることになるだろう。このように，トラウマティックなライフイベントによる侵入思考や未消化の情動は，自己制御の崩壊という文脈でとらえることができる。しかし，ここで心に留めておくべきことは，自己制御はより一般的な過程であり，ネガティブないしトラウマティックなライフイベントと不可分に結びついているわけではないことである。

　この自己制御という一般的な見方がどのように筆記パラダイムに適用されるかを論じる前に，筆記パラダイムの発展を概観する必要があるだろう。この試みによって，これまで論じられた主要な説明メカニズムだけでなく，筆記の治癒力についての実証研究がもっている慣例を概観していく。

2節
筆記が効く理由—初期の仮説—

　筆記の健康的効用に関する初期の説明メカニズムは，情動のカタルシスや洞察であった。筆記の有用性の理由に関するこれらの初期の見解は，情動表出による身体的健康への効用に関する幅広い理論背景に根ざしていた（King & Emmons, 1990; Pennebaker, 1989）。これらの仮説は，予期せぬ情動は慢性的な自律系の覚醒を引き起こし，ひいては病気を引き起こすという仮定に基づいている。だから，情動が放出されるのであれば，たとえそれが隔離され統制された実験室筆記セッションという条件であっても，有益であると考えられるだろう。

　注目すべきは，典型的な筆記研究の教示は参加者に「あなたが過去に体験したどんな情動や思考もすべて自由に表出する」ことを推奨している点である（たとえば，King & Miner, 2000, p.223）。このような教示は，筆記によって身体的健康を促進するプロセスのなかで情動解放の役割が仮定されていることを浮き彫りにしている。事実，個人にこのような形でトラウマティックライフイベントについて書かせることは，情動的ではないトピックについて書かせた統制群と比較して，長期的な身体的病理の減少と強い関連を示している（Pennebaker & Beall, 1986）。また，その他，多様な肯定的効果，免疫機能の促進（Petrie et al., 1995），健康問題の減少（Greenberg & Stone, 1992），学校への適応（Pennebaker et al., 1990）なども報告される。

　これらの結果が情動表出と自律神経系の覚醒との関係から生じているという主張は，筆記課題を終えた参加者の皮膚電位水準の低さからも裏づけられている（Pennebaker et al., 1987）。虚偽検出テストと同様，高い皮膚電気抵抗水準は典型的に「抑制」の指標，低い皮膚電気抵抗水準は「解放」や脱制止の指標と見なされる。情動解放の重要性は，情動的な内容を回避した参加者からは肯定的な効果が得られなかったという実験結果（Pennebaker & Beall, 1986）からも示された。また，相関研究の知見も，筆記の効果，および情動表出と健康の関連を支持するものである。たとえば，ペネベーカーとオヒーロン（Pennebaker & O'Heeron, 1984）は，家族の死から1年後の遺族の健康は，その出来事の告白（confiding）の度合いによって説明されると報告した。このように，初期の筆記の効果を扱った研究は，筆記のなかで情動を表出する効果の大きさを示すものであった。

　能動的抑制の概念は，筆記が身体に及ぼす効果を説明するためにペネベーカー（Pennebaker, 1989）によって提案された。能動的抑制とは，トラウマティックライフイベントを開示する衝動を抑え込む努力を指す。このような意志の行使は慢性的に自律神経を興奮させ，ひいては免疫システムを脆弱化させると仮定されて

いる。筆記課題は鬱積した情動を解放し，（多くの場合，以前に開示されたことのない）トラウマと折り合う機会を与える。膨大な数の研究がこの能動的抑制の枠組みを用いて健康への効用をさまざまな方法で示してきた。いくたびにもわたり「普通の人」（典型的には，患者ではない大学生）が，筆記実験の参加後に，身体的健康の向上（病気の減少）を示している。これらの根底にある人間観は実に興味深いものである。すなわち，われわれが住む世界ではほぼすべての人が苦しいトラウマティックな過去を押さえ込んでおり，誰でもその抑制による鎖から自らを解放することで効用を得ることができる。筆記課題はカタルシスや洞察の過程に依拠していると考えられる。また，これらの説明がもつ精神分析的傾向を避けるならば，より行動主義的な視点で論じることも可能である。社会的な悪影響を恐れて過去のトラウマについて話さなかったとしても，その悪影響を心配しなくてよい状態でトラウマ経験についてくり返し書き出すことは経験の恐怖を消去し，身体的消耗を減少させることにつながる。くり返しトラウマティックライフイベントと対峙することによって馴化が生じたり，その記憶によって喚起されるストレスが低下したりしていくだろう。

　次に，筆記研究パラダイムの慣例について再考する必要がある。研究に用いられてきた方法は筆記のポジティブな効果を生む過程について考える筋道に大変な影響をもっているので，その吟味が必要である。仮定する基礎的過程が研究によって異なっていようと，筆記研究にはいくつかの共通する特徴がある。第1に，ほとんどの場合，短期間にくり返し（3回ないし4回）筆記を行うこと。第2に，筆記の内容は典型的に過去の体験であること（特筆すべき例外は，Lepore, 1997; Pennebaker et al., 1990; Cameron & Nicholls, 1998 であり，これらの研究については後述する）。そして最も重要なことは，筆記対象がたいていの場合，個人的に重要なネガティブな事象である点であろう。これらの共通特徴はまさに慣例であって，特定の理論に由来しているわけではないことに注意してほしい。

　筆者は，従来の研究の多くは特定のバイアス，すなわち，筆記の効果を得るにはトラウマティック事象の対峙や対処が必要であるという信念から出発したのだと思う。いいかえると，（身体的）効果を得るには（心理的）痛みをともなうということであろう。筆記の治癒力に関する説明は，個人が集中的かつ頻繁にトラウマとの対峙をくり返す必要性を仮定しているのである。よって，筆記の内容は通常ネガティブ事象であり，筆記経験自体は情動的にネガティブなものとなっている。

　さまざまな研究がこのような慣例の重要性を疑問視してきた（本書の6章を参照）。グリーンバーグら（Greenberg et al., 1996）は，他者のトラウマについて一度だけ（20分間）筆記した参加者は統制的な内容について筆記した群に比べて

身体的健康が向上していたことを見いだした。これらの驚くべき知見は，筆記の効用における馴化や消去の役割を否定するものである（くり返しなしの試行ではこれらの過程は生じがたい）。また，これらの結果は自分の人生に根ざした筆記内容である必要がないことを示している。ほぼ全員の参加者が想像上のトラウマを自分のものとして，かつ象徴的に自身に関連づけて筆記を行ったと考えない限り，自分のトラウマに意味を見いだすといったメカニズムによる説明は，部分的にせよ，割り引いて考えねばならないだろう。グリーンバーグらは，トラウマティック事象自体はあまり重要ではなく，単純にネガティブ情動と対峙し，それがコントロールできたことで感情制御が高められて健康に結びつくのだと仮定した。つまり，内容がどのようなトラウマであっても，それを情動的に筆記することにより，人は困難な情動的経験にも対処できるとみなすようになるという。

　グリーンバーグらは，それでも過去へ焦点を置くという筆記研究の特徴を残していることに注意してほしい。対照的に，キャメロンとニコルス（Cameron & Nicholls, 1998）は，登校への対処に関するプランを筆記させると（自己制御を意図した教示）健康増進に寄与することを示した。この研究では，学生は将来に生じるであろう特定のトラウマへの対処について筆記したところ，健康増進が促されている（これは特に悲観的な参加者において顕著であった）。したがって，トラウマについての筆記は，たとえ焦点が将来に置かれていても，健康の増進に関連しているようである。

　興味深いことに，トラウマ筆記の効用における自己制御の役割について，グリーンバーグら（Greenberg et al., 1996）は次のように記している。「どのような刺激でも適度なネガティブ感情さえ喚起すれば……（これらの効果を生じさせる）」(p.589)。つまり，彼らは自己制御の促進にネガティブ情動が不可欠であることをほのめかしている。ところが，想像上のトラウマについての筆記が健康を促進したという知見は，自己制御を促進する筆記では強いネガティブ情動をともなわなくとも健康が増進する可能性を示している。

3節
ネガティブ情動の役割についての疑問

　「筆記の治癒力」の基礎的プロセスを分析するために，ペネベーカーは一連の研究によって筆記の健康への影響におけるネガティブ情動の「解放」が果たす中心的役割に疑問を投げかけた。ペネベーカーとフランシス（Pennebaker & Francis, 1999）はコンピュータによる単語数計測プログラム（LIWC）による内容分析を

行うことで，筆記に使用されている単語と健康増進の関連を検討した。典型的な筆記研究におけるトラウマ群参加者のエッセイを分析した結果，ペネベーカーは情動表出と独立して，洞察に関する単語，因果に関する単語，認知的活動に関連する単語が健康増進と関連していることを示した。また，健康増進効果を強く示した参加者はネガティブ情動よりもポジティブ情動を表出する傾向にあった（Pennebaker et al., 1997）。ペネベーカー（Pennebaker, 1997）は，抑制が除かれることは，筆記による健康効果において一定の役割をになっている可能性があるが，それよりも，単語使用の変化やポジティブ情動語の使用に反映されている認知変容のほうが，身体的健康をより強力に予測すると主張している。つまり，理解と洞察を高めることが筆記表出の効果の鍵であるようである。また，スミス（Smyth, 1998）の行った筆記パラダイムのメタ分析では，情動的筆記は一時的に苦痛を高めるが，その苦痛の強度と筆記による効用との間に相関は見られなかった。「痛みなくして改善なし（no pain, no gain）」という前提に反して，身体的健康増進は，長らくの間，必要条件とされてきた苦痛をともなう情動的はたらきかけと独立に生じているのかもしれない．

　ポジティブな情動語の使用の有無によって筆記の効用を得る者とそうでない者が分かれるという知見は，一見直観に反するように感じられる。しかし，この知見はポジティブ情動経験が対処に果たす役割を検討した近年の研究によっても裏づけられている。たとえば，フォークマンとモスコヴィッツ（Folkman & Moskowitz, 2000）は，ポジティブな情動経験はネガティブなライフイベントの間にも多く見られることを示した。ケルトナーとボナンノ（Keltner & Bonanno, 1997）は，肉親と死別後の純粋なポジティブ情動表出（特にデュシェーヌの笑い：目の周辺筋や目尻の皺をともなう笑顔）はさまざまな側面で生活適応の高さと関連していたことを見いだした。フレデリクソンとレヴェンソン（Fredrickson & Levenson, 1998）はポジティブ情動はネガティブ情動の心血管機能への影響を取り除く可能性を示した。つまり，トラウマティックあるいはネガティブなライフイベント文脈におけるポジティブ経験は心身のウェルビーイングに関連しているのだろう。苦痛が筆記による健康促進の必要条件ではないというこれらの知見は，筆記が効果的である理由について再考を促すきっかけとなっている。筆記の効用においてネガティブ情動の経験や表出は，その経験について何らかの肯定的な洞察を含んでいる理にかなったストーリーを構築することほどは重要でないようである。

　しかしここで注意すべきこともある。筆記の最中と事後のネガティブ情動は筆記の健康増進効果とは無関連であるとする知見は，単にネガティブ情動の回避が健康的な方略であるということを示唆しているのかもしれない。これについてい

くつかの論点が提示できる。第1に，ペネベーカーの内容分析に含まれたすべての研究は非患者サンプル，すなわち，大部分が健康な大学生であった。第2に，ネガティブ情動の経験や表出ができないほどのトラウマを抱えている場合は，それらの感情の同定や統制が困難であるかもしれない。そのようなケースでは確かに経験のネガティブ情動をともなう諸相に焦点を当てることが重要になるだろう。しかし，これまでの研究の多くは，筆記の効用にネガティブ情動が果たす役割を想定しており，これに対する疑問は十分ではなかった。さらに，ポジティブな表記にのみ防衛機制の問題が寄せられてきたことも重要である。ネガティブな表記であればそれは事実と考えてまちがいないのだろうか？

　きわめてネガティブな体験ストーリーにもポジティブな視点を組み込むことの重要性を理解するために，語りの視点による筆記パラダイムを考えてみよう。マクアダムスのアイデンティティのライフストーリー・アプローチ（たとえば，McAdams, 1992, 1993）は，個人が人生経験について語るストーリーはアイデンティティの基礎単位であると主張する。経験を自己に統合することは語られる自己の枠組みに当てはまる語りの構築を意味する。したがって，筆記表出への取り組みは人生経験を人生の語りに記していると考えられよう。人生経験をライフストーリーに組み込み，たまたま自分に生じたことではなく自分の存在そのものに変換することが，おそらく筆記のはたらきの一部であり，そのためポジティブ情動は「よい」（たとえば，健康を増進するような）ストーリーの作成に重要であるのかもしれない。自己制御の観点からは，筆記は自己探索と自己理解のプロセスである。語りの視点からは，筆記は自己構築のプロセスでもあるのだ。重要な人生経験を筆記することは，自己の著者になることを意味している（McAdams, 1992 を参照）。

　自分自身を好ましく感じることが適応的であるなら，われわれ自身でもあるこれらのストーリーは，好ましいストーリーでなければならない。したがって，新たな経験を受容するためにライフストーリーを書き直すことは，一貫していて，管理可能で，おそらくポジティブなものを含むような語りに人生経験を統合することを意味する。ポジティブな経験をネガティブなライフイベントに組み込む1つの手立ては，ネガティブなライフイベントのなかにポジティブな効用を発見することである。

4節
ネガティブなライフイベントのポジティブな諸相に焦点を当てる

　ネガティブな人生の境遇に効用を見いだすというテーマはストレス対処理論に多く見られる（Affleck & Tennen, 1996; Janoff-Bulman, 1992）。また，深刻でネガティブな人生経験に利点を見いだせる能力は適応（Tennen et al., 1991）や，効果的な順応と関連している（King et al., 2000; Taylor et al., 1983）。ネガティブな人生経験に何かよい意味を見いだすことは，過去のトラウマからの解放を助ける可能性がある（Taylor & Armor, 1996）。また，トラウマ経験後の成長に焦点を当てた研究は，極限的な人生境遇から抜け出たことによる個人的成長を示している（たとえば，Tedeschi & Calhoun, 1995）。人生経験を通じて自分が成長したと感じることはストーリーにハッピーエンドをもたらす1つの道である。このような意味を出来事に見いだすことは，それをライフストーリーとして書きやすくなることと関連しているだろう。

　キングとマイナー（King & Miner, 2000）はネガティブなライフイベントにハッピーエンドを構築することで過去のトラウマをポジティブに再構成させる研究を行った。参加者はトラウマについて筆記する群とトラウマによって生じたと考えられる効用だけを筆記する群に無作為配置された。効用知覚条件では，参加者はトラウマティック事象について考え，「経験のポジティブな諸相に焦点を当て……経験の結果，あなたはどのように人間的に変わったか，成長したかを筆記してください」と求められた（King & Miner, 2000, p.223）。

　キングとマイナーは，トラウマティックな人生経験のポジティブな諸相のみを筆記した参加者はトラウマ筆記群の参加者に比べて，ポジティブな情動語や洞察語を多用する傾向にあることを見いだした。また，ただトラウマについて筆記した参加者は，ポジティブ情動の経験が他の条件に比べ最も少なかった。しかし，重要なのは，効用に焦点を当てた群の参加者はただトラウマについて筆記を求めた群と同じように健康促進を示した点である。さらに，効用知覚群への配置は文中に使用された洞察語の数と交互作用があり，問診回数の低下を予測した。つまり，ポジティブな再構成によってネガティブな人生経験への洞察が誘導されるだけでなく，それによって健康が促進されることが示された。この実験では，効用知覚群の参加者はトラウマのネガティブな諸相に「没入する」ことを禁じられていたことにも注目したい。

　これらの結果は先述した自己制御の議論と整合するものである。自分自身の情動的反応の意味を理解させるテーマについて筆記することは目標追求を促進する。効力感の増加はネガティブな事柄を考えることからだけでなく，ネガティブな人

生経験をポジティブに再構築することからも生じるのだろう（Scheier & Carver, 1985; Taylor, 1983）。ネガティブなライフイベントを通じて何かが得られるように感じる1つの方法は，優先する事項の順位の並べ替えである。つまり，ネガティブ事象を分析することでわれわれは何が本当に重要なのかを理解し，最も重要な目標に気づく場合がある。

　このような結果を生活の語りの文脈に置くと，ネガティブなライフイベントのポジティブな諸相に注目できる人は，人生のランダム性を脱して，人生のなかに受容可能なストーリーを作り出したと考えられる。ライフストーリーにハッピーエンドを組み込むことは究極的には自尊心や人生の意味の向上に関連する。

　この研究はネガティブ情動を経験し表出することの必要性に疑問を投じながら，過去の筆記研究同様，ネガティブ事象を筆記トピックとして焦点に置くものである。最近の研究は，筆記によって効用を得る場合のネガティブなライフイベントを中心にする傾向に対し挑みはじめている。ここで，参加者は，将来に関するトピックについて，個人的なトラウマやネガティブ事象にふれることなく筆記することを求められた。

　個人が抱く目標は自己制御処理のきっかけである（Austin & Vancouver, 1996）。したがって，人生目標を筆記することは，ネガティブ気分を助長することなしに自己制御を促進させる有効な手段であると考えられよう。語りの視点からは，目標に焦点を当てることで人は自分のライフストーリーを未来へと拡張すると考えられる（McAdams, 1993）。キング（King, 2001）の研究では，参加者は統制トピック，あるいはトラウマ生活事象，あるいは最も望ましい将来の可能自己について（毎日20分4日間），あるいはトラウマ（最初の2日）と最高の可能自己（最後の2日）の両方について筆記する群に無作為配置された。可能自己とは，個人的な目標表象であり（Markus & Nurius, 1986），可能自己の諸相は主観的健康を含むさまざまな測度と関連があることが知られている。最高の可能自己条件では，参加者は将来の生活についてイメージし，「すべてのことが可能な限りうまくいったと想像してください……あなたの人生の夢が実現したものと思ってください……想像したことを筆記してください」と教示された（King, 2001, p.801）。

　筆記セッションの前後には，参加者はポジティブ気分とネガティブ気分の尺度に評定した。彼らはまた，その日ごとに筆記の内容の重要性，内容の情動の度合い，動揺の度合いについて評定した。また，筆記の3週間後，参加者は主観的健康度の尺度に記入を行い，実験者に健康センターの自分の記録を閲覧する許可を与えた。

　筆記後の情動経験の結果は，筆記前の気分を統制しても，最高の可能自己についての筆記はポジティブ気分の有意な上昇に関連しており，最高の可能自己

について筆記した群は単にトラウマについて記述した群に比べて幸福感を有意に高く報告していた。また，参加者はどちらの筆記も同程度にやりがいがあると見なしていた。つまり，参加者はトラウマについての筆記と最高の可能自己についての筆記を同程度に重要で，情動的で，挑戦しがいのある課題であったと評定していた。予想通り，最高の可能自己についての筆記はトラウマ筆記に比べて，動揺の度合いが有意に低かった。そして，主観的健康において，最高の可能自己について筆記した群は他の群に比べて実験3週間後の心理的健康の評定が高かった（King, 2001）。

　身体疾患の測度においても同様に興味深い結果が得られている。これらの結果は図7.1に示されている。筆記の3か月前には群間に有意な差はなかった。しかし，その5か月後の追跡調査では，最高の可能自己群とトラウマ群は両群ともに統制群に比べ病気の度合いが有意に低かった。図7.1を見てもわかるように，混合群の結果は両群と統制群の間に位置している。この知見（すなわち，「混合群」には筆記の効果がなかった）はキングとマイナー（King & Miner, 2000）の結果を追証するものである。筆記においてトピックの変更はその効用に関連しないようである。

　人生目標について筆記した結果は，トラウマについて筆記する場合の情動的な負担なしに筆記の健康効果を享受できることを示している。実際，自分の人生目標を筆記することは動揺もせず，楽しいもので，気分が悪くなることも少ない。トラウマティックなライフイベントの筆記は当然，動揺感をもたらし，気分を悪くする一方，その人の最高の可能自己を筆記することで得られる身体的効果は，トラウマ筆記と同様もしくはいっそう高いことに注目してほしい。したがって，おそらくトラウマをまったく筆記せずに筆記の効果を得ることは可能である。

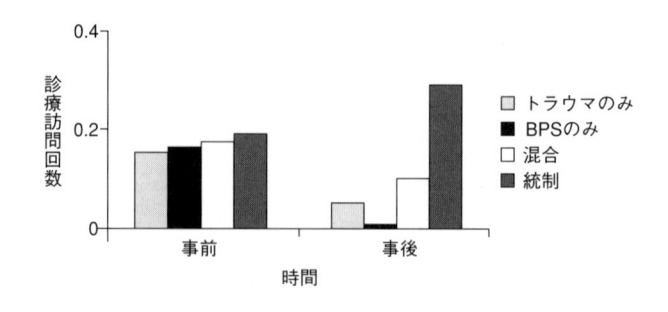

図7.1　筆記項目ごとのヘルスセンター訪問回数の残差平均

　　BPS＝最高の可能自己（best possible self）
　　これらのデータは別形式でキング（King, 2001）の論文ですでに報告されている。

これらのデータは筆記の効用に関する従来の見解の多くと対立するものである。われわれは，人生のポジティブな諸相の心理的重要性が適切に評価できていないのかもしれない。これらの結果は，筆記の恩恵を得るために，人生のネガティブな諸相にふれることが必ずしも必要でないことを示唆している。これらの結果を前述の自己制御の議論に照らし合わせると，目標や優先順位の自覚を促す筆記の教示こそが筆記の効用を生じさせるのかもしれない。語りの視点からは，筆記の教示は人生の目標を達成しようとするものからすでに自分がそうであるようなもの，すなわち自己そのものであるライフストーリーの一部に変換するものと考えられる。

 ポジティブで希望に満ちたトピック（人生の目標など）の心理的な重要性を理解するためには，この研究で書かれた典型的なエッセイの分析が役立つだろう。次にあげるのは，問診回数の低下がみられた参加者の筆記サンプルである。

 この文章はトラウマ群からの抜粋である。この若い女性は父親の喪失とそれに対する彼女の対処方略を記述していた。

> 私は父の夢をたくさん見るけれど，そしてそれはたいてい穏やかなものだけど，それでもこのことは私を動揺させる。特に，彼が生きていて，彼が病院はミスを犯したのだと言う夢を見る時など……とにかく，父を失ったことや母を失うことの恐怖や私の妹が家族とイタリアにいるという事実は……今はもうずいぶんましだ。かつては私の父は肺癌で死んだと言わなければならなかったが，今は2～3人の友人は全部知っているので（以前は母が真実を語ることを許さなかったから）。でも私は語ることが対処の助けになるだろうと自分で決めた。愛する人を失うことについてのアンケートも前にやったことがあったけれど，すべての真実は話さなかった……喪失は人生の大きな一部で，それを経験しているのは私だけではないことを自覚しなければいけない。私はまだ幸せでいられる――私が「孤独」だったり，「孤独」なときでも。だって私にはいつも妹がいるのだから。

 ある意味で，この例はペネベーカーら（Pennebaker et al., 1997）の説明による"健康"なトラウマ筆記の要素をすべて含んでいる。参加者はかなり開示していなかったトラウマを分かち合いながら，いくつかのポジティブ情動を組み込み，喪失の意味を見いだし，一貫したストーリーを創造しているようにみえる。

 次の抜粋は最高の可能自己群の参加者のもので，やはり健康の促進を示した。

> 私の人生におけるハッピーエンドとは，将来カリフォルニアのサンフランシスコあたりに住んで，有名映画会社の少なくとも中流のプロダクションアシスタントの仕事をしていることです。結婚して2人の子どもと犬をもち……2～3か月に一度は何か新しいことを習う趣味をもつ。たとえばヨガだとか外国について勉強をして，そこに旅行するというような。待ち望む将来への知識をもつことは本当に好きです――こうす

れば私たちの結婚はそれほど毎日毎年マンネリにならずにすむだろう……たぶん私が欲しいのはかなり普通の中流クラスの人生かもしれない。中くらいの大きさの家が欲しくて—余裕があっても大邸宅ではなくて……。私のおもな目標は常にできる限り経験をし続けること，他に何もないと思えても必ず何かあるのです。本当に，私はただよい結婚がしたいだけ，私たち2人がお互いに信頼しあって，お互いの人格を賛美し合う。ともに幸せであれば，たくさんの違った状況でも幸せでいられます—たとえそれにいくらかの犠牲があったとしても。私の理想は，私たちがともに自分の仕事を愛し，あるいは少なくとも誇りをもち，それでいて常に上を目指して努力することです。

次の抜粋も最高の可能自己群の参加者によるものである。この参加者も筆記によって健康促進を示した。

私の人生に旅があることを願いたい。私には自分の国とは大きく異なる異国で長い時間を過ごすことへの情熱がある。インド，中国，イスラエル，ネパール，アフリカをもう一度訪問できたらどんなに素敵だろう。そのように—……私は旅がしたい。私はまた，アリゾナの中程度の教会で牧師補佐になり，社会人教育プログラムや国際比較交流の仕事をすることも思い描いている。願わくは，その線で私と人生を共有することのできる伴侶をみつけたい。子どもは3人欲しい。私は本当に外国に住むことをいとわない！　軍隊には入りたくないが，第三世界の国々で医療任務に携わることなどは大歓迎だ。私はまた，いつか宗教の授業を大学で教えたい……もしかしたら私は宗教考古学者になれるかもしれない！　そうすれば旅と素晴らしい学びを同時にかなえることができる！　人生はまさに可能性に満ちている。そう，私が人生でやりたいことはこれだけたくさんあるが，しかし私はまた本当に家庭や家族も望んでいる。

最高の可能自己やトラウマについて，人は明らかに違う筆記のしかたをする。これらのエッセイには筆記者を幸せにする幻想や買い物リストがより多く含まれる。しかし，同時にそこには理解のプロセスが生じている。何が彼らを将来幸福にするかを思い描くことで，参加者は彼らの優先順位や価値について考え，よい人生を創造するために何が必要かを思考するようになる。われわれは個人的成長をネガティブなライフイベントから生じるものと思いがちだが（たとえば，Tedeschi & Calhoun, 1995），参加者は，ポジティブなトピックの筆記からでも，自己について学習し，優先順位を明確化できるようである。

これらの例は，われわれの人生の最も希望に満ちた様子を探究することに有用な何か—得られる何か—があることを示している。そのような課題に健康への効用があることも興味深い。これらの結果を生み出すメカニズムはまだ明確ではないが，おそらく，最高の可能な自己の将来について焦点化し，筆記した人はそれらの目標をより効果的に追求できるようになるのだろう。視覚化（visualisation）を扱った研究は，課題の完了を視覚化できる人はその課題をよりよくできること

を示している（たとえば，Pham & Taylor, 1999; Rivkin & Taylor, 1999）。われわれはネガティブなライフイベントがライフストーリーや自己に統合されることを話題にするが，ポジティブ事象—われわれの希望や夢—についても，それらが自己に統合することがどのように人に影響するかについても考えるべきではないだろうか。おそらく人生目標について筆記することにより，われわれは目標をよりたやすく，より意識せずに追求できるようにするはずである。その意味で，目標についての筆記はフロー経験（experience of flow; Csikzentmihalyi, 1990）を高める可能性がある。

5節
筆記トピック—可能性の開錠—

　筆記パラダイムに関する興味深い疑問はこれである。筆記の健康的効用を享受するために，人は何について筆記すべきか？　その答えは，大部分，筆記の効用を生み出すと思われるメカニズムによるだろう。もし情動抑制を止めることが鍵ならば，未開示のトラウマについての筆記がよいだろう。ネガティブ情動の対処が鍵ならば，どのようなネガティブ情動を筆記しても効くはずである。もし洞察の獲得が重要であるならば，洞察を促進する教示が好ましい。もし経験の諸相をライフストーリーに組み込むことが重要ならば，そのような処理を必要とする事象や経験が用いられるべきである。キング（King, 2001）の研究結果は，「対処」を必要としないと思われるわれわれの人生の諸相について筆記を通して探索することが有益かつ有用であることを示している。われわれの欲求や願望について再認識させてくれるトピックについて筆記することが筆記の効用につながるようである。自己についての教訓は，人生のネガティブな経験を探索することでも得られるが，そうしなければならないというわけではないと筆者は考える。

　今後は，最も効用を生み出しやすいさまざまなトピックの特徴を細分化するために，さまざまな筆記トピックを比較する研究が必要であろう。1つの可能性は，きわめてポジティブな経験の検討である。他には，個人にとって意味深い経験や人生哲学について筆記することが考えられる。情動的ではないが，目標や優先順位などの気づきを促進する筆記などは自己制御の育成に有用であろう。今後の研究では，筆記の治癒力における情動自体の究極的な重要性についても検討するべきであろう。

　当然の議論になる関心トピックの1つは，広範で包括的なモデルやメカニズムは筆記の治癒力を十分に説明するだろうかという問いである。単一の広範なメカ

ニズムの発見は確かに魅力的な倹約性をもちうるが，異なるトピックについての筆記は，方法こそ共有しても他にほとんど共通点がないのかもしれない。トラウマについての筆記や最高の可能自己についての筆記は情動との相関が異なることからも，これらの心理生理的相関も異なっている可能性は高い。したがって，これらの筆記の生理的基盤自体も異なるのかもしれない。

将来の研究は筆記の作用を呈示する段階を越えて前進しなければならない。筆記の効用を生む過程を引き出す従属変数の同定が不可欠である。筆記効果の基盤を明らかにするためにはさまざまな測度が必要となるだろう。認知測度は筆記が促す変化をとらえるために有用である。新たな経験が書き込まれると自己にはいったい何が生じるのだろうか？

結論として，筆記表出が心理的，身体的健康に重要な意味をもつことは疑う余地がない。しかし，なぜ筆記が機能するのかを理解するためには，人の生涯において何が重要であり，どこに分析が必要かといった，われわれの視点の核心となる概念を問い直す必要があるのだ。苦痛を経験せずに効用を得ることは確かに可能である。健康への効用はネガティブ事象だけではなく，将来に関する幸福や歓喜や興奮を刺激する筆記とも関連している可能性がある。

◆ 引用文献 ◆

Affleck, G., & Tennen, H. (1996). Construing benefits from adversity: Adaptational significance and dispositional underpinnings. *Journal of Personality*, **64**, 899-922.

Austin, J. T., & Vancouver, J. B. (1996). Goal constructs in psychology: Structure, process and content. *Psychological Bulletin*, **120**, 338-375.

Cameron, L. D., & Nicholls, G. (1998). Expression of stressful experiences through writing: Effects of a self regulation manipulation for pessimists and optimists. *Health Psychology*, **17**, 84-92.

Carver, C. S., & Scheier, M.F. (1982). Control theory: A useful conceptual framework for personality-social, clinical, and health psychology. *Psychological Bulletin*, **92**, 111-135.

Csikzentmihalyi, M. (1990). *Flow*. New York: Harper & Row.

Domjan, M. (1998). *The principles of learning and behavior, 4th ed.* Pacific Grove, CA: Brooks/Cole.

Folkman, S., & Moskowitz, J. T. (2000). Stress, positive emotion, and coping. *Current Directions in Psychological Science*, **9**, 115-118.

Fredrickson, B. L., & Levenson, R. W. (1998). Positive emotions speed recovery from the cardiovascular sequelae of negative emotions. *Cognition and Emotion*, **12**, 191-220.

Freud, S. (1901/1960). *Introductory lectures on psych-analysis*. In Standard edition, Vols. 15 and 16. London: Hogarth Press.

Greenberg, M. A., & Stone, A. A. (1992). Emotional disclosure about traumas and its relation to health: Effects of previous disclosure and trauma severity. *Journal of Personality and Social Psychology*, **63**, 74-84.

Greenberg, M. A., Wortman, C. B., & Stone, A. A. (1996). Emotional expression and physical health: Revising traumatic memories or fostering self-regulation? *Journal of Personality and Social*

Psychology, 71, 588-602.
Janoff-Bulman, R. (1992). *Shattered assumptions: Towards a new psychology of trauma*. New York: The Free Press.
Keltner, D., & Bonanno, G. A. (1997). A study of laughter and dissociation: Distinct correlates of laughter and smiling during bereavement. *Journal of Personality and Social Psychology*, 73, 687-702.
King, L. A. (2001). The health benefits of writing about life goals. *Personality and Social Psychology Bulletin*, 27, 798-807.
King, L. A., & Emmons, R. A. (1990). Conflict over emotional expression: Psychological and physical correlates. *Journal of Personality and Social Psychology*, 58, 864-877.
King, L. A., & Miner, K. N. (2000). Writing about the perceived benefits of traumatic events: Implications for physical health. *Personality and Social Psychology Bulletin*, 26, 220-230.
King, L. A., Richards, J., & Stemmerich, E. D. (1998). Daily goals, life goals, and worst fears: Means, ends, and subjective well-being. *Journal of Personality*, 66, 713-744.
King, L. A., Scollon, C. K., Ramsey, C. M., & Williams, T. (2000). Stories of life transition: Happy endings, subjective well-being, and ego development in parents of children with Down Syndrome. *Journal of Research in Personality*, 34, 509-536.
Lepore, S. J. (1997). Expressive writing moderates the relation between intrusive thoughts and depressive symptoms. *Journal of Personality and Social Psychology*, 73, 1030-1037.
Markus, H., & Nurius, P. (1986). Possible selves. *American Psychologist*, 41, 954-969.
Markus, H., & Ruvolo, A. (1989). Possible selves: Personalized representations of goals. In L. A. Pervin (Ed.), *Goal concepts in personality and social psychology* (pp. 211-242). Hillsdale, NJ: Erlbaum.
McAdams, D. P. (1992). Unity and purpose in human lives: The emergence of identity as life story. In R. A. Zucker, A. I. Rabin, J. Aronoff, & S. Frank (Eds.), *Personality structure in the life course* (pp. 323-376). *New York: Springer.*
McAdams, D. P. (1993). *The stories we live by: Personal myths and the making of the self.* New York: Morrow.
Pennebaker, J. W. (1989). Confession, inhibition, and disease. In L. Berkowitz (Ed.), *Advances in experimental social psychology* (Vol. 22, pp. 211-244). New York: Springer-Verlag.
Pennebaker, J. W. (1993). Putting stress into words: Health, Linguistic, and therapeutic implications. *Behavior Research and Therapy*, 31, 539-548.
Pennebaker, J. W. (1997). Writing about emotional experiences as a therapeutic process. *Psychological Science*, 8, 162-166.
Pennebaker, J. W., & Beall, S. (1986). Confronting a traumatic event: Toward an understanding of inhibition and disease. *Journal of Abnormal Psychology*, 95, 274-281.
Pennebaker, J. W., Colder, M., & Sharp, L. K. (1990). Accelerating the coping process. *Journal of Personality and Social Psychology*, 58, 528-537.
Pennebaker, J. W., & Francis, M. E. (1999). *Linguistic Inquiry and Word Count: LIWC*. Mahwah, NJ: Erlbaum.
Pennebaker, J. W., Hughes, C. F., & O'Heeron, R. (1987). The psychophysiology of confession: Linking inhibitory and psychosomatic processes. *Journal of Personality and Social Psychology*, 52, 781-793.
Pennebaker, J. W., Mayne, T. J., & Francis, M. (1997). Linguistic predictors of adaptive bereavement. *Journal of Personality and Social Psychology*, 72, 863-871.
Pennebaker, J. W., & O'Heeron, R. C. (1984). Confiding in others and illness rate among spouses of suicide and accidental-death victims. *Journal of Abnormal Psychology*, 93, 473-476.
Petrie, K. J., Booth, R. J., Pennebaker, J. W., & Davison, K. P. (1995). Disclosure of trauma and immune response to a hepatitis B vaccination program. *Journal of Consulting and Clinical*

Psychology, 63, 787-792.
Pham, L. B., & Taylor, S. E. (1999). From thought to action: Effects of process-versus outcome-based mental simulations on performance. *Personality and Social Psychology Bulletin, 25*, 250-260.
Powers, W. T. (1973). *Behavior: The control of perception.* Chicago: Aldine.
Rivkin, I. D., & Taylor, S. E. (1999). The effects of mental simulation on coping with controllable stressful events. *Personality and Social Psychology Bulletin, 25*, 1451-1462.
Scheier, M., & Carver, C. S. (1985). Optimism, coping and health: Assessment and implications of generalized outcome expectancies. *Health Psychology, 4*, 219-247.
Smyth, J. M. (1998). Written emotional expression: Effect sizes, outcome types, and moderating variables. *Journal of Consulting and Clinical Psychology, 66*, 174-184.
Taylor, S. E. (1983). Adjustment to threatening events: A theory of cognitive adaptation. *American Psychologist, 38*, 1161-1173.
Taylor, S. E., & Armor, D. A. (1996). Positive illusions and coping with adversity. *Journal of Personality, 64*, 873-898.
Taylor, S. E., Wood, J. V., & Lichtman, R. R. (1983). It could be worse: Selective evaluations as a response to victimization. *Journal of Social Issues, 39*, 81-102.
Tedeschi, R. G., & Calhoun, L. G. (1995). *Trauma and transformation: Growing in the aftermath of suffering.* Thousand Oaks, CA: Sage.
Tennen, H., Affleck, G., & Mendola, R. (1991). Coping with smell and taste disorders. In T. Gechell, R. Doty, L. Bartoshuk, & J. Snow (Eds.), *Smell and taste in health and disease* (pp.787-801). New York: Raven.

8章
ストレスと筆記表現とワーキング・メモリ

キティ・クライン

　本書の各章で述べられているように，ストレスフルな経験について筆記表現することが生理的にも心理的にも著しい効果を生み出すことを示す証拠はたくさんある。本章の目的は，社会心理学，認知心理学，臨床心理学の観点から得られたデータと理論を統合して，筆記が基本的な認知過程に大きな効果があり，加えて健康上の結果にも効果があることを示すことにある。本章ではさらに，行動におけるこれらの認知過程の重要さを論じ，そして，これらの認知的な変化が，筆記表現のもたらす健康効果と究極的にいかに結びついているかについて考える。

1節
認知過程への生活ストレスの効果

　これまで，騒音，暑さ，寒さ，薬物といった環境ストレスが記憶機能と問題解決にどのような影響を及ぼすかについては膨大な量の研究が行われてきた。これに対して，離婚，解雇，愛する人との死別といった，苦痛な，時にはトラウマティックなライフイベントと認知機能との関係に関する研究は，これまでほとんど行われてこなかった。筆者のこの領域における研究は，高い生活ストレスに直面している人はストレス経験の少ない人と比べて問題解決能力が劣り，彼らが身体的感覚に敏感であった場合にはとりわけそうであるという仮説を直接に検証することから始まった (Baradell & Klein, 1993)。これらの予測に対する根拠は，第1に，

ライフイベント・ストレスは課題要求によって注意を引き出す自律系身体反応に反映されるに違いないこと，そして第2に，これらの反応を強く自覚している人は，欠乏した注意資源をめぐって，より強い競合を経験するであろう（Mandler, 1993）ということだった。

これらの仮説を検証するために，バラデルとクライン（Baradell & Klein, 1993）は，被験者の生活ストレスを「生活経験尺度（the Life Experience Scale: LES）」Sarason et al., 1978)を用いて測定した。また，身体感覚の感受性を測定するために，身体感覚に対する自覚を測定する5項目測度，「私的身体意識テスト（the Private Body Consciousness Test: PBC）」(Miller et al., 1981)を用いた。問題解決の課題は，言語的な類推問題で，6つの選択肢から最適な答えを選択するものだった。たとえば，「父に対して息子，では，母に対しては？ (a) 妻，(b) 曾祖母，(c) 娘，(d) 祖母，(e) 父，(f) 姉妹」といった問題である。ストレス経験の少ない人と比べて，高いレベルの生活ストレスをもっていた人は類推問題が少ししか解けず，問題解決ストラテジーの効果的な方略を使うことが少なかった。これらの成績低下は比較的容易な類推課題では見られず（Klein & Barnes, 1994），高い身体的感受性をもった人にとりわけ顕著に現れた。

類推課題を用いたもう1つの研究（Klein, 1995）で筆者は，課題とは無関係な思考が生活ストレスと課題解決とを結びつけているという説明を検討した。サラソン認知干渉質問紙（Sarason's Cognitive Interference Questionnaire: CIQ, Sarason et al., 1986）を用いて，被験者は類推課題を行っている間，課題に無関係なことを考えた回数を報告した。この場合も，ストレスが高く身体的な自覚が高い被験者が最も成績が悪かった。彼らは課題に無関係なことを多く考えており，さらに，成績が低いほど，報告された課題に無関係の思考の頻度が多かった。しかしながら，媒介変数の検討の結果は，高ストレス被験者は課題無関連思考のレベルが高いために問題解答数が少ないとする予測を支持しなかった。生活ストレスと課題無関連思考の両者は，独立して問題解決の低下に寄与していた。ただし，あとから考えてみると，課題無関連思考の自己報告は要求特性によっていた可能性もある。類推課題でうまくいかなかったと思っている被験者は，課題に無関係な思考が高いレベルにあったと主張することによって，セルフ・ハンディキャッピングをしていたのかもしれない。

これらの実験において用いられた類推課題は，数多くの複雑な心的操作を含んでおり，そのなかのどれもストレスフルなライフイベントによって影響を受ける可能性がある。生活ストレスによって損なわれる認知機能の理解を深めるために，筆者は，類似性推論と課題解決全般の中核的要素であるワーキング・メモリを問題にすることにした。ワーキング・メモリ容量は「干渉ないし妨害に際して

注意を維持し制御する能力」である（Engle, Kane, et al., 1999, p.104）。ハッシャーら（Hasher et al., 1999）によれば，この制御された注意は意識の内容を決定している。制御された注意は，目標に関連した情報の活性化を維持し，目標に関連しない的はずれな情報を抑制しなければならない。注意資源は無限ではないから，それらは，進行中の課題の要求と不適切な課題無関連思考との間に割り当てられなければならない。目標関連情報はその課題をうまく遂行するのに適したもので，たとえば就職面接や飛行機操縦などでは，それがうまくはたらいている。目標非関連認知は課題に関連しておらず，自分自身の経験に関する随意的思考（Conway & Pleydell-Pearce, 2000）と非随意的思考（Brewin et al., 1996）を含んでいる。このような思考は，内的な手がかり（たとえば，疲労の症状）あるいは外的な手がかり（たとえば，外見が似ている人に会ったことで昔の友人を思い出す）から生じうる。原因がどうあれ，進行中の出来事や，未解決のストレスフルな出来事に関する認知は，ワーキング・メモリ資源をめぐって競合する不適切な要求になる。課題が十分難しければ，そのような思考に対して注意を割いたり，それらを抑制しようとしたりすることが，課題の成績の低下につながる。

2節 生活ストレスとワーキング・メモリ

　生活ストレスとワーキング・メモリ容量との関係を調べるためにデザインされた，3つの実験からなる研究では，筆者は操作スパン・タスク（Operation Span task: OSPAN, Turner & Engle, 1989）を用いてワーキング・メモリを測定した（Klein & Boals, 2001b）。OSPAN は，標準的で，信頼性が高く，安定したテストであり（Klein & Fiss, 1999），計算問題を解いて単語を読み上げ，しかもあとで記憶再生するためにそれらの単語を保持するといったように，3者の間で注意を切り替えなければならない。OSPAN では，一連の単純な計算を行うが，それぞれの計算問題のあとに一音節単語が続く（たとえば，$(7 \times 6) + 3 = 47$ bird）。これらの刺激はコンピュータスクリーンに一度に1つずつ呈示される。呈示された答えの数字が正しいか誤っているか口頭で答え，その後単語を声に出して言う。2から7の「計算問題－単語」対を行った後，被験者は呈示された単語をできるだけ多く書くように求められる。その人の OSPAN 得点は，正答した計算問題と対になっていた単語のうちで再生された単語数である。

　これらの研究のうち最初の研究では，ストレスが少ない被験者に比べ，ライフイベント・ストレスのレベルが高かった人は，OSPAN の成績が悪く，課題負荷

のレベルが高くなる場合（6項目と7項目のセット），とりわけそうなった。第2の研究では，ストレスレベルが高い被験者は，課題の最初のほうの試行から多くの単語を誤って想起しており，これは抑制的制御がうまく行われていないことを示している（Hasher et al., 1999）。第3の研究では，被験者は極端にポジティブな個人的経験と極端にネガティブな個人的経験の両方を記述し，次に，出来事インパクト尺度（Impact of Events Scale: IES, Horowitz et al., 1979）を用いて，これらの出来事に関する侵入思考と回避思考の程度が査定された。2週間後，彼らはOSPAN課題を行った。ポジティブな経験に関する好ましくない思考はOSPAN成績と関連していなかったが，ネガティブな経験では関連していた。IES得点が高い被験者は計算の問題数が増大するにつれワーキング・メモリが低下する傾向にあった。

3節 ワーキング・メモリに及ぼす筆記表現法の効果

　ストレスがワーキング・メモリに関係するという結果が得られたので，次にとったステップはストレスを減らせばワーキング・メモリが増大するかを検討することであった。ペネベーカー（Pennebaker, 1997）の筆記パラダイムは，ストレスフルな経験の効果を緩和することが示されていたので，そのパラダイムは理想的な操作であるように思われた。最近の2つの実験（Klein & Boals, 2001a）において，筆記表現法は確かにワーキング・メモリ容量の向上をもたらした。
　第1の筆記実験では，入学して第1学期目の大学生2群について，ワーキング・メモリ成績における変化を比較した。一群には，大学に入学したことについて自分の最も深い考えと感情について3回筆記するように求め，もう一群の統制群には，その日どのように過ごしたかについて筆記させた。実験では，ペネベーカーら（Pennebaker et al., 1990）の筆記教示と手続きを用いた。ワーキング・メモリは筆記セッションの前，最後の筆記セッションの1週間後，および7週間後にOSPANを用いて測定した。OSPAN得点はテスト前と1週間後では変化がなかった。7週間後，思考と感情の筆記に割り当てられた被験者は，OSPAN得点に6％の向上を示したが，これに対し，統制群のワーキング・メモリの向上は3％だった。さらに，ワーキング・メモリの向上が最も高かった被験者は他の被験者に比べて，より多くの理由を示す語と洞察を示す語を用いていた。そしてこれらの言語的な特徴は，語りの一貫性と相関していた（Pennebaker et al., 1997）。OSPAN得点における向上が大きいほど，実験した第1学期とそれに続く第2学期の両方

で学業成績の平均点（GPA）が高かった。

　筆記表現群のワーキング・メモリの向上が統制群のワーキング・メモリの向上よりも統計的に大きかったにもかかわらず，この2群間にはワーキング・メモリの最後の測定において有意な差がなかった。大学はあらゆる新入生にとって同程度にストレスフルというわけではないから，他の新入生に比べて，この操作が一部の新入生にとっていっそう効果的であったのかもしれない。この点をはっきりさせるために，第2の筆記実験が行われた。実験では，学生はこれまで生きてきたなかで，人生のなかの個人的に重要なネガティブ経験と重要なポジティブ経験を簡単に（20単語以内）記述した。学生のネガティブ経験はそれだけで完結しているもの（たとえば，祖父母の死）と，慢性的なもの（たとえば，父親の飲酒問題）の両方があった。同様にポジティブな経験も，それだけで完結している出来事（たとえば，陸上大会で優勝した）のこともあれば，継続的なもの（たとえば，師と仰ぐ先生がいる）のこともあった。それぞれの出来事についてどれくらいの頻度で考えていたか，それぞれの思考をどれくらいの頻度で回避しようとしていたかを査定するため，記述を行った後に被験者は出来事インパクト尺度（Horowitz et al., 1979）を行った。2週間後，被験者は自分が前に記述したネガティブあるいはポジティブな人生経験を筆記表現するか，もしくは，自分の時間をどうやって過ごすかを記述するかのどれかをするようにランダムに割り当てられた。第1の筆記実験と同様，筆記セッションの前後とほぼ2か月後に，被験者のワーキング・メモリ（OSPANによる）が測定された。最後のセッションで，出来事インパクト尺度がまた実施された。

　図8.1に示したように，ネガティブな出来事について筆記した被験者の最終セッションのOSPAN得点は，ポジティブな出来事について筆記した被験者や統制群の被験者の最終セッションの得点よりも有意に高かった。後の二者の得点間に差はなかった。統制群の被験者は筆記前からテスト後にかけて平均3％の増大を示し，ポジティブな出来事について筆記した被験者のワーキング・メモリ得点は4％増大した。そして，ネガティブな出来事について筆記した被験者のワーキング・メモリ得点は11％増大し，これは他の2群と比べ有意に多かった。

　好ましくない思考に及ぼす筆記表出の効果を検討するため，侵入と回避それぞれについて下位尺度得点を合計して，それぞれの出来事に対する総IES得点とした。実験が進むにつれて，筆記トピックに関係なく，ポジティブな出来事に関する好ましくない思考は減少した。しかしながら，ネガティブな出来事に関する好ましくない思考の減少率はより大きく，その出来事について筆記した学生で有意に大きく減少した。さらに，媒介変数の検討による分析によると，筆記表出がワーキング・メモリ成績の向上をもたらすのは侵入思考と回避思考の減少によるら

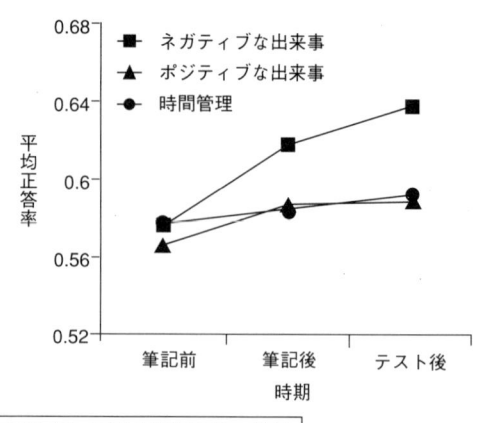

図 8.1 単語の正再生率に及ぼす筆記条件の効果

Klein & Boals, 2001a をアメリカ心理学会 (American Psychological Association) の許可を得て転載。

しいことを示した。

　ここでも，ワーキング・メモリの変化と言語的一貫性の指標の増加との間につながりがあった。ネガティブな出来事について筆記した学生では，筆記を通じた原因語の使用の増加がワーキング・メモリの向上と相関していた。第1の実験の場合と同様，ワーキング・メモリの向上は学業成績平均点の向上を予測した。最終セッションで報告されたネガティブな出来事に関する侵入思考と回避思考が多いほど，被験者の成績は悪かった。ポジティブな出来事に関する思考の報告は，学業成績平均点とは相関しなかった。

4節
筆記表出はどのようにワーキング・メモリ容量を増やすか

　筆記表出が重要な認知過程に及ぼす効果を示すだけでなく，これら2つの実験の結果はそれがどのようにして生じたかについて，いくつかのことを示唆する。とりわけ重要なことをあげると，ポジティブな経験について書くことを促されてもそれには効果がないこと，特定の言語的カテゴリーの使用とワーキング・メモリとが関係していること，そして，筆記表現者のワーキング・メモリが向上すると好ましくない思考が減少することである。ここで論じたデータと，さまざまな心理学的伝統に基づく理論と研究を用いて，筆者は，1つのモデルを提案した。このモデルは体制化の不十分なストレス経験の認知的表象を，より首尾一貫した，

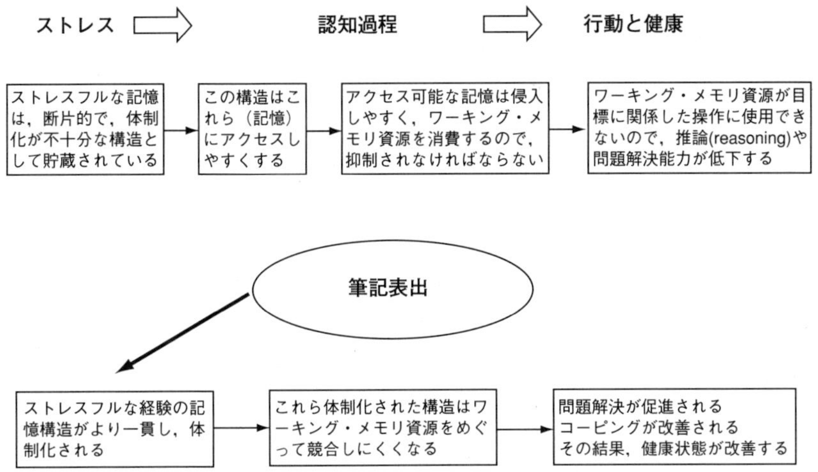

```
ストレス ⇒      認知過程      ⇒   行動と健康
```

| ストレスフルな記憶は、断片的で、体制化が不十分な構造として貯蔵されている | → | この構造はこれら（記憶）にアクセスしやすくする | → | アクセス可能な記憶は侵入しやすく、ワーキング・メモリ資源を消費するので、抑制されなければならない | → | ワーキング・メモリ資源が目標に関係した操作に使用できないので、推論(reasoning)や問題解決能力が低下する |

筆記表出

| ストレスフルな経験の記憶構造がより一貫し、体制化される | → | これら体制化された構造はワーキング・メモリ資源をめぐって競合しにくくなる | → | 問題解決が促進されるコーピングが改善されるその結果、健康状態が改善する |

図 8.2　筆記表出が認知過程と行動に及ぼす効果についてのモデル

必要な注意資源が少なくて済む記憶構造へと変換する力と，筆記表出の効用とを結びつけるものだ。このモデルの概要を図 8.2 に示す。

モデルでは 4 つの基本的な仮定がある。ここで，それぞれについて例をあげながら説明しよう。

1. ストレスフルな経験の記憶表象はストレスフルでない経験の記憶表象とは初めから違っている

コンウェイとプレィデル＝ピアス（Conway & Pleydell-Pearce, 2000）によれば，自伝的記憶は記憶中に貯蔵された出来事に特異的な知識から構成されている。これらの力動的な構成の内容は，部分的に，作動性自己記憶システムの目標に依存している。記憶はある経験の情動をよび戻す力を備えており，もしその情動が十分に強ければ，他の認知過程を混乱させる可能性がある。そのような混乱が生じないようにするために，自己記憶システムは，苦痛な情動をふたたび経験するのを最小限にするために，出来事特異的な知識ベースの選択された一部しか検索しない。ブレウィンら（Brewin et al., 1996）も，トラウマの記憶は経験の情動的側面をもたないことが多いと主張している。

このモデルは，少なくとも初期段階では，ストレスフルな経験に関する記憶の再構成が断片的なものであり，ほとんど体制化されていないとする（Foa & Kozak, 1986; Foa et al., 1989）立場を取っている。このような知識の断片とそれに

関連する情動を統合するのは難しい。というのは，統合を導く包括的な知識構造やスキーマがほとんど存在しないからである（Creamer et al., 1992）。ある文化に属する人が，たとえば愛する人の死が迫っているときなど，喪失の前後の出来事についてスクリプトを共有している場合でさえ，死別に直面したパートナーはしばしば悲しみに打ちひしがれる。というのは，そのスクリプトは自らの喪失に対するその人自身の反応を用意してくれるわけではないからである（Stein et al., 1996）。他の経験やセルフスキーマと統合できないストレスフルな経験は，断片的で体制化されない経験表象のままである（Fivush, 1998）。これとは対照的に，比較的ストレスのない出来事の場合，かなり容易に既存の包括的知識構造に統合できる。この知識構造は，それまでに何が起こったのかを理解させ，次に何が起こるのかを予測させ，そしてその出来事に対する適切な反応を決定させる（Barsalou, 1988）。

　筆者は最近，レベルの異なるストレスを経験している人が同じ経験を認知的にどのように表象するかを明らかにするために，パイロット・スタディを行った。選んだ経験は，「大学」であり，そのストレスの強さは被験者の学生の間でさまざまに異なっていた。この予備的研究において，筆者は，学生にあっては，大学についての標準的で一般的な見方とされるような，ある程度の一致がみられる「大学」スキーマがあると仮定した。「大学」についての認知的構造がこの標準的な見方と違う学生は，より典型的な見方をもっている学生と比べて，高いレベルのストレスを報告するに違いない。この予測の論理は，このモデルの第1の仮定が正しいならば，あることについて高レベルのストレスを経験している人は，そのことについてまとまりのある記憶表象を構成できていないというものだった。

　この研究において，「大学」の心的表象を査定するために用いた方法は，多次元尺度構成法（MDS）（Torgerson, 1952）であった。MDSは統計的アルゴリズムであり，クライアースとリヴィール（Klirs & Revelle, 1986）が「共通世界」とよんだn次元空間を作り出す。この空間では，類似していると知覚された出来事は互いに近接してクラスターを構成する。類似していないと知覚された出来事は互いに遠くに位置する。研究で用いられた刺激は，大学生活の領域を代表する10の出来事（たとえば，「図書館で勉強する」「実験室で実験を行う」「学食で食事する」）であった。MDSの一種であるINDSCAL（Carroll & Chang, 1970）が，ヤングとハリス（Young & Harris, 1997）のウィアドネス指数を各被験者について算出するために用いられた。ウィアドネス指数は，「各被験者の重みづけが，分析される典型的な被験者の重みづけと比較してどのくらい奇異で逸脱しているかを示す」（p.165）指数である。ウィアドネス指数は0から1.0の値を取り，指数の値が低いほど，評定を行ったグループの複数の平均重みづけに対してその個人の

重みづけが釣り合っている。典型的でない重みづけをもった個人は、次元の点でグループ空間により近い個人と比べて、その領域についてより断片化され一貫性が低い認知的表象をもっていると考えられる。したがって、モデルからの予測では、典型的でない重みづけをもった個人は大学に関連したストレスをより多く報告するだろう。

予測通り、大学に関連したストレスのレベルが高い学生はより高いウィアドネス指数を示した。これに加えて、ワーキング・メモリ容量が少ない学生も、より逸脱した大学経験の認知的表象をもっていたという結果が興味深い。

2. ストレスフルな記憶はアクセスされやすい

このモデルの第2の仮定は、これらのストレスフルな記憶は体制化が弱いため、それらを活性化するのに必要な注意や努力は、たとえあったとしても非常に小さい、ということだ。たとえ、ストレスフルな記憶を抑制しようとする試みが、努力を必要とする過程（Wegner, 1994）であったとしても、である。ブレウィン（Brewin, 2001; Brewin et al., 1996）は、ストレス経験の知覚的な特徴は、実際には別の知識システムにおいて表象されており、その経験に類似した外的刺激や内的刺激に対する反応として自動的にアクセスされると主張した。自己記憶システムがこれらのアクセスされやすい記憶を抑制することができないとき、これらの記憶が好ましくない不随意的な思考として意識中に噴出する。ストレスフルな出来事とストレスフルでない出来事の不随意的記憶は、多くの心理的障害においてみられるため（Brewin, 1998）、臨床心理学者がこれまで特に関心をよせてきた。持続する不随意的な記憶は、普通、より重く長期化する症状と結びついている（Greenberg, 1995）が、この関係は非臨床群の被験者において常にみられるわけではない（Lepore, 1997）。ストレスフルな出来事にさらされた人は出来事の2週間後に記憶侵入が減少し始める（Harber & Pennebaker, 1992）。

ホロヴィッツ（Horowitz, 1975）は、過去のストレスフルな出来事に結びついた記憶は、既存のスキーマ化された知識に統合されるまで侵入し続ける、と主張している。ストレスフルな出来事の深刻さによっては、そのような統合には何年もかかるかもしれない（Creamer et al., 1992）。場合によっては、とりわけそういった思考を避けたり抑制したりしようとするなら、トラウマティックな経験は受け入れられることはないかもしれない（Kuyken & Brewin, 1999; Tait & Silver, 1989）。

ウェグナー（Wegner, 1994）の皮肉過程理論は、モデルのこの仮定に理論的な根拠を与えるものだ。ウェグナーとスマート（Wegner & Smart, 1997）は、人は好ましくない苦痛な思考を意識の手の届かない深い認知的活性化状態に保とうと

すると主張した。この状態におかれている認知は，統制的処理では利用できないのだが，残念ながらきわめてアクセスしやすく，意識中に侵入する性質をもっている。これらの侵入を避けるために，人はこれらの思考を抑制しようとつとめ，これらが意識にのぼるのを拒む。ウェグナーのモデルにおいて，抑制の試みには，好ましくない思考に対する検索を実行する自動的過程と，好ましくない思考が検出されたとき，適切な妨害思考を認定するのに用いられる制御的で意図的な過程とが含まれる。認知的資源が意図的な過程をはたらかせるのに不十分であった場合，抑制の試みは，これらのストレスフルな記憶にアクセスしやすくさせるという意図しない効果を生じさせる。

　通常の状態では，ほとんどの人が好ましくない思考を抑制するのに必要な資源をもっている（Kelly & Kahn, 1994）。非臨床的な被験者を用いた研究では，不随意記憶はストレスフルな出来事の産物ではないものが高い割合を占める。実際，これらの不随意記憶の顕著な特徴は，日常的なスクリプトからの逸脱の程度であるように思われる。その一方，その反復は刺激の誘発性にかかわらず，その人の情動性と関連している（Bernsten, 1996）。これらのデータは，もし，この自動的探索過程が好ましくない思考を検出するようにチューンされていて，効果的に機能しているのならば，驚くに当たらない。

　好ましくない思考を抑制することは心的資源を消費するだけでなく，これらの思考を断片的なままにするという厄介な効果ももっている。ウェグナーら（Wegner et al., 1996）は，人が苦痛な出来事の記憶を抑制しようとすると，思考全体が検索される前に自動的な監視プロセスが抑制できる記憶の断片をしばしば見つけ出すと主張している。しかしながら，それぞれの検出は，断片を抑制する過程で生じる新たな妨害思考を生み出す。その結果，好ましくない記憶とそれ以外の認知との間の膨大な連鎖が生み出され，記憶が意識に侵入するのを防ぐためにより多くの注意資源が必要になる。孤立した断片に対するアクセスしやすさが増大すると，秩序だった記憶を混乱させ，記憶の統合を遅らせ，記憶の侵入を長引かせる可能性がある。このようにして，情動経験の記憶は，全体としてアクセス困難であり続ける。

3. ストレスフルな記憶は注意資源を消費する

　このモデルの第3の仮定は，ストレスフルな記憶は，侵入メカニズムか抑制メカニズムのどちらかを通し，限りある注意資源をめぐって他と競合してしまうということだ。すでに論じた研究に加え，実験前あるいは実験時にストレスをかけることによって，ワーキング・メモリ容量が減るという証拠がある。ソーグとホイットニー（Sorg & Whitney, 1992）は，競争的なテレビゲームをやらされた特

性不安が高い被験者は，続くワーキング・メモリ課題で成績が悪いことを見いだした。ダーク（Darke, 1988）は，自我が脅やかされるような条件下でワーキング・メモリ課題が実施された場合，特性不安の高い人はほかの人よりも成績が悪いことを見いだした。これらの実験は，被験者の失敗に関する不安な思考が，ワーキング・メモリ課題の成績に干渉すると仮定しているが，被験者自身はこういった思考についてはっきりとは自覚していないようである。

理論とデータは，好ましくない思考を抑制することがよくあることを示唆している。人は不快な出来事に関する思考を避けようとする（Petrie et al., 1998; Wegner & Smart, 1997）し，そうするためにかなりのことをする。手がかり呈示型の研究は，強烈なネガティブ記憶の検索に対するバイアスが一貫してみられ，これらの記憶を検索することが他の認知的操作に妨害的な効果をもたらしうることを示唆している（Conway & Pleydell-Pearce, 2000）。

侵入は，特定の状況で起こりやすい。明らかに，9月11日の世界貿易センターとペンタゴンへのテロ攻撃のような出来事は，抑制にすべての注意を投入しようとしてもどうにもできない切迫した思考をもたらし，これらの記憶はあらゆる他の認知的活動を狂わせる。抑鬱的な人ではとりわけそうだが，干渉思考に習慣的に悩まされる人がいる（Nolen-Hoeksema et al., 1994）。侵入思考はまた，他の心的労力を要する活動や妨害的な活動を行っていないときなど，課題要求が小さい場合に起こりやすいように思われる。長距離運転のような情報がまばらな状況では，好ましくない思考は実際にきわめて侵入しやすい。なぜなら，妨害思考がそのような状況では起こりにくいからである。最後に，侵入思考は，他の状況においては抑制努力の後に起こる可能性がある。ストレスフルな出来事に関する思考が抑制されるか意識中に侵入するかにかかわらず，それらは，ワーキング・メモリ資源を消費して他の目標関連処理を阻害する。

4. ストレスフルな経験について一貫した語りを展開することが欠乏した注意資源に対する要求を緩和する

このモデルの第4の主張は，語りを創造することがストレスフルな記憶の構成の体制化と内容を変容させる（Pennebaker & Seagal, 1999）ということである。とりわけ，ペネベーカーとシーガル（Pennebaker & Seagal, 1999）は，筆記表現の治療的な力における必須の要素として語りの展開の重要性に焦点を当てている。語りを創造することが元の記憶を変容させる結果，「より効果的に，要約され，貯蔵され，忘却される」(p.1248) ようになる。ここでは，このような変容を生じさせるメカニズムのいくつかを探る。

現在広く受け入れられているように，記憶とは決して経験の正確な再生ではな

い (Stein & Liwag, 1997)。ストレスフルな経験を意味づけようと試みる人の場合，語りを構成することは，実際に起こったとして報告される内容と同様に重要である (Bruner, 1994)。ストレスフルな出来事の後は，語りをするように促されたり (Amir et al., 1998)，あるいは，自発的に語りをしたりすることがある (Harvey et al., 1991; van der Kolk & Fisler, 1995)。どちらの場合にせよ，ストレスフルな経験について1つの物語を構成できるようになれば，もとの経験の程度や複雑さを，より小さな単位へと縮減できる。この単位は，「記憶の仕事を軽減し」，そして「いつも再検討する必要はないことを学ぶための，恒常的な練習を提供する」ものだ (Schank & Abelson, 1995, p.42)。シャンクとエイベルソン (Schank & Abelson, 1995) はさらに，語りの創造過程において，ネガティブな出来事の記憶はその物語のなかに埋め込まれるようになり，これら悪い経験へのアクセスしやすさを弱め，そして内的刺激や外的刺激がこれらを活性化させる可能性を減少させる，と論じた。活性化されない記憶は，それ以上の処理と抑制のための認知的資源を要求しない。ペネベーカーとシーガルと同様，この考え方は，語りを展開することがストレスフルな出来事の断片化した記憶を「包装し直し」，その結果，アクセスしやすさが減少し，再生は意図的な検索の問題となることを示唆している。この語りの創造の効果が発展するのには多少の時間がかかる。いくつかの研究 (Pennebaker, 1997) において，実験的に筆記した人の気分は，筆記後短時間落ち込んだ。そして筆者の研究では，ワーキング・メモリの向上は筆記後の1週間小さく，7週間後に実際にも統計的にも有意となった。

　もし筆記表現によってもたらされた語りが記憶表象を変容させると考えるなら，これらの変化を同定し定量化することが重要な課題になる。筆記表現によって引き起こされた認知的変化を測定するには少なくとも3種の方法がある。1つは，好ましくない思考がどれくらいの頻度で意識に侵入するかについて筆記者の自己報告を検討することである。もう1つは，筆記エッセイにおける言語的な変化を分析すること，そして3つ目は他の認知過程における変化を観察することである。これらの技法はすべて，観察可能な違いが，問題にしている過程から生じた違いを反映しているという推論を含んでいる。自己報告の技法は，認知的な出来事が意識内容に表象され，かつ報告できると仮定している。筆記記述で使用された語を分析することは，記述間の変化がストレスフルな経験の心的表象における変化を反映していると仮定している。最後に，他の認知過程の測定を通じて変化を査定する場合は，問題になっている心的表象が変容することによってこれらの変化が生み出されたものと仮定している。

侵入思考の自己報告

　動転した経験についてどの程度考えたか（あるいは考えないようにしたか）を直接的に報告させることは，語りを記述することによって引き起こされた認知的変化を追跡する1つの手段である。数多くの臨床データと理論が示唆するところによれば，ストレスフルな経験を一貫した説明へと統合することが，トラウマティックな出来事の後にしばしば起こる侵入思考をなくしたり減少させたりする (Creamer, 1995; Greenberg, 1995)。

　多くの研究者が好ましくない思考の報告に及ぼす筆記表現の効果を検討していることは驚くに当たらない。パエッツら (Paez et al., 1999) は，自己開示したあるいは開示していないトラウマティックな出来事について筆記した後の，回避思考や侵入思考に開示・非開示間で差がないことを見いだした。いくつかの研究 (Klein & Boals, 2001a; Segal et al., 1998; Segal & Murray, 1994) では，筆記表現あるいは発話表現がストレスフルな出来事に関する思考の侵入を減少させた。別の実験 (Lepore, 1997; Lepore & Greenberg, in press; Lutgendorf et al., 1994) では，筆記が侵入とネガティブな結果との間の関係を断ち切ったようにみえるが，侵入の頻度を低下させてはいない。これらの違いの原因として，問題とされたストレッサーの時間経過（その出来事が予期されているものか，すでに起こってしまっていたものか），ストレッサーの慢性の程度や持続時間，記述トピックが実験者によって割り当てられたものか筆記者によって選択されたものか，といったことがあるかもしれない。矛盾する結果についての補足的な説明として，筆記セッションの回数における方法論的な違い，筆記と侵入思考の測定との間の介在時間の長さ，侵入思考のレベルがきわめて低く報告された研究での床効果の可能性，があるだろう。

記述中の言語的変化

　記述内容が健康の向上とどのように関連しているかを理解するために，ペネベーカーとフランシス (Pennebaker & Francis, 1999) は LIWC という言語分析プログラムを開発した。LIWC 分析では，各記述について特定のカテゴリーに属する語の数をカウントする。最も注目されるカテゴリーは2つの認知的カテゴリー，すなわち因果を意味する語と洞察を意味する語，そして2つの情動的カテゴリー，すなわちポジティブ情動語とネガティブ情動語である。いくつかの実験から得られた記述を分析して，ペネベーカー ら (Pennebaker et al., 1997) は，ポジティブ情動語の使用が増大し，かつ，ネガティブ情動語の使用数が中間的な筆記者が最

も高い健康上の利益を得ていたことを見いだした。しかしながら，健康増進と行動的な結果を最もよく予測したものは認知的カテゴリーの語の増加であった。さらに，これらの語が増加すると，記述中の語りの一貫性の評定値も高くなった。

他の認知過程における変化

　筆記がどのように他の認知過程に影響しているかを検討する場合，他の変数上の観察可能な変化の原因である，ストレスフルな出来事の認知的表象の変化を筆記が生み出すということが仮定されている。ペネベーカーとフランシス(Pennebaker & Francis, 1996)によって用いられたアプローチは，筆記表現が記述のトピックに関連するものへのアクセスしやすさに影響するという仮定に基づいていた。大学生に大学に行くことについて書かせた実験で，ペネベーカーとフランシスは「大学」という構成概念へのアクセスしやすさを測定するために2つの課題を用いた。第1の課題は，見本語の分類だった。大学に行くことについて書いた，あるいは統制群に割り当てられた学年第1学期の学生は，刺激語が「大学に行くこと」というカテゴリーと関連しているかどうかをできるだけ早く答えた。刺激語は，関連したもの，無関連なもの，ある情動に関して記述したものであった。ペネベーカーとフランシスは，筆記表現は「大学」の構成概念へのアクセスしやすさを増し，実験条件に割り当てられた被験者は大学に関連した刺激を分類するのにかかる時間が少ないという結果になるだろうと仮定した。筆記条件はどの反応時間にも効果を及ぼさなかったが，反応時間が早かった被験者は次の学期でよりよい成績を収めた。ペネベーカーとフランシスはまた，構成概念へのアクセスしやすさを査定するために思考生成課題を用いた。被験者は「大学に行くこと」という刺激に対してできるだけ多くの思考を書いた。この場合にも，思考生成数に対する実験操作の効果はなかった。

　筆記表現が認知過程に及ぼす効果を追跡するのに用いられる第2の方法は，本章に詳述したワーキング・メモリ手続きである。指摘したように，ネガティブな出来事に関する筆記表現は確かにワーキング・メモリ容量を増やすように思われる。そして，この増加は，記述中の言語的変化と関連している。

　ペネベーカーとフランシスの課題とワーキング・メモリ容量のOSPANの測定値それぞれが基づいている仮定および標的にしている記憶プロセスは異なっている。第1にワーキング・メモリのOSPANの測定値では，計算に必要な手続きは長期記憶から検索されなければならない。OSPANでは，計算の処理と語の想起との間の注意の切り替えに重点がある。これに対して，ペネベーカーとフランシスによって用いられた見本語分類と思考生成の課題には，二次記憶からの長期記

憶の検索が主として含まれる。ワーキング・メモリの過程は確実にこれらの課題に含まれているが，その関与は，大部分の検索操作のみに限られている（Conway & Engle, 1994）。

ペネベーカーとフランシスの方法論における基本的な仮定も，ここで提示したモデルとは異なっている。反応時間と思考生成課題は，筆記することによって関連する構成概念にアクセスしやすくなるという仮定に基づいている。このモデルでは，筆記は出来事の心的表象を変容させる力を通じて，ストレスに関連した認知にアクセスしにくくする，と仮定している。ウェグナーとスマート（Wegner & Smart, 1997）の用語を使うと，このモデルは，筆記が，好ましくない認知を深い認知的活性化におかれている不安定な状態（過剰にアクセスしやすいということは，それらが絶えずモニターされているということを意味する）から，まったく活性化していない状態（意識への好ましくない噴出が起こりにくい）へと動かすことができると示唆している。このようにアクセスしやすさが低下すると，これらの好ましくない思考を抑制するためにそれまで使われていたワーキング・メモリ資源が別のことに使えるようになる。

5節
問題解決と意思決定

多くの読者にとって，情動の開示がワーキング・メモリ容量の向上につながるという知見はかなり不可解に思われるだろう。しかし，高次認知処理に対するワーキング・メモリの重要性を軽くかたづけてしまってはならない。カントールとエングル（Cantor & Engle, 1993）が指摘するように，「ワーキング・メモリは人によって差があり，その差は生態学的に重要な広範囲の認知課題において顕著であるという，強い証拠が存在する」（p.1102）。ワーキング・メモリと，言語性 SAT（大学進学適性試験，Daneman & Carpenter, 1980），読解力（Daneman & Carpenter, 1980），指示理解能力（Engle et al., 1991），大学における学業成績平均点（Klein & Boals, 2001a）といった多くの成績との間には .40 から .60 の相関があるとするたくさんの証拠が存在する。このことは，平均してこれら測度における分散の 25％がワーキング・メモリの差によることを示唆する。エングルら（Engle et al., 1999）で得られた，OSPAN 得点と言語性 SAT 得点との間の .49 の相関を用いると，われわれの第 2 研究において筆記表出者のワーキング・メモリ容量が 11％向上したことは，言語性 SAT 得点における 28 ポイントの向上に匹敵する。ワーキング・メモリの低下は，安全運転や事故に関わる飛行機パイロットの

注意配分の問題（Morrow & Leirer, 1997）と，自動車ドライバーによる危険な運転（Guerrier et al., 1999）と関係している。したがって，筆記表現がワーキング・メモリ容量を増大するという知見は，理論的な意味と同様に実用的な意味をもっている。

6節
身体的健康と精神的健康

健康に関するデータがないので，ここで示したモデルと知見は，筆記表現によって生み出されたワーキング・メモリの向上が筆記と健康の関係を媒介するのか否かという問題には言及できない。ワーキング・メモリ実験から得られたデータは，筆記が認知過程に変化を引き起こすことによって健康に影響するならば，認知機能の測度における変化は筆記や筆記の認知的な効果に緊密に結びついているに違いないとするスミス（Smyth, 1998）の主張を支持している。

問題解決や流動性知能とワーキング・メモリとの関連は，まさしくワーキング・メモリが健康に影響しうることを示唆している。ストレスフルな思考を避けるためにワーキング・メモリ容量を使っている人は，ストレスフルなライフイベントの課す問題を解決するのに使える注意が少なく，脅威と喪失に対して効果的に反応できない可能性がある。ストレスの高い人に見られるワーキング・メモリと問題解決能力の減少は，その人の生活においてストレスが高いレベルで続く一因なのだろう。ストレスが免疫機能と病気の進行やと悪化に直接的な効果をもっているなら，高レベルのストレスによってワーキング・メモリが損なわれている人は，その後，健康の悪化を経験するかもしれない。

筆記表現によってもたらされるワーキング・メモリの向上は，問題解決や計画，そして，多くのストレスフルな出来事を弱めたり避けたりするのに必要な順行性対処において，注意の焦点化能力を増大させる。たとえば，高いワーキング・メモリ容量をもつ高齢者は，薬の服用の際の事項（Gould & Dixon, 1997）と通院の予約（Morrow et al., 1999）をよく覚えている。このように記憶に優れていることは，薬の過剰あるいは過小な服用，あるいは医者に行かずにはすまないことから守ってくれる。また，ストレスフルな出来事に直面した後でより適切な対処行動を行う能力が向上することによっても，健康は増進するかもしれない。これらの実験でみられるワーキング・メモリが，より効果的な問題解決と，結果として付随する健康増進とを支えるのに十分な強度と持続時間で増加しているかについては，今後の研究が必要である。

ネガティブな経験について筆記表現を行うと侵入思考が減少することは、ワーキング・メモリと健康に独立した効果を与えている可能性もある。コルチゾール量が多いほど侵入思考の頻度も多いという証拠がある（Lutgendorf et al., 2001）。ストレスに関連したコルチゾール量の増加は免疫系の反応、とりわけ副次的に起こる抗体生産とリンクしているので（Cohen et al., 2001）、筆記によってもたらされた侵入思考の低下は、免疫機能と健康によい効果を与えるかもしれない。

要約すると、データは以下のことを示している。(a) 問題解決能力とワーキング・メモリ容量はストレスフルなライフイベントを経験している場合には減少する。(b) 筆記表現はワーキング・メモリ容量を増加させる。(c) ワーキング・メモリ向上に関連する言語的変数は、健康の結果と同様の関係がある。筆者はさらに、侵入思考と侵入思考抑制が必要とする注意資源は問題解決能力を低下させ、順行性コーピングとその後のストレッサーに対する適切な反応を起こりにくくする可能性があると論じた。その結果、より大きなストレスが生み出され、これが心理的健康と身体的健康を損なわせる可能性がある。ストレスフルな経験に関する筆記は、ワーキング・メモリ機能に及ぼす効果を通じてこのサイクルを断ち切るのかもしれない。

◆ 引用文献 ◆

Amir, N., Stafford, J., Freshman, M. S., & Foa, E. B. (1998). Relationship between trauma narratives and trauma pathology. *Journal of Traumatic Stress*, **11**, 385-392.
Baradell, J. G., & Klein, K. (1993). The relationship of life stress and body consciousness to hypervigilant decision making. *Journal of Personality and Social Psychology*, **64**, 267-273.
Barsalou, L. W. (1988). The content and organization of autobiographical memories. In U. Neisser & E. Winograd (Eds.), *Remembering reconsidered: Ecological and traditional approaches to the study of memory* (Emory Symposia in Cognition, vol. 2, pp. 193-243). New York: Cambridge University Press.
Bernsten, D. (1996). Involuntary autobiographical memories. *Applied Cognitive Psychology*, **10**, 435-454.
Brewin, C. R. (1998). Intrusive autobiographical memories in depression and posttraumatic stress disorder. *Applied Cognitive Psychology*, **12**, 359-370.
Brewin, C. R. (2001). A cognitive neuroscience account of posttraumatic stress disorder and its treatment. *Behaviour Research and Therapy*, **39**, 373-393.
Brewin, C. R., Dalgleish, T., & Joseph, S. (1996). A dual representation theory of posttraumatic stress disorder. *Psychological Review*, **103**, 670-686.
Bruner, J. (1994). The remembered self. In U. Neisser & R. Fivush (Eds.), *The remembering self: Construction and accuracy in the self-narrative* (pp. 41-54). New York: Cambridge University Press.
Cantor, J., & Engle, R. W. (1993). Working memory capacity as long-term memory activation: An individual differences approach. *Journal of Experimental Psychology: Learning, Memory, and Cognition*, **19**, 1101-1114.
Carroll, J. D., & Chang, J. (1970). Analysis of individual differences in multidimensional scaling via

an N-way generalization of Eckart-Young decomposition. *Psychometrika*, **35**, 283-319.
Cohen, S., Miller, G. E., & Rabin, B. S. (2001). Psychological stress and antibody response to immunization: A critical review of the human literature. *Psychosomatic Medicine*, **63**, 7-18.
Conway, A. R. A., & Engle, R. W. (1994). Working memory and retrieval: A resource-dependent inhibition model. *Journal of Experimental Psychology: General*, **123**, 354-373.
Conway, M. A., & Pleydell-Pearce, C. W. (2000). The construction of autobiographical memories in the self-memory system. *Psychological Review*, **107**, 261-288.
Creamer, M. (1995). A cognitive processing formulation of posttrauma reactions. In R. J. Kleber, C. R. Figley, & B. P. R. Gersons (Eds.), *Beyond trauma: Cultural and societal dynamics* (pp. 55-74). New York: Plenum Press.
Creamer, M., Burgess, P., & Pattison, P. (1992). Reaction to trauma: A cognitive processing model. *Journal of Abnormal Psychology*, **101**, 452-459.
Daneman, M., & Carpenter, P. A. (1980). Individual differences in working memory and reading. *Journal of Verbal Learning and Verbal Behavior*, **19**, 450-466.
Darke, S. (1988). Anxiety and working memory capacity. *Cognition and Emotion*, **2**, 145-154.
Engle, R., Carullo, J., & Collins, K. (1991). Individual differences in working memory for comprehension and following directions. *Journal of Educational Research*, **84**, 253-262.
Engle, R., Kane, M. J., & Tuholski, S. W. (1999). Individual differences in working memory capacity and what they tell us about controlled attention, general fluid intelligence and functions of the prefrontal cortex. In A. Miyake & P. Shah (Eds.), *Models of working memory: Mechanisms of active maintenance and executive control* (pp. 102-131). Cambridge, England: Cambridge University Press.
Engle, R. W., Tuholski, S. W., Laughlin, J. E., & Conway, A. R. A. (1999). Working memory, short-term memory, and general fluid intelligence: A latent-variable approach. *Journal of Experimental Psychology: General*, **128**, 309-331.
Fivush, R. (1998). Children's recollections of traumatic and non-traumatic events. *Development and Psychopathology*, **10**, 699-716.
Foa, E. B., & Kozak, M. J. (1986). Emotional processing of fear: Exposure to corrective information. *Psychological Bulletin*, **99**, 20-35.
Foa, E. B., Steketee, C., & Rothbaum, B. O. (1989). Behavioral/cognitive conceptualizations of post-traumatic stress disorder. *Behavior Therapy*, **20**, 155-176.
Gould, O. N., & Dixon, R. A. (1997). Recall of medication instructions by young and elderly adult women: Is overaccommodative speech helpful? *Journal of Language and Social Psychology*, **16**, 50-69.
Greenberg, M. A. (1995). Cognitive processing of traumas: The role of intrusive thoughts and reappraisals. *Journal of Applied Social Psychology*, **25**, 1262-1296.
Guerrier, J. H., Manivannan, P., & Nair, S. N. (1999). The role of working memory, field dependence, visual search and reaction time in the left turn performance of older drivers. *Applied Ergonomics*, **30**, 109-119.
Harber, K. D., & Pennebaker, J. W. (1992). Overcoming traumatic memories. In S. A. Christianson (Ed.), *The handbook of emotion and memory* (pp. 359-385). Hillsdale, NJ: Erlbaum.
Harvey, J. H., Orbuch, T. L., Chwalisz, K. D., & Garwood, G. (1991). Coping with sexual assault: The roles of account-making and confiding. *Journal of Traumatic Stress*, **4**, 515-531.
Hasher, L., Zacks, R. T., & May, C. P (1999). Inhibitory control, circadian arousal, and age. In D. Gopher, D. Daniel, & A. Koriat (Eds.), *Attention and performance XVII: Cognitive regulation of performance: Interaction of theory and application* (pp. 653-675). Cambridge, MA: MIT Press.
Horowitz, M. J. (1975). Intrusive and repetitive thoughts after experimental stress: A summary. *Archives of General Psychiatry*, **32**, 1457-1463.
Horowitz, M. I., Wilner, N., & Alvarez, W. (1979). Impact of Events Scale: A measure of subjective

stress. *Psychosomatic Medicine, 41,* 209-218.
Janoff-Bulman, R. (1992). *Shattered assumptions.* New York: Free Press.
Kelly, A. E., & Kahn, J. H. (1994). Effects of suppression of personal intrusive thoughts. *Journal of Personality and Social Psychology,* **66**, 998-1006.
Klein, K. (1995). Life stress and performance impairment: The role of off-task thinking. *Proceedings of the Human Factors and Ergonomics Society,* **2**, 873-877.
Klein, K., & Barnes, D. (1994). The relationship of life stress to problem solving: Task complexity and individual differences. *Social Cognition,* **12**, 187-204.
Klein, K., & Boals, A. (2001a). Expressive writing can increase working memory capacity. *Journal of Experimental Psychology: General,* **130**, 520-533.
Klein, K., & Boals, A. (2001b). The relationship of life event stress and working memory capacity. *Applied Cognitive Psychology,* **15**, 565-579.
Klein, K., & Fiss, W. H. (1999). The reliability and stability of the Turner and Engle working memory task. Behavior Research Methods, *Instruments and Computers,* **31**, 429-432.
Klirs, E. G., & Revelle, W. (1986). Predicting variability from perceived situational similarity. *Journal of Research in Personality,* **20**, 34-50.
Kuyken, W., & Brewin, C. R. (1999). The relation of early abuse to cognition and coping in depression. *Cognitive Therapy and Research,* **23**, 665-677.
Lepore, S. J. (1997). Expressive writing moderates the relation between intrusive thoughts and depressive symptoms. *Journal of Personality and Social Psychology,* **73**, 1030-1037.
Lepore, S. J., & Greenberg, M. A. (in press). Mending broken hearts: Effects of expressive writing on mood, cognitive processing, social adjustment and health following a relationship breakup. *Psychology and Health.*
Lutgendorf, S. K., Antoni, M. H., Kumar, M., & Schneiderman, N. (1994). Changes in cognitive coping strategies predict EBV-antibody titre change following a stressor disclosure induction. *Journal of Psychosomatic Research,* **38**, 63-78.
Lutgendorf, S. K., Reimer, T. T., Schlechte, J., & Rubenstein, L. M. (2001). Illness episodes and cortisol in healthy older adults during a life transition. *Annals of Behavioral Medicine,* **23**, 166-176.
Mandler, G. (1993). Thought, memory, and learning: Effects of emotional stress. In L. Goldberger & S. Breznitz (Eds.), *Handbook of stress: Theoretical and clinical aspects* (2nd ed., pp. 40-55). New York: Free Press.
Miller, L., Murphy, R., & Buss, A. (1981). Consciousness of body: Private and public. *Journal of Personality and Social Psychology,* **41**, 397-406.
Morrow, D. G., & Leirer, V. O. (1997). Aging, pilot performance and expertise. In A. D. Fisk & W. A. Rogers (Eds.), *Handbook of human factors and the older adult* (pp. 199-230). New York: Academic Press.
Morrow, D. G., Leirer, V. O., Carver, L. M., Tanke, E. D., & McNally, A. D. (1999). Effects of aging, message repetition, and note-taking on memory for health information. *Journals of Gerontology: Series B: Psychological Sciences and Social Sciences,* **54**, 369-379.
Nolen-Hoeksema, S., Parker, L. E., & Larson, J. (1994). Ruminative coping with depressed mood following loss. *Journal of Personality and Social Psychology,* **67**, 92-104.
Paez, D., Velasco, C., & González, J. L. (1999). Expressive writing and the role of alexithymia as a dispositional deficit in self-disclosure and psychological health. *Journal of Personality and Social Psychology,* **77**, 630-641.
Pennebaker, J. W. (1997). Writing about emotional experiences as a therapeutic process. *Psychological Science,* **8**, 162-166.
Pennebaker, J. W., Colder, M., & Sharp, L. K. (1990). Accelerating the coping process. *Journal of Personality and Social Psychology,* **58**, 528-537.

Pennebaker, J. W., & Francis, M. E. (1996). Cognitive, emotional and language processes in disclosure. *Cognition and Emotion*, **10**, 621-626.

Pennebaker, J. W, & Francis, M. (1999). *Linguistic inquiry and word count: LIWC*. Mahwah, NJ: Erlbaum.

Pennebaker, J. W., Mayne, T. J., & Francis, M. E. (1997). Linguistic predictors of adaptive bereavement. *Journal of Personality and Social Psychology*, **72**, 863-871.

Pennebaker, J. W., & Seagal, J. D. (1999). Forming a story: The health benefits of narrative. *Journal of Clinical Psychology*, **55**, 1243-1254.

Petrie, K. J., Booth, R. J., & Pennebaker, J. W (1998). The immunological effects of thought suppression. *Journal of Personality and Social Psychology*, **75**, 1264-1272.

Sarason, I. G., Johnson, J. H., & Siegel, J. M. (1978). Assessing the impact of life changes: Development of the life experiences survey. *Journal of Consulting and Clinical Psychology*, **46**, 932-946.

Sarason, I.G., Sarason, B. R., Keefe, D. E., Hayes, B. E., & Shearin, E. N. (1986). Cognitive interference: Situational determinants and traitlike characteristics. *Journal of Personality and Social Psychology*, **51**, 215-226.

Schank, R. C., & Abelson, R. P. (1995). Knowledge and memory: The real story. In R. S. Wyer (Ed.), *Advances in Social Cognition*, **8**, 1-85.

Segal, D. L, Bogaards, J. A., & Chatman, C. (1998, August). *Emotional expression improves adjustment to spousal loss in the elderly*. Poster session presented at the 106th annual meeting of the American Psychological Association, San Francisco, CA.

Segal, D. L., & Murray, E. J. (1994). Emotional processing in cognitive therapy and vocal expression of feeling. *Journal of Social and Clinical Psychology,* **13**, 189-206.

Smyth, J. M. (1998). Written emotional expression: Effect sizes, outcome types and moderating variables. *Journal of Consulting and Clinical Psychology*, **66**, 174-184.

Sorg, B. A., & Whitney, P. (1992). The effect of trait anxiety and situational stress on working memory capacity. *Journal of Research in Personality*, **26**, 235-241.

Stein, N. L., & Liwag, M. D. (1997). Children's understanding, evaluation and memory for emotional events. In P. W. Van den Broek, P. J. Bauer, & T. Bourg (Eds.), *Developmental spans in event comprehension and representation: Bridging fictional and actual events* (pp. 199-235). Mahwah, NJ: Erlbaum.

Stein, N. L., Liwag, M. D., & Wade E. (1996). A goal-based approach to memory for emotional events: Implications for theories of understanding and socialization. In R. D. Kavanaugh & B. Zimmerberg (Eds.), *Emotion: Interdisciplinary perspectives* (pp. 91-118). Mahwah, NJ: Erlbaum.

Tait, R., & Silver, R. C. (1989). Coming to terms with major negative life events. In J. S. Uleman & J. A. Bargh (Eds.), *Unintended thought* (pp. 351-382). New York: Guilford Press.

Torgerson, W. S. (1952). Multidimensional scaling: I. Theory and method. *Psychometrika*, **17**, 401-419.

Turner, M. L., & Engle, R. W. (1989). Is working memory capacity task dependent? *Journal of Memory and Language,* **28**, 127-154.

van der Kolk, B. A., & Fisler, R. (1995). Dissociation and the fragmentary nature of traumatic memories: Review and experimental confirmation. *Journal of Traumatic Stress*, **8**, 505-525.

Wegner, D. (1994). Ironic processes of mental control. *Psychological Review,* **101**, 34-52.

Wegner, D. M., Quillian, F., & Houston, C. E. (1996). Memories out of order: Thought suppression and the disturbance of sequence memory. *Journal of Personality and Social Psychology*, **71**, 680-691.

Wegner, D., & Smart, L. (1997). Deep cognitive activation: A new approach to the unconscious. *Journal of Consulting and Clinical Psychology*, **65,** 984-995.

Young, F., & Harris, D. F (1997). Multidimensional scaling examples. In M. J. Norusis (Ed.), *SPSS: SPSS Professional Statistics 7.5* (pp.113-170). Chicago: SPSS.

9章
情動の表出と健康の変容
―生物学的影響経路は同定できるか―

ロジャー・J・ブース　　キース・J・ペトリー

　情動の表出が健康に影響する生物学的経路を考えるためには，人間が，生物学的・心理学的文脈において，自己生成システムとして機能するあり方を理解せねばならない。本章では，まず人間において顕著な生物学的特徴と，そうした特徴がわれわれの心理社会的存在とどのように関連するかについて述べる。次に，情動と身体の機能についての関係，特に情動の表出や抑制が免疫系に及ぼす効果，そして，その効果を調整する要因について議論する。最後に，情動の開示が健康に及ぼす効果について考え，人間の心理生物学的視点からそれらの効果の意味を説明するモデルを提唱する。そこでは，人間は心理社会的な意味での「自己」を生成するだけでなく，同時に，生物物理的領域においても，免疫系・神経系による弁別を通じて生物学的な「自己」をも維持していくということに注目する。これらの自己は異なる領域において生成されるのであるが，2つの自己はいずれも同一の個人のなかにあり，お互いの構造や機能に対して相互に影響しあっていることは明らかである。筆者らは，そうした相互作用が，情動開示の健康への効果に関する説明の最も重要な点だと考えている。

1節　生きた心理生物学的システムとしての人間

　生体の身体的特徴は，環境がどのように生体に影響するか，そして生体がどの

ように環境と協応して行動しうるかを規定する。生体はそれぞれ異なる身体的特徴をもち，そのために，環境とさまざまな仕方で相互作用する。たとえば，バクテリアは一群の巨大分子や生化学的物質を媒介として，自身の行動と周囲の環境を協応させる。多くの種は，生物の進化を通じて，生存のために同種の他の個体との協調が必要となるように発達してきた。こうした「社会的」生体は，環境を共有し，個々の生命が互いに密接不可分に結びついているという，いわば共生の歴史をもっている。社会的生物は，生存をはかるための相互支援的なネットワークを構成する一個体として存在するのである。

ホモ・サピエンスはこのような社会的種である。われわれは，言語とよばれる意味をもつ記号によって互いに協応する。われわれは言語によって相互作用し，その結果，われわれの身体的な組織構造は言語的環境との整合性を維持するように変化する。たとえば，子どもが発達するにつれて，顔の筋，呼吸系，神経系の構造は，身ぶり手ぶり，話すこと，見ること，聞くことの特定の様式によって他者と協応が可能になるように，変容していく。そうした身体の変化により，われわれは，自身が生きている社会的環境と適切な関係を維持できるのである。

2節 情動とは何か

われわれは，刻一刻と移り変わる自分自身の身体の組織構造によって，ある特定の行為に駆り立てられる。情・動（E-motion）とは，われわれを，考え，感じ，行為するように，向かわせるものである（文字通り行動への志向であるといえる。本書の6章を参照）。また，われわれが他者の情動について語るときには，われわれは他者のふるまい，他者の身体的特徴，行動，の観察結果について述べようとするが，このとき，そうした他者の特徴と，われわれ自身の経験との共鳴に基づいて何らかの結論を出そうとするのである。これは，情動が，自分自身と他者との間で共有された経験のなかにあることを意味する。

このように，情動は社会的生物の特徴であり，それが経験され，記述され，表出されるためには個人の間で共有された歴史を必要とする。われわれが他者とともに生活し成長していくにつれて，われわれは，身ぶり手ぶり，音，臭いなどの複雑な構成体と自らの生命を協応させていく仕方を発達させていく。1つの種として，われわれ人間は，社会的コミュニケーションにおける会話のなかに埋め込まれて生きるように発達してきた。それゆえ，われわれの身体の構造が，そうした意味の交換を促進するように発達してきたことは不思議ではない。エクマン

(Ekman) は情動における表情の重要性と，表情に反映される基本情動の通文化的類似性について広範な記述をしている（Wegner et al., 1990）。こうした基本情動は，人間が解剖学的，生理学的，生化学的な特徴が，人間社会の言語的必要性に役立つように発達してきたことの産物である。

3節
情動と生理

　われわれの情動が変化するとき，われわれの身体の組織構造も変化し，われわれ自身そのものが変化したように感じる。それは，世界をどう感じるか，感覚情報をどう知覚するかといったことから，筋の動き，心臓呼吸系の活動，血球細胞の循環，消化・排泄過程，さらには生殖器官のはたらきまで，広範な変化を含んでいる。これらの生理的変化は，中枢神経系，神経内分泌系，免疫系とよばれる3つの相互に連絡しあっているシステムの協応によってもたらされる。神経系，神経内分泌系，免疫系は双方向的なコミュニケーション・ネットワークを形成しており，免疫系は，身体における分子構造の変化を脳に知らせる1つの感覚器官として機能する（Blalock, 1984）。

　逆に，身体の構造が変化したとき，情動はそれに応じて変化する。たとえば，食事の後，消化過程は血液の組成，自律神経系の活動，神経内分泌系の機能を変化させ，安堵感，倦怠感，その他の，食後に特有の情動を生じさせる。同様に，われわれの生理的状態が感染によって変化する場合，感染に対処するために神経内分泌系，自律神経系，免疫系に生じる変化が，われわれの情動状態にも変化を生じさせる。ダンツァーら（Dantzer et al., 1991; Kent et al., 1992）は，これを疾病行動（sickness behaviors）とよんでいる。疾病行動の多くの特徴（食欲不振，体重の減少，集中力の低下，睡眠の促進，発熱，社会的関心の低下など）は，ヒトでも動物でも，ある種のサイトカイン（免疫と炎症反応を調整するホルモン）の注入により誘導することができる（Aubert, 1999; Walker et al., 1997）。この事実は，免疫系と中枢神経系の双方向的な相互作用（Dantzer, 1997）が，行動や知覚に影響する生理的過程の調整において重要であることをはっきりと示している。

4節
情動の表出と抑制

　われわれ人間は，自分自身をふり返ってみる能力をもち，日々の生活における自己の関与を観察することができる。このことは，われわれが，自分自身の行為・行動を，観察者の視点から評価ができることを意味する。それゆえ，情動の表出は，われわれが他者や事象との関係のなかで感じることと整合する行動であるととらえることができる。逆に，情動の抑制は，われわれの生活体験との不一致を生むような行動である。この場合，われわれの存在のあり方が，本来起こるべき生理的表出と葛藤することになる。もし情動と生理が互いに密接なものならば，情動の表出と抑制にともなう生理的変化は異なるものになると予測される。こうした事実は実験的研究により明らかにされてきた。

　たとえば，人が，火傷の治療や腕の切断などの嫌悪感を催すような映像を見せられた場合，そのときの生理的あるいは行動的な反応は，その人が情動の抑制を求められるかどうかによって違ってくる。抑制は，主観的な情動経験には影響を及ぼさないが，観察可能な表出行動を減少させる一方，身体活動・心拍の低下と交感神経系活動の促進を示唆する瞬目の増加という複雑な生理的状態を生じさせる（Gross & Levenson, 1993）。別の研究では，被験者はトラウマティックな事象について情動を表出するように記述することを求められ，その後にリラックスしてただ座っているか，書いた内容に関連する思考を意識的に抑制するかを求められた。その結果，思考の抑制は，循環中のTリンパ球数の減少という免疫系の変化を引き起こした（Petrie et al., 1998）。

　特定の情動を表出するように顔を変化させると，情動の経験が生じる（Levenson et al., 1992）。逆に，事象との情動的関係を意識的に修正すると，その事象に対する生理的反応が変化する。グロス（Gross, 1998）の研究は，その一例である。彼は，被験者に嫌悪感を生じさせる映像を見せ，(a) 映像について，それが何でもないかのように考える（再評価による先行要因に焦点化した情動制御条件），(b) 第三者から見て，反応がわからないようにふるまう（抑制による反応に焦点化した情動制御条件），(c) 単に映像を見る（統制条件），のいずれかを求めた。統制条件と比較して，再評価と抑制はどちらも情動表出行動を低減するのには有効であった。しかし，再評価は主観的な嫌悪感を低減したのに対し，抑制は交感神経系活動を亢進した。ウェグナーら（Wegner et al., 1990）も，セックスなどに関する興奮的な思考の抑制は，皮膚伝導度によって評価される交感神経系活動の亢進を導くことを示している。

　抑制は，感じていることと，表出していることの間の不均衡を調整するための，

持続的な心理的活動を必要とする。この活動は交感神経系の活動亢進をもたらし，もしそれが習慣的になるならば，不健康な結果を招くことになる可能性がある。また抑制は，その後に，抑制した思考がかえって思い出されてしまうという，望ましくない認知的効果（リバウンド効果）をしばしばもたらすことが知られている（Clark et al., 1991; Wegner et al., 1987; Zeitlin et al., 1995）。この過程は，抑制の認知的，免疫学的効果を強める可能性がある。逆説的だが，抑制はまた，それが書かれたものであるにせよ話されたものであるにせよ，表出された情動の1つの特徴であるともいえる。その理由は，人にトラウマティックな，あるいは不快な事象について書いたり語ったりすることを求めるということは，そうした要請の背景や文脈によって，特定の事象を思い出しつつも，それがあまりにも刺激的で不適当な事柄であると判断されるときには，それについてふれず，それにともなう情動を積極的に抑制するという，選択過程を開始することにもつながるからである。

情動，情動表出，抑制は人同士の相互作用のなかで生じるものであるので，筆記による情動表出は一人でも可能ではあるけれども，それでもなお，情動表出は社会的領域で生じているということを認識することが重要である。それは，情動について筆記する自意識をもった個人は，自分自身のなかに起こっている過程の観察者であり，その人自身の人格に影響する社会文化的に規定された評価，判断，批判の状況におかれるからである。

5節
調整要因

われわれの周囲の環境条件や社会的文脈の違いは，われわれの生理的・心理的構造に可塑性を要求する。生活のなかで生じる多くの事象によってもたらされる情動的，生理的変化は一時的であり，適応能力によって，いつもの平常状態に速やかに戻る。しかし，なかには，より持続的な生理・心理的変化をもたらす事象もある。先行するある一時的な情動状態の変化が，より持続的な個人の経験になるとしたら，それはもはや情動とはよばれない。たとえば，ある社会的集団からの離脱が引き起こした抑うつを，情動とよぶが，それが個人の特性になったとしたら，両者の間で類似した生理的状態，たとえばコルチゾール産生の増加がみられたとしても（Post et al., 1998），もはやそれを情動とはいわない。このことは，情動の表出は一般に特定の事象や関係に関連しているために重要である。すなわち，ある個人に感情や情動についての発話や筆記を求めるとき，それはある特定

の状況の想起を求めていることになるのである。しかし，われわれの想起能力や事象や状況をどのように想起するかということは，想起する時点におけるわれわれの特性に強く影響される。そうした場面で表出された情動は，状況的要因と同程度に，特性的な要因をも反映している。さらに，情動の表出を促された場合，多くの人が彼らの特性と一致する情動を伝える事象や状況を選択するのは当然であろう。

　ある事象がわれわれの心理，生理，健康に与える影響は，明らかに，その事象の性質や文脈，その時点のわれわれの生理的状態，われわれの特性，われわれの社会的背景や社会的性格を含む多くの要因によって変わってくる。最近の研究から，ネガティブな事象が生理や健康に与える影響については，ある種の心理社会的特性要因によって調整されることが明らかになってきた。これについては，いくつかの実例がある。学生の試験によるストレスが，感染の初期的対処に重要な免疫系の一部であるナチュラル・キラー（NK）細胞に影響を与えるが，この影響を調整する要因として，神経症尺度で測定された安定的な情動や特性不安がある（Borella et al., 1999）。楽観主義と悲観主義も，急性ストレスと慢性ストレスに関連する免疫系の変化（NK細胞活性と，免疫過程の制御と感染からの回復において最も重要なTリンパ球の諸サブセット）に対して異なった影響を及ぼす。楽観主義的な見方は，急性ストレスによって起こる免疫系への影響を低減するが，強いレベルのストレスが持続するような場合には，楽観主義的な人では悲観主義的な人よりも免疫系の抑制が起こってしまう（Cohen et al., 1999）。さらに，習慣的に将来起こりうるネガティブな事象を心配している人は，そうでない人に比べて，一時的な恐怖刺激に対する自律神経系と免疫系の変化が異なっている。慢性的に心配性な人は，恐怖によって正常なNK細胞の概日リズムが崩れてしまう。これはおそらく，アドレナリン系と視床下部—脳下垂体—副腎系の影響によるものだと思われる（自律神経系と神経内分泌系の機能；Segerstrom et al., 1999）。

　人が潜在的なネガティブ事象に対して反応し行動するあり方は，しばしば対処スタイルとよばれる。対処スタイルが異なれば，異なる情動が導かれ，その結果として異なる生理的パターンが生起する。対処スタイルは，行動と神経内分泌系反応において一貫した特徴を示す。それゆえ，対処スタイルは，状況や事象が健康に及ぼす影響を調整する。動物研究によると，順行の（あるいは積極的な）対処スタイルは，反応的な（あるいは受動的，回避的な）対処スタイルよりも，上昇した交感神経系反応性のために高血圧やアテローム性動脈硬化症に結びつきやすいことが示されている（Koolhaas, 1994; Koolhaas et al., 1999）。ヒトを対象にした最近の知見によると，内生的オピオイド系（自律神経系の一部）の制御不全が，抑制的で防御的な対処スタイル，促進されたストレス反応性，免疫能低下の間の

関連を媒介するという仮説が支持されている（Jamner & Leigh, 1999）。

6節
情動の開示と健康

　1989年のペネベーカー（Pennebaker）による革新的業績の発表以来，不快な経験を言葉に表す情動の開示が健康に結びつく，ということは広く受け入れられている。最近のレビューでは，この領域の研究結果の多様性や限界も明らかにされてきた（Esterling et al., 1999; Pennebaker, 1999）。情動と，生理，特に神経免疫ネットワークとの間に密接な関係があるとしたら，情動開示の健康への影響の一部分は，免疫系への効果によって媒介されていると考えることは妥当だろう。実際に，情動開示は免疫系に影響するという証拠が蓄積されつつある。今のところ，そうした免疫への効果が直接健康増進に寄与するという直接的な証拠はほとんどないが，情動と免疫の変化に関する知見から推測すると，このような現象はいずれ明らかにされそうである。

　情動開示が免疫変数に与える直接的効果についての最初の証拠は，不快な事象を30分間数日にわたって書く群と，日常の出来事を同じように書く群において，血中のリンパ球を比較するという研究において得られた。2つの群の間には，マイトジェンにより誘導されたTリンパ球反応に，わずかではあるが有意な差がみられた（Tリンパ球の幼若化は，多くの免疫反応において必要であり，マイトジェンにより誘導されたTリンパ球の幼若化は，この血球細胞の能力を測定するための比較的容易な方法である。Pennebaker et al., 1988）。情動開示群は，培養液中のマイトジェンにより刺激されたTリンパ球の幼若化において有意に高いレベルを示したが，このことは，情動開示が免疫機能を「高めた」と解釈することはできず，単に情動開示が免疫系のふるまいに影響した証拠であると受け取るべきである。それは，マイトジェンの血中リンパ球への影響性は多くの免疫指標の1つにすぎず，この指標のわずかな変化が必ずしも免疫系全体の変化を示すわけではないからである。

　しかしながら，この結果に基づいて，エスターリングら（Esterling et al., 1990）は，情動開示を抑制する個人は，情動を表出する個人に比べて，体内に潜伏しているエプスタイン・バー・ウイルス（EBV）に対するコントロールが劣っており，さらに抑制的な対人的対処スタイルがそうしたウイルスに対するコントロールと関連しているという仮説をたてた。彼らは，学生被験者が30分情動的筆記をした直後の，血中の抗EBV抗体力価を測定することによってこの仮説を検証し

た。情動的に抑制的な個人は，開示をした場合でもしなかった場合でも，高いレベルの抗 EBV 抗体量を示した（これは潜伏している EBV へのコントロールに問題があることを示す）。一方，情動的感受性が強い個人は，開示をしなかった場合にのみ，高い抗 EBV 抗体力価を示した（Esterling et al., 1990）。その後彼らは，筆記と発話による情動開示と，ささいな出来事の筆記とを比較した。その結果，筆記にしろ発話にしろ，情動開示群の被験者は統制群の被験者に比べて，開示後に有意に低い抗 EBV 抗体力価を示した。筆記開示と発話開示では，ポジティブ，あるいはネガティブな情動語の使用頻度に差があったが，内容分析によると発話開示群において，最も認知変化，自尊感情，適応的対処方略の改善がみられた（Esterling et al., 1994）。さらに，開示プロセスへの自己関与や，ストレスフルな話題を回避しないようにする個人差が，EBV に対するコントロールの改善（低い抗体力価によって表される）を予測することが示された。さらに，そうした関連は，より以前の，より深刻な事象を開示した被験者ほど大きかった（Lutgendorf et al., 1994）。

　NK 細胞は，情動やストレス状況により影響されることがよく知られているが，この免疫変数に注目した研究もある。トラウマやストレスに関する事象を言語的に開示した個人では，開示をしなかった統制群と比較して，NK 細胞活性の短期的な上昇がみられた。さらに，そうした自己開示の NK 細胞活性への効果は，敵意という個人差によって調整され，敵意が強い個人はそうでない個人に比べて NK 細胞活性の上昇が著しいことが示された（Christensen et al., 1996）。NK 細胞活性とエピネフィリンの産生を導く副腎活動との関連を考えれば（Benschop et al., 1996; Malarkey et al., 1994），敵意の強い個人における NK 細胞活性の亢進は，自己開示課題によって急性に高められた覚醒反応の効果であると理解できる。先に述べたとおり，免疫機能は一次元的なものではなく，単一の免疫指標を生体の全体的な免疫機能を示すものと考えるべきではない。さらに，人における多くの免疫指標は血液検体から測定されるが，血中のリンパ球は身体全体のリンパ球の 10% 以下にすぎず，リンパ器官の免疫細胞の代表的サンプルであるとは考えられない。それでも，多くの免疫指標は情動開示の結果として変化するというデータが蓄積されつつあることは，開示過程の健康への影響が，少なくとも部分的には，免疫系への効果によって媒介されていることを示しているように思われる。

　筆者らは，情動開示の健康効果が，ウイルスへのワクチン投与に対する免疫反応においてもみられるか否かを検討した。ヘパティティス B 抗体に陰性の 40 名の医学生が，4 日連続で個人的なトラウマに関する情動的筆記を行う群と，日常の出来事を筆記する群にランダムに分けられた。筆記の翌日，すべての被験者はヘパティティス B ワクチンを投与され，6 か月にわたってそれに対する抗体の産

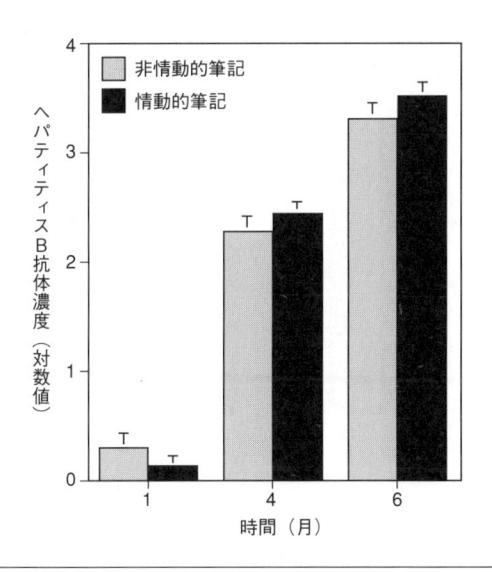

```
         4
              非情動的筆記
ヘ           情動的筆記
パ       3
テ
ィ
テ
ィ
スB
抗       2
体
濃
度
（
対
数       1
値
）

         0
              1         4         6
                     時間（月）
```

| 図9.1 | 情動的筆記あるいは非情動的筆記をした4日後に投与されたヘパティティスBワクチンに対する抗体濃度の対数値の平均と標準誤差 |

(Petrie et al., 1995)

生が観測された（Petrie et al., 1995）。統制群と比較して，情動開示群の被験者では抗ヘパティティスB抗体の産生がより高まった（図9.1）。循環中T細胞数（CD4およびCD8）と総循環中リンパ球数についても有意な群間差がみられた（Booth et al., 1997）。興味深いことに，循環中のリンパ球の数に，非情動的開示をした群では研究期間中にゆらぎがみられたのに対し，情動的筆記群では安定状態が保たれた（図9.2）。この結果は，一時的な免疫機能の変動を抑えることが，情動開示の健康増進効果につながっている可能性を示唆する。これらの研究は風邪やインフルエンザなどの上気道感染症が増える冬季に行われた。予備的なデータではあるが（Booth & Hurley, 2001），ある種のサイトカインを産生する血中のリンパ球能力の一時的なゆらぎが，冬季における上気道感染症の増加と関連することが示されている。今後，統制群におけるリンパ球数のゆらぎがそうした感染症への脆弱性を高めるのかどうか，一方情動開示群が示したリンパ球数の相対的な安定性が防御能力の向上を意味するのかどうかを検証することが重要である。また，（可能性は低いが）両群の差は，情動開示群における健康増進効果によるのではなく，おそらく開示的筆記群に割り当てられなかったことによる意欲低下からくる，統制群におけるネガティブな効果によるものだとも考えられる。

　これらの知見は，少なくとも部分的には，情動開示の健康増進効果は免疫機

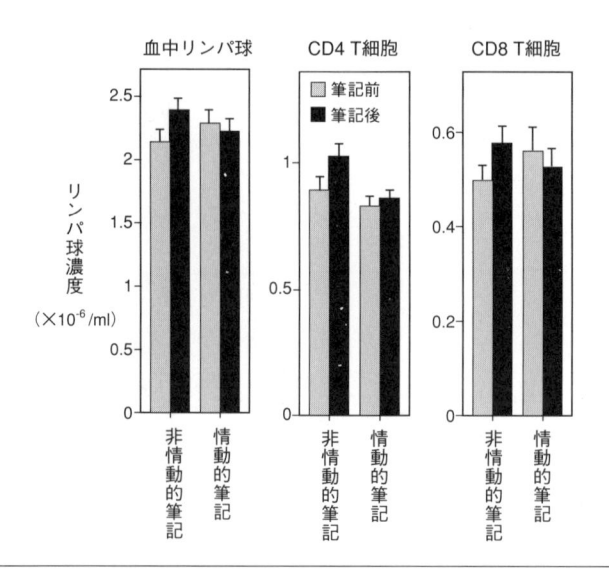

図9.2 情動的筆記と非情動的筆記の直前，4日後におけるCD4（ヘルパーT細胞）数，CD8（細胞障害性T細胞）数，総リンパ球数の平均と標準誤差

(Booth et al., 1997)。

能への効果によるものだという説得力のある証拠である。そして，もし，それが本当であるならば，免疫に関連した慢性疾患は情動開示により改善するはずである。スミスら（Smyth et al., 1999）は，喘息とリューマチ性関節炎の患者を対象に，疾患の数量的指標を用いてこの仮説を検証した。喘息とリューマチ性関節炎の患者が，人生で最もストレスフルな事象か，中性的な話題を筆記する群に割り当てられた。喘息患者については肺活量が測定され，リューマチ性関節炎患者については専門医が臨床的に病状を評価した。筆記から4か月後，筆記群の喘息患者には肺機能の改善がみられたが，統制群には変化はなかった。同様に，リューマチ性関節炎患者では，筆記群では全般的に病状の改善がみられたのに対し，統制群には効果はみられなかった。これらの効果の大きさは，すべての患者が受けていた通常の医学的治療の効果を越えていた。この研究では直接的な免疫指標は測定されていないが，疾患に関連した免疫機能の改善があったのかもしれない。

7節
情動の開示はどのように作用するか

　開示研究についての最近のメタ分析から，3つの結論を導くことができる (Smyth, 1998)。まず男性は女性より開示の健康促進効果が大きい。次に情動開示は，非情動的話題の筆記に比べて，自己報告式の健康指標，客観的な健康指標（医師訪問回数など），免疫の変化などにおいて頑健な改善効果をもつ。さらに，情動開示は，健康関連行動の変化（運動，喫煙，食餌の変化など）の結果として，健康に影響するわけではない。情動と生理の関係についての前述の議論から，2つの理由により，情動開示の効果を神経内分泌や免疫のメカニズムだけによって説明することはできないことは明らかである。1つには，神経内分泌系も免疫系も多要因的なダイナミックなネットワークであり，個別の要素のみに着目して理解することはできないためである。もう1つは，情動は対人関係の表出であり，人同士の関係が立ち現れる心理社会的領域においてのみ，理解できるものだからである。情動開示を生理的成分の活動によってのみ理解しようとすることは，ラグビーの試合を，ニュージーランドのラグビーのスーパースターであるジョナ・ロム選手の大腿筋のみに注目して理解しようとするようなものである。

　しかしながら，情動開示の健康効果とどのような免疫変化が関連しているかについては，免疫系が，個人の心理社会的環境の文脈においてどのように適応をはかるのかを考えることによって予測できるかもしれない。この可能性を検討するために，まず，どのような心理社会的要因が情動開示の健康効果を促進するのかを考えてみよう。筆記する話題の選択と，筆記者の性格特性は，ともに重要であることは明らかである（本書の5章を参照）。たとえば，グリーンバーグとストーン（Greenberg & Stone, 1992）は，以前に開示していたかどうかにかかわらず，深刻なトラウマが開示された場合に健康増進効果があることを見いだした。また，情動を制止する傾向の少ない個人は，トラウマ体験を筆記した場合により大きな健康への効果を期待できる（Francis & Pennebaker, 1992）。さらに，楽観主義者と悲観主義者との間で情動開示の健康への効果が異なることも明らかにされている (Cameron & Nicholls, 1998)。この研究では学生被験者は3週間，3つの課題（自己制御課題：大学入学に関する思考や感情を表出し，それらに対する対処計画を立てる，開示課題：思考と感情の開示のみ，統制課題：ささいな出来事を筆記する）のいずれかを行った。楽観主義者では，自己制御課題と開示課題の両方で，翌月の医師訪問回数が減少した。一方，悲観主義者では，自己制御課題のみに効果がみられた。さらに，自己制御課題はムード状態と大学への適応に改善的効果があり，開示課題は成績を向上させる効果があった。

ルトゲンドルフら（Lutgendorf et al., 1997）は，エイズ発症の危険がある男性へのHIV状態の告知における情動開示の効果を検討した。HIV陽性の個人において，ストレスフルで情動的な事柄を認知的に処理することが，免疫機能に重要な影響を与えることが示されている（本書の10章を参照）。回避的な傾向は，HIV陽性の告知の数週間後における，マイトジェンに誘導されたT細胞の幼若化の低下と循環中のCD4（ヘルパー）Tリンパ球の減少を有意に予測した。

　情動開示が強い力をもつのは，不快な事象を人生の流れのなかに統合することに役立つためである。人がトラウマティックな，あるいはストレスフルな事象を何日かにわたって筆記していくにつれて，しばしば筆記の仕方が変わってくる。ペネベーカー（Pennebaker, 1993）は，そうした変化の分析から，一貫したストーリーを作り上げることは，治療的筆記においてネガティブな情動の表出と同じように作用すると結論づけた。アントノフスキ（Antonovsky, 1993）は，この心理生物学の側面を，彼が開発した一貫性の感覚尺度を用いて検討しようとした。このような観点から，2つの最近の研究が注目される。まず1つ目の研究は，最近エイズに関連した死別を経験したHIV陽性の男性を対象にしている。認知的処理の努力をした個人は，喪失の意味をより見いだしやすかった。さらに，意味を見いだした個人は，CD4T細胞の減少が遅く，エイズに関連した死亡率も低かった（Bower et al., 1998）。2つ目の研究では，高齢者において，一貫性の感覚（Antonovsky, 1993の一貫性の感覚尺度により評定）が転居にともなうNK細胞活性への効果を緩衝するか否かが検討された。統制群と比較して，転居群ではポジティブなムードとNK細胞活性が低下し，侵入思考が増加していた。また，ポジティブなムードは，転居とNK細胞活性の関係を媒介していたが，一貫性の感覚が低い個人は最もNK細胞活性が低かった（Lutgendorf et al., 1999）。

　一貫性の感覚と，人生における事象の意味を見いだす能力は，免疫と健康におけるポジティブな結果と関連すると思われる。情動開示の健康効果も，同様であると思われる。言い換えれば，開示の効果は，ネガティブな事象について自分自身に対する説明と，その意味を見いだす受容と理解の過程に存在するということである（Booth, 1999）。

　こうした過程において免疫系が関与するメカニズムを同定することはできるであろうか？　もし免疫系を，外界から生体を防衛する役割を担うものという伝統的な考え方でとらえようとすれば，それは困難である。しかし，免疫系を，われわれの身体と環境の適切な関係を維持する（心理社会的自己と一貫して物理的な自己－非自己の適応を維持する），システムであると考えれば（Booth & Ashbridge, 1992, 1993），理解は可能となる。自分の一部として受容し同化することのできないトラウマティックな側面がある場合，それらは自己概念と一貫させ

ることができず，それがために心穏やかでいられず，それゆえに，それらを瀬戸際で食い止めるために心理的に闘わねばならないのである。おそらく，この過程は，非一貫的な生理的自己を維持するために常に闘っている神経免疫ネットワークにも反映される。おそらく，何らかの自己と非自己の成分を十分に区別することができない場合，非自己に対して不十分で，不適切にしか反応することができず，容易に感染しやすくなることにつながる。あるいは正常な自己の成分を拒絶し，自己免疫疾患につながる。逆に，トラウマ事象に関する効果的な筆記開示は，そうした事象に対する関係を変容し，それらを自己の一部として同化し，もはや心理社会的一貫性への脅威として瀬戸際にとどめておく必要をなくす。こうした条件下では，神経免疫ネットワークも物理的な自己と非自己のより整合した関係を構築するようにはたらく。

　情動的筆記の免疫効果に関する将来の研究の基盤になるような理論的枠組みを提供するために，こうした心理生理的関係と仮説的な影響経路を図式的に表してみた（図9.3）。このモデルは，人の心理社会的領域と生物物理的領域は，それぞれ全体としての一個人の一部である自己を含んでいるという事実に基づいている。

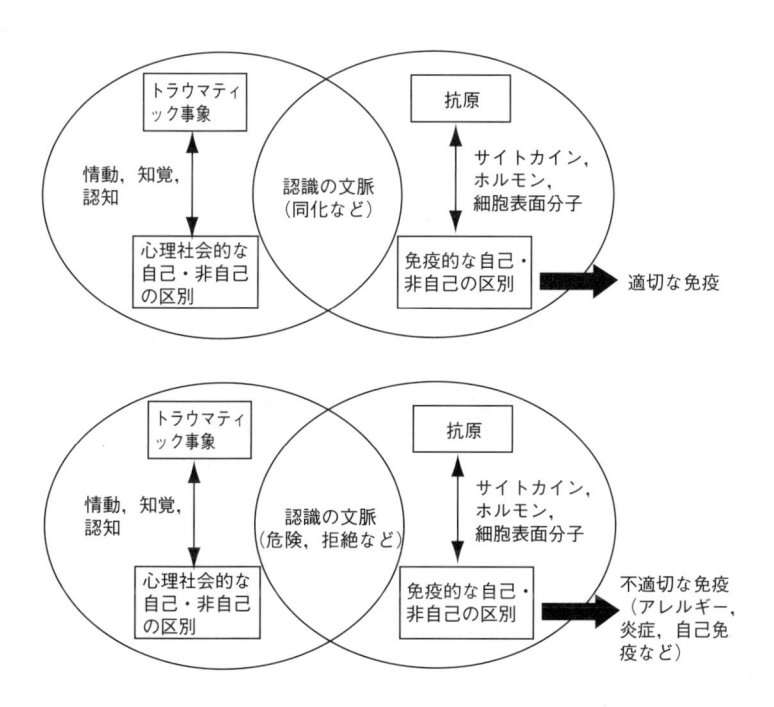

図9.3　情動表出的筆記が免疫系に影響する生物学的経路のモデル

このことは，単に心理社会的自己と生物物理的自己が互いの構造に影響しあうということだけでなく，両方の自己が個人の全般的な自己同一性と一貫するような形で相互作用するということを意味している。それゆえ，ある事象が生物学的および心理社会的に知覚される文脈が，そうした事象の影響を調整するのである。

このようなモデルにより，情動的な筆記開示の結果，個人の免疫系に何が起こると予測できるであろうか？　免疫系による自己と非自己の認識と反応は，特定の文脈における分子形態（抗原）の認識によって起こる。そうした文脈は，抗原呈示細胞の細胞表面分子の形態，Tリンパ球やその他の細胞によって産生されるサイトカインのバランス，神経内分泌ホルモンや神経ペプチドの分泌パターンなど，多くの調整成分の変化をもたらす。これは，同一の分子形態であっても文脈が異なれば，異なる強さや異なる様態の免疫反応が起こりうることを意味している。たとえば，抗原認識の文脈により，ある種のサイトカイン分泌（タイプ1のサイトカイン群）が優勢になる場合，抗原に対して細胞障害性および炎症性の反応が優勢になる。一方，環境がタイプ2のサイトカイン群の分泌を優勢にする場合には，抗体の反応が優勢になる。抗原の認識と反応の文脈において重要なもう1つの視点は，「危険」信号という概念である（Matzinger, 1994）。免疫系によって危険信号をもっていると認識された抗原には攻撃的な反応が生起する。一方，危険信号がないと認識された抗原は無視されるか免疫寛容が起こる。これは，たとえば，自己成分がある文脈では無視され，別の文脈では攻撃される（自己免疫反応の生成）ことがありうることを意味している。同様に，花粉やほこり成分などの無害な物質が，ある文脈では無視されるが，別の文脈では攻撃反応（アレルギーの生成）を惹起することもありうる。

ある意味では，免疫的認識の分子的・細胞的文脈は，免疫ネットワークの認知的・知覚的行動を誘導し，制約し，調整し，緩和する免疫系の「情動」として構成されるともいえる。おそらく，心理社会的情動の変化と神経免疫的情動の変化の間に一貫性があるために，情動開示が生物学的にも作用するのであろう。個人によって十分に同化されていないトラウマティックな事象は，その個人の認知的，知覚的，情動的流れを制約し，神経免疫ネットワークが無害な抗原をより不適切なものと認識するような文脈を作り出す（自己抗原を脅威と認識するなど）。情動開示の結果としてトラウマティックな事象に関する心理社会的文脈が変化すれば，免疫系による抗原認識もまた変化し，以前には不適切で障害的な免疫反応を引き起こしていたものが，いまやより適切で健康増進的な反応に変わるということが予測できるであろう。

◆ 引用文献 ◆

Antonovsky, A. (1993). The structure and properties of the Sense of Coherence Scale. *Social Science & Medicine*, **36**, 725-733.
Aubert, A. (1999). Sickness and behaviour in animals: A motivational perspective. *Neuroscience & Biobehavioral Reviews*, **23** (7), 1029-1036.
Benschop, R. J., Rodriguez Feuerhahn, M., & Schedlowski, M. (1996). Catecholamine-induced leukocytosis: Early observations, current research, and future directions. *Brain, Behavior, & Immunity*, **10** (2), 77-91.
Blalock, J. E. (1984). The immune system as a sensory organ. *Journal of Immunology*, **132**, 1067-1070.
Booth, R. J. (1999). Language, self, meaning and health. *Advances in Mind-Body Medicine*, **15** (3), 171-175.
Booth, R. J., & Ashbridge, K. R. (1992). Teleological coherence: Exploring the dimensions of the immune system. *Scandinavian Journal of Immunology*, **36**, 751-759.
Booth, R. J., & Ashbridge, K. R. (1993). A fresh look at the relationship between the psyche and immune system: Teleological coherence and harmony of purpose. *Advances in Mind-Body Medicine*, **9** (2), 4-23.
Booth, R. J., & Hurley, D. G. (2001). Stress, Infection and Type 1 and Type 2 Cytokines. Unpublished observations.
Booth, R. J., Petrie, K. J., & Pennebaker, J. W. (1997). Changes in circulating lymphocyte numbers following emotional disclosure: Evidence of buffering ? *Stress Medicine*, **13** (1), 23-29.
Borella, P., Bargellini, A., Rovesti, S., Pinelli, M., Vivoli, R., Solfrini, V., & Vivoli, G. (1999). Emotional stability, anxiery, and natural killer activity under examination stress. *Psychoneuroendocrinology*, **24**, 613-627.
Bower, J. E., Kemeny, M. E., Taylor, S. E., & Fahey, J. L. (1998). Cognitive processing, discovery of meaning, CD4 decline, and AIDS-related mortality among bereaved HIV-seropositive men. *Journal of Consulting and Clinical Psychology*, **66**, 979-986.
Cameron, L. D., & Nicholls, G. (1998). Expression of stressful experiences through writing: Effects of a self-regulation manipulation for pessimists and optimists. *Health Psychology*, **17**, 84-92.
Christensen, A. J., Edwards, D. L., Wiebe, J. S., Benotsch, E. G., McKelvey, L., Andrews, M., & Lubaroff. D. M. (1996). Effect of verbal self-disclosure on natural killer cell activity-moderating influence of cynical hostility. *Psychosomatic Medicine*, **58** (2), 150-155.
Clark, D. M., Ball, S., & Pape, D. (1991). An experimental investigation of thought suppression. *Behavioral Research Therapy*, **29** (3), 253-257.
Cohen, F., Kearney, K. A., Zegans, L. S., Kemeny, M. E., Neuhaus, J. M., & Stites, D. P. (1999). Differential immune system changes with acute and persistent stress for optimists vs pessimists. *Brain, Behavior, & Immunity*, **13** (2), 155-174.
Dantzer. R. (1997). Stress and immunity: what have we learned from psychoneuroimmunology? *Acta Physiologica Scandinavica. Supplementum*, **640**, 43-46.
Dantzer, R., Bluthe, R. M., & Kelley, K. W. (1991). Androgen-dependent vasopressinergic neurotransmission attenuates interleukin-1-induced sickness behavior. *Brain Research*, **557** (1-2), 115-120.
Esterling, B. A., Antoni, M. H., Fletcher, M. A., Margulies, S., & Schneiderman, N. (1994). Emotional disclosure through writing or speaking modulates latent Epstein-Barr virus antibody titers. *Journal of Consulting and Clinical PsychoLogy*, **62**, 130-140.
Esterling, B. A., Antoni, M. H., Kumar, M., & Schneiderman, N. (1990). Emotional repression, stress disclosure responses, and Epstein-Barr viral capsid antigen titers. *Psychosomatic Medicine*, **52**,

397-410.
Esterling, B. A., L'Abate, L., Murray, E. J., & Pennebaker, J. W. (1999). Empirical foundations for writing in prevention and psychotherapy: Mental and physical health outcomes. *Clinical Psychology Reviews*, **19** (1), 79-96.
Francis, M. E., & Pennebaker, J. W. (1992). Putting stress into words: The impact of writing on physiological, absentee, and self-reported emotional well-being measures. *American Journal of Health Promotion*, **6** (4), 280-287.
Greenberg, M. A., & Stone, A. A. (1992). Emotional disclosure about traumas and its relation to health: Effects of previous disclosure and trauma severity. *Journal of Personality and Social Psychology*, **63**, 75-84.
Gross, J. J. (1998). Antecedent-and response-focused emotion regulation–divergent consequences for experience, expression, and physiology. *Journal of Personality and Social Psychology*, **74** (1), 224-237.
Gross, J. J., & Levenson, R. W. (1993). Emotional suppression: Physiology, selfreport, and expressive behavior. *Journal of Personality and Social Psychology*, **64**, 970-986.
Jamner, L. D., & Leigh, H. (1999). Repressive/defensive coping, endogenous opioids and health: How a life so perfect can make you sick. *Psychiatry Research*, **85** (1),17-31.
Kent, S., Bluthe, R. M., Kelley, K. W., & Dantzer, R. (1992). Sickness behavior as a new target for drug development. *Trends in Pharmacological Science*, **13** (1), 24-28.
Koolhaas, J. M. (1994). Individual coping strategies and vulnerability to stress pathology. *Homeostasis in Health & Disease*, **35** (1-2), 24-27.
Koolhaas, J. M., Korte, S. M., De Boer, S. F., Van Der Vegt, B. J., Van Reenen, C. G., Hopster, H., De Jong, I. C., Ruis, M. A. W., & Blokhuis, H. J. (1999). Coping styles in animals: Current status in behavior and stress-physiology. *Neuroscience & Biobehavioral Reviews*, **23**, 925-935.
Levenson, R. W., Ekman, P., Heider, K., & Friesen, W. V. (1992). Emotion and autonomic nervous system activity in the Minangkabau of west Sumatra. *Journal of Personality and Social Psychology*, **62**, 972-988.
Lutgendorf, S. K., Antoni, M. H., Ironson, G., Klimas, N., Fletcher, M. A., & Schneiderman, N. (1997). Cognitive processing style, mood, and immune function following HIV seropositivity notification. *Cognitive Therapy & Research*, **21** (2), 157-184.
Lutgendorf, S. K., Antoni, M. H., Kumar, M., & Schneiderman, N. (1994). Changes in cognitive coping strategies predict EBV-antibody titer change following a stressor disclosure induction. *Journal of Psychosomatic Research*, **38** (1), 63-78.
Lutgendorf, S. K., Vitaliano, P. P., Tripp-Reimer, T., Harvey, J. H., & Lubaroff, D. M. (1999). Sense of coherence moderates the relationship between life stress and natural killer cell activity in healthy older adults. *Psychology and Aging*, **14**, 552-563.
Malarkey, W. S., Kiecolt-Glaser, J. K., Pearl, D., & Glaser, R. (1994). Hostile behavior during marital conflict alters pituitary and adrenal hormones. *Psychosomatic Medicine*, **56** (1), 41-51.
Matzinger, P. (1994). Tolerance, danger, and the extended family. *Annual Reviews in Immunology*, **12**, 991-1045.
Pennebaker, J. W. (1989). Confession, inhibition, and disease. *Advances in Experimental & Social Psychology*, **22**, 211-244.
Pennebaker, J. W. (1993). Putting stress into words: Health, linguistic, and therapeutic implications. *Behavioral Research & Therapy*, **31**, 539-548.
Pennebaker, J. W. (1999). Disclosure and health: An interview with James W. Pennebaker. *Advances in Mind-Body Medicine*, **15** (3),161-163 , 166-171 ; discussion 193-165.
Pennebaker, J. W., Kiecolt-Glaser, J. K., & Glaser, R. (1988). Disclosure of traumas and immune function: Health implications for psychotherapy. *Journal of Consulting and Clinical Psychology*, **56**, 239-245.

Petrie, K. J., Booth, R. J., & Pennebaker, J. W. (1998). The immunological effects of thought suppression. *Journal of Personality and Social Psychology*, **75**, 1264-1272.

Petrie, K. J., Booth, R. J., Pennebaker, J. W., Davison, K. P., & Thomas, M. G. (1995). Disclosure of trauma and immune response to a hepatitis B vaccination program. *Journal of Consulting and Clinical Psychology*, **63**, 787-792.

Post, R. M., Weiss, S. R. B., Li, H., Smith, M. A., Zhang, L. X., Xing, G., Osuch, E. A., & McCann, U. D. (1998). Neural plasticity and emotional memory. *Development & Psychopathology*, **10**, 829-855.

Segerstrom, S. C., Glover, D. A., Craske, M. G., & Fahey; J. L. (1999). Worry affects the immune response to phobic fear. *Brain, Behavior, &Immunity*, **13** (2), 80-92.

Smyth, J. M. (1998). Written emotional expression: Effect sizes, outcome types, and moderating variables. *Journal of Consulting and Clinical Psychology*, **66**, 174-184.

Smyth, J. M., Stone, A. A., Hurewitz, A., & Kaell, A. (1999). Effects of writing about stressful experiences on symptom reduction in patients with asthma or rheumatoid arthritis: A randomized trial. *Journal of the American Medical Association*, **281**, 1304-1309.

Walker, L. G., Walker, M. B., Heys, S. D., Lolley, J., Wesnes, K., & Eremin, O. (1997). The psychological and psychiatric effects of rIL-2 therapy: A controlled clinical trial. *Psycho Oncology*, **6** (4), 290-301.

Wegner, D. M., Schneider, D. J., Carter, S. R., & White, T. L. (1987). Paradoxical effects of thought suppression. *Journal of Personality and Social Psychology*, **53**, 5-13.

Wegner, D. M., Shortt, J. W., Blake, A. W., & Page, M. S. (1990). The suppression of exciting thoughts. *Journal of Personality and Social Psychology*, **58**, 409-418.

Zeitlin, S. B., Netten, K. A., & Hodder, S. L. (1995). Thought suppression: An experimental investigation of spider phobics. *Behavioral Research Therapy*, **33** (4), 407-413.

10章
認知処理と開示と健康
―心理学的メカニズムと生理学的メカニズム―

スーザン・K・ルトゲンドルフ　　フィリップ・ウルリッチ

　「われわれはこれまで自分が耳にしてきたあらゆる物語と自分の人生の物語を記憶の奥底のある場所にしまいこんで持ち歩いている。いわば，それらの物語を読む能力や準備が整うまでは，それらの物語のほとんどを読まずに持ち歩いているのだ。物語を読む能力や準備が整ったとき，それまで気づかなかった意味を帯びてそれらの物語が想起される。」

医学博士レイチェル・ナオミ・リーマン「台所の知恵」(Remen, 1996)

　これまで，ストレスフルな出来事やトラウマティックな出来事を筆記したり語ったりすることが，免疫と健康に影響を与えるメカニズムについて多くの関心が寄せられてきた。メカニズムを解く鍵を手に入れるための重要な問いとして，認知処理と情動処理はどのような役割を果たしているのか，洞察と解決は必要条件なのか，心を動揺させられた出来事を言語的文脈に置き換えるという単純な行為が統合と同化を促進する重要な要素なのかどうか，といったものがある。別の観点では，さまざまな心理学的処理と生理学的変化の相互作用を理解する挑戦がなされている。たとえば生理学的変化が生じるにはどのような心理学的処理が必要なのだろうか？　われわれは筆記開示と発話開示に関する文献に基づいて，これらの疑問，特に免疫指標に関係する心理学的処理に関する疑問について検討する。

1節
開示の体験モデル

　まず，われわれの研究の道案内になる心理学的処理の体験モデルを考察することからはじめよう。このモデルによると，ストレスフルな出来事やトラウマティックな出来事の処理はスキーマあるいは鋳型によって方向づけられる。スキーマにはそれらの出来事に関連した認知表象，感情反応，ならびに特定の自律神経系の興奮パターンが含まれている（Greenberg & Safran, 1987; Lang et al., 1983）。ストレスフルな出来事やトラウマティックな出来事によって生じる怨恨や怒り，恐怖，あるいは悲嘆など「未完結」な感情には，自覚できない身体の緊張がともなっていることがある（Gendlin, 1984, 1996; Greenberg & Safran, 1987）。それらの出来事は胸の重苦しさや腹部の不快感，あるいは胃が締めつけられるといった感覚と結びついていることもある。それらの出来事と折り合いをつけるためには認知・情動・身体レベルでの処理が必要である。

　体験モデルは次のように仮定する。生理学的要素と感情的要素からなる情動的意味を帯びた記憶の諸側面を思考とイメージをともなって直接的に体験することにより，そのような記憶に関連する感情スキーマと認知スキーマに再びアクセスできるようになる。時間をかけて進行するこの再体験は問題解決における重要な鍵である。このような過程を通じて，何らかの理由で意識することができなくなった体験の側面を吟味することが可能になる（Rice, 1974）。過去のストレスの原因について時間をかけて全面的に処理する過程で，個人はそれまで実感することのなかった体験のさまざまな次元を意識しはじめ，以前とは違った観点から体験をとらえるようになっていく（Rice & Greenberg, 1984）。この過程の中心的な特徴は認知の再体制化である。既存の認知・感情構造とは相容れない目新しい情報によってスキーマが活性すると，認知の再体制化が促進される（Safran & Greenberg, 1991）。認知の再体制化によって洞察や視点の変化（スキーマの再体制化）が生じたり，苦痛が軽減したり（Gendlin, 1984; Greenberg & Safran, 1987; Rice & Greenberg, 1984），身体緊張が緩和したりする（Wexler, 1974）。身体緊張の緩和は体験モデルの重要な要素であり（Gendlin, 1984），それは特に開示の生理学的効果と関わりがある。

　この体験モデルは，開示によって感情が興奮し，既存のスキーマに合致しない情報を含む新しい体験の諸側面に関する処理が進むと，心理学的変化（問題解決と統合）が起こるとともに緊張が緩和すると予測する。それゆえに感情興奮と認知・感情処理の深さは心身健康に対する開示の効果の根底にある重要な過程を反映する変数であるといえる。この体験モデルは，抑圧・抑制された情動が開

示によって解放され，その結果として肯定的な効果が生じるとする開示効果のカタルシス説とは異なるものである（Freud, 1904/1954; Pennebaker & Hoover, 1986; Pennebaker & Susman, 1988）。開示は，情動を表出しないことで蓄積した緊張を解放するという点で，カタルシスと似たはたらき方をすると考えられる。一方，体験モデルはカタルシスだけでは不十分であり，出来事に対する新しい認知構造を提供する認知処理がカタルシスにともなわなければならないと仮定している。この過程は結果として生理学的パターンの変化を生じさせる。

　体験モデルは開示の言語学的モデルよりも優れている。開示の言語学的モデルでは，ストレスフルな出来事やトラウマティックな出来事を言葉におきかえると，それらの出来事の理解がすすむと主張している（Pennebaker, 1993）。体験を言葉で伝えるということは一貫したメッセージの生成を促すので（Clark, 1993），開示における言語表現は体験と情動に認知構造を与える。この構造化の過程は体験に関する理解を深めさせるとともに新しい観点を生み出し，体験の意味を変容させる。言語学的モデルと体験モデルは新しい認知的観点を生み出すことを重視している点で共通しているが，体験モデルはストレスの原因と関係のある認知反応パターンと情動反応パターン，そして生理学的反応パターンの変化の統合化を言語学的モデルよりも強調している。

　トラウマティックな出来事の心理的再処理について言及しているさまざまな理論は体験モデルと一致する。きわめてストレスフルな出来事やトラウマティックな出来事のように個人にとって抗しがたい体験では，既存の認知スキーマにその出来事を統合することが妨げられると考えられる。そのような出来事の記憶には一貫性のある心的枠組みに統合されていない身体的・感情的・言語的要素が含まれている（van der Kolk & van der Hart, 1991 を参照）。それゆえに人は視覚的記憶にアクセスできなくても，トラウマに結びついた匂いや身体感覚を再生することができると思われる。トラウマティックな出来事の心理的再処理はトラウマに関連したスキーマを活性させる。トラウマに関連するスキーマの活性を制御すると感情強度が弱まり，関連するスキーマの統合が可能になると考えられる（Foa & Kozak, 1986）。トラウマに関連する感情は強力なので，トラウマティックな情動を喚起しないようにするためには，トラウマに関する認知・情動・身体スキーマへのアクセスを調節する必要がある。たとえば，暴露療法はトラウマ症例に対して一定の成果をあげている（Foa & Kozak, 1986）。筆記はトラウマティックな記憶を暴露させるはたらきがあり，記憶の異質な成分を統合するのかもしれない（本書の6章を参照）。

　開示のメカニズムを説明するために外傷後ストレス障害（PTSD）モデルが利用されるが（たとえば，Smyth, 1998），開示された出来事の種類を明示して

いる開示研究を検討したところ，開示で記述された出来事の大多数は外傷後ストレス障害と同等の結果を生じさせるほど深刻なものでも強烈なものでもない（Esterling, Antoni, et al., 1994; Lutgendorf et al., 1994; Petrie et al., 1995; Ullrich & Lutgendorf, in press）。したがって，典型的な開示実験で考察されている出来事の影響力は外傷後ストレス障害モデルに基づいた説明を用いることによって過大評価され，未解決で苦痛な問題がもたらす慢性的でストレスフルな影響という観点から開示の効果が論じられる傾向がある。本章では，外傷後ストレス障害に関連するストレスの心理学と生理学について検討するが，われわれは外傷後ストレス障害以外のモデルのほうが開示の効果を説明するのにふさわしいと考えている。

2節
開示の心理学的メカニズム―実証研究による証拠―

治療中に開示行動が現れることは心理療法によって起こる変化の不可欠な要素であるとはいえ，それは必ずしも肯定的な結果に結びつくものではないことを，心理療法の過程に関する研究は明らかにしている（Stiles, 1987）。われわれ（Lutgendorf & Antoni, 1999）は，トラウマティックな出来事を単に開示パラダイムで言語処理するだけでは感情の変化が生じないことを明らかにした。むしろ「体験する」というレベル，あるいは開示に深く関与するということが肯定的な結果を生む重要な要因であった。その実験では大学生がトラウマティックな出来事をめぐる心の奥底にある考えと感情を週に1回，3週にわたって口頭で開示した。開示内容は録音され，それを文字に書き起こして開示セッション中の言語表現の総量（語数），開示中の情動興奮（自己報告されたネガティブ情緒の増加），そして体験レベルの関与度を評価した。**体験レベルの関与度は感情表出度や情動性**とは異なる。体験レベルの関与度とは感情体験の仕方や個人が内的体験に向ける注意の質，そして治療への積極的取り組みを意味している（Klein et al., 1986）。体験レベルでの開示に対する関与度は，十分に妥当性が確かめられている『体験尺度』（Klein et al., 1969；尺度の一方の極は1点＝まったく関与していない，他方の極は7点＝洞察が深まりきわめて個人的に深く関与している）を用いて2人の評定者によって評定された。その尺度の低いレベルでは，発話者は自分の感情や葛藤を回避して情動体験とは距離をおいている。その尺度の高いレベルでは，発話者は自分の感情をしだいに掌握し，感情と個人的意味を生々しく体験しており，しばしば新しい理解を導き出し，緊張から解放されていることを示している（展示10.1を参照）。

われわれは開示中の関与度が第1セッションから第3セッションにかけて上昇することを発見した。これは実験の被験者が時間をかけて体験レベルでの関与度を深めていったことを示唆している。開示に比較的強く関与した人々は，開示をしない統制条件の人々に比べて，開示の終了時にネガティブ気分が著しく減少したと報告した。開示条件におけるトラウマに関する意識侵入は，統制条件のそれと比べて，実験終了後に減少した。われわれは開示過程の諸変数が，開示による解決度を示す諸変化をどれくらい予測するのかを査定するモデルを検討した。われわれが用いた解決という概念は精神分析学における「徹底操作」（Horowitz, 1997）という概念とよく似ている。解決はストレスフルな題材を統合したり同化したりして出来事を受容することを意味している。開示の第1セッションで開示することに深く関与し，ネガティブ気分を著しく強めることは，この開示介入法の終了時の洞察の深まりを予測する。一方，非常に多くの言葉を話した人々は開示終了時にネガティブ気分が強く意識侵入が多いと報告し，解決にいたっていないことを示唆している（本書の6章；Lutgendorf & Antoni, 1999 を参照）。

これらの実験結果はまた，単語の数によって測定された開示量が認知と感情の有益な変化を生み出すのに十分でなかったことを示している。実際に開示の第3セッションでも依然として単語の数が多いままであることは解決していないことを示唆している。出来事に関連した認知スキーマや情緒的苦痛が変わらないまま，同じ苦痛な題材がいく度もくり返し表現されたのかもしれない。開示中の情動興奮は解決度を明確に予測するものではなかった。このことは認知処理がともなわない情動興奮が出来事の理解の深まりを予測しないことを示唆している。むしろ

展示 10.1 経験尺度で用いられる評定法

第1段階：個人は感情から遠く隔たっている。報告された経験は感情を含んでおらず，そっけない。感情は回避されており，コミュニケーションに個人的関与がみられない。
第2段階：個人は直接的には感情に言及しないが，私的な見解をある程度表明している。自己に関する言及は知的興味に関するものであり，一般的で表面的な関与のみ認められる。
第3段階：個人は自分のものとして感情に言及するが，私的な側面や深みのある感情の派生については言及していない。
第4段階：個人は自らの経験に基づいて率直に感情と私的反応を記述しはじめる。
第5段階：個人は自己の内的世界を参照しながら自分の感情を精緻に探究する。
第6段階：個人は感情を探究するとともに解決策を見つける。感情と意味づけは行為や自己意識を明確に参照しており，即座に利用できるものである。
第7段階：個人は新しい方法で目下の問題について理解・統合しており，それは個人の生活におけるさまざまな領域にも意味を与えるものである。

Klein et al., 1969

一定の情緒興奮がともなう経験レベルの関与がトラウマの解決を導く開示における鍵になるのかもしれない。これらの実験結果は表現量と治療への関与の深さが互いに独立した構成概念であるという可能性と一致する。これらの実験結果は，変化を生み出すためには開示が一定の深さに達する必要があること，そして情動の喚起と認知的努力の組み合わせが解決にとって重要であり，中程度の情動興奮が変化を生み出すのに最も役にたつことを示唆する。

筆記開示における「体験」のレベルを査定することは難しいが，認知処理と情動表出が組み合わさると開示のポジティブな結果が生じることを示す証拠はある。たとえば，ペネベーカーとビール（Pennebaker & Beall, 1986）は，大学生にトラウマをめぐる事実に焦点化するか，情動に焦点化するか，あるいは事実と情動の両方に焦点化して，トラウマティックな出来事について書くよう求めた。統制群は表層的な話題について書いた。事実筆記群と統制筆記群は開示後に変化を示さなかったが，情動筆記群と事実・情動筆記群は健康の改善を示した。事実・情動筆記群は健康問題の著しい減少を報告しただけでなく，その研究の実施期間の保健センターへの通院回数の増加を示さなかった。このような結果は事実の要素と情動の要素の相互作用が健康の恩恵を生じさせるという見解を支持する。

ストレスフルな出来事について集中的に日記を書く効果に関する実験でも，類似する結果が認められている（Ullrich & Lutgendorf, in press）。大学生は（a）未解決なストレスフルな出来事もしくはトラウマティックな出来事に関する心の奥底にある情動，（b）ストレスフルな出来事もしくはトラウマティックな出来事に関する考えと情動，あるいは（c）トラウマに関係する新たな事項についての事実のいずれかを書くよう指示された。日記を集中的に書くことへの興味を持続させるために，また筆記中の認知変容と問題解決を可能にするために，日記の焦点として未解決な出来事が選ばれた。大学生たちは1か月間にわたって少なくとも週2回，1回あたり少なくとも10分間書くように指示された。日記の話題は家族との死別（25%），恋愛関係（24%），家族関係の葛藤（15%），学業困難（9%），家族の深刻な病気（8%）であった。認知・情動筆記群の参加者は他の2群の参加者よりもトラウマによる肯定的な成長を報告した。情動だけを筆記する条件の参加者は他の2群の参加者に比較して，日記の終了1か月後に病気の報告が多かった。

これらの結果は1か月間の筆記で情動だけを書くことが健康という点では副作用を生じさせること，また情動の表現だけではストレスフルな出来事に意味を見いだすことができないことを示唆している。情動に焦点化した日記の効果はトラウマティックな出来事に対して受動的にさらされることによって生じる効果と類似しているのかもしれない。筆記者は記憶を想起しているときにトラウマの生理

学的活性と情動的活性を体験するが，彼らは感情体験に注目してしまうため，異なる視座を生み出して一定の解決にたどりつくようトラウマに取り組むことができないかもしれない（Foa & Kozak, 1986; Frueh et al., 1995）。未解決なストレス因にくり返しさらされることにより，自律神経系と視床下部－副腎－下垂体軸の興奮がくり返され，神経内分泌効果が持続して疾病を誘発させる可能性がある（Baum, 1990）。この実験の結果は，認知と情動の処理が組み合わさることにより，情動だけを処理する場合よりも，ストレスフルもしくはトラウマティックな出来事に対する心理学的適応が高まることを示唆する。

認知処理と情緒処理の重要性は筆記された開示文の内容の分析を行った研究からも明らかになっている。ペネベーカーら（Pennebaker et al., 1997）は6つの筆記開示実験の筆記文の内容と健康効果の相関関係を分析した。彼らは，筆記文に認知処理を表す内容（たとえば，洞察や因果関係を意味する語）が多いことは身体健康の増進と結びつくが，情動の改善には結びつかないことを発見した。彼らはまた，ネガティブ情動語の使用と病気の変化の間に曲線関係があることを発見した。すなわち，ネガティブ情動について中程度に筆記した人々は，ネガティブ情動語を過度に筆記した人々やほとんど筆記しなかった人々に比べて，よりいっそう健康の改善を示した。これらの実験結果は，中程度の情動興奮に認知処理が加わることが開示の身体健康改善効果に密接に関係していることを示唆している。これらの実験結果は表面的な情動処理では認知が変容しないという経験的な知見（Safran & Greenberg, 1991）に一致する。表面的な情動処理では最も関係のあるスキーマのいくつかは活性せず，それゆえに変化が起こりにくいからだ。情動とは無関係のスキーマを変容するように試みたとしても，変化は生じないと考えられる。しかしながら，強度の情動興奮はトラウマを新しい方法で処理できないほど多くの情動を引き起こすので（Foa & Kozak, 1986），開示においては望ましくないだろう。これらの実験結果は情動の喚起と認知処理の組み合わせが開示の効果，特に健康効果を生み出すという見解を支持している。

3節
認知処理，情動表出，免疫制御

開示介入法によってさまざまな免疫指標が制御されることが実証されてきたが（Esterling, Antoni, et al., 1994; Estering, Kiecolt-Glaser, et al., 1994; Lutgendorf et al., 1994; Pennebaker et al., 1988; Petrie et al., 1995），開示における心理過程と生理過程の相互作用についてはまだよくわかっていない。これまでの研究はおもに抑制モ

デル（inhibition model）の枠組みで解釈されてきた（このことについては以下で述べる）。これまで開示に関する心理過程のさまざまな要素と生理過程の関わりについてはほとんど注目されてこなかった。この節では，開示にともなう認知処理と情動処理について，またそれらの処理と免疫機能の関係について考察する。またトラウマティックなストレスとトラウマティックでないストレスが免疫に与える影響，そしてそれらのパターンと開示の関係について検討する。

　体験モデルによれば，生理学的な緊張は，ストレッサーやトラウマティックな出来事に関連する未統合の思考過程，感情過程と身体過程を統合することによって緩和する。われわれはその緊張の緩和が免疫過程と神経内分泌過程を正常化させ，開示によるポジティブな生理学的効果が生じると考える。

　初期のころ，ペネベーカーは，トラウマティックな記憶が意識に現れないように抑制すると身体緊張が生じ，開示はその緊張を緩和させて有益な健康効果を生じさせると論じた（たとえば，Pennebaker & Hoover, 1986; Pennebaker & Susman, 1988）。ペネベーカーのいくつかの実験は抑制と自律神経系の直接関係を証明し，また逆に開示と自律神経系の正常化との直接関係を証明してきた。ペネベーカーら（Pennbaker & Chew, 1985; Pennebaker & Susman, 1988）は筆記開示によって免疫機能が増進し（たとえば，**マイトジェン**とよばれる抗原によって刺激されたT細胞反応の増加で示される），保健センター通院回数が減ることを発見した。免疫反応の変化は自律神経系の変化や健康状態とは直接的な相関関係を示さなかった。だが，ペネベーカーらは開示条件で自律神経系活動が低下し，免疫機能が増進するということは，そのような生理学的反応が開示による抑制の緩和を反映するという仮説に一致すると主張した。これらの実験結果に対しては別の解釈をすることもできる。同じ実験結果は筆記における認知と情緒の側面が問題解決を導くという体験モデルに一致すると解釈することができる。このようなことから，自律神経系の興奮の低下と免疫細胞の活動の増大は問題解決に関連するものであり，問題解決の結果として緊張が低減するのだと考えることができる。

　エスターリングたちの研究（Esterling, Antoni, et al., 1994; Estering, Kiecolt-Glaser, et al., 1994）は，抑制緩和説とは対立する問題解決メカニズムを明確に支持している。筆記開示における心理メカニズムと免疫機能の関係を調べた数少ない実験の1つでは，大学生は週1回，4週にわたって，誰にも話したことのないストレスフルな出来事やトラウマティックな出来事を筆記するかテープレコーダーに向かって話すよう，あるいは表面的な話題について筆記するよう求められた。エプスタイン・バー・ウイルス・キャプシド抗原（EBV-VCA）に対する抗体価を測定するために開示前後に採血が行われた。単球増加症の原因となるウイルスであるエプスタイン・バー・ウイルスは広く人々の間に広がっており，ひとたび感

染すると寄生して潜伏状態とよばれる状態になる。エプスタイン・バー・ウイルスの潜伏状態は細胞性免疫システム，特にTリンパ球によって適切に制御されているようだ（Tosato, 1987）。エプスタイン・バー・ウイルスに対するT細胞の制御機能の低下は，そのウイルスに特異な抗体が血中で増加することでわかる（Glaser et al., 1991; Tosato, 1987）。エプスタイン・バー・ウイルスに対する免疫細胞による制御機能の低下はストレスに関係しているようだ。たとえば，ストレスフルな状況下ではエプスタイン・バー・ウイルスは活発になって増殖し，そのウイルスに特異な抗体の増加が観察される（Glaser et al., 1991）。エスターリングら（Esterling, Antoni, et al., 1994）は，ストレッサーやトラウマを4週にわたって筆記開示あるいは口頭開示すると，表層的話題を筆記する条件よりも，エプスタイン・バー・ウイルス抗体価が低下することを発見した。彼らはまた認知変容（理解と洞察のレベルの上昇に反映される）がエプスタイン・バー・ウイルス抗体価の減少と関係することも発見している。これは潜伏状態にあるウイルスに対する細胞性免疫システムの制御機能の増大を示唆している（Estering, Antoni, et al., 1994）。これらの実験結果は，筆記開示または口頭開示が健康状態の良好な母集団においては適切な免疫反応を引き出すという見解を支持する。これらの実験結果はまた，認知変容が開示の生理学的効果を生み出す役割を果たしているという見解を支持する。以上の実験結果は開示の効果という点では体験モデルと言語学的モデルの双方に一致するものである。

　ルトゲンドルフら（Lutgendorf et al., 1994）はエスターリングらの実験とよく似た実験計画を実施したが，口頭開示課題に関しては1か月間にわたってエプスタイン・バー・ウイルス・キャプシド抗原と開示過程の諸要素との関係を調べている。われわれは開示の第1セッションの前と第3セッションの1週間後にエプスタイン・バー・ウイルス・キャプシド抗原の抗体価を測定するために採血した。この実験では週1回，3週にわたる口頭開示を行った被験者のエプスタイン・バー・ウイルス・キャプシド抗原の抗体価は低下しなかった。しかしながら，心理学的処理のレベルとの関連を調べてみると，開示セッション間でエプスタイン・バー・ウイルス・キャプシド抗原の著しい差が見つかった。開示中に「体験」を強めた被験者は実験期間全般にわたってエプスタイン・バー・ウイルス・キャプシド抗原の抗体価の著しい低下を示した。このことは開示に体験的関与を強めることが免疫機能の変化にとって重要であることを示唆している。また，開示期間全般にわたってトラウマティックな問題を回避する程度が低下した人々，すなわちトラウマによく向きあうことができるようになった人々はエプスタイン・バー・ウイルス・キャプシド抗原の抗体価の低下を示した。このことは認知変容がこのウイルスに対する免疫制御機能を向上させる重要な要素である可能性を示唆して

いる。われわれの実験とエスターリングらの実験では，開示中の認知変容と情動的関与がストレスフルな問題の解決と統合を促進させたものと考えられる。われわれは「解決」がストレスフルな題材に関連した生理学的緊張の緩和を含む特定の生理学的結果をもたらし，神経内分泌系ストレス反応を減少させ，正常化された免疫反応を増加させるようになるという仮説を提唱する。これらの変化の基礎をなしている可能性があるメカニズムについては後述する。

ペネベーカーら（Pennebaker et al., 1988）は，トラウマに向きあわない人々は未解決なトラウマを常にかかえながら生きていると論じている。過去のストレスフルな出来事やトラウマティックな出来事が解決していない場合，出来事に関する望ましくない考えと情動が頻繁に意識に侵入する。バウム（Baum, 1990）は，解決していないトラウマティックな過去の出来事に関してくり返し起こる思考侵入のエピソードには常に自律神経系の興奮がともなっており，ストレス・ホルモンの増加や免疫反応の全般的減少として現れるような慢性ストレスになると論じている。たとえば，上述した口頭開示と免疫の関係を調べる実験（Lutgendorf et al., 1994; Lutgendorf & Antoni, 1999）では，数年前に起こった出来事であるにもかかわらず完全に解決していると報告した被験者はほとんどおらず，被験者の大多数は出来事が依然として思考の一部を占めていると報告した。これは解決していない出来事が慢性ストレッサーであるという見解に一致している。

慢性ストレスは神経内分泌系と免疫機能におけるさまざまな指標と関連づけられてきた。コルチゾールおよびカテコールアミンのようなストレス・ホルモンの基底レベルの上昇（Chrousos, 1992），ナチュラル・キラー（NK）細胞活性の低下（Kiecolt-Glaser et al., 1991），抗体価の上昇が示すヘルペス・ウイルスの再活性化の増大（Glaser et al., 1993），体外から侵入した抗原に対するT細胞の増殖能力の低下（Herbert & Cohen, 1993），創傷の治癒や他のさまざまな機能に欠かせない**サイトカイン**とよばれる免疫調節因子の生産能力の低下（Glaser et al., 1999），ワクチンに対する適切な抗体反応の生産能力の低下（Kiecolt-Glaser et al., 1996）などである。これらの効果にはストレス・ホルモンが部分的に媒介していると考えられている（Gatti et al., 1987; Hellstrand et al., 1985）。ストレス・ホルモンが慢性的に生産されると，ウイルス感染の防御を含む数多くの役割を果たしている細胞媒介性の免疫機能が抑制される（McEwen, 1998）。

われわれは，開示によってトラウマやストレッサーが解決すると，慢性的で未解決のストレッサーにともなって生じるカテコールアミンやコルチゾールの持続的増加が阻止され，免疫機能が回復すると考えている。これまで神経内分泌系のメカニズムに対する筆記の効果については直接的に検討された例はないが，最近の実験結果は認知行動的なストレス・マネジメント・プログラムがヒ

ト免疫不全ウイルス（HIV）の症状を呈する男性のカテコールアミンとコルチゾールの血中濃度を低減させること（Antoni, Cruess, Cruess, Lutgendorf, et al., 2000; Antoni, Cruess, Cruess, Kumar, et al., 2000），また免疫機能の諸側面を正常化すること（Cruess et al., 2000）を明らかにしている。このような変化と関係のある重要な要素として，抑うつや不安の低減（Antoni, Cruess, Cruess, Lutgendorf, et al., 2000; Antoni, Cruess, Cruess, Kumar, et al., 2000; Lutgendorf et al., 1997）や認知変容（Lutgendorf et al., 1998）が含まれる。開示がストレスや抑うつ，あるいは不安のレベルを低下させ，認知変容を促進する過程には，それとよく似た心理学的メカニズムがはたらいている可能性がある。開示によってコルチゾールとカテコールアミンのレベルが低下したのかもしれない。コルチゾールは免疫細胞のはたらきを抑制するので，コルチゾールのレベルを低下させる開示介入は免疫機能を改善するかもしれない。上述した実験結果（Esterling, Antoni et al., 1994; Lutgendorf et al., 1994）はこのモデルに合致する。ペトリーら（Petrie et al., 1995）によるB型肝炎実験の結果もこのモデルに合致する。

おそらく筆記開示パラダイムにおいて最も臨床に関連する免疫学的実験の結果は，筆記がB型肝炎ワクチンに対する免疫学的反応に及ぼす影響を調べたペトリーら（Petrie et al., 1995）の実験で得られたものであろう（本書の9章も参照）。著しい生活ストレスは予防注射で免疫性を高めている期間のB型肝炎ワクチンに対する抗体生産能力が脆弱であることと結びついている（Glaser et al., 1992）。B型肝炎に陰性反応を示す医学生が，個人的でトラウマティックな出来事を4日続けて筆記する条件か，表面的な統制話題を4日続けて筆記する条件のどちらかに無作為に割り当てられた。被験者に対して合計3回行われるB型肝炎予防接種のうち最初の接種が，4日目の筆記文を書き終えた直後に実施された。残りの予防接種は筆記介入の1か月後と3か月後に実施された。4か月後と5か月後の追跡調査時には，筆記開示条件のB型肝炎に対する抗体レベルは統制筆記条件よりも統計学的に有意に高かった。抗体のレベルと認知や感情，あるいは洞察などの心理学的変数との関係に関する特定の情報はその論文には掲載されていない。それらの情報がないため，観察された免疫効果が生じるためにどのような過程変数が最も重要であるのかを突きとめることができない。しかしながら，解決していないトラウマにともなう慢性ストレスや不安，あるいは抑うつが筆記によって低減したとすれば，カテコールアミンやコルチゾールの持続的レベルの低下によって肝炎ワクチンに対する適切な免疫反応が開示者に生じた可能性がある。

トラウマと免疫機能

　トラウマティックなストレッサーが特に外傷後ストレス障害タイプの症状を呈している場合，別の生理学的経路が作動している可能性がある。これまで開示の心理学的効果を理解するためにトラウマに関する研究が利用されてきたが，外傷後ストレス障害の神経内分泌効果と免疫効果を理解することは開示の生理学的効果を解明することに役立つだろう。外傷後ストレス障害は認知情報処理と神経情報処理の変化（van der Kolk et al., 1997），神経内分泌の変化（Yehuda et al., 1991），そして免疫機能の変化（Boscarino & Chang, 1999）を生む。慢性ストレスではグルココルチコイドが増加するが，外傷後ストレス障害ではコルチゾールの持続レベルが低下したり，ストレスに対するコルチゾール反応が低下したり，リンパ球（白血球）にあるグルココルチコイド受容器の数が増えたりする（Yehuda et al., 1991）。通常，コルチゾールは免疫反応を抑制するが，慢性的にコルチゾールのレベルが低いと，過度の免疫反応が起こったり，炎症反応を緩和できなかったり，ネガティブ・フィードバックが作動したりするため，炎症反応や自己免疫性疾患に対して生活体は脆弱になる可能性がある（Chrousos, 1992; Heim et al., 2000）。性的虐待歴のある患者に重度の自己免疫性疾患が認められることは，外傷後ストレス障害の患者のコルチゾールのレベルが免疫反応を調整するには不十分であるという可能性と関係しているかもしれない（Heim et al., 2000; van der Kolk, 1997）。

　免疫の活性化は外傷後ストレス障害を発症した個人において広く観察されてきた（Wilson et al., 1999）。このことは，細胞性免疫システムが反応を展開するために過度の準備状態にあり，その個人の体内の細胞を攻撃したり体外からやってくる抗原に過剰反応したりすることを意味している。外傷後ストレス障害の退役軍人においては，細胞が媒介する免疫機能の応答性が異常に高いことが報告されている（Watson et al., 1993）。外傷後ストレス障害が陽性の退役軍人は総白血球，リンパ球，総T細胞，ヘルパーT細胞（CD4＋），そして細胞傷害性T細胞（CD8＋）の血中濃度が異常に高い（Boscarino & Chang, 1999）。このような実験結果は白血球の過剰な増殖と刺激が各種の自己免疫性疾患へのかかりやすさを高めるという点で臨床的に重要であろう。一例（Ironson et al., 1997）を除いて，外傷後ストレス障害におけるナチュラル・キラー細胞活性の増加が報告されており（Laudenslager et al., 1998; Mosniam et al., 1993），ナチュラル・キラー細胞活性はウイルス感染と腫瘍に対する身体の防衛に関与している。

　一般的に外傷後ストレス障害ではコルチゾールの血中濃度が低く，ストレスに対するコルチゾール応答性が鈍く，免疫機能が過剰に活性することから，外傷後ストレス障害の患者は自己免疫性疾患や炎症性疾患にかかる危険が高い。筆記が

トラウマティックな内容の統合を促すとしたら，ここで提案したように外傷後ストレス障害で調整できなくなった神経内分泌系を筆記が正常化すると考えられる。推測の域を出ないが，喘息患者と慢性リューマチ性関節炎患者で観察されたトラウマ筆記の有益な効果（Smyth et al., 1999）の基礎にはそのような生理学的効果があるかもしれない。喘息も慢性リューマチ性関節炎も免疫システムの過剰な活性が関与している（Sternberg, 1992）。

開示が免疫機能と健康に及ぼす効果のモデル

　われわれは開示がトラウマや慢性的に未解決なストレッサーの諸側面を心理的に統合し，その結果として緊張が緩和されて身体過程の正常化が促進すると提案する。これはいくつかの経路で生じうる。慢性ストレスの場合のように免疫システムが脆弱になっているならば，身体過程の正常化によって免疫システムは強化される。外傷後ストレス障害の場合のように，免疫システムが過剰に活性しているならば，身体過程の正常化は神経内分泌フィードバックシステムの修復を支援し，免疫機能の活性を低減するだろう。これらの予測は利用できる諸文献から導いた推論であり，今後の研究で検証されるべき仮説となる（図10.1を参照）。

　図10.1に要約した体験モデルは，筆記表出法を通じた開示の生理学的効果を理解するのに役立つ枠組みになるだろう。開示の心理学的過程については，認知処理，中程度の情動興奮，そして開示過程への体験レベルでの関与が組み合わさった結果として心理学的解決が生じるという見解を強力に支持する証拠が存在する。緊張の緩和と慢性ストレス反応の緩和によって解決が導かれ，その結果として神経内分泌の変化が生じるのかもしれない。この過程は免疫システムのさまざまな要素の機能を向上させて健康を改善するだろう。このようにして開示過程は神経内分泌過程や免疫過程が媒介するさまざまな条件に対して特定の健康上の恩恵をもたらすであろう。外傷後ストレス障害を発症させるトラウマティックストレスにおいては，身体過程の正常化は神経内分泌調節を改善するとともに免疫反応の過剰活性を低減し，有益な健康状態を導くのかもしれない。

4節　今後の研究の方向

　開示の効果について本章で行った分析は今後の研究のために数多くの疑問を提起している。神経内分泌反応と免疫反応を含む生理学的パラメータに対する心理

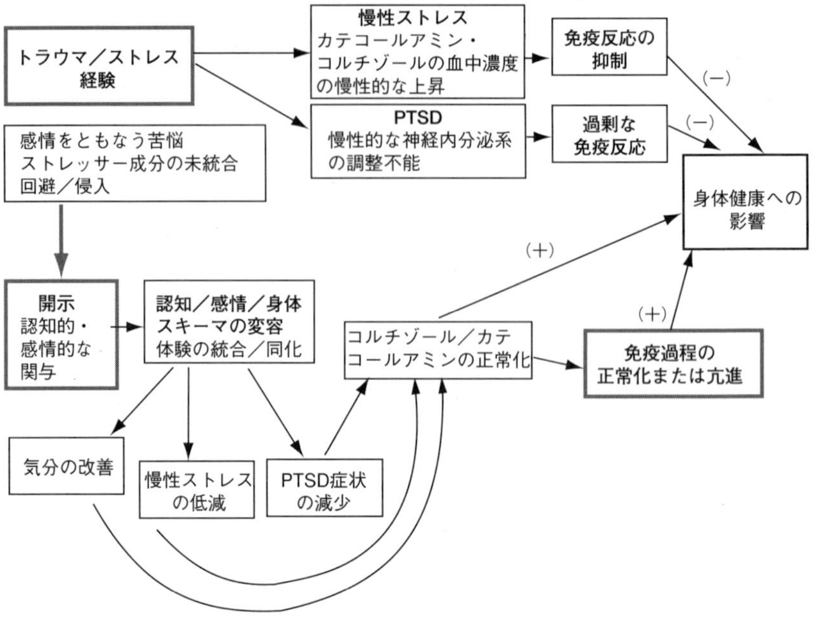

図 10.1　開示の心理学的効果と生理学的効果のモデル

このモデルの上半部では，処理されていないトラウマティックな経験やストレスフルな経験が慢性ストレスや外傷後ストレス障害（PTSD），免疫抑制あるいは過剰な免疫活性，そしてネガティブな身体健康効果を導いている。一方，トラウマティックな経験とストレスフルな経験の統合と同化を可能にする開示過程をとおして，慢性ストレスや外傷後ストレス障害の症状が緩和するとともに気分が改善し，その結果，神経内分泌機能が正常化され，免疫機能が正常化または向上し，ポジティブな健康効果を促進する。負符号（−）はネガティブな健康効果を表し，正符号（＋）はポジティブな健康効果を表している。

学的過程の諸変数の効果に関する情報は不足している。その領域に注目することは健康関連変数に対する開示の効果を理解するために欠かすことのできないステップであると思われる。開示中の心理学的過程の諸変数における変化と関連づけて生理学的指標の長期的変化と急性変化を検討することは，開示における心理学的メカニズムと生理学的メカニズムの相互作用をもっと詳しく理解するのに役立つだろう。たとえば，免疫反応と健康に及ぼす筆記の効果の数々に神経内分泌の諸因子が媒介していると仮定されるので，開示介入期間（たとえば，数週間）における尿中のコルチゾールとカテコールアミンの持続性レベルの変動について検討することは重要だ。さらに，個々の開示セッション前後の唾液中コルチゾールを検討することは，開示過程におけるコルチゾール・レベルの急性変動に関する情報を提供するだろうし，気分と神経内分泌パラメータに及ぼす日々の開示の効

果を明確に追跡することが可能になる。

　現在までの研究結果は免疫機能を変容させる筆記介入法の効力を強力に支持している。ペトリーら（Petrie et al., 1995）によるB型肝炎実験は，免疫反応の変化強度と変化様式が臨床的意味をもつという強力な証拠を提供している。リューマチ性関節炎と喘息患者に対するスミスら（Smyth et al., 1999）の実験は，臨床的意味をもつ疾患症状の変化を明らかにした。しかしながら，免疫機能の変化を通じた健康効果と開示を結びつける上述したモデルは，まだほとんど検討されていない。たとえば，筆記が解決を促した結果，免疫機能が調整され，その結果として健康が改善されるのだろうか？　このモデルは臨床母集団を対象にした今後の研究で検証される必要がある。リューマチ性関節炎，喘息，多発性硬化症，あるいはヒト免疫不全ウイルスのような免疫システムがともなう医学的障害を示す臨床母集団において開示の免疫学的効果と神経内分泌学的効果を検討すると，開示の効果の基礎にある生理学的メカニズムについての洞察がさらに深まるだろう。本章で展望した研究によれば，筆記はそのような医学的障害を示す患者の健康を改善するだろうし，生活ストレスと加齢にともなう免疫機能の低下との相互作用によって脆弱になっているストレスフルな高齢成人母集団の健康を改善するだろう。

　現時点では，筆記介入法があらゆる病気の患者に対して有効なのか，それともきわめてストレスフルな出来事やトラウマティックな生活事象を経験した人に対してのみ有効なのかは不明である。何かの生活トラウマを抱えていない場合でさえ，情動的な告白と意味を見いだすことは患者を苦痛から解放し，患者の対処能力を向上させ，疾病と結びついたストレスを低減して，生理学的過程の正常化に寄与すると思われる。しかしながら，病気を患っているうえに生活ストレスが加わると，さらに深刻な生理学的異常が起こるだろう。たとえば，ドロスマンら（Drossman et al., 2000）はヒト免疫不全ウイルスに感染した男性のコーホートにおいて，ストレスフルな生活事象の著しい累積がエイズの進行を速めることを発見している。ルトゲンドルフら（Lutgendorf et al., 1995）は自然災害と結びついた深刻な生活ストレスが慢性疲労症候群の症状を悪化させることを見いだしている。リザーマンら（Leserman et al., 2000）はトラウマティックな出来事の経歴が各種の胃腸障害を患っている女性の健康状態の不良と関連することを発見した。ストレスフルな出来事やトラウマティックな生活事象が特定の身体条件の原因や悪化に関与するのであれば，開示のような介入法の効果は生理学的正常化と健康に役立つだろうと期待する人がいるかもしれない。今後の研究はトラウマ経験をもつ医学的母集団とトラウマ経験をもたない医学的母集団における開示の効果を比較すること，そして開示の心理学的過程の諸要素が生理学的反応に及ぼす効果

を調べることが必要である。生理学的諸因子とあわせて認知過程・情動過程・体験過程の諸因子について調べることにより，健康に対する開示の効果の基礎メカニズムを理解するための有用なモデルが構築される。

◆ 引用文献 ◆

Antoni, M. H., Cruess, D. G., Cruess, S., Lutgendorf, S., Kumar, M., Ironson, G., Klimas, N., Fletcher, M. A., & Schneiderman, N. (2000). Cognitive-behavioral stress management intervention effects on anxiety, 24-hr urinary norepinephrine output, and T-cytotoxic/suppressor cells over time among symptomatic HIV-infected gay men. *Journal of Consulting and Clinical Psychology*, **68**, 31-45.

Antoni, M. H., Cruess, S., Cruess, D., Kumar, M., Lutgendorf, S., Ironson, G., Dettmer, E., Williams, J., Klimas, N., Fletcher, M. A., & Schneiderman, N. (2000). Cognitive behavioral stress management reduces distress and 24-hour urinary free cortisol among symptomatic HIV-infected gay men. *Annals of Behavioral Medicine*, **22**, 29-37.

Baum, A. (1990) Stress, intrusive imagery; and chronic distress. *Health Psychology*, **9**, 653-675.

Boscarino, J. A., & Chang, J. (1999). Higher abnormal leukocyte and lymphocyte counts 20 years after exposure to severe stress: Research and clinical implications. *Psychosomatic Medicine*, **61**, 378-386.

Chrousos, G. P. (1992). The concepts of stress and stress system disorders. *Journal of the American Medical Association*, **267**, 1244-1252.

Clark, L. (1993). Stress and the cognitive-conversational benefits of social interaction. *Journal of Social and Clinical Psychology*, **12**, 25-55.

Cruess, S., Antoni, M. H., Cruess, D., Fletcher, M. A., Ironson, G., Kumar, M., Lutgendorf, S., Hayes, A., Klimas, N., & Schneiderman, N. (2000). Effects of cognitive behavioral stress management on relaxation skills, social support, neuroendocrine functioning and HSV-2 antibody titers in HIV+ gay men. *Psychosomatic Medicine*, **62**, 828-837.

Drossman, D. A., Leserman, J., Li, Z., Keefe, F., Hu, Y. J., & Toomey, T. C. (2000). Effects of coping on health outcome among women with gastrointestinal disorders. *Psychosomatic Medicine*, **62**, 309-317.

Esterling, B. A., Antoni, M. H., Fletcher, M. A., Margulies, S., & Schneiderman, N. (1994). Emotional disclosure through writing or speaking modulates latent Epstein-Barr virus antibody titers. *Journal of Consulting and Clinical Psychology*, **62**, 130-140.

Esterling, B.A., Kiecolt-Glaser, J., Bodnar, J., & Glaser, R. (1994). Chronic stress, social support, and persistent alterations in the natural killer cell response to cytokines in older adults. *Health Psychology*, **13**, 291-298.

Foa, E. B., & Kozak, M. J. (1986). Emotional processing of fear: Exposure to corrective information. *Psychological Bulletin*, **99**, 20-35.

Freud, S. (1954). *The origins of psychoanalysis*. New York: Basic Books. (Original work published 1904)

Frueh, B. C., Turner, S. M., & Beidel, D. C. (1995). Exposure therapy for combat-related PTSD: A critical review. *Clinical Psychology Review*, **15**, 799-817.

Gatti, G., Cavallo, R., Sartori, M. L., Delponte, D., Masera, R. G., Salvadori, A., Carignola, R., & Angelil, A. (1987). Inhibition of human natural killer cell activity by cortisol. *Journal of Steroid Biochemistry*, **265**, 29-58.

Gendlin, E. T. (1984). The client's client: The edge of awareness. In R. F. Levant & J. M. Schlein (Eds.), *Client-centered therapy and the person centered approach* (pp. 76-108). New York: Praeger.
Gendlin, E. T. (1996). *Focusing-oriented psychotherapy.* New York: Guilford Press.
Glaser, R., Kiecolt-Glaser, J. K., Bonneau, R. H., Malarkey, W. S., & Hughes, J. (1992). Stress induced modulation of the immune response to recombinant hepatitis B vaccine. *Psychosomatic Medicine*, **54**, 22-29.
Glaser, R., Kiecolt-Glaser, J. K., Marucha, P. T., MacCallum, R. C., Laskowski, B. F., & Malarkey, W. B. (1999). Stress-related changes in proinflammatory cytokine production in wounds. *Archives of General Psychiatry*, **56**, 450-460.
Glaser, R., Pearson, G. R., Bonneau, R. H., Esterling, B. A., Atkinson, C., & Kiecolt-Glaser, J. K. (1993). Stress and the memory T-cell response to the Epstein-Barr virus in healthy medical students. *Health Psychology*, **12**, 435-442.
Glaser, R., Pearson, G. R., Jones, J. F., Hillhouse, J., Kennedy, S., Mao, H.-Y., & Kiecolt-Glaser, J. (1991). Stress related activation of Epstein-Barr virus. *Brain Behavior, and Immunity*, **5**, 219-232.
Greenberg, L. S., & Safran, J. D. (1987). *Emotion in psychotherapy.* New York: Guilford Press.
Heim, C., Ehlert, U., & Hellhammer, D. H. (2000). The potential role of hypocortisolism in the pathophysiology of stress-related bodily disorders. *Psychoneuroendocrinology*, **25**, 1-35.
Hellstrand, K., Hermodsson, S., & Strannegard, O. (1985). Evidence for B-adrenoceptor mediated regulation of human natural killer cells. *Journal of Immunology*, **134**, 4095-4099.
Herbert, T. B., & Cohen, S. (1993). Stress and immunity in humans: A metaanalytic review. *Psychosomatic Medicine*, **55**, 364-379.
Horowitz, M. J. (1997). *Stress-response syndromes: PTSD, grief, and adjustment disorders* (3rd ed.). Northvale, NJ: Jason Aronson.
Ironson, G., Wynings, C., Schneiderman, N., Baum, A., Greenwood, D., Benight, C., Antoni, M., Klimas, N., & Fletcher, M. A. (1997). Posttraumatic stress symptoms, intrusive thoughts, loss, immune function after Hurricane Andrew. *Psychosomatic Medicine*, **59**, 128-141.
Kiecolt-Glaser, J. K., Dura, J. R., Speicher, C. E., Trask, O. J., & Glaser, R. (1991). Spousal caregivers of dementia victims: Longitudinal changes in immunity and health. *Psychosomatic Medicine*, **53**, 345-362.
Kiecolt-Glaser, J. K., Glaser, R., Gravenstein, S., Malarkey, W. S., & Sheridan, J. (1996). Chronic stress alters the immune response to influenza virus vaccine in older adults. *Proceedings of the National Academy of Sciences*, **93**, 3043-3047.
Klein, M. H., Mathieu-Coglan, P. L., & Kiesler, D. J. (1986). The Experiencing Scale. In L. S. Greenberg & W. M. Pinsof (Eds.), *The psychotherapeutic process: A research handbook* (pp. 21-71). New York: Guilford Press.
Klein, M. H., Mathieu, P. L., Gendlin, E. T., & Kiesler, D. J. (1969). *The Experiencing Scale; a research and training manual I & II.* Madison: University of Wisconsin, Extension Bureau of Audiovisual Instruction.
Lang, P. J., Levin, D. N., Miller, G. A., & Kozak, M. J. (1983). Fear imagery and the psychophysiology of emotion: The problem of affective response integration. *Journal of Abnormal Psychology*, **92**, 276-306.
Laudenslager, M. L., Aasal, R., Adler, L., Berger, C. L., Montgomery, P. T., Sandberg, E., Wahlberg, L. J., Wilkins, R. T., Zweig, L., & Reite, M. L. (1998). Elevated cytotoxicity in combat veterans with long-term post-traumatic stress disorder: Preliminary observations. *Brain, Behavior, and Immunity*, **12**, 74-79.
Leserman, J., Petitto, J. M., Golden, R. N., Gaynes, B. N., Gu, H., Perkins, D. O., Silva, S. G., Folds, J. D., & Evans, D. L. (2000). Impact of stressful life events, depression, social support, coping, and cortisol on progression to AIDS. *American Journal of Psychiatry*, **157**, 1221-1228.

Lutgendorf, S. K., & Antoni, M. H. (1999). Emotional and cognitive processing in a disclosure paradigm. *Cognitive Therapy and Research*, **23**, 423-440.
Lutgendorf, S. K., Antoni, M. H., Ironson, G., Fletcher, M. A., Penedo, F., Baum, A., Schneiderman, N., & Klimas, N. (1995). Physical symptoms of chronic fatigue syndrome are exacerbated by the stress of Hurricane Andrew. *Psychosomatic Medicine*, **57**, 310-323.
Lutgendorf, S. K., Antoni, M. H., Ironson, G., Klimas, N., Kumar, M., Starr, K., McCabe, P., Cleven, K., Fletcher, M. A., & Schneiderman, N. (1997). Cognitive-behavioral stress management decreases dysphoric mood and herpes simplex virus-type 2 antibody titers in symptomatic HIV-seropositive gay men. *Journal of Consulting and Clinical Psychology*, **65**, 31-43.
Lutgendorf, S. K., Antoni, M. H., Ironson, G., Starr, K., Costello, N., Zuckerman, M., Klimas, N., Fletcher, M. A., & Schneiderman, N. (1998). Changes in cognitive coping skills and social support during cognitive behavioral stress management intervention and distress outcomes in symptomatic human immunodeficiency virus (HIV)-seropositive gay men. *Psychosomatic Medicine*, **60**, 204-214.
Lutgendorf, S. K., Antoni, M. H., Kumar, M., & Schneiderman, N. (1994). Changes in coping strategies predict EBV antibody titers following a stressor disclosure induction. *Journal of Psychosomatic Research*, **38**, 63-78.
McEwen, B. (1998). Protective and damaging effects of stress mediators. *New England Journal of Medicine*, **338**, 171-179.
Mosniam, A. D., Wolf, M. E., Maturana, P., Mosniam, G., Puente, J., Kucuk, O., & Gilman-Sachs, A. (1993). In vitro studies of natural killer cell activity in post traumatic stress disorder patients. Response to methionine-enkephalin challenge. *Immunopharmacology*, **25**, 107-116.
Pennebaker, J. W. (1993). Putting stress into words: Health, linguistic, and therapeutic implications. *Behaviour Research and Therapy*, **31**, 539-548.
Pennebaker, J. W., & Beall, S. K. (1986). Confronting a traumatic event: Toward an understanding of inhibition and disease. *Journal of Abnormal Psychology*, **95**, 274-281.
Pennebaker, J. W., & Chew, C. H. (1985). Behavioral inhibition and electrodermal activity during deception. *Journal of Personality and Social Psychology*, **49**, 1427-1433.
Pennebaker, J. W., & Hoover, C. (1986). Inhibition and cognition: Toward an understanding of trauma and disease. In R. J. Davidson, D. E. Schwartz, & D. Shapiro (Eds.), *Consciousness and self-regulation* (Vol. 4, pp. 107- 136). New York: Plenum.
Pennebaker, J. W., Kiecolt-Glaser, J. K., & Glaser, R. (1988). Disclosure of traumas and immune function: Health implications for psychotherapy. *Journal of Consulting and Clinical Psychology*, **56**, 239-245.
Pennebaker, J. W., Mayne, T. J., & Francis, M. E. (1997). Linguistic predictors of adaptive bereavement. *Journal of Personality and Social Psychology*, **72**, 863-871.
Pennebaker, J. W., & Susman, J. R. (1988). Disclosure of traumas and psychosomatic processes. *Social Science and Medicine*, **26**, 327-332.
Petrie, K. J., Booth, R. J., Pennebaker, J. W., Davison, K. P., & Thomas, M. G. (1995). Disclosure of trauma and immune response to a hepatitis B vaccination program. *Journal of Consulting and Clinical Psychology*, **63**, 787-792.
Remen, R. N. (1996). *Kitchen table wisdom: Stories that heal*. New York: Riverhead Press.
Rice, L. N. (1974). The evocative function of the therapist. In D. A. Wexler & L. N. Rice (Eds.), *Innovations in client-centered therapy* (pp. 289-312). New York: Wiley.
Rice, L. N., & Greenberg, L. S. (1984). *Patterns of change*. New York: Guilford Press.
Safran, J. D., & Greenberg, L. S. (1991). Affective change processes: A synthesis and critical analysis. In J. D. Safran & L. S. Greenberg (Eds.), *Emotion, psychotherapy & change* (pp. 339-362). New York: Guilford Press.
Smyth, J. M. (1998). Written emotional expression: Effect sizes, outcome types, and moderating

variables. *Journal of Consulting and Clinical Psychology*, **66**, 174-184.
Smyth, J., Stone, A., Hurewitz, A., & Kaell, A. (1999). Writing about stressful events produces symptom reduction in asthmatics and rheumatoid arthritics: A randomized clinical trial. *Journal of the American Medical Association*, **281**, 1304 - 1309.
Sternberg, A. M. (1992). The stress response and the regulation of inflammatory disease. *Annals of Internal Medicine*, **117**, 854-866.
Stiles, W. B. (1987). "I have to talk to somebody." A fever model of disclosure. In V. J. Derlega & J. H. Berg (Eds.), *Self-disclosure: Theory, research and therapy* (pp. 257-282). New York: Plenum Press.
Tosato, G. (1987). The Epstein-Barr virus and the immune system. *Advances in Cancer Research*, **49**, 77-125.
Ullrich, P. M., & Lutgendorf, S. K. (in press). Journaling about stressful events: Effects of cognitive processing and emotional expression. *Annals of Behavioral Medicine*, **24**, 244-255.
van der Kolk, B. A. (1997). The psychobiology of posttraumatic stress disorder. *Journal of Clinical Psychiatry*, **58**(Suppl. 9), 16-24.
van der Kolk, B. A., Burbridge, J. A., & Suzuki, J. (1997). The psychobiology of traumatic memory Clinical implications of neuroimaging studies. *Annals of the New York Academy of Sciences*, **821**, 99-113.
van der Kolk, B. A., & van der Hart, O. (1991). The intrusive past: The flexibility of memory and the engraving of trauma. *American Imago*, **48**, 425-454.
Watson, P. B., Muller, H. K., Jones, I. H., & Bradley, A. J. (1993). Cell-mediated immunity in combat veterans with post-traumatic stress disorder. *The Medical Journal of Australia*, **159**, 513-516.
Wexler, D. A. (1974). A cognitive theory of experiencing, self-actualization, and therapeutic process. In D. A. Wexler & L. N. Rice (Eds.), *Innovations in client-centered therapy* (pp. 49-116). New York: Wiley.
Wilson, S. N., van der Kolk, B., Burbridge, J., Fisler, R., & Kradin, R. (1999). Phenotype of blood lymphocytes in PTSD suggests chronic immune activation. *Psychosomatics*, **40**, 222-225.
Yehuda, R., Giller, E. L., Southwick, S. M., Lowy, M. T., & Mason, J. W. (1991). Hypothalamic-pituitary-adrenal dysfunction in posttraumatic stress disorder. *Biological Psychiatry*, **30**, 1031-1048.

IV

筆記表出の臨床心理学的利用における最新の動向

11章
基礎研究の成果を臨床実践に利用する —筆記表現法の潜在力—

ジョシュア・M・スミス　　デルウィン・キャトレイ

「現実世界のための研究：効果研究に大枚がつぎ込まれる。それで現場は変わるのか？」
アメリカ心理学会「Monitor」誌（2000年7月・8月号）

　上記の引用は，アメリカ心理学会編集のMonitor誌に掲載されたある記事の見出しである。この見出しは，アメリカ国立衛生研究所の最近の関心を端的に表現している。国立衛生研究所では，従来重視されてきた治療技法の「効果性」よりも，その技法が治療法として「有効」なのかどうかという点に関心が移行してきている。近年発表されている統制された条件下での臨床試験の結果は，ストレスフルな出来事を筆記表現することが健康な人にとっても病気を患った人にとっても多くの恩恵をもたらしうることを示している（Smyth, 1998; Smyth & Pennebaker, 1999）。しかし，それらの技法が実際の患者にとって役立つのかどうかは実は別問題だ。本章では「効果」の認められている筆記法が，はたして医療的・心理学的援助を行う際の補助的介入方法として「有効」な技法といえるのか，という問題について検討したい。

　ここで問題となるのは，統制された条件下で行われる実験研究（効果性）と臨床場面への適用という現実（有効性）との間に横たわる深い溝である。実験室研究では，原因と結果の結びつきや，ある治療技法がもたらす特定の効果がはっきりと示される。しかし一方で，示された効果が異なる対象や状況にも一般化しうるかどうかを反映する，いわゆる「外的妥当性」を効果研究はしばしば犠牲にしている。たとえば，筆記法による開示の臨床試験では，年齢層や症状の重傷度が

ある一定の基準に従う人のみを被験者として採用している。この場合，こうして行われた研究の成果は，そうした基準に合わない多くの患者に対しての効果や，異なる治療者が治療を行った場合の効果なども示しているといえるであろうか。要するに，効果研究の成果を日常の治療場面で出会う多くの患者に当てはめて考えることができるかという点について，技法の効果研究とは別のやり方で評価をする必要がある。科学的知見を実践的応用に焼き直すことは，新しい治療法が幅広い治療場面で普及するために必要不可欠な作業といえる。そこで本章では，この筆記開示という方法が，補助的治療技法として有効であることを示すまでの過程，そこに立ちはだかる障害，そして有効性を示すための指針などについて検討したい。

1節
効果性と有効性

　本章において用いる**効果性**という用語の意味は，「新しい技法の効果を評価する」という場合と同じである。多くの場合，技法の効果性はアメリカの「食品および薬物管理局」が定めた薬物や医療機器を認可するためのガイドラインや，それを参考に定められた一定の基準に基づいて判定される（Norquist et al., 2000）。具体的には，(a) 無作為統制試験によって効果が確かめられ，(b) その効果は，時間の経過やアセスメントの効果，あるいは実験条件ごとの被験者の質的差異など，治療法以外の原因により説明することはできず，(c) その効果が人々の健康や治療に有益と判断される場合にのみ，その技法は効果があると認められる（Chambless & Hollon, 1998）。しかし，このような基準に基づく技法の「効果性」は，「この治療方法のおかげで自分は治癒した」と主観的に感じる程度を反映する，いわゆる内的妥当性をほとんど考慮に入れていない（Cook & Campbell, 1979）。無作為統制試験における内的妥当性が高まるということは，その技法の効果に対する自信が高まることにほかならない（APA Task Force, 1995）。そこで近年では，こうした臨床的効果性を考慮した無作為統制試験も行われている（Chambless & Hollon, 1998）。こうした研究においても，筆記表現という新しい技法が，未介入群や一般的な治療群，代替治療群などと比較して効果的であることが示されつつある。

　患者の側に立った臨床的効果性を内的妥当性の高さによって検討するように，ある特定の問題を反映する指標は必ず存在する。次に検討したいのは，「その治療技法は，実際に治療として用いられた場合にも効果を発揮するのか？」という

問題である。技法の効果性を問うとき，その背景には，実験室で観察される効果性がどの程度治療場面に一般化しうるのかといった，いわゆる効果の一般化可能性の問題が存在する。一般化可能性の問題を最もよく反映する指標は，おそらく先に示した外的妥当性である（たとえば，Cook & Campbell, 1979）。それは，新しい患者や新しい治療場面への適用範囲の拡大の他，技法の扱いやすさや受け入れやすさといった実用性，そして費用対効果の評価などの問題とも関連する重要な問題である（APA Task Force, 1995）。こうした問題に対して，残念なことに，少なくともある条件の下では，無作為統制試験により示される効果性が治療場面においてはまったく反映されない可能性を示す知見がいくつか提出されている（こうした問題については以下で詳細な検討を行う）。また，患者を厳選する努力を怠っているせいというべきか，無作為統制試験の参加者のなかには治療には不向きな，場合によっては治療を必要としない患者さえ含まれている場合があり，無作為統制試験が臨床実践の場において観察される現実の多様性を十分に反映しているとは言いがたい。さらに，無作為統制試験につきものである統制群の設定の仕方においても（たとえば，実験条件への無作為ふり分けなど），臨床現場の日常的なあり方を反映したものといえない（Seligman, 1995）。こうした現状からすれば，治療の効果性は無作為統制試験以外の方法を用いて判定されるべきだという議論が起こることは決して不思議なことではない。それに変わる候補として，準実験的，非実験的デザインによる研究が，患者，治療に対する動機づけ，治療関係などに技法の効果を一般化しうる程度についての示唆を提供するとの期待が高まっている（Cook & Campbell, 1979）。

2節
実験室の知見を現場に当てはめてみる

　これまでみてきたように，無作為統制試験の結果を現実の臨床場面にそのまま当てはめることは難しい。しかし，だからといって，効果性と有効性，内的妥当性と外的妥当性といった側面が互いにまったく相容れないものであると決めてかかる必要はない。多くの無作為統制試験が高い外的妥当性を有するのに対し，非実験的あるいは準実験的研究では外的（内的）妥当性の低い研究が多い。つまり，実験計画に基づいて適切な介入が行われる厳密な研究とは，外的妥当性を犠牲にすることなく実施される研究であるといえる（Chambless & Hollon, 1998）。それにもかかわらず，多くの研究では，実験手続きの制限のなかで外的妥当性を最大にすることよりも一定の内的妥当性を確保するための努力がなされている。結果

的にそうした研究は、技法の効果性を検証しうる十分な結果を出していながらも、それ以上に外的妥当性の低さが目立ってしまい、内的妥当性も外的妥当性もそこそこの中途半端な研究が増えてしまうのである。そこで、アメリカ心理学会特別研究班（APA Task Force, 1995）は、治療効果性（つまり外的妥当性）の評価と関連するいくつかの問題点を指摘した。たとえば、効果の一般化可能性、技法の実用性、損失・利得分析などである。そこで、以下にこれらの問題点に焦点を絞って議論を行う（興味をもたれた読者は、経験に基づく治療と、効果性に対する議論（Chambless & Hollon, 1998）を参照のこと。そこでは、本章で述べられている問題や、無作為統制試験がこれまでに乗り越えてきた多くの困難の例についてすばらしい議論が展開されている）。

3節
治療の一般化可能性

患者の特徴

　技法の効果を一般化しうるか否かを検討するうえで生じる大きな問題の1つは、実験参加者の選定方法に起因する。無作為統制試験に採用される被験者の特徴は、医療施設を訪れる患者の特徴とは大きく異なっている。なぜなら、無作為統制試験における被験者は厳しい選定基準により選出されるため、臨床場面において見られる多様な症状を抱える患者たちとは異なる、高度に等質化された集団と化してしまうのである（一方で、こうした研究が有用であることも確かである。それを支持する議論（Kendall & Lipman, 1991）も参照のこと）。もし無作為統制試験に参加する患者が臨床場面で援助すべき患者と著しく異なるのであれば、その技法が臨床場面で出会う患者に対しても効果を発揮すると主張することはできなくなる。たとえば、敵意性の低減に及ぼすある技法の効果を検証することを目的とした無作為統制試験を行う場合、多くの試験では敵意性の高い被験者のみを対象に実験を行う。そのため、被験者を選出する段階で、まずうつ病などの敵意性とは別の心理学的疾患や身体疾患を併発している者は実験対象から除外される。また、実験以外に何らかの医学的・心理学的治療を受けている者も除外される。このようにして被験者の純粋性を確保するのである。こうした意図的な努力以外にも、たとえば、被験者を大学の学生から選出するのか、地域の宣伝広告などによりボランティアを募集するのかといった、被験者選出の手続きそのものが被験者の性質を制限しうるし、そうした被験者の募集をどの程度の地域や人種、文化圏

に対して行うのかによっても集団の性質は異なってくる。しかしながら，臨床場面で出会う患者は，たいていの場合，そうした要因による制限は受けない。多くの患者は複数の疾患を併発している場合が多いし，何とか苦しみから解放されたくて，さまざまな治療法を試している人も数多い（実際に通院している場合もあれば，市販のマニュアルなどを用いて自助的に自己管理技法を用いている場合もある）。このように，臨床場面で出会う患者たちは，年齢，文化，性別など，多くの要素から成り立つ人々であるといえる。一方で，治療に訪れる患者は，社会経済的状態や治療に対する考え方，治療への同意といった要因については比較的均質といえるかもしれない。

いくら構造化された筆記訓練の効果を支持する研究が数多く発表されても，それらの研究が同じような患者を対象としたものばかりだとしたら，筆記訓練の効果の一般化可能性（外的妥当性）は非常に低いというほかない。従来の研究がどのような被験者を対象に行われているかをふり返って適切に評価を行う必要がある。以下に構造化された筆記訓練の効果研究における対象者について概観するが，概していえることは，筆記訓練はさまざまな被験者を対象にその効果が検討されているということである（たとえば，Greenberg & Stone, 1992; Pennebaker & Beall, 1986）。基本的には，多くの研究では大学生を被験者として検討を行っている。しかし，大学生以外の対象を被験者とした研究も決して少なくない。たとえば，フランシスとペネベーカー（Francis & Pennebaker, 1992）は，大学職員を対象に実験を行い，混乱した経験について筆記を行った者は，そうでない者と比較して欠勤率が低いことを見いだした。また，スペラら（Spera et al., 1994）が職を解雇された技術者に職の喪失経験についての筆記を求めた結果，無関係な出来事を開示した人々と比較して再雇用までの時間が有意に短かった。リチャードら（Richards et al., 2000）は，重警備の刑務所の収容者に対して実験を行い，過去のトラウマについて筆記させた者は中性的な話題について筆記した者と比べて病気による通院回数が減少したことを示した。スミスら（Smyth et al., 1999）は，喘息あるいはリューマチ性関節炎のいずれかに慢性的に罹患している患者に対して実験を行い，中性的な話題を筆記した慢性疾患患者と比べて，筆記が健康を改善することを示した。

ストレスフルな出来事について筆記することはまた，さまざまな教育歴，母語，国籍や文化背景の人々に対して効果的であることが示されている。先に示した通り，ストレスフルな出来事に関する構造化された筆記は，大学生や高学歴で高齢の専門家から，公教育をほとんど受けていない重警備の刑務所の囚人まで，いずれに対しても効果をもたらすことが示されている。大学生における民族性や母語の違いによる効果の違いもみられない。加えて，筆記による介入は，フランス語

を話すベルギー人（Rimé, 1995），スペイン語が母国語のメキシコシティ在住者（Dominguez et al., 1995），成人や学生を含めた多くの人々が参加したオランダでの研究（Schoutrop et al., 1996），そして医学部の学生を対象としたニュージーランドの研究（Petrie et al., 1995）においても，同様のポジティブな結果をもたらすことが明らかとなっている。筆記法の一般化可能性は年齢や文化，教育といった被験者の特徴とは関連がないようである。しかし残念なことに，ほとんどすべての研究に参加している被験者に共通するある特徴が，筆記法の効果を日々の臨床実践に一般化しうる可能性を制限している可能性がある。

　例を示す意味で，筆者ら（Smyth et al., 1999）が行っている慢性的疾患（喘息，あるいはリューマチ性関節炎）患者に対する筆記表出法の効果を示すための最新の研究を紹介しよう。患者は疾患の重傷度により選別され，さまざまな除外基準（たとえば，精神疾患を併発していないなど）により厳選された被験者であり，みな自発的に実験に参加した。こうした標本において，筆記法は医師の診断による疾患の重傷度を下げる点で効果的であることが示された（Smyth et al., 1999）。

　この研究の，あるいは，ほとんどすべての効果研究における外的妥当性を制限する最も重要な要因は，参加者の実験への「自主性」である。われわれが知りうるすべての公刊された研究において，何らかの広告に応じ（たとえば，授業におけるアナウンスや広告による募集など），かつインフォームド・コンセントに署名しているという2つの意味で，被験者は実験への参加に対する自主性を示している。実験に参加しないことを選択した人々の特徴を正確に把握することは不可能であるが，少なくとも，彼らが構造化された筆記課題に関わる一連の手続きに対して興味をもっていないか，あるいは従順さを持ち合わせていないと仮定することは不合理なこととはいえないであろう。他に想定される理由は，研究に対する関心がないこと，その介入が自分にとって有効な手段であるという信頼度が低いこと，思考や気分を表出することに対する興味や満足感が低いこと，あるいは実験手続きに従うための時間やエネルギーがないこと（実験は連続して何日も実験室や研究室に足を運ぶなど，労力を要するものである）など，数え上げればきりがない。残念ながら，そうした要因がどの程度結果を歪めているのかを知ることはできない。つまり，そうした要因により実験を拒む人が多いであろうことは予想できても，実際にどの程度の人々が実験者の公募戦略にまったく反応を示さないものなのか知るよしもないのである。

　先ほど示した喘息患者とリューマチ性関節炎患者に対する研究では参加者の損失に関する問題についての分析を行った（Smyth et al., 1999）。その結果，被験者選出の段階で不特定多数の潜在的参加者を「失った」後にも，基準に合致した被験者のうち，研究の具体的な手続きに関するより多くの情報を得た後に参加を取

りやめる者が全体の20〜30%もいたことが明らかとなった。スミスら（Smyth et al., 1999）の行ったこの研究では，選出基準に満たない人々や実験参加を取りやめた人々は，実験を最後まで継続した人々と人口統計学的な指標（年齢，性別，子どもの数，教育歴，雇用上の地位，収入）において統計的な違いは認められなかったため，この違いが外的妥当性を揺るがす根本的問題を引き起こしている可能性は少ないかもしれない。とはいえ，実験に参加しなかった人々に筆記表現課題を行わせる機会を与えたとして，彼らがわれわれの実験に自主的に参加した人々と同様な利益を得ることができると，胸を張って主張することはできないのである。

実際，現実場面で行われる治療はこうした問題と切っても切れない関係にある。理屈からいえば，この議論は，（心理学的介入に限らず）どのような介入方法にも当てはまるし，治療の効果研究への参加を減少させる多くの要因は，現実場面において治療を受けようとする人々を減少させる要因ともなりうる。さらに，ある治療法が（その治療を受けたいと思わない多くの患者を含む）多くの人々に「処方」されたとしたら，治療の効果性は減少するかもしれな。しかしその場合，そうした介入の価値は，むしろ公衆衛生や予防モデルの観点から評価されるべきであろう（構造化された筆記練習の費用対効果を議論する際にこの点に戻る）。

実験への参加を希望しない多くの人々に加えて，内的妥当性を高める目的で，ある特定の（研究ごとに異なる）基準に従って被験者の何人かを除外することもある。スミスらの研究では，関心をもった参加者のなかから3つの基準に基づいて被験者の除外を行った。(a) 継続して精神疾患の診断を受ける，あるいは心理療法を受けている者，(b) 特定の薬物（気分変容性薬物など）を服用している者，そして (c) 20分の筆記や筆記セッションで必要なときにわれわれの研究室を訪れることができないといった，実験手続きを遵守する能力のない者である。本節ではすでに併発の問題や同時期に治療を受ける問題についてふれてきているので，ここではこうした除外を行うことが現実に医療機関を訪れる患者と質的な違いを生み出していることを付け加えるにとどめる（たとえば，クリニックを訪れる人々は，多くの場合，すでに個人，集団の心理療法を受けている）。このことはまた，こうした基準（多くの効果研究が似たような基準が用いている）を用いて被験者を選出して行った研究の結果と，さまざまな治療法の補助的技法として筆記訓練を使用した場合に得られうる効果は異なるものであることを意味している。さらに重要な点として，多くの場合，効果研究は客観的指標（検証可能な虐待経験）か，あるいは主観的指標（外傷的症状）のいずれかを基準として過度なトラウマを有すると判定されたものは被験者として採用しない。実際いくつかの研究において重度のトラウマ経験をもつ個人に対して構造化された筆記課題が効果をもたらし

うることが示されているにもかかわらず（本書の12章を参照），こうした除外基準が広く浸透しており，今後，物議を醸しそうである。

　内的妥当性のために，スミスらは実験に関心のある参加者のなかから気分変容性薬物を服用している者を除外した。本書を通して議論されているように，筆記が健康にもたらす恩恵の背後にあるメカニズムは，いまだに議論が尽くされているとはいえない。しかしながら，これまでに提出されているすべての理論において，ある程度情動や認知の側面を含んでいることは明らかなようである。もし実験参加者の特徴が，経験し，表出し，情動や認知を処理する能力によって異なるならば，それらの要因もまた，効果の一般化可能性に影響を及ぼしうる。気分変容薬の利用以外にも，一般化可能性を制限しうる要因として，たとえば，感情あるいは認知の精神病理，ある種の対処方略（たとえば，否認や解放など），あるいはアレキシサイミア傾向など，認知－情動と関わる多くの要因をあげることができる（こうした問題に対するより詳細な議論は，本書の5章を参照）。もし構造化された筆記訓練がそうした変数の影響を気にすることなくより広い文脈で評価されるならば，感情や認知の欠損があったり，それらに対する薬物を服用している個人をも含めてその効果を検討するということである（このことは，たとえば抗うつ薬による治療を行っている大うつ病患者の場合のような，上記の共存性の問題とも関連する）。そして，そうした研究がまさに有効性研究へと発展する。もちろん若干はそうした要因が背景にあるメカニズム（たとえば，情動や認知的プロセス，自己制御など）を妨害するため，構造的筆記課題の有効性は以前に示された効果性よりも低いであろう。しかし，いかにその効果がもっともらしいとしても，効果研究により導かれる有効性は予測の域を出ないものであり，別の研究で明らかにされる必要があることは念頭に置くべきである。むしろ，より強固な治療の有効性の検討はこれまで除外されてきたようなタイプの被験者を実験に参加させることで達成されうるのかもしれない。たとえば，気分変容性薬物を服用する人々は，より多くのトラウマ経験をもっている可能性があり，筆記介入によってより多くの恩恵を受けるかもしれない。さらに筆記はポジティブに（相乗的に）他の治療（心理学，薬物的，その他の治療。本書の14章を参照）と相互作用するかもしれない。

　効果研究では，より広義な除外基準が適用されることもしばしばである。その1つが，実験課題を最後まで遂行する能力に関するものである。この除外基準もまた内的妥当性を最大に（そして指示遵守の影響と欠損データを最小に）することを目的として設定されるものであり，これまで述べてきたいくつかの主要な方法に加えて，さらに均質化した参加者を用意することにつながる。すでに述べた自主性の要因と重複する部分もあるが，確かに実験の参加に必要な時間やリソー

スをもっているということは，被験者の資質として欠かせない。多くの研究において，参加者は研究所や実験室に，たいていは数日にわたって，20分から30分の筆記を行うために足を運ぶことができなくてはならない。いくら実験に関心をもち，参加する資格を有していても，こうしたことが苦手な人に実験は耐えがたいものである。その他，何らかの分野における専門家であったり，必然的に時間的制約を受けざるをえないような社会的責任を負う人（たとえば，常勤の職に就いていたり，他者の介護に携わる人など）や，適当な移動手段を持ち合わせていない（このことは収入などの他の要因とも関連することになる）人なども同様である。さらに，表面化しにくい場合もあるが，参加者は読み書きができること，というのも重要な資質の1つといえる。読んだり書いたりする能力がなければ，筆記課題の被験者とはなりえないことは確実である（おそらく，そういう人にとっては，被験者収集のための努力自体が意味あるものとは見なされないであろうが）。これは，介入法としての構造化された筆記の効果性における限界条件といえる。すなわち，読み書きのできない人，あるいは英語による読み書きが難しい人にはこの方法を応用することは難しいのである。ただし，この限界を乗り越えうる，いくつかの有効な議論がなされている。万が一被験者に筆記する能力がないとしても，発話による開示が可能ならば，筆記する代わりにテープレコーダーに吹き込んでもよい（Kelley et al., 1997）。あるいは，英語が使えなくても，それぞれの母語で開示を行えば可能である。あるモダリティ（筆記）により評価されてきた介入法の継続的効果性を他のモダリティ（発話）にも適用できるのかということは，今後の研究に対する新たな問題提起である。新たな研究の展開を期待するもう1つの方向性は，母語による筆記課題を行う場合と第二言語によって行う場合の効果の比較である。ただし，母語以外の言語によって読み書きができない人を対象にこうした研究を行うことは適切ではないし，有効ともいえない。

治療者と治療場面の特徴

心理学的介入における無作為統制試験では介入を行う治療者が十分な訓練を受ける。そうした特殊な訓練が技法の効果を生じさせているのではないかという議論がある（Chambless & Hollon, 1998）。確かにそうした特殊な訓練を無作為統制試験以外の場面で治療者が受けることはない。この他，実験特有の几帳面さや個々のクライエントに対する過剰なまでの面倒見の良さといった，無作為統制試験で条件を統制するための諸要因が，多かれ少なかれ効果に影響を与えているという指摘がなされてきている（治療効果に対するそうした統制の効果は明確ではないという指摘もある。Chambless & Hollon, 1998）。そのうえ無作為統制試験の行わ

れるいかにも整然とした環境（たとえば大学あるいは病院の状況，十分に訓練された研究スタッフ，専門家により準備される装備など）は，雑然とした治療環境のなかで行われる介入や，家庭で行う自記式の手引き書のような，より自然な環境のもとで行われる治療とは異なる。

しかしながら，こうした問題については焦点化した表出的筆記課題ならではの特徴のおかげで議論をしなくてもすみそうである。たとえば，治療者は直接的に構造化された筆記訓練を施行するわけではないため，治療者の専門知識の影響が混入する可能性は少ない（本書の12章と13章を参照）。また，多くの焦点化した筆記表出課題に対する効果研究が標準化された一連の教示（および，十分に統制され，標準化された介入法）を用いて行われている一方で，そうしたおきまりの教示（あるいは介入法）を用いずにその効果を検討する研究も増え始めている（本書の3章，7章，14章，Smyth, True, & Souto, 2001）。実験者（治療者）が被験者（患者）の筆記内容に応じて自由に与える教示を変える機会を与えた研究はまだみられないが，ランゲら（Lange et al., 本書の12章）はインターネットを介して筆記を行う被験者に対して個々に応じたフィードバックを返す過程について探索的に研究を行っている。こうした一連の研究は治療効果を規定する要因を評価するうえで重要である。われわれは筆記の過程に応じて教示を変えることを許容する研究を知らないが，筆記された文章やその内容，そして筆記の特徴やスタイルをみると，参加者によってこうも違うものかと感心させられる。こうしたことは，個人差を反映するばかりでなく，筆記介入も個人にあつらえる必要性があることも示唆しているといえる。

本節最後の問題は，筆記の行われる状況の特徴についてである。自宅での筆記（Lepore & Greenberg, in press）やインターネットを介した筆記（本書の12章を参照）が成果を上げていることを示す研究もあるものの，多くの効果研究，特に頑健な効果を示す研究（Smyth, 1998を参照）は大学や医療センターにおける整然とした環境のなかで行われている。いうまでもなく，環境の変化は実験に参加したことそれ自体のせいで（たいていの場合，無意図的に）生じる場合もある。たとえば，実験に参加することで生じるいわゆる「優越感」は（実験者もそれに荷担している場合が多いが），被験者自身の行動を変えるといわれている（Milgram, 1965を参照）。そうした変化は教示に耳を傾けるようになったり，指示遵守が改善したり，構造化された筆記訓練が意義深いものであると感じるようになることなどに現れる。実験条件に対する被験者の無作為ふり分けが純粋な環境や状況の主効果を排除してくれるが，実験条件（たとえば，ストレスフルな出来事やトラウマティックな体験について筆記すること）と環境（研究−医療的状況）の交互作用を排除することはできない。次の節では，筆記練習を被験者が一人で，場合

によっては自分の家に持ち帰って行った結果について検討したい。

4節 実用可能性

　実用可能性とは，患者に対してある介入法が実際に適用しうる程度や頻度を意味する。これには，治療を行う場所（家か病院か），被験者の介入への意欲（技法の受け入れやすさ），介入への指示遵守，そしてその介入法を実際に行ったり，普及させるうえでの容易さなどの問題が含まれる（APA Task Force, 1995）。

技法の受け入れやすさと指示遵守

　患者は，どんなにある技法の効果が明らかなときでも，その技法を用いることを拒むことがある。経済的理由や利便性，治療効果が見られないことへの恐れ，社会的スティグマなど理由はさまざまである。研究を概観する限り，一般に構造化された筆記練習に対する患者の参加意欲は高く，参加後にも有意義な経験をしたという報告をする場合が多いようである。しかしながら，以前にわれわれが議論したように，そうした研究で対象とされる参加者は，大部分が自ら実験への参加を志願した者たちである。そのうえ実験に参加する被験者は，筆記介入の効果以外にも謝礼金などの報酬を受け取る場合が多い。たとえば，被験者が学生ならば特定の科目に関する単位が報酬として与えられるし，一般から集められた参加者なら金銭的報酬（1つの実験を最後までやり遂げて50＄程度；Smyth et al., 1999）が与えられる場合が多いのである。

　実験に参加していない人が，こうした介入の副次的な恩恵にどのような反応を示すのか，予測することは難しい。実験に参加してもそうした報酬がもらえないとしたら，患者の介入に対する受け入れやすさが低下することはさけられないであろう。一方で，病院や各種保健機関における患者はベースラインとしての障害の程度が高く，治療効果の期待される介入は魅力的に映るであろう。こうした問題は，場所や物流上の必要性によってより複雑化する。すなわち，（たとえば，一般的な研究の場合のように）患者が筆記を行うために数日連続して1つの場所（病院など）に足を運ばねばならないとしたら，被験者は，その介入方法を受け入れがたいものと感じるようになるであろう。他方，構造化されたマニュアルやインターネットを用いて筆記を自分一人で行うなど，より利便性の高い代替案が増えれば増えるほど，研究や保健施設という合理化された環境の外で行われ

たものとして，そうした介入の効果性は低いものと見なされてしまうのである。

2つ目の問題は，介入の副作用や介入の効果が見られないことに関する懸念などを含む問題である。過去のストレスフルな出来事，あるいはトラウマティックな出来事を筆記することによって「寝た子を起こす」マネはしたくないという患者の心情は想像に難くない。確かにそうした懸念を支持するデータもある（Smyth, 1998）。しかしながら，そうした心配を払拭しうる知見も数多い。第1に，筆記による苦痛は短期的なものであり，それほど長くは続かない（たとえば，Stone et al., 2000）。事実，そうした苦痛はせいぜい数時間で消失することが示されている（Hockemeyer et al., 1999）。第2に，一般的な教示に改良を加えることにより，多く観察される短期的な苦痛さえ生じることなく，心身の健康をもたらすことが可能であるという将来有望な知見も登場している（本書の7章を参照）。こうした2つの根拠から，構造化された筆記訓練の利用に際しては，患者の苦痛を過度に心配する必要はないということができる。もちろん，患者がひどい苦痛（重度の抑うつや自殺企図など）を訴える場合には，介入としてふさわしいかどうかを検討する必要がある。また，他の介入と同様に，患者個人の変化に敏感である必要があることはいうまでもない。最後の問題は，社会的スティグマや，その他のさまざまな社会的影響が背後に存在する可能性である。いくつかの研究において，トラウマティックな出来事について他者に話したいと願う多くの人々が，そうしたことを開示しないよう強いる社会的制限を経験していることが示されている（そして，そのことが苦痛を増加させる危険性がある。たとえば，Lepore et al., 1996; Pennebaker & Harber, 1993）。構造化された筆記訓練は，対人的表出が許されないような状況において，ネガティブな社会的反応の危険を取り払う表出の可能性を開くであろう。加えて，もし従来通りの医療施設以外の場所でもそうした訓練が行えるならば，病院に行くことで「自分は精神病だ」とレッテルを貼ってしまうような社会的スティグマも大きく減少するであろう。こうした問題にふれた研究はまだまだ少ないが，本書の12章でふれられているランゲらによる予備的研究の知見からは，構造化された筆記は，患者に「受けがよい」ことを示唆している。ランゲらの研究に参加した大部分の被験者は，一対一の心理療法よりも，インターネットを介した匿名の筆記訓練のほうを好む。これらの知見から，概して筆記法は受け入れられやすく，場合によってはむしろ望まれる傾向があり，社会的要因を考慮した治療法であるといえる。

普　及

　ある技法に関する普及のしやすさは，いくつかの要因と関連しているが（APA

Task Force, 1995)，多くの場合，構造化された筆記訓練においては問題とならない。もしインターネットや手引書を援用した自記式フォーマットが開発され，施行されるなら，もはや問題は皆無といってもよい。そこであげられる要因とは，有能な医師や援助者の数，そうした専門家の訓練の必要性，あるいは訓練の機会に関するものである。その他の要因もないとはいえないが，一般的には構造化された筆記訓練はその普及が非常に容易な介入法といってよい（われわれは費用対効果について議論するときにこの問題を再び取り上げる）。高価な装備や技術も必要とせず，最小限の準備で行うことができる。実際，構造化された筆記訓練は，従来の心理学的治療や医学的治療に補助的に挿入することも容易であり，人的資源も最小限に抑えられる。全般的に，補助的介入方法としての構造化された筆記練習の普及可能性の高さは大きな魅力である。

5節
費用対効果

　アメリカでは年々健康増進に費やされる費用が高まる傾向にあり，そうした費用を抑える方策が検討されている。現在までのところ，提案されている方法は大きく分けて2つある。1つは治療効率の改善のような健康医療サービスの供給側の対策に関するものであり，もう1つは，そうしたサービスをどうしても求めたくなってしまうという，サービスに対する欲求に関するものである。筆記表出による介入は，この両方のカテゴリにとって有益といえる。サービスに対する欲求を減少させることに関して，フリードマンら（Friedman et al., 1995）は，医療の利用費用に影響を与えるさまざまな心理学的要因を指摘している。たとえば，心理学的ストレスは病気を悪化させたり，その原因となったりする。その一方で，さまざまな症状の背景にある心理学的問題に対する自覚症状がないと，効かない治療を何度もくり返すことになる。心理学的介入が身体的ヘルスケアに対する負担を補ってあまりあることをデータで示す必要性はしばしば叫ばれているが，なかなか行われていないのが実状である。しかし，筆記表出研究はその効果の指標として，医療機関の利用頻度の減少に焦点を当ててきている。効果に関する知見から，筆記訓練がサービスに対する欲求の減少に貢献することが示されているのである。

　治療の効率に関して，健康サービスの利用の減少による利益を技法の施行費用が上回ってしまっては意味がない。筆記表出法は対象にあわせたさまざまな思考法が確立されており，別の意味で費用対効果の高い治療法といえる。たとえ

ば，一般的な心理療法の場面では，筆記はトラウマ経験をもつ患者を治療するための1つの介入法として利用されている。その一方で，より公衆衛生としての予防を考えた場合には，より多くの一般の人々が自らの健康を増進させる方法として利用しうるのである。

　焦点化された筆記表出法は，専門の治療者を必要としないにもかかわらず，ある面では一対一の形式で行う心理療法より優れている。それは，介入を個人の要請にあつらえることが可能であり，指示遵守を気軽に確認でき，施行が容易であるといった点においてである。複数の疾患を併発したり重篤な精神疾患を抱える患者が多く訪れる治療場面では，それらは重要な懸案事項となりうる。対面による介入は，利用可能な資源（医者や心理学者）から治療を受けうる個人の数を劇的に制限するという意味でも，比較的費用対効果の高い治療法といえる（本書の13章を参照）。

　他にも効率的な方法はあるかもしれないが，従来の方法に比べて，医療場面で筆記表出を補助的に用いることにより，さまざまな領域でコストを抑える効果が生じる。効率的な介入とは，より少ない費用で，費用をかけた場合と同様の効果を発揮しうるものである。同様の結果を生じる介入なら，セッションの回数が少なく，専門性の比較的低いものでも対応でき，外来患者も参加できるほうがより効率的といえる。筆記表出を用いるならば，奥の患者を少ないセッションで，基本的には外来の形式で治療することが可能であろう（L'Abate, 1999）。筆記表出はまた，個人療法よりもっと費用対効果の高い，集団療法形式の療法にも非常に適している。

　しかしながら，究極の費用対効果の高い介入とは，一人の専門家が治療を行うことではなく，一般の人々がそれを行えるようになることであろう。一般の人々が気軽に行える方法が確立すれば，より多くの人々に恩恵をもたらすことができる。コストの抑制は，個人の専門家が対応しうる人数よりも多くの人にその効果もたらされることにより明らかである（Jeffery et al., 1984; Sallis et al., 1985）。ある介入がより大きなスケールで実施された場合には，介入の効果が消失する場合があり，そうした利点が不利にはたらく可能性もある（Puska et al.,1985）。しかし，筆記表出による介入はほとんど費用をかけずに自分で行うことが可能なため，そのまま日常生活で役立たせることが可能である。その施行方法の単純さと，非臨床的集団（たとえば，学生など）に対する介入の効果も示されていることなども，それが日常生活レベルで利用された場合の効果の消失は制限されるであろうことを示唆している。

6節
将来の方向性

効果性研究

　われわれは，医療場面における一般化可能性が制限される可能性のある筆記介入の特徴をいくつか指摘してきた。今後の研究では有効性研究の文脈で，構造化された筆記法の評価が行われねばならない。特に患者を十分に代表する標本を用いた臨床場面における研究が必要である。患者のさまざまな要因を排除するというよりはむしろ，症状の共存，年齢，薬物の使用歴など，さまざまな患者の性質が治療効果に及ぼす影響について評価する必要がある。しかしながら，効果の質的検討を行う際にはある程度の冒険も必要である。たとえば，効果研究を治療の有効性の検討に拡大して，内的妥当性を最大限に高めるような研究を行うことは，大きな冒険といえる（Clarke, 1995）。有効性の評価は，さまざまな次元において示される必要があり，組織的な要因（organizational factor）についても配慮する必要がある（Klein & Smith, 1999）。たとえば，いかに十分に練られた有効性研究とはいえ，1つの研究結果から，一般的な結論を導き出すことはできない（たとえば，大都市圏の患者を対象とした研究の結果を地方の患者に一般化することはできない；Klein & Smith, 1999）。1つの一般的回答を導くためには，多くの有効性研究が必要である。しかしながら，そうした冒険を重ねながらも，有効性に関する研究には多くの可能性が秘められているのである。

日常生活レベルの介入

　効果研究は，大学生や地域住民のボランティアに対する介入効果の妥当性を示してきている。しかしながら，実験によるさまざまな副次的恩恵のない環境においても普及や実施が容易な介入であることを示す，より多くの研究が必要といえる。公衆衛生の考え方や技術革新の普及，社会的市場，コミュニケーション理論などに関するモデルは，日常生活レベルでの介入を発達させるうえで有効であろう（たとえば，Glanz et al., 1997; Winett, 1995）。介入にふさわしい場所（たとえば，教育機関）や，人々が手に取りやすい効果的な環境，介入の施行方法（たとえば，さまざまなメディアプログラム，自助的方法として，ウェブ・サイトを介してなど）について確立する必要がある。

7節
要　約

　本章で展望してきた問題は，構造化された筆記訓練の効果性については実証されているものの，有効性を一般化する点についてはまだまだ研究の余地があることを示している。そうした問題は，従来ある研究を丹念に洗い直してみたり，十分に練られた有効性研究を積み重ねることで解決可能である。多くの知見において，構造化された筆記訓練が効果的な補助技法として容易に利用可能であることが示されている。特に将来，有効性研究の知見が確立することにより，公衆衛生や予防的観点を取り入れた構造的筆記訓練は健康の増進，病気の予防や低減，心理学的健康の改善をもたらす大きな可能性を秘めている。

◆ 引用文献 ◆

American Psychological Association Task Force on Psychological Intervention Guidelines. (1995). *Template for developing guidelines: Interventions for mental disorders and psychological aspects of physical disorders*. Washington, DC: American Psychological Association.
Chambless, D., & Hollon, S. (1998). Defining empirically supported therapies. *Journal of Consulting and Clinical Psychology, 66*, 7-18.
Clarke, G. (1995). Improving the transition from basic efficacy research to effectiveness studies: Methodological issues and procedures. *Journal of Consulting and Clinical Psychology, 63*, 718-725.
Cook, T., & Campbell, D. (1979). *Quasi-experimentation: Design and analysis issues for field settings*. Boston: Houghton Mifflin.
Dominguez, B., Valderrama, P., Meza, M. A., Perez, S. L., Silva, A., Martinez, G., Mendez, V. M., & Olvera, Y. (1995). The roles of emotional reversal and disclosure in clinical practice. In J. W. Pennebaker (Ed.), *Emotion, disclosure, and health* (pp. 255-270). Washington, DC: American Psychological Association.
Francis, M. E., & Pennebaker, J.W. (1992). Putting stress into words: Writing about personal upheavals and health. *American Journal of Health Promotion, 6*, 280-287.
Friedman, R., Sobel, D., Myers, P., Caudill, M., & Benson, H. (1995). Behavioral medicine, clinical health psychology, and cost offset. *Health Psychology, 14*, 509-518.
Glanz, K., Lewis, F. M., & Rimer, B. K. (1997). *Health behavior and health education: Theory, research, and practice* (2nd ed.). San Francisco: Jossey-Bass.
Greenberg, M. A., & Stone, A. A. (1992). Emotional disclosure about traumas and its relation to health: Effects of previous disclosure and trauma severity. *Journal of Personality and Social Psychology, 63*, 75-84.
Hockemeyer, J., Smyth, J., Anderson, C., & Stone, A. (1999). Is it safe to write? Evaluating the short-term distress produced by writing about emotionally traumatic experiences [Abstract]. *Psychosomatic Medicine, 61*, 99.
Jeffery, R. W., Folsom, A. R., Leupker, R. V., Jacobs, D. R., Jr., Gillum, R. F., Taylor, H. L., et al. (1984). Prevalence of overweight and weight loss behavior in a metropolitan adult population:

The Minnesota Heart Survey experience. *American Journal of Public Health,* **74,** 349-357.
Kelley, J. E., Lumley, M. A., & Leisen, J. C. (1997). Health effects of emotional disclosure in rheumatoid arthritis patients. *Health Psychology,* **16,** 331-340.
Kendall, P., & Lipman, A. (1991). Psychological and pharmacological therapy: Methods and modes for comparative outcome research. *Journal of Consulting and Clinical Psychology,* **59,** 78-87.
Klein, D., & Smith, L. (1999). Organization requirements for effective clinical effectiveness studies. *Prevention and Treatment,* 2, Article 0002a. Retrieved August, 5, 2001, from http://journals.apa.org/prevention.
L'Abate, L. (1999). Taking the bull by the horns: Beyond words in psychological interventions. *The Family Journal: Counseling and Therapy With Couples and Families,* **7,** 6-20.
Lepore, S. J., & Greenberg, M. A. (in press). Mending broken hearts: Effects of expressive writing on mood, cognitive processing, social adjustment, and health following a relationship breakup. *Psychology and Health.*
Lepore, S. J., Silver, R. C., Wortman, C. B., & Wayment, H. A. (1996). Social constraints, intrusive thoughts, and depressive symptoms among bereaved mothers. *Journal of Personality and Social Psychology,* **70,** 271-282.
Milgram, S. (1965). Some conditions of obedience and disobedience to authority. *Human Relations,* **18,** 57-76.
Norquist, G., Lebowitz, B., & Hyman, S. (2000). Expanding the frontier of treatment research. *Prevention and Treatment,* 2, Article 0001a. Retrieved August, 5, 2001, from http://jounals.apa.org/prevention.
Pennebaker, J. W., & Beall, S. K. (1986). Confronting a traumatic event: Toward an understanding of inhibition and disease. *Journal of Abnormal Psychology,* **95,** 274-281.
Pennebaker, J. W., & Harber, K. (1993). A social stage model of collective coping: The Loma Prieta earthquake and the Persian Gulf War. *Journal of Social Issues,* **49**(4), 125-146.
Petrie, K. J., Booth, R., Pennebaker, J. W., Davison, K. P., & Thomas, M. (1995). Disclosure of trauma and immune response to Hepatitis B vaccination program. *Journal of Consulting and Clinical Psychology,* **63,** 787-792.
Puska, P., Wijo, J., McAlister, A., Koskela, K., Smolander, A., Pekkola, J., et al. (1985). Planned use of mass media in national health promotion: The "Keys to Health" TV program in 1982 in Finland. *Canadian Journal of Public Health,* **76,** 336-342.
Richards, J. M., Beal, W. E., Seagal, J., & Pennebaker, J. W. (2000). The effects of disclosure of traumatic events on illness behavior among psychiatric prison inmates. *Journal of Abnormal Psychology,* **109,** 156-160.
Rimé, B. (1995). Mental rumination, social sharing, and the recovery from emotional exposure. In J. W. Pennebaker (Ed.), *Emotion, disclosure, and health* (pp. 271-292). Washington, DC: American Psychological Association.
Sallis, J. F., Flora, J. A., Fortmann, S. P., Taylor, C. B., & Maccoby, N. (1985). Mediated smoking cessation programs in the Stanford Five-City Project. *Addictive Behaviors,* **10,** 441-443.
Schoutrop, M., Lange, A., Brosschot, J., & Everaerd, W. (1996, June). *The effects of writing assignments on reprocessing traumatic events: Three experimental studies.* Paper presented at The (Non) Expression of Emotions and Health and Disease Conference, Tilburg, The Netherlands.
Seligman, M. (1995). The effectiveness of psychotherapy: The Consumer Reports study. *American Psychologist,* **50,** 965-974.
Smyth, J. (1998). Written emotional expression: Effect size, outcome types, and moderating variables. *Journal of Consulting and Clinical Psychology,* **66,** 174-184.
Smyth, J., & Pennebaker, J. (1999). Sharing one's story: Translating emotional experiences into words as a coping tool. In C. R. Snyder (Ed.), *Coping: The psychology of what works* (pp. 70-89). New York: Oxford University Press.

Smyth, J., Stone, A., Hurewitz, A., & Kaell, A. (1999). Writing about stressful events produces symptom reduction in asthmatics and rheumatoid arthritics: A randomized trial. *Journal of the American Medical Association*, **281**, 1304-1309.

Smyth, J., True, N., & Souto, J. (2001). Effects of writing about traumatic experiences: The necessity for narrative structure. *Journal of Social and Clinical Psychology*, **20**, 161-172.

Spera, S., Buhrfeind, E., & Pennebaker, J. (1994). Expressive writing and coping with job loss. *Academy of Management Journal*, **37**, 722-733.

Stone, A., Smyth, J., Kaell, A., & Hurewitz, A. (2000). Structured writing about stressful events: Exploring potential psychological mediators of positive health effects. *Health Psychology*, **19**, 619-624.

Winett, R. A. (1995). A framework for health promotion and disease prevention programs. *American Psychologist*, **50**, 341-350.

12章
インテラピー
―インターネットを用いた治療的筆記のモデル―

アルフレッド・ランゲ　　ミルジャン・ショウトロップ
バート・シュリーケン　　ジャン＝ピエール・ヴァン・デ・ヴェン

　トラウマティックな出来事への対処では 2 つのメカニズムが重要な役割を果たしていると考えられる。(a) トラウマティックな記憶や回避している刺激に自己直面して脅威刺激に慣れること（Foa & Riggs, 1995;本書の 6 章 ; Vaughan & Tarrier, 1992）と，(b) トラウマティックな体験を認知的に再評価することである（本書の 6 章，10 章; Resick & Schnicke, 1992）。これらのメカニズムは外傷後ストレス障害（PTSD）と病理学的悲嘆の認知行動療法の主要な 2 つの要素である。患者が回避している感覚の知覚，情動，思考に直面することを支援するためにイメージによる暴露が用いられる。認知的再評価では，機能不全に陥っている自動的思考に向きあうことでトラウマティックな出来事に関する誤った帰属の再解釈が促され，脅威体験に対する新たな象徴的意味づけがなされる。自己直面による治療効果は十分に確かめられている（Jaycox & Foa, 1996）。外傷後ストレスや病理学的悲嘆を示す患者に対する認知療法の有効性を示す証拠もそろっている（Shalev et al., 1996）。
　構造化筆記法は，セラピストが付き添って複数回のセッションが行われるイメージ直面法の代わりになる。構造化筆記法は自己直面と認知的再評価を組み合わせたものであり，共有過程を促進する。病理学的悲嘆と外傷後ストレスの治療における構造化筆記法の有効性を示す複数の事例研究がある（L'Abate, 1991; Lange, 1994, 1996）。患者は筆記する内容，筆記の仕方，筆記する回数と所要時間，筆記する場所について綿密な指示を受け取る。対面セッションでセラピストは筆記の結果に基づいて患者にフィードバックを返し，指示を調整しながら筆記の取り組

み方を手引きする。

　構造化筆記法が健康とウェルビーイングに及ぼす効果については多数の実験で調べられてきた（Smyth, 1998）。それらの実験ではペネベーカーによって開発された短期筆記介入法（Pennebaker & Beall, 1986）が典型的に用いられている。実験の参加者は指定された話題について1日15分間から45分間，3日から5日続けて筆記する。実験条件の参加者は心の奥底にある考えと感情を書き綴るよう求められ，統制条件の参加者は表層的な話題について筆記するよう求められる。スミス（Smyth, 1998）は，このタイプの実験研究における構造化筆記法の効果サイズの平均値は.47であり，他のさまざまな心理学的介入法の効果に匹敵することをメタ分析で示した。この効果サイズは有望である。それらの実験で使用されたプロトコルは臨床実践で用いられるプロトコルほど厳密なものではないからだ。

　本章の1節では構造化筆記法を臨床実践の場で用いるわれわれのアプローチの概略を説明する。2節では外傷後ストレス障害患者に対する筆記法の効果，そしてトラウマおよび悲嘆の克服過程における慣れと認知的再評価の役割について説明する。社会的共有の重要性について調べた1つの実験がある。3節は，われわれが対面形式プロトコルをインターネットによる相互作用形式の筆記療法にどのように書き換えたのかを説明する。

1節　臨床モデルの概要

　以下では臨床実践における構造化筆記法の進め方について説明する。この構造化筆記法のモデルは3段階で構成されている。

　段階1―自己直面―　患者はトラウマ体験についてセラピストに伝える。セラピストは質疑と心理教育を患者に施し，自己直面と筆記法の重要性について説明する。セラピストは患者が自己直面できるほど十分に安定しているかどうかを確認し，支持的な環境をつくる。セラピストと患者が同意したら治療契約が成立する。セラピストは患者に最も苦痛なイメージや思考に焦点を向けさせ，それらについて語るよう励ます。最も苦痛な要素がある程度明確になったら，セラピストは最初の筆記課題を実施する。患者はトラウマティックな出来事についてのエッセイを単に書き綴るか，もしくはそのトラウマや悲嘆の関係者か加害者，あるいは重要な人物に宛ててエッセイを書き綴る。展示12.1はセラピストが筆記法を開始する際に患者に提示する説明の概要

である。

段階２―認知的再評価― 情動の興奮が鎮まってきたと患者が告げたり，筆記に集中することが難しくなってきたと患者が告げたりしたときは，筆記する内容を変えるべきときである。そして患者は機能不全に陥っている否定的思考（たとえば，落第への羞恥心，強姦された後に生じる罪悪感）に向きあうようを求められる。セラピストは，同じような出来事に見舞われた親友に助言しているようすを想定するよう患者に示唆してもよい。患者はその親友にどんなことを話すのだろう？ この段階では筆記の形式（場所，時間など）は変更せず，書式や書きまちがいを心配しないように患者に注意するべきだ。筆記の内容についてはまだ確認しない。

段階３―おごそかに手紙を書くことと過去に別れを告げること― 筆記課題をやり終えた患者は，最後の手紙もしくはエッセイを書くよう指示される。これはおごそかで無垢な作業であるべきだ。特定の人に差し出すことができる手紙形式で患者の感情は表現されるべきである。セラピストは筆記文を読み，その書式と内容を改善するよう患者に求めてもよかろう。患者がその手紙を実際に郵送しないのであれば，象徴的・儀式的なやり方で送るのもよいだろう（たとえば，手紙を埋めたり，特別な箱に投函したりする）。

展示 12.1 筆記課題の教示

- 筆記する場所と回数，取り組む時間は定められている。
- 患者は最も苦痛を感じる要素に注意を集中させて筆記する。
- 制限時間が過ぎたら筆記をやめる。次回のセッションでは筆記を始める前に前回の筆記を読み直す。
- 患者はできるだけ一人きりになれる部屋で筆記し，気が散らないようにするために電話の受信音が鳴らないようにする。
- 最初の筆記文の内容は検閲されない。治療者だけが筆記文を読むことになる。綴り方や文法は重要でない。筆記文もしくは手紙を正しく書く必要もないし，「上品に」書く必要もない。大切なことは感情を表現することである。筆記の質を高めようとして感情の表現が妨げられたり，筆記文の読み手に対する忠誠心によって感情の表現が妨げられてはならない。
- 就眠前の深夜は筆記課題に取り組む望ましい時間帯ではない。患者は筆記を終えてから，たとえば読書や音楽鑑賞や散歩など，リラックスできる活動を行うべきだ。筆記後の活動は患者によって異なるだろう。
- 各セッションでは治療者と患者は筆記課題の効果について話し合う。治療者は患者の許可を得て筆記文を読む。治療者は筆記文を読むことにより，患者が苦痛な要素を避けているのかどうかを確認することができる。苦痛な要素に患者が取り組むことができるように治療者は必要に応じて支援する。
- 各セッション間の時間間隔はトラウマ体験の性質や患者の資源によって調整される。

2節
アムステルダム筆記プロジェクト

　アムステルダム大学で実施された構造化筆記法についての2つの臨床試験研究の結果について考察する。これらの臨床試験研究は大学生を対象にした3つの予備実験を基礎にして実現した。最初の予備実験では，深刻なトラウマ（たとえば，性的虐待，ピストル強盗）を生じたクライエントの治療で使用する筆記プロトコルを，オランダ郵政省のソーシャルワーカーに訓練した。第2の予備実験では，4回の筆記セッションからなる実験研究用プロトコルを作成して，トラウマティックな出来事を体験した32名の大学生に実施した。参加者は気分と抑うつ症状の著しい改善を示した（Schoutrop, 2000）。第3の予備実験はトラウマをもつ48名の大学生を対象に実施された。筆記表出条件の学生たちは「出来事インパクト尺度（IES）」（Horowitz et al., 1979）の回避得点と侵入思考得点の著しい減少を示したとともに，「症状チェックリスト90（SCL-90）」（Derogatis, 1977）で測定された心理機能の著しい改善を示した。待機リスト統制条件の学生たちは改善を示さなかった。分析結果は，この実験の効果が中程度もしくは強力なものであることを明らかにした（Schoutrop, 2000）。

　これから紹介する2つの実験では，筆記介入の前後，筆記介入が終了した6週間後，そしてそれ以降の長期的な追跡調査が行われた。これら2つの実験で「出来事インパクト尺度」のオランダ語版によって測定されたトラウマ関連症状が軽減したことは注目に値する。「症状チェックリスト90」のオランダ語版によって測定された全般的精神機能に関する探索的な分析が行われた。これらの両尺度はオランダ人用に改訂され妥当性が確かめられている。基準得点は一般母集団用と精神科母集団用がある（Arrindell & Ettema, 1986; Brom et al., 1993）。

実験1 —慣れ・認知的再評価・表層的な話題の筆記・待機リスト—

　上述したようにトラウマティックな出来事への順応メカニズムについては論争中である。一般的には慣れと認知的再評価が最も重要な要素であると考えられている。実験1は筆記課題の影響について検討し，慣れと認知的再評価が果たす役割について洞察を得るために企画された。

実験計画

　この実験で使用したプロトコルは上述した臨床的段階に準拠した。「出来事インパクト尺度」と「症状チェックリスト90」を使用した。筆記介入前の測定は，

筆記介入が始まる1週間前と直前に行われた。ベースライン得点は，筆記介入前に測定されたそれらの得点の平均値である。筆記介入後の測定は，筆記介入が終了した直後，6週間後，そして2年後に行われた。筆記介入は，導入セッション1回，そして2週間にわたって実施された45分間の筆記セッション4回からなる。参加者は5つの実験条件のいずれかに無作為にふり分けられた（詳細はSchoutrop, 2000を参照）。

5つの実験条件が設けられた。自己直面条件の参加者は特定のトラウマ体験に注目し，その体験で生じた最も苦痛で脅威となる記憶やイメージ，あるいは情動について記述するよう求められた。この自己直面条件の参加者は思考や対処方略については記述しないように指示された。それは慣れを促進させるためのものであり，外傷後ストレス障害の行動療法の目標（Shalev et al., 1996）とよく似ている。

認知的再評価条件の教示は，認知療法の目的と同様に，認知的再評価過程を促進させるように設定された。認知的再評価条件の教示文はエリスら（Ellis et al., 1997）のものを採用した。

混合条件の参加者には自己直面条件と認知的再評価条件の教示を提示した。ただし，自己直面条件の教示文のうち思考や対処方略については記述しないので，それを求める箇所は省かれた。

表層的話題を筆記する統制条件の参加者は，情緒的内容にはふれずに，その日の予定と活動について書いた。待機リスト統制条件の参加者は筆記介入前，筆記介入直後，筆記終了6週間後（最初の追跡測定時）に質問紙に回答した。待機リスト統制条件の参加者と表層的話題を筆記する統制条件の参加者は，他の3つの実験条件の参加者の追跡測定が完了してから治療を受けた。

参 加 者

外傷後ストレス症状もしくは病理学的悲嘆を示す患者は，地元開業医と犠牲者援助団体に紹介してもらった。これらの実験参加候補者は。コンピュータによる「抑うつ面接スケジュール」（Alem et al., 1991）によって選抜された。特定のトラウマ関連事象と症状を診断するために構造化面接が実施された。以下の基準を満たす参加者は除かれた。(a) トラウマ関連症状を経験していない者，(b) この実験の始まる3か月以内にトラウマティックな出来事を経験した者，(c) 薬物依存もしくはアルコール依存がある者，(d) 双極性うつ病，精神障害，器質性障害の診断を受けている者，(e) 精神薬理学的な投薬治療を受けていると報告した者，(f) 現在，他の心理療法を受けている者。122名（女性82名，男性40名）の参加者が本実験の対象者としての基準を満たした。平均年齢は51歳（標準偏差11.0歳，範囲23歳から66歳），参加者の大多数（73%）は本実験が始まる6か

月以上前にトラウマティックな出来事を経験していた。19名が実験途中で参加を辞退し，最後まで実験に参加したのは103名であった。参加者の辞退は無作為に生じたものであったようだ。筆記介入前のトラウマ関連苦痛（出来事インパクト尺度）の得点の平均値は34.3点（標準偏差15.3点）で，外傷後ストレス障害を示すカット・オフ・ポイントの28点（Harrison & Kinner, 1998）を超えていた。外傷後ストレス症状の原因は身体的虐待，性的虐待，家庭内暴力，重要な人物の喪失，病気，失業であった。

測定と操作チェック

主要な効果測度は「出来事インパクト尺度」と「症状チェックリスト90」であった。参加者が教示を守ったかどうかを調べるために筆記文の内容分析が行われた。実験条件および症状改善度を知らされていない2名の臨床心理学者が筆記文を評価した。彼らは1点（まったくない）から7点（非常にある）までの尺度上で筆記文が苦痛情動や認知的再体制化を表現している程度を評定した。評定者間のピアソン相関係数は.68から.76の範囲だった。

結　果

予想したように，認知的再評価条件の参加者は他の条件の参加者より外傷体験の認知的側面と将来の対処方略について多く筆記した。自己直面条件の参加者はトラウマティックな出来事をめぐる情動を多く表出し，苦痛な事実と情動に対する回避は少なかった。混合条件の参加者の筆記文は自己直面条件と認知的再評価条件の教示の要素が反映されていた（詳細は，Schoutrop, 2000; 本書の5章を参照）。

表12.1は筆記介入前，筆記介入直後，筆記介入終了6週間後と2年後の回避得点と侵入得点が減少する傾向を示している。表12.1を視察すると，認知的再評価だけを強調した筆記，あるいは認知的再評価と自己直面を組み合わせた混合筆記は，筆記介入前と比較して，筆記介入終了直後，そして筆記介入終了6週間後に回避得点と侵入得点が低下している。最も著しくそれらの得点が低下したのは筆記介入終了6週間後であった。自己直面条件の参加者は認知的再体制化条件の参加者に比べてそれらの得点の低下が少なかった。表層的な話題の筆記条件の参加者と待機リスト条件の参加者は筆記介入直後と筆記介入終了6週間後にそれらの得点の低下を示さなかった。

従属変数に対する筆記の効果が統計的に有意かどうかを調べるために，侵入得点と回避得点の各々について反復測定による多変量分散分析が行われた。全体的な条件の効果もしくは全体的な条件×測定時期の交互作用が認められたら，下位

表12.1 実験1の実験条件と統制条件における4つの測定時の回避得点と侵入得点

条件	筆記課題前 平均	SD	筆記課題終了直後 平均	SD	追跡調査1 平均	SD	追跡調査2 平均	SD
自己直面								
回避	14.2	7.6	11.2	8.9	12.4	8.9	8.7	8.6
侵入	18.7	7.5	16.5	8.5	15.4	8.3	13.4	9.2
認知的再評価								
回避	16.4	8.5	14.7	8.1	10.1	8.6	6.7	6.4
侵入	17.1	6.6	14.5	9	11.3	7.5	7.5	6.7
混合								
回避	12.3	9	11.1	8.7	8.4	8.6	3.3	6.9
侵入	15.6	8.8	14.4	9.1	9.7	9.1	4.6	5
表層筆記								
回避	17.5	8.2	13.2	9.5	15.9	8.4		
侵入	17.8	8.6	17.4	10	16.3	10.2		
待機リスト								
回避	13.2	7.1	14	9.8	12.3	9.6		
侵入	17.1	7.9	16.2	8	15.8	9.3		

(注) これらのデータはSchoutrop, 2000より引用。

尺度ごとに反復測定による分散分析を行い，最後に多重比較分析を行った（詳細は，Schoutrop, 2000;本書の5章を参照）。実験条件では統計学的に有意に回避得点と侵入得点が改善（低下）したが，統制条件ではそれらの得点に有意な改善は認められなかった。効果サイズ（Cohen, 1977）は中程度であった（回避得点では $ds = .5$，侵入得点では $ds = .7$）。実験条件におけるこのような改善効果は筆記介入終了2年後にも認められた。自己直面条件の参加者と比べ，認知的再評価条件の参加者は回避得点と侵入得点の有意な低下を示した。このような自己直面条件と認知的再評価条件の結果の違いは，筆記介入終了直後，筆記介入終了6か月後および2年後に認められた。2つの統制条件間には違いは認められなかった。参加者の多くが臨床的に意味のある変化を示したのかどうかを確認するために，ハリソンとキンナー（Harrison & Kinner, 1998）のカット・オフ基準が使用された。筆記介入終了6週間後に認知的再評価条件の参加者の64%，混合条件の参加者の53%が臨床的に意味のある改善を示したことが明らかになった。自己直面条件では参加者のわずか24%だけが臨床的に意味のある改善を示した。筆記介入終了2年後の測定でもそれらの改善効果は認められた。

「症状チェックリスト90」のデータの探索的分析では，2つの統制条件と比べて，

すべての実験条件において心理的ウェルビーイングが改善したことが明らかになった。

実験 2 ―慣れ・認知的再評価・社会的共有―

　実験 2 では実験 1 の一部を追試するとともに，最後に書かれた筆記文を重要な人物に送ることができる洗練された手紙に変換することによって（実験 1 を）発展させた。重要な他者とトラウマティックな出来事を共有することが恩恵をもたらすことを証明したいくつかの実験（Lange et al., 1999; Rimé, 1995）に基づき，この新しい要素を追加することにした。それは，本章の 1 節で論じたわれわれの臨床経験にも一致する。本実験では，おごそかな文体で最後の筆記文を書いて重要な人物に郵送するよう指示することにより，社会的共有が操作された。その手紙の宛先となる信頼できる人物が一人もいない場合には，おごそかな文体で手紙を書くだけで，郵送しないことを参加者に告げた。

　5 つの実験条件，すなわち (a) 自己直面（慣れ）後に社会的共有を行う条件，(b) 慣れ（自己直面）だけで社会的共有を行わない条件，(c) 認知的再評価後に社会的共有を行う条件，(d) 認知的再評価だけで社会的共有を行わない条件，(e) 待機リスト統制条件が設けられた。参加者は実験 1 と同じ選抜基準で募られた。95 名の参加者（女性 75 名，男性 20 名）が 5 つの条件のいずれかに無作為に割り当てられた。参加者の平均年齢は 49 歳（標準偏差 14.4 歳）であった。参加者の約半数（47%）ではトラウマティックな出来事を経験してから 5 年間が経過していた。効果測定のために実験 1 と同じ質問紙が使用された。すべての統計検定は多変量分散分析を用いた（詳細は，Schoutrop, 2000; 本書の 7 章を参照）。

　実験 1 と同じように，訓練を受けた信頼性の高い（$r = .81$ から $.90$）評定者により，筆記教示の操作がうまくいったかどうかが確認された。評定結果は自己直面条件の筆記文と認知的再評価条件の筆記文の間に期待された差異が生じたことを明らかにした。

　筆記介入終了直後および筆記介入終了 6 週間後に，4 つの実験条件のトラウマ症状は統制条件に比べて減少し（$F (2, 182) = 3.59, p < .05$），効果サイズの平均値は小から中程度のものであった（$.3$；Cohen, 1977）。実験 1 でみられたような自己直面条件と認知的再評価条件の結果の差異は認められなかった。手紙を送るよう教示された参加者とそうしなかった参加者の間で，筆記介入直後と 6 週間後に，有意ではないが差が認められた。筆記介入終了 12 か月後に予想された差が生じた。社会的共有条件の参加者（彼らの大多数は手紙を送った）では，手紙を送るように教示されなかった参加者に比べて，回避得点と侵入得点が有意に減

少した（$F(3, 117) = 3.90$, $p < .00$, $F(1, 42) = 3.44$, $p < .07$）。同じようなパターンが身体愁訴（「症状チェックリスト90」）で生じた。

　要約すると，これまでに述べてきた実験は，深刻なトラウマがある参加者のトラウマ症状と全般的な心理的ウェルビーイングに対する短期間の単純な筆記介入の効果が，中程度から大きい効果サイズで生じることを明らかにした。われわれのデータは，筆記の効果が比較的長期間持続すること，そしておそらく，時間が経つとともにその効果は強まることを示唆している。実験1のデータは，トラウマティックな出来事の影響を克服する過程で，慣れよりも認知的再評価のほうが重要であることを示唆する。だが，このことを示す実験1の結果は実験2では認められなかった。

3節
インテラピー──インターネットによる構造化筆記─

　今日まで，コンピュータはおもにアセスメントのための道具として，また複雑な行動観察プログラムとして利用されてきた。その他にもコンピュータを用いた治療法を採用した自助プログラムが開発されてきた。それらの治療法では患者はセラピストと接触せずに課題に取り組む。コンピュータを用いた治療法は何も治療をしないよりも効果があること，またその効果は対面形式の治療法に匹敵することを研究は明らかにしている（Marks, 2000）。

　インターネットはコンピュータ媒介療法の可能性を広げた。インターネットにより，コンピュータ媒介療法に取り組む患者は対面せずにセラピストと相互作用することができる。多くの人は現実の人に対してよりもむしろコンピュータの画面に向かって心の奥底にある考えや感情を表現することを好む（Erdman et al., 1985）。インターネットを介した治療には，たとえばケアの障壁を低くするといった利点がある（本書の13章を参照）。身体障害者や，スティグマを受けることへの不安や恐怖があるために対面形式の治療を懸念する人々は自宅で治療することができる。遠く離れた土地で暮らす人にとっては治療の選択肢が増える。

　インターネットによる治療には不利な点もある（本書の13章を参照）。インターネットを媒介することは，セラピストと患者の間に深い結びつきを確立することを難しくする。インターネットは明確に定義された障害に対して十分に確立された治療プロトコルを実行する場合にのみ適するだろう。われわれは外傷後ストレス障害や病理学的悲嘆を示す患者に対するプロトコルに基づいたインターネット療法の結果を報告する。そのプロトコルはわれわれが現在取り組んでいる研究

を基礎にしており，構造化筆記法による自己直面の原理と認知的再評価の原理，そして社会的共有の原理に基づいている。上述した対面形式実験のプロトコルは短期間のものであり（わずか4回の筆記セッション），参加者に与えられるフィードバックもほとんどなかった。われわれがインターネット療法（インテラピー）のために考案したプロトコルは臨床実践に近いものであった。インテラピーのインターネット・サイトとその治療プロトコルについて以下で説明する。

インターネット・サイト（http://Interapy.nl）

　われわれは参加者とセラピストがコンピュータを媒介したコミュニケーションを確立するための双方向ウェブ・サイトを開発した。通常のインターネットの閲覧ソフトウェアを用いて質問紙への回答，エッセイの筆記，以降の段階についての教示を読むなど，参加者とセラピストはすべての治療手続きを行うことができる。最近のネットスケープ・ナビゲーターやインターネット・エクスプローラーであれば作動する。インテラピーのプログラムはプラットフォームに規定されないよう作られている（Unix, Windows, Macintoshなどすべてのシステムで読み取ることができる）。

　インテラピーはクライエント・サーバー・システムとして設置されている（詳細は，Lange, van de Ven, et al., 2000を参照）[*1]。一組のウェブ・ページがクライエント側（参加者とセラピストのインターフェイス）に供給され，そこで提示される情報と機能はサーバー側で利用できるデータに基づく。サーバー側はシステムの一部であり，そこにはすべての情報が集められ，処理され，保存される。この特別なコンピュータであるウェブ・サーバーは，参加者とセラピストが実行したすべての活動を検討し，別の特別なコンピュータ（リレーショナル・データベース・サーバー，バトラー）に必要な情報を保存し，最後に十分なフィードバックを返す。このウェブ・サーバーはネットワークの接続先に送信されるすべての情報のセキュリティーを管理している。いくつかの段階でクライエントのプライバシーは保護される。第1に，クライエントは自分だけが知っているログイン暗証番号を使用する。第2に，クライエントとセラピストのすべてのコミュニケーションは標準的なhttps（ハイパーテクスト転送プロトコル・セキュア）を用いて符号化されるため，インターネット送信中にデータは傍受されないようになっている。セラピストはサイトに入るために個人アカウントと集団ログイン・アカウントを使用する。最近，インテラピーは安全保護対策を強化したLinuxシステム上で作動するようになった。

手続き

　潜在的なクライエントがインテラピーのホームページにアクセスして，インテラピーの情報ページを閲覧することが治療手続きの第1段階になる。情報ページには，外傷後ストレス障害と病理学的悲嘆に関する心理教育，そして構造化筆記課題を中心にした治療の主要特徴が説明されている。インテラピーのスーパーバイザーとセラピストに関する情報，治療の申し込み方法，参加者がインテラピーの継続を中止した場合やインテラピーの治療対象者に該当しない場合に受診できる医療機関，そして読書案内も掲示されている。

　治療を申し込んだ参加者は問診票に回答し，現在使用している向精神薬の種類と投与量を伝えるスクリーニング手続きをとる。インテラピー・システムは自動的に参加者の回答を検討し，尺度得点を計算し，その得点をカット・オフ得点と比較する。参加者は現在のページのすべての質問に回答した場合だけ以降のページに進むことができるようになっている（効果測定の場合にも同様である）。インテラピー・システムは包括基準に適するかどうかを即座に参加者に通知する。セラピストは参加者の薬理学的状態が包括基準に適するかどうかを判断するために薬の種類と量に関する質問についてのみ点検する。包括基準を満たさなかった参加者には受診可能な他の医療機関の情報を通知した。

　承認された参加者は事前テストに回答する。参加者はトラウマ体験について記述する。その後，インテラピー・システムは参加者を無作為にセラピストの一人に割り当てる。各セラピストは同じ数のクライエントを担当する。セラピストがクライエントの自署のあるインフォームド・コンセント書類を受理すると治療が始まる。これはセラピストとクライエントの間でウェブ・サイトを介さない唯一の相互作用である。

スクリーニング―除外基準―

　治療を申し込む少なくとも3か月前にトラウマティックな出来事を体験した18歳以上の人であればインテラピーに参加することができる。以下の基準のどれかに合致する人はインテラピーの対象者から除外された。

1. 極度の抑うつ：「症状チェックリスト90」の抑うつ下位尺度の得点が著しく高い申込者は参加できない（精神医学母集団の規準得点表の高抑うつ群のカット・オフ得点を上回る場合）（Arrindell & Ettema, 1986）。この基準に該当する申込者に対しては治療プロトコルを調整したり薬物療法を含む他の要素を付加したりしない限り，自己直面を刺激する治療プロトコルは適切でない

だろう。
2. 心理的解離傾向：インテラピーのプロトコルはいろいろ要求の多い治療であることから，解離傾向を示す申込者を対象にすることが安全かどうかを検討する。解離傾向は身体表現性解離質問紙（SDQ-5）(Nijenhuis et al., 1997) で測定された。身体表現性解離質問紙の得点がカット・オフ得点を上回る場合，参加できない。
3. 精神病のリスク：すべての筆記は自宅で行われ，筆記課題は情緒混乱の原因となるかもしれないことから，機能不全が生じる危険性が高い。精神病のリスクはオランダ精神病スクリーニング法（SDPD）(Lange, Schrieken, Blankers, et al., 2000) で測定された。オランダ人の標準群カット・オフ得点を上回る場合，参加できない。
4. 薬物療法：神経弛緩性の薬物を服用している場合，参加できない。
5. 現在の加療：他の心理療法を受けている場合，参加できない。

測　度

「出来事インパクト尺度」と「症状チェックリスト90」が主たる効果変数であった。探索的な意味で，個人情報に関する質問紙（たとえば，人口統計学的データ，コンピュータおよびインターネットの使用経験，タイピング技術の水準）と，オンラインでの心理教育に対する参加者の評価，画面の質問紙に記入するための所要時間，オンラインでのセラピストとの接触経験について回答の選択肢が用意された質問紙が実施された。

セラピストと治療

臨床心理学を専攻する18名の大学院生（男子4名，女性14名）は以下に述べる3つの試行のセラピストになった。彼らは認知行動療法の教科を受講する前に外傷後ストレス障害と心理的悲嘆の治療に構造化筆記を利用するための特訓を受けた。この訓練ではプロトコルに定められた範囲内で患者にフィードバックを提供すること，そして筆記文の解釈の仕方を学ぶことが重視された。

図12.1は治療過程の概要である。治療では5週間にわたり計10回の筆記課題に取り組む。それぞれの筆記セッションの所要時間は45分である。参加者は1週間に2つの筆記文を書く。参加者は治療の3つの段階のそれぞれ最初に各自のスケジュールを設定し，インテラピー・システムに登録する。それぞれの段階の途中でセラピストは筆記文に関するフィードバックを参加者に送り，書き方について指示する。参加者は筆記文の送信後，平日の2日以内にフィードバックを受け取る。インテラピー治療に適切でない筆記文の内容が認められた場合（たとえ

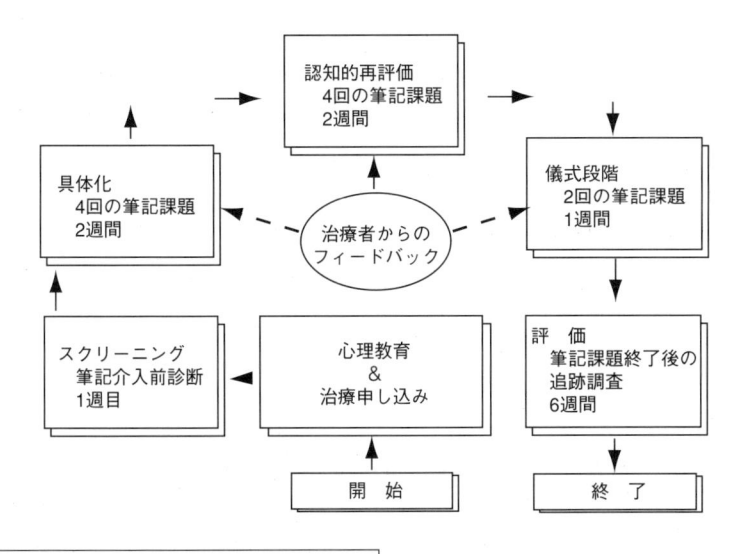

図12.1 インテラピーの治療手続きの概要

Lange et al., 2001, p.21（著作権は Elserier Science 社，2001）

ば，クライエントが心理的危機にさらされているようにみえる場合や，筆記された話題が筆記課題に不適切な場合），セラピストはスーパーバイザーに相談する。その結果，別の治療法について話し合うためにクライエントに電子メールが送信されることや電話がかけられることもある。治療のプロトコルは以下の3段階で構成されている。

段階1―自己直面― 参加者は治療の開始時に自己直面（慣れ）の効用についてオンラインで心理教育を受ける。セラピストは参加者にトラウマティックな出来事を詳細に書き表すよう教示したり，トラウマティックな出来事に関して心の奥底にある恐怖心や考えを筆記するよう教示したりする。これが最初の4回の筆記セッションの主題である。自己直面と慣れを刺激するために第一人称を用いて現在形で書き，嗅覚刺激，視覚刺激，聴覚刺激などトラウマティックな出来事が起こった当時に知覚された感覚についてできるだけ正確に叙述するよう参加者は指示された。書式や綴り方，文法，時間的順序などは無視して自由に筆記するように教示された。

段階2―認知的再評価― 参加者は認知的再評価の原理について学ぶ心理教育を受ける。この段階のおもな目標はトラウマティックな出来事に対する新しい見方を手に入れること，そして統制感を取り戻すことである。これは自

分と同じトラウマティックな出来事を経験した友人を想像し，その友人を勇気づけるための助言を書き綴るよう教示することによって実現する。その助言は，その想像上の友人の人生に対するトラウマティックな出来事の肯定的影響について，またその出来事から学ぶであろうことについてなされるべきである。

段階3―社会的共有と別れの儀式― 参加者は社会的共有の肯定的効果を学ぶ心理教育を受ける。それに続いて参加者は自分自身あるいは重要な人物に宛てて，あるいはトラウマティックな出来事の犠牲者に宛てて手紙を書き，トラウマティックな体験と象徴的に別れを告げる。セラピストはその手紙を送らなくてもよいと参加者に助言する場合もある。

インテラピー実験1―外傷体験のある大学生に対する統制実験―

外傷体験のある20名の大学生に対する統制されていない（実験条件と比較する統制条件がない）試行的実験はトラウマ症状の著しい減少と心理機能の改善を示し，治療終了後18か月が過ぎてもそれらの効果は持続することを明らかにした（Lange, Schrieken, vav de Ven, et al., 2000 ; Roemer & Skogerbo, 2000）。この予備実験に続いて統制された実験が実施された。インテラピーに応募してきた外傷体験のある41名の大学生に対して2（条件間）×3（反復測定）計画の実験が施された。申込者のうち11名はスクリーニングで除外された。参加者は治療条件か待機リスト統制条件のどちらかに無作為にふり分けられた（待機リスト統制条件の参加者のうち5名は途中で参加を辞退した）。統制条件の参加者は実験条件の参加者の治療終了後にインテラピーを受けた。この実験の参加者たちは，重要な人物の喪失，性的虐待，家庭内暴力，病気，事故，強盗事件，暴力的犯罪などのトラウマティックな出来事を体験していた。彼らのトラウマ体験のエピソードは平均すると5年以前に発生したものであった。治療条件と待機リスト統制条件の参加者の間に事前に一定の差異は存在しなかった。

トラウマ関連症状の低減

治療終了後のアセスメント時に，治療条件の参加者の侵入得点と回避得点は著しく減少した。この改善効果は6週間が経過しても持続し，侵入得点と回避得点はさらに低下した。t検定の効果サイズは大きく（回避得点1.50，侵入得点1.99），有意水準は1%以下であった。統制条件の参加者の症状はわずかに改善を示した。しかしながら，多変量分散分析は統制条件に比べて治療条件の改善が著しいことを明らかにした（$F(2, 22) = 5.14, p < .015$）。これらの統計検定と以下で考察

する実験の統計検定についての詳しい説明はランゲら（Lange et al., 2001）に記されている。

全般的な精神病理の低減

　治療条件の参加者の不安，抑うつ，身体自覚症状は著しく低下し，それらの改善効果は6週間が過ぎても持続した。t検定は治療前と治療後の差が有意であることを明らかにした（有意水準はいずれも5%。効果サイズは不安1.23，抑うつ1.28，身体自覚症状1.25であった）。統制条件には変化が認められなかった。治療条件の変化と統制条件の変化の差が多変量分散分析で検定され，予想された交互作用が有意であることが確認された（$F(3, 21) = 3.69, p < .03$）（治療条件の参加者は改善を示し，統制条件の参加者は改善を示さなかった）。

臨床的妥当性

　ジャコブソンとトラックス（Jacobson & Truax, 1995）の方法に基づき，治療条件と統制条件の参加者全員を対象にして，各変数の得点がカット・オフ得点より高い水準から，カット・オフ得点より低い水準に変化したかどうかを計算した。ジャコブソンとトラックスの基準に従うと，臨床的に意味のある回避症状の減少を示した治療条件の参加者は86%，統制条件の参加者は29%であった。侵入については治療条件の参加者の82%，統制条件の参加者の56%が改善を示した。不安と身体自覚症状については，治療条件の参加者全員が臨床的に意味のある変化を示した（統制条件では不安が改善した参加者は58%，身体自覚症状が改善した参加者は20%）。抑うつについては，治療条件の参加者の88%が臨床的に意味のある改善を示した（統制条件では抑うつが改善した参加者は50%）。

インテラピー実験2 ―深刻な外傷体験のある参加者に対する統制実験―

　上述した予備実験と統制実験の終了後，インテラピーのサイトはオランダ語の読み書きができる世界中の人々に公開された。オランダでは，インテラピーはテレビ，ラジオ，一流雑誌の注目を大いに集めた。今回の実験でも上述した実験と同じスクリーニング法，進行計画，測定指標，手続きが使用された。この実験は50名の申込者のうち28名がスクリーニングで適格となったときに開始された。スクリーニングで適格となった参加者の年齢範囲は22歳から55歳までで，平均年齢は38歳（標準偏差9.9歳）であった。参加者は治療条件か統制条件に無作為にふり分けられた。治療を開始した17名の参加者のうち2名が治療後の測定に加わらなかった。治療条件の15名の参加者はインテラピーに最後まで取り組

んだ。待機リスト統制条件の参加者は 13 名だった。この実験の参加者の大多数はオランダ国内に暮らしていたが、何人かはオランダ領カリブ海地域やベルギーのフラマン語地域に暮らす者であった。トラウマティックな出来事は平均すると 6 年以上前に発生したものであった。参加者の約半数の外傷体験は愛する人との死別に関するものであった。その他の参加者の外傷体験はレイプ、強盗事件、病気などであった。治療開始前に測定されたトラウマ症状（「出来事インパクト尺度」で測定された）はオランダ人の外傷後ストレス障害患者の標準値よりも重症であった。治療条件と待機リスト統制条件の参加者の間にトラウマ症状の差異は存在しなかった（詳細は、van Asselt & Peetoom, 2000 を参照）。

トラウマ関連症状の低減

図 12.2 は、治療条件の参加者は治療の前後で回避得点と侵入得点の劇的な減少を示したが、統制条件の参加者は治療の前後でそのような変化を示さなかったことを示している。分散分析は治療条件の参加者の改善度と治療を受けない条件の参加者の改善度の差が著しいことを明らかにした（回避得点については $F(1, 26) = 18.56$, $p < .001$, 侵入得点については $F(1, 26) = 5.72$, $p < .05$）。コーエン（Cohen, 1977）の基準と比較すると効果サイズは非常に大きい（回避得点については 1.66, 侵入得点については .95）。

全般的な精神病理の低減

治療条件と統制条件における全般的な精神病理（不安、抑うつ、身体自覚症状）

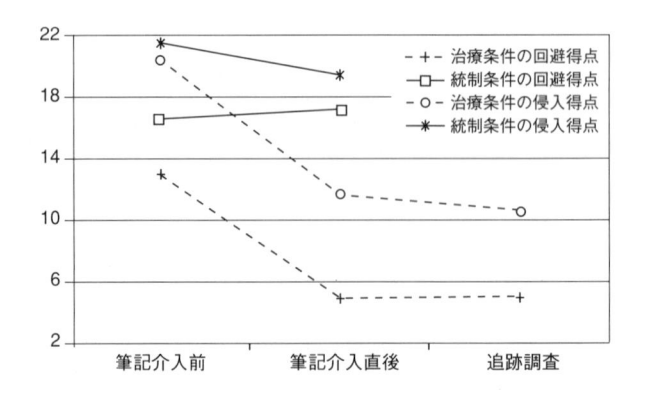

図 12.2 インテラピー実験 2 の治療条件と統制条件における回避と侵入の変化

表 12.2 インテラピー実験 2 の治療群と統制群における臨床的改善率

変数	治療群		統制群	
	改善	悪化	改善	悪化
回避	72	0	0	0
侵入	46	0	10	0
不安	88	0	0	15
抑うつ	80	0	15	15
身体自覚症状	67	0	7	7

(注) これらのデータは van Asselt & Peetoom (2000) による内部資料より引用。

の変化パターンは図12.2に示されたパターンと同じであった。治療条件では不安，抑うつ，身体自覚症状が治療の前後で著しく減少した。統制条件ではそのような改善は生じなかった。治療条件と統制条件の差は統計的に有意であった（自由度 (1, 26) の F 値は 5.96 (5%水準) から 11.70 (0.1%水準) の範囲）。効果サイズは大きかった(不安の効果サイズ .96 から身体自覚症状の効果サイズ 1.35 の範囲)。6 週間が過ぎても症状の悪化は生じなかった。

臨床的妥当性

ジャコブソンとトラックス（Jacobson & Truax, 1995）の方法に基づき，各変数において臨床的に改善を示した参加者の比率と悪化を示した参加者の比率が計算された。表12.2が示すように，ほとんどすべての変数において治療条件の参加者の大多数が臨床的に改善したことが明らかになった。ただし侵入の改善を示した治療条件の参加者は半数以下であった。治療条件とは異なり，統制条件では変数によってわずかに改善が示されたり悪化が示されたりした。

インテラピーについて探究する―どんな人に効果が生じるのか？―

上述した 2 つの実験では，インテラピーによって生じる恩恵を予測する変数を検討した。以下では 2 つの実験の知見をあわせて簡潔に説明する。
- インターネットの使用経験：インターネットの使用経験がほとんどない参加者やまったくない参加者は，インターネットの使用経験が豊かな参加者と同等の改善を示した。
- 個人属性：性別や年齢など人口統計学的変数で差異があっても改善効果は同じである。

- 対面治療への好み：一般成人の母集団（実験2）では対面相互作用を好む参加者はいなかった。おそらく彼らはインターネットによる治療を自分で選んだからであろう。大学生（実験1）はインターネットによる治療を意図的に選んだわけではない。研究プロジェクトへの参加者は治療を受けることができるという特典が魅力となった。実験に参加した約半数の大学生は対面形式による治療を好んでいた。だが，対面形式の治療を好む参加者の改善効果はインターネットによる治療を好む参加者の改善効果と同じであった。
- インテラピーの有効性を示す心理学的予測因を調べるために，実験2の終了後に一般成人のインテラピーのデータを合併させた。合計69名の参加者のデータに対してステップワイズ式重回帰分析を行うことが可能になった。すなわち，上述した単変量分散分析でインテラピーの効果を予測した変数を多変量解析により分析した。独立変数は年齢，性別，トラウマティックな出来事に直面してから経過した時間，インテラピーに参加する以前の開示経験と非開示経験，全般的な心理機能（「症状チェックリスト90」の得点が表している）であった。クートとジャガー（Kuut & Jager, 2000）はこれらに関する分析方法と結果について詳しく説明している。これら6つの独立変数のうち2つの独立変数は「出来事インパクト尺度」の合計得点で測定された治療効果を統計的に有意に予測した。
- 開示：インテラピーを始める以前に自分のトラウマ体験について人に話したことがなかった参加者は，治療終了後の「出来事インパクト尺度」の得点において最も著しい低下を示した。この変数は，回帰方程式に治療開始前の得点を組み込んだ場合，治療終了後の「出来事インパクト尺度」得点の変動の24％を説明した。治療開始前の「出来事インパクト尺度」得点は，治療終了後の「出来事インパクト尺度」得点のわずか11％しか説明していない。以上の結果は，リメイ（Rimé, 1995）が主張する社会的共有の重要性を支持している。
- 年齢：この変数は治療開始前の得点を統制した場合，治療終了後の「出来事インパクト尺度」得点の31％を説明した。参加者の年齢が低いほどインテラピーから恩恵を受けた。

このような多変量解析により，われわれはある変数を統制しながら残りの変数が寄与する程度を調べた。開示の効果は出来事からの経過時間や年齢では説明できない。また，年齢の効果は出来事からの経過時間や開示してからの経過時間では説明できない。

インテラピー―現時点の結論―

　インテラピーの効果は，われわれが期待していた以上のものであった。その効果サイズは，われわれの行った対面形式の実験で見いだされた効果サイズやスミス（Smyth, 1998）のメタ分析で報告された効果サイズの2倍から3倍であった。インテラピーの改善効果は少なくとも18か月間持続した（Roemer & Skogerbo, 2000）。このように有効性を示す結果は，確立された理論的モデルに基づいた一定の順序で，非常に明確で厳密に統制された教示にしたがって10セッションの筆記を行う，きわめて効果的なプロトコルによって生じたものと思われる。それに比べて，対面形式の実験におけるプロトコルは単純で，筆記セッションの回数や筆記の段階は少なく，的確なフィードバックを返すものではなかった。このような点で，インテラピーによる治療はスミス（Smyth, 1998）が分析した諸研究のプロトコルよりも複雑である。参加者の大多数は対面形式でセラピストと接するよりもインターネットで内面にある感情を他者と共有することを好んだ。しかしながら，参加者たちはインテラピーのセラピストの存在を感じ，セラピストとインターネットで結ばれていることを喜んだ。セラピストとクライエントの間にポジティブな関係が築かれた。セラピストが即座に応答する必要がないために不適切なフィードバックを返す可能性が減ったため，セラピストとクライエントのポジティブな関係が強まったのだろう。セラピストは自信がもてないときには，参加者の筆記文やそれまでクライエントに返したフィードバックを同僚やスーパーバイザーに提示した。クライエントの非言語的メッセージを見たり評価したりすることができないことは，セラピストが適切なフィードバックをクライエントに提供する妨げにはならなかったようだ。実際，インテラピーのセラピストたちは治療の中核的な要素―自己直面と認知的再体制化―に専念することができたために，通常の治療よりも力を発揮できたかもしれない。

　インテラピーのすべての過程に通じるものは，クライエントとセラピストの関係と介入の質が有益であったことだけでなく，治療の一貫性を保つ研究計画を実現させたとともに治療全般の点検を可能にしたことで重要である。すべての質問項目と質問紙に対する回答データがそろったことは，研究者にとっては喜ばしいことだ。インテラピーのプログラムでは，参加者が回答しない質問項目や質問紙があった場合には，自動的にその先にある質問項目や質問紙に進むことができないようになっている。しかしながら実験の参加者がログインできなかったり，筆記文を完成させることができなかったことも時々あった。治療終了後の追跡調査の質問紙に記入することをすっかり忘れていた参加者もいた（それらの参加者はこの実験への参加を辞退したと見なされた）。このような現実問題は機器とイン

ターネット技術がもっと改善されれば減っていくだろうと考えられる。辞退者の率を減らすために，われわれはインテラピーのサイトに関する的確なヘルプ機能をつくったり，親切な相談窓口サービスを設けたりし，今では辞退者は約20%まで低下している。臨床実践でインテラピーを実施する場合には電子メールで相互作用することを計画している。

　大学生が参加した初めての統制実験では，治療を受けるために待機していた統制条件の数多くの参加者に，臨床的に意味のある改善が若干生じた。この統制条件における改善効果は，申込者が治療を開始する前あるいは治療条件か統制条件に無作為にふり分けられる前に心理教育を施すインテラピーの形式に起因するのかもしれない。統制条件の参加者は，それほど待たされずにインテラピーによる治療を受けることを知っていた。インテラピーの形式に由来するこれらのポジティブ効果は，トラウマ症状が深刻な一般成人を対象にしたインテラピー実験2では認められなかった。このようなデータは，中等度のアルコール依存症の人々の標本に対して，単に解説文だけを読んでもらう心理教育でポジティブな結果を認めたシサータンら（Sithartan et al., 1996）の実験結果と一致する。

　インテラピーの心理教育がもたらすポジティブな影響は実際的な価値をもっており，申込者が即座に治療を受けることができず数週間から数か月間待たされる場合にも役立つ。今後の研究では現行の待機リスト統制条件だけでなく，治療を受ける前に心理教育を施されない統制条件やプラシボ治療条件，あるいはインテラピーと同じ条件による対面形式での治療と，インテラピーの効果を直接的に比較してみるとおもしろいだろう。

　インテラピーでは精神病や解離性や重症の大うつ病のリスクが高い患者をその治療対象から除外するが，それらの症状が「軽い」患者を治療対象に含めたこともある。インテラピーは長期にわたって重症の抑うつや外傷後ストレス反応を示してきた参加者に対してきわめて有効であった。

　現時点ではインテラピーはオランダだけに存在し，オランダ語を話すクライエントだけが利用できる。近い将来，インテラピーの英語やその他の言語仕様をつくり，通文化的な援助や研究に取り組まれるだろう。

総合考察

　対面形式であろうとインターネット形式であろうと，われわれが提唱する筆記モデルは臨床的研究と実践を基礎にしている。所要時間の総量やスケジュールの正確さなど，その筆記モデルのいくつかの事項は重要である。構造化された筆記表出法はクライエントにとって苦痛であろうから（クライエントは自己に向き合

わねばならない），たとえクライエントが苦痛な話題を避けるとしても，セラピストが無条件にクライエントを支持することは大切だ。インテラピーの実験はインターネットを通じた支援と関わりが可能であるということを立証した。それは，おそらくフィードバックの可能性が制限される対面形式に比べて優れている。

対面形式実験の実験2は筆記課題の最後に洗練された手紙を書くことで長期的なポジティブ効果が生じることを明らかにした。このような効果は，意味深い文章を創作するための被験者の格別な努力と，その努力の過程で生じる象徴的な力によって生まれるのかもしれない。手紙において重要な人物と共有することも，そのようなポジティブ効果に寄与するのかもしれない。この点に関するデータはないが，この見解を支持する臨床実践の報告（Lange, 1996）やリメイ（Rimé, 1995）の研究などがある。インテラピーを始める以前に自分のトラウマ体験について人に話したことがない参加者が，人に話したことがある参加者よりも恩恵を受けた，というインテラピーの予測的研究の結果もこの見解を支持する。

参加者が手紙を実際に発送したかどうか，また手紙を送ったことによって受取人との間でトラウマティックな出来事を共有することができたかどうかについて，筆記課題の追跡研究で調べてみた。手紙を発送した参加者の改善度と発想しなかった参加者の改善度を比べてみると，インテラピーの追跡研究による暫定的なデータは手紙を送ることが重要であることを示している。

われわれは対面形式の実験で慣れ（自己直面）と認知的再評価と社会的共有の相対的重要度に関する決定的なデータを発見しようとした。第1実験は慣れよりも認知的再評価のほうが重要であることを明らかにした。このことは広場恐怖を示す人々において認知的再評価が促された場合にのみ，自己直面が有効であることを示唆したヴァン＝デン＝ホウトとメルケルバッハ（Van den Hout & Merckelbach, 1993）の見解と一致する。しかしながら，この点に関する第1実験のデータは第2実験のデータでは十分に支持されない。ヴァン＝ツーレンら（Van Zuuren et al., 1999）は質的研究において，トラウマティックな出来事を克服するためには自己直面と認知的再評価の双方が重要であることを発見した。トラウマティックな出来事の克服過程の初期には苦痛のさまざまな要素に対する自己直面（慣れ）が不可欠であり，その後に認知的再評価が必要になるという時間的順序があるように思われる。社会的共有は治療の達成を強化することや，クライエントの変化を維持するための支援システムを築くことに役立つだろう。このような見解は臨床実践で使われる治療プロトコルに対する理論的ならびに実践的な示唆を含んでいる。

外来患者を対象にした臨床心理学研究者の大多数は，実験的治療の有効性を調べるために妥当性を備えた自己報告測度を利用する。われわれのインターネット

実験の参加者は匿名であるが,彼らの自己報告測度の回答が歪められていると考える理由はない。しかしながら,実験的治療の影響力を査定するために他の診断基準を試したり発見したりすることは重要である。われわれの研究によると,構造化筆記は,暴力被害や強盗被害にあった後の外傷後ストレス障害,死別や離婚による愛する人の喪失後の病理学的悲嘆,失業あるいは病気による外傷後ストレス障害などの問題領域で有効性を発揮すると思われる。先祖に対する怨恨や恐怖が重要な役割を果たしている事例で,構造化筆記の有効性が臨床的に示されている。これは認知療法の理論的枠組みや異世代間家族療法の理論的枠組みと関連する (Bedrosian & Bozicas, 1994; Lange, 1996)。

◆ 注 ◆

＊1：インテラピーはオランダ精神保健協会の2つの助成金で始めることができた。

◆ 引用文献 ◆

Alem, V.van, Bosma, D., Corven, J. van, Dingemans, P. M. A. J., Geerlings, P. J., Limbeek, J. van, Liszen, D. H. Smeets, R. M. W., & Wouters, L. F. J. M. (1991). *The Diagnostic Interview Schema (DIS) version III*. Amsterdam: University of Amsterdam.
Arrindell, W. A., & Ettema, J. H. M. (1986). *SCL-90: Handleiding bij een multidimensionele psychopathologie-indicator [SCL-90: Manual for a multidimensional indicator of psychopathology]*. Amsterdam/Lisse: Swets & Zeitlinger.
Bedrosian, R. C., & Bozicas, G. D. (1994). *Treating family of origin problems: A cognitive approach*. New York: Guilford Press.
Brom, D., Kleber, R. J., & Hofman, M. C. (1993). Victims of traffic accidents: Incidence and prevention of post-traumatic stress disorder. *Journal of Clinical Psychology*, **49**, 131-140.
Cohen, J. (1977). *Statistical power analysis for the behavioral sciences* (Rev. ed.). New York: Academic Press.
Derogatis, L. R. (1977). *SCL-90 (R): Administration, scoring and procedures manual-I for the revised version of other instruments of the Psychopathology Rating Scale series*. Baltimore: Clinical Psychometrics Research Unit, Johns Hopkins University of Medicine.
Ellis, A. J., Gordon, J., Neenan, M., & Palmer, S. (1997). *Stress counseling. A rational emotive approach*. London: Cassell.
Erdman, H. P., Klein, M. H., & Greist, J. H. (1985). Direct patient computer interviewing. *Journal of Consulting and Clinical Psychology*, **53**, 760-773.
Foa, E. B., & Riggs, D. S. (1995). Posttraumatic stress disorder following assault: Theoretical considerations and empirical findings. *Current Directions in Psychological Science*, **4** (2), 61-65.
Harrison, C. A., & Kinner, S. A. (1998). Correlates of psychological distress following armed robbery. *Journal of Traumatic Stress*, **11**, 787-798.
Horowitz, M., Wilner, N., & Alvarez, W. (1979). Impact of Event Scale: A measure of subjective

distress. *Psychosomatic Medicine*, **41**, 209-218.
Jacobson, N. S., & Truax, P. (1995). Clinical significance: A statistical approach to meaningful change in psychotherapy research. In A. E. Kazdin (Ed.), *Methodological issues & strategies in clinical research* (pp.631-650). Washington, DC: American Psychological Association.
Jaycox, L. H., & Foa, E. B. (1996). Obstacles in implementing exposure therapy for PTSD: Case discussions and practical solutions. *Clinical Psychology and Psychotherapy*, **3** (3), 176-184.
Kuut, T., & Jager, J. (2000). *Interapy: predictie analyses [Interapy: prediction analysis]*. Unpublished doctoral dissertation, University of Amsterdam, Department of Psychology.
L'Abate, L. (1991). The use of writing in psychotherapy. *American Journal of Psychotherapy*, **45**, 87-98.
Lange, A. (1994). Writing assignments in the treatment of grief and traumas from the past. In J. Zeig (Ed.), *Ericksonian approaches,the essence of the story* (pp.377-392). New York: Brunner/Mazel.
Lange, A. (1996). Using writing assignments with families managing legacies of extreme traumas. *Journal of Family Therapy*, **18**, 375-388.
Lange, A., de Beurs, E., Dolan, C., Lachnit, T., Sjollema, S., & Hanewald, G. (1999). Long-term effects of childhood sexual abuse: Objective and subjective characteristics of the abuse and psychopathology in later life. *Journal of Nervous and Mental Disease*, **187** (3), 150-158.
Lange, A., Schrieken, B., Blankers, M., van de Ven, J.-P., & Slot, M. (2000). Constructie en validatie van de Gewaarwordingenlijst (GL): een hulpmiddel bij het signaleren van een verhoogde kans op psychosen [Construction and validation of the Sensory Perception Inventory: A tool to detect risk of psychosis]. *Directieve Therapie*, **20** (2), 162-173.
Lange, A., Schrieken, B., van de Ven, J.-P., Bredeweg, B., Emmelkamp, P. M. G., van der Kolk, J., Lydsdottir, L., Massaro, M., & Reuvers, A. (2000)."INTERAPY": The effects of a short protocolled treatment of post-traumatic stress and pathological grief through the Internet. *Behavioural and Cognitive Psychotherapy*, **28** (2), 103-120.
Lange, A., van de Ven, J.-P., Schrieken, B., Bredeweg, B., & Emmelkamp, P. M. G. (2000). Internet-mediated, protocol driven treatment of psychological dysfunction. *Journal of Telemedicine and Telecare*, **6** (1), 15-21.
Lange, A. van de Ven, J.-P., Schrieken, B., & Emmelkamp, P. (2001). INTERAPY. Treatment of posttraumatic stress through the Internet: A controlled trial. *Behavioral Research and Experimental Psychiatry*, **32**, 73-90.
Marks, I. (2000). Forty years of psychosocial treatment. *Behavioural and Cognitive Psychotherapy*, **28**, 323-334.
Nijenhuis, E. R. S., Spinhoven, P., van Dyck, R., van der Hart, O., & Vanderlinden, J. (1997). The development of the somatoform dissociation questionnaire (SDQ-5)as a screening instrument for dissociative disorders. *Acta Psychiatrica Scandinavica*, **96**, 311-318.
Pennebaker, J. W., & Beall, S. (1986). Confronting a traumatic event : Toward an understanding of inhibition and disease. *Journal of Abnormal Psychology*, **95**, 274-281.
Resick, P. A., & Schnicke, M. K. (1992). Cognitive processing therapy for sexual assault victims. *Journal of Consulting and Clinical Psychology*, **60**, 748-756.
Rimé, B. (1995). Mental rumination, social sharing, and the recovery from emotional exposure. In J. W. Pennebaker (Ed.), *Emotion, disclosure and health*(pp.271-291). Washington, DC: American Psychological Association.
Roemer, M., & Skogerbo, A. (2000). *Long-term effects of a protocolled writing treatment of grief and PTSD through the Internet*. Amsterdam: University of Amsterdam, Department of Clinical Psychology.
Schoutrop, M. (2000). *Structured writing in processing traumatic evevts*. Unpubulished doctoral dissertation, University of Amsterdam.
Shalev, A. Y., Bonne, O., & Eth, S. (1996). Treatment of posttraumatic stress disorder: A review.

Psychosomatic Medicine, **58** (2), 165-182.
Sithartan, T., Kavanagh, D. J., & Sayer, G. (1996). Moderating drinking by correspondence: An evaluation of a new method of intervention. *Addiction,* **91,** 345-355.
Smyth, J. M. (1998). Written emotional expression: Effect sizes, outcome types, and moderating effects. *Journal of Consulting and Clinical Psychology,* **66,** 174-184.
Van den Hout, M., & Merckelbach, H. (1993). Over exposure. *Directieve Therapie,* **13** (3), 192-203.
van Asselt, I., & Peetoom, T. (2000). *Gestructureerd schrijven via Internet door een klinische populatie: vergelijking experimentele en controlegroep [Structured writing via Internet by outpatients: Comparison of treatment and control].* Amsterdam: University of Amsterdam, Department of Clinical Psychology.
Van Zuuren, F. J., Schoutrop, M. J. A., Lange, A., Louis, C. M., & Slegers, J. E. M. (1999). Effective and ineffective ways of writing about traumatic experiences: A qualitative study. *Psychotherapy Research,* **9,** 363-380.
Vaughan, K., & Tarrier, N. (1992). The use of habituation training with posttraumatic stress disorders. *British Journal of Psychiatry,* **161,** 658-664.

13章
ワークブック
―筆記表現パラダイムのための手段―

ルチアーノ・ラバーテ　　ロイ・カーン

「……研究と実践の両方の領域に関して新しい方向を考えることが必要である。」
(Bickman, 1999, p.966)

　筆記療法は，伝統的な発話に基づいた対面で行う心理療法とは異なった（そしておそらく，より進歩した）方法である。筆記療法は人間の性質について，さらにどのようにいつ介入すべきかについて，従来の方法とはまったく異なった仮説を前提としている。筆記療法は，来談者と距離を置いた心理学的介入方法をどのように提供するかについて，大きな変更を迫るものである。遠隔筆記は心理療法の現況を克服するための代替方法である。遠隔筆記は対面での発話に基づく心理療法よりもより効果的で，費用対効果に優れ，特異的で明示的な心理学的介入となるだろう。この際立った特徴は，ワークブックに代表されるようなプログラムされた遠隔筆記においてさらに顕著だと思われる（Esterling et al., 1999; L'Abate, 1986, 1990, 1992, 1999a, 1999b, 1999c, 1999d, 1999e, 2000, 2001b, 2001c, 2002, in press）。これまでのところ，確立された心理療法的な介入のなかで，遠隔筆記はまだ主流ではない。遠隔筆記は，この分野での主要な最近のテキストのなか（Hubble et al., 1999; Snyder & Ingram, 2000），あるいは実証に基づいた介入のなかでは言及されていない（Dobson & Craig, 1998; Nathan & Gorman, 1998）。これはおそらく，遠隔筆記における研究の多くが臨床（つまり患者）集団よりも大学生のデータに基づいているためである。
　筆記と発話を比較すると，これら2つの媒体のメリットが浮かびあがってくる。

たとえば，話すことは書くことよりも簡単であるため，人生の早期に習得される。話すことは自然に習得できるが，書くことは体系的に教わらなければならない。結果として，書くことよりも話すことのほうが少ない努力で習得できる。話すことは自然に起こり，社会的文脈に依存する。一方，書くためにはよく考え，自発的な意思が必要である。このように書くことよりも話すことのほうが少ない時間で計画的に習得される。さらに，発話においては単位時間中により多くの考えが想起され，一方同じ語数ならば筆記のほうがより多くの内容が含まれる。通常，話したことはテープに録音しない限り永久的な記録には残らない。しかし，録音されたテープから記録を書き起こすには時間と費用がかかる。書くことはそれ自体が永久的な記録である。話すことは統語上の複雑さや具体性が書くことよりも少ない。これらの違いのため，話すことよりも書くことや読むことのほうがより保存力がある。同じ治療期間で比較すると，結果として問題を会話によって扱うよりも，筆記のほうが来談者を問題に直面させることができる（L'Abate, 1990, 1992, 1994, 1997, 1999a, 1999b, 1999e）。最後に発話と筆記については，話すことはおもに右前頭葉，書くことはおもに左前頭葉で担われているという脳の半球の機能分化において論じることもできるだろう。もちろん，そこにはもっと複雑なその他の生理学的な機能も含まれるのであるが。発話と筆記における脳半球機能の違いについては，大雑把ではあるがすでに要約がなされている（L'Abate, 2002; Reed et al., 2001）。

　次に述べる心理療法と遠隔筆記の違いも，それぞれの長所を示している。セラピストのなかには，スタイルや個人的な態度が方法よりも重要であるという人もいる。遠隔筆記では，方法がスタイルや個人的な態度よりも重要である。スタイルは個々のセラピストにおいてさまざまであるが，遠隔筆記ではアプローチの違いは少なく一定である。遠隔筆記においては，スタイルは二次的であるか無関係である。対面で行う言葉に基づく心理療法の過程では，個別性が重視される（つまり，厳密にそして正確に個人を重視する）。一方，遠隔筆記はグループに対して，さらには大人数に対しても施行可能だという意味において，個別性と普遍性の両方を兼ね備えている。しかし，展示13.1に示されているように，さまざまな遠隔筆記のなかでも最もプログラムされたワークブックを用いる方法は，来談者が主題としたい項目（怒り，抑うつなど）を決めようとする場合にはきわめて個別的に適応しうる。心理療法では，その内容はセッション内あるいはセッション間で力動的であり柔軟である。一方，遠隔筆記では，内容はいくぶん限られた範囲内で変えることも固定することもできる。セリグマン（Seligman, 1998）が主張するように，心理療法は曖昧すぎて特異的になりえないが，遠隔筆記，特にワークブックは非常に明確で特異的であり，専門家間で，または臨床的状況間で

展示 13.1　ワークブックの機能

1. ワークブックは，基本的な特定のワークブックの見解や研究に精通していない専門家や学生のために構造化されたインタビューやスクリプトとして利用することができる。たとえば，多くのワークブックは多くの専門的な援助者がもつ伝統的な臨床的レパートリーにはない視点に基づいている。それゆえ，ワークブックは専門家と来談者の双方にとって，選択肢を増やすものである。
2. ワークブックは固定した信念，認知，行動パターンの自覚と，それらについての批判的な評価を増すことができる。
3. ワークブックは，介入の費用対効果を最大にすることによって，また毎週の対面式介入ができない来談者を助けることによって，臨床的治療の時間を節約することができる。
4. 特に専門的な援助者が休みであったり会うことができないとき，ワークブックを使えばセッションの間にも治療を継続することができるので，説明可能性や費用対効果などの治療上の要求に応えることができる。
5. ワークブックは，専門家に直接頼ることなく，来談者に問題への対処や問題解決方略を教えることができる。
6. これまで行われた予備的な研究の証拠から (Smyth & L'Abate, 2001)，ワークブックは対面での言語による治療セッションと組み合わせると，来談者が思考を統合する過程を促進することができると考えられる。
7. ワークブックは，対面の言語による介入前のインテイクの段階に役立たせることができると思われる。たとえば，どうすれば治療の効果を最大にすることができるか，あるいは治療セッション後に課題を完成させることの重要性を伝える手段として宿題を作成することができるだろう。
8. ワークブックは，来談者がどれくらい変化しやすいか，あるいは来談者が変化を引き起こすためにどれくらい自らの責任を引き受けるつもりがあるのかを評価する方法となるだろう。
9. ワークブックは，対面での言語的な介入セッションの後の手段として利用することができる。心理療法を受けた患者は筆記での宿題を実行することによって効果を増すことができるだろう (L'Abate, 2000)。
10. ワークブックを構造化されたインタビューのための台本として，また介入のガイドラインとして用いることによって，個人，カップル，家族のさまざまな精神的健康の問題を扱うための大学院生の初期訓練を行うことができる (Jordan, 2001)。それによって，治療計画での当て推量の余地を減らすことができる
11. 精神的健康に関する心理検査と補助的な質問によってなされた診断に対応した治療計画を立てると，ワークブックは対面での治療においても便利なプロトコルを提供することができる。
12. ワークブックはコンピュータを媒介とした介入のためのソフトウェア，精神的健康トレーニング，予防，心理療法，リハビリとして利用することができる。
13. ワークブックを用いることにより研究者は，安価で容易に統制された研究を行うことができ，記録の保持，符号化，分類の必要性を最小にすることができ，一定時間により多くの来談者を扱うことができる。

再現性がある。心理療法は曖昧で，能率が悪く費用のかかる仕事であり，一方，遠隔筆記は，特に印刷物を大量に生産すれば，費用が比較的安くすむ（L'Abate, 2001c）。その結果，遠隔筆記は，会話より費用対効果が優れているだろう（L'Abate, 1999e）。なぜなら遠隔筆記は，ワークブックの印刷代がかかるだけであるし，対面の心理療法とは違って，来談者が話したことを記録しなくても分析可能だからである。ことに後者は，少数の研究費が支給される研究者以外の者には，非常に切実な問題である。

　最後に，この比較的新しい「治療」を理解するためには筆記の分類が必要である。筆記は，表現的，創造的，自発的な（文脈にそった，構成されたストーリー）ものから，教示に基づく，計画的な（語彙，スペル，スタイル，文法，論法，文の組み立て）ものまで，さらにはそれら2つの組み合わせまで範囲を広げることができる。また，筆記による介入は「体系化されていない自由な状態」から「構造化されていて制限のある状態」まで範囲を広げることができる。たとえば構造に関していえば，雑誌や日記のような自由な筆記は，最も構造化されていない，または最も制限のない様式である。自伝やペネベーカー（Pennebaker, 1997）式の表現形式のような1つのトピックに焦点を当てた筆記は，それよりは構成された制限のある様式である。すでに書かれた作文についての質問に筆記で答えるような誘導的筆記は，さらに構造（制限）化された様式である。本章や他の著作で言及されているワークブックのようなプログラムされた筆記は最も構造化（制限）された様式である。さらに遠隔筆記は，目標（カタルシス 対 記述），特異性（高い 対 低い），内容（トラウマ 対 日常的・一般的 対 特定の），そして抽象化のレベル（高い 対 低い）などの次元により，分類される（L'Abate, 1992, 2002）。

　こうした前提により，ワークブックのような遠隔筆記は，既存のインターネット技術とあいまって，精神的健康に関するサービス提供において，革命的なパラダイムのシフトではないにしても，革新的進歩をもたらすかもしれない。コンピュータを用いたワークブックはインターネット，Eメール，ファクシミリを通して実施することも可能である。この技術があれば，ワークブックは伝統的な対面式の心理療法の代替品，あるいは，インターネットを利用していても対面式を模した心理療法の代替品としてみなすことができるであろう。結果的にワークブックは，第1次，第2次，第3次予防として有効となるだろう（L'Abate, 1990, 1992, 1999c, 1999d, 1999e, in press; McMahan & L'Abate, 2001; Reed et al., 2001; Smyth & L'Abate, 2001）。カザンティスら（Kazantzis, 2000; Kazantzis et al., 2000）によるメタ分析の結果は，心理療法におけるホームワークの有用性を支持している。彼らの結果は，対面での心理療法においても，メール，ファクシミリ，インターネットによる遠距離の心理療法においても，系統的な筆記のホームワークや

ワークブックの有効性を支持している。

1節
ワークブックの構造と分類

　ワークブックは，体系的に特定のトピックに取り組むための質問，課題，練習，を含む一連のプログラムされた筆記式の課題から構成される。ワークブックの内容は，怒り，ぐずぐずする癖，抑うつ，同胞葛藤，かんしゃく，自尊心のようなトピックに対処するために設定できる（L'Abate, 1996, 2001a）。ワークブックはいくつかの心理検査から作られている。BDI（Beck Depression Inventory, Beck, 1976）や MMPI-2（Minnesota Multiphasic Personality Inventory-2, Greene & Clopton, 1999）は個人，カップル，家族に対するワークブックの例であるが，それらは心理検査から発展した。その他のワークブック（L'Abate, 1996, 2001a, 2002）は，ほとんどの精神的健康上の問題や臨床から非臨床まで，犯罪者から一般の人までの症状の範囲をカバーする。遠隔筆記，ワークブック，構造化されたコンピュータによる介入は，人格障害，犯罪，行動化などの治療に役立つだろう。

　ワークブックは次のような次元により分類される。(a) ライフサイクルの段階（児童，青年，成人，夫婦，家族），(b) 対象とする問題（たとえば，不安，抑うつ，夫婦間葛藤），単一得点による検査（BDI など），複数得点によるテスト・プロフィール（MMPI-2 など），(c) 正常，人格障害の内在化（不安，抑うつ，恐怖），外在化（怒り，攻撃，敵意，衝動），そしていくつかの精神病理による個人の特殊性，(d) 線形的 対 循環的なスタイル，(e) 普遍的 対 自伝的な形式，(f) 理論に由来しているか理論によらないか，(g) 内容（嗜癖，感情傷害，行動化，親密さ，家族関係）。

　ワークブックは確かに，非常に機械的で合理的な技法である。しかし，臨床的であれ，非臨床的であれ，犯罪的，あるいは慢性的な，ある心理学的症状には，それに対処するための問題や診断を介入法に結びつけるワークブックが存在しうるということである。介入が実際に解決に結びつくのかどうかは今後検討されねばならない。ワークブックは，ある特定の症状の診断にぴったり合う治療を可能にするように作られている。たとえば，抑うつの治療のためには，少なくとも7つのワークブックがある（L'Abate, 2001a）。これは，抑うつのタイプやレベルとワークブックを効果的に一致させるためである。それゆえ，このアプローチは医療モデルと似ている。どんな身体症状や病気でも，それに最適な，再現性のある医療や手術は限られている。ある医療に十分な効果がなければ，患者の症状に最

も適切な医療を探すことになる。このアプローチはワークブックの実施に特有なのであるが，哀れみ，無条件の敬意，共感，温かさに基づいた人間性モデルを否定するわけではない。医療モデル（L'Abate, 2001c）は，心理的介入の場合のような願望に基づいた考えよりも根拠に基づくことによって，事実上，最も人間的なモデルであるといえる。そのため心理学的介入にとってのワークブックは，精神医学と医療にとっての薬のようなものである（L'Abate, in press）。幅広い選択が可能なように，同じ状態を扱うワークブックがいくつか用意され，それぞれのワークブックには前もって決められた"適量"がある。また，ワークブックを完成するために必要な課題に関する治療の長さも決められている。薬とワークブックの違いは，薬物がしばしば一生投与が続けられるのに対して，通常，ワークブックは一人の人にくり返して実施されることはないという点である。

ワークブックは，それでなくては使われないような既存の知識を組織的に蒸留し，カプセルに詰めたものだといえよう（L'Abate, 2001c, in press）。たとえばワークブックはBDIのような単独の得点テストやMMPI-2のような多角的なテストに由来している（L'Abate, 1996）。前述したように，ワークブックは言語的に達成されるよりも，より直接的で明示的に，介入に対する関連した評価を得られる。他のワークブックは，(a) 臨床的研究，(b) 現存の理論や理論的モデル，(c) 因子分析，(d) 研究，(e) 一般的な書籍，に基づいて開発されてきた。課題によって意図されることの一例は，情動表出を促進するために開発された最初の，導入的なワークブックにおいて示されている（展示13.1）。この例からわかるように，ワークブックの機能は会話を通して達成するには，不可能かとても困難であり，また非常に費用がかかるほどの特異性や明白さをもっている。対面で話すことを基本とした心理療法において，同じ情報を提供し，来談者がそれを受け取り，自分のものにしたことを確認するには，どれくらいのセッションが必要であることか。

おそらく費用対効果が高く，大量に頒布することができる遠隔筆記の導入は，精神的健康サービスにおいて，一連の段階からなる治療を提供することを可能にするだろう（L'Abate, 2002）。しかし，精神的健康サービスのために新しく提案されたどんなモデルについてもそうだが，このアプローチの実証的な基礎を検討することが必要である。デ＝ジャコモとデ＝ニグリス（De Giacomo & De Nigris, 2001），グールド（Gould, 2001）は，対面式の心理療法よりもむしろコンピュータを用いるほうを好む患者もいることを示している。いくつかのケースではコンピュータを用いたワークブックが，家族やグループ療法の前に行われた。それによって，専門家との対面での言語的な関係に入る動機づけがもたらされた。

2節
実証研究

　ラバーテ（L'Abate, 2001c）は，大学生を対象として25年以上にわたって彼の研究室で行われたワークブックについての12の研究を要約した。これらの研究のうち2つは論文として公刊されている（McMahan & L'Abate, 2001; Reed et al., 2001）。これらの研究の効果サイズの推定値はきわめて異なり，いつも予測される方向の効果が見られているわけではない。そのためラバーテ（L'Abate, 2001c）は，彼が要約した研究について，3つの大きな短所を指摘している。(a) それらの研究はワークブックの筆者とその協力者によって遂行されているので，実験者バイアスが混入していることは明白で，これらの結果の妥当性に疑問が生じる，(b) それらの研究は筆者による二次的な媒体に発表されているか，あるいは審査の厳しくない水準の低い専門雑誌に発表されている，(c) 少なくとも3つの発表されていない研究では矛盾する否定的な結果（つまり，統制群において実験群よりもよい効果がみられた）が得られている。これらの否定的な結果は，あるトラウマについて焦点を当てた遠隔筆記が逆効果をもたらすことを示したペネベーカー（Pennebaker, 2001）の知見と整合する。統制群において効果がみられたことについての別の仮説は，補償的拮抗である。補償的拮抗は，統制群の被験者が実験群と比較されていることに気づくことによって生じる。この効果の持続や強さに個人差があるかどうかはまだわかっていない。

　予期しない矛盾する結果—外来患者を対象としたMMPI-2ワークブックを用いた研究で実験群より統制群のほうが有意な変化を得た研究（Bird, 1992），学生のカップルを用いたマクマハンとラバーテ（McMahan & L'Abate, 2001）の研究—は，精神疾患に対するワークブックの使用には，より広範な研究が必要であることを示唆する。いくつかのワークブックは，避けられ，否定され，抑制された過去の有害な出来事に対する不安や反応を引き出すのかもしれない。少なくとも3つの研究の統制群で実験群より強い改善効果を得たことは，これが将来研究すべき重要な分野になることを示す否定できない事実である。実験群における弱い効果の原因は何であろうか。それらは一時的なものなのか永久的なものなのか。そうした否定的な結果は，ワークブックが反治療的な効果をもつことの現れなのか。「どのワークブックがどんな問題で，どのような人たちに効果的なのか」という疑問に答えるために，異なった原理や理論的な根拠から開発されたワークブックを比較する研究が必要である。

　上記の問題についてスミスとラバーテ（Smyth & L'Abate, 2001）は，18のワークブック研究のメタ分析を行った。目的は，ワークブックがどの程度，精神的・

身体的健康の改善をもたらすかを検討することであった。メタ分析は，記述的な比較方法よりも，研究文献をより好ましいやり方で評価できる方法である。しかし，ワークブックについての文献には困難な点があった。研究のデザイン，方法の質，用いた統計法に研究間で大きな違いが存在するのである。しかし，数は少ないながら，統制群（しばしば遅延治療群）とワークブックを比較した研究がある。分析に含まれたすべての研究は，他のセラピーと併用して，あるいは単独で，ワークブックを用いていた。また，これらの研究は健康への結果の測定を含んでいた。このような健康に関する結果は，精神的・身体的健康，あるいはより一般的な遂行成績（たとえば，学業成績，認知機能の遂行）のいずれかの領域で評価された。これらの研究は，効果の大きさを計算するために必要な統計的な情報も含んでいた。重みづけられた全体的な効果サイズの大きさと有意差が，すべての18の研究におけるすべての結果について算出された。個々の研究において，個々の結果についての効果サイズを平均することにより，1つの効果サイズが計算された。ワークブックの全体的な効果サイズを推定するために，これらの個々の研究における効果サイズが集積された（偏りは修正された）。

　すべての研究におけるすべての結果を通した全体的な効果サイズは.30であった（$r = .15$; 95% CI 0.21-0.39, $p < .0001$）。研究間の効果サイズにはかなりのばらつきがあり，その範囲は-.22から1.16であった。ワークブック単独での効果サイズは.36（$r = .15$; 95% CI 0.22-0.50）であり，他の治療と併用されたワークブックの効果サイズは.26（$r = .13$; 95% CI 0.15-0.37）であった。これら2つの効果サイズの違いは有意ではなかった。精神的健康の結果における全体的な効果サイズは.44（$r = .21$; 95% CI 0.29-0.59）であった。身体的健康の結果における全体的な効果サイズは.25（$r = .12$; 95% CI 0.14-0.35）であった。精神的健康の結果とは違い，身体的健康における効果サイズの均等性によるテストは有意であった（$Q_w(5) = 10.79, p < .05$）。

　この分析の結果は，ワークブックが精神的健康には中程度の効果サイズを，身体的健康に関してはやや低い効果サイズをもつことを示唆する。この効果サイズは，心理学的な治療に関するメタ分析の最近のレビューに示されている平均的な最小治療効果（プラセボ効果）と同じくらいである（Asay & Lambert, 1999）。この分析は，ワークブックについて，予防的，心理療法的，リハビリにおける実践における付加的なあるいは独立の方法としての有効性を部分的に支持する。

ワークブックの効能

　費用対効果に優れ，大量生産ができ，簡単にくり返すことができるワークブッ

クの使用は，個人，グループ，カップル，家族をそれらの機能や幸福に関連した問題に一緒に取り組ませることによって行動を改善する可能性がある。コンピュータを通して管理するような，特定のメンタルヘルスの話題に焦点を当てたワークブックによる介入は，展示13.2に列挙したような機能を来談者に提供することができる。これらの機能が来談者やセラピストにとって有効であるかどうかは，今後検討されねばならない。機能とは提供できるサービスであり，長所とはこれらのサービスを使うことで生じるであろう利益の可能性を表す。機能は同時に短所をももつかもしれない。

究極的には，ワークブックは理論のダイナミックなテストとして役に立ちうる。

展示13.2 ワークブック実施の長所

1. 話し言葉で治療計画をまとめるよりも，明確で詳細な治療計画を準備できる。
2. ワークブックの使用は，精神的健康の専門用語をわかりやすくすることによって，専門家と素人の間につながりを作り出す。ワークブックとプログラムされた課題は，専門家をして，精神的健康の提供システムで用いられる技術的な専門用語の操作化をせしめる（L'Abate, 2002）。
3. ワークブックの使用は家，学校，職場での反応に対する学習と行動の汎化効果を増す，効率的な方法であるかもしれない。
4. ワークブックがMMPI-2のような既存のテストから開発された場合，評価と治療を結びつけることが可能となる。こうした評価と治療の対応は，筆記媒体によらない会話に基づく治療においては困難であり費用がかかる（Bickman, 1999; L'Abate, 1999e, 2002）。
5. ワークブックは，典型的な50分間の対面の心理療法やカウンセリング・セッションを越えて宿題を行うことによって，いま現れている問題を取り扱う方法についての具体的，直接的，明示的な示唆を与える。
6. ワークブックは治療セッションのなかで話し合われた問題の理解を豊かにし，深めるための手段とすることができる。
7. ワークブックは，来談者が問題や症状を，より小さく扱いやすい単位に文節化することを助ける。
8. ワークブックは，来談者が自分自身の変化や成長の過程により責任を感じるようにすることができ，その結果，専門家が費やす努力や時間を節約できる。
9. ワークブックは，ひきこもりの人，障害者，軍の職員，平和部隊のボランティア，海外で布教活動をしている人，投獄された重罪犯人と青少年のような，援助が不十分な集団に適用可能な技法である。
10. ワークブックは，再現性のある治療を可能にし，その結果として，より厳密な研究のためのパラダイムを提供する。この過程は声や非言語的行動のようなさまざまな妨害変数によって干渉されることがない。ワークブックはこれらの変数を，対面による言語的な接触よりも，より統制された方法で測定し，観察することができる（L'Abate, 2001c）。

ワークブックは，心理測定という手段によって，理論やモデルについて実りも生産性もない検討をすることに時間を費やすことをせずにすむどころか，さまざまな経験的な基礎や理論的な見解から作り出すことができ，異なる見解や相反する見解を比較評価する根拠となりうる。たとえば，もし抑うつのワークブックが認知行動的な見解から発展したのであれば，対人関係的な見解に基づいて発展したワークブックを比較することができる。

長 所

　今のところ明確ではないものの，展示13.2に示したようなワークブックを用いることの長所は，それらの短所の可能性に勝る。これらの示唆された長所については，さらなる緻密な研究，専門的で科学的な研究を通じた議論を必要とする。ワークブックによるアプローチを用いようとする者は，少なくともテストバッテリーを最小限にし，インフォームド・コンセントを確保すべきである。

　ワークブックの最もはっきりとした長所は，評価と介入を直接的につなぐだけでなく，治療的場面にある。たとえば，躁うつ病で薬物療法を受けていて，心理療法を拒否する患者の場合，適切なワークブックは対面式の心理療法の代わりとして，あるいは心理療法への準備として用いることができるだろう（De Giacomo & De Nigris, 2001; Gould, 2001）。カップル・セラピーで薬物治療か心理療法のどちらかでパートナーがうつの治療をしている間に，もう一方のパートナーが他の特定の精神的問題を治療することも可能である。双方が議論することや闘うこと，親密さについてワークブックを完成することによって利益を得ることができる。学校で行動化する子どもの家族療法では，家族の成員は個人間の葛藤，兄弟間の競争，嘘，タイムアウト，過食などに関連したワークブックによって利益を得ることができる（L'Abate, 1996, 1999c, 1999d, 1999e, 2001c, 2002）。

　その他の長所として，研究と専門的な経験に基づいた修正と改善の可能性があることがあげられる。対照的に，心理療法ではセラピスト自体を訂正することはほとんど不可能である。セラピストがトレーニングの間に学んだことを実践し始めたならば，その後の改善は困難か見込みがないかのどちらかである（Bickman, 1999）。一方，ワークブックは少ない努力と出費で修正することができる。さらに，ワークブックを用いることの長所は，効果のないセッションの減少，来談者の経済的負担の減少，精神的健康に関して説明可能で費用対効果の高い方法を提供できることである。

重要な問題と潜在的な危険性

　ワークブックを用いることの，考えうる短所と危険性は展示13.3に要約されている（L'Abate, 2001c）。これらの限界に加えて，言語での表出と筆記での表出に対する好みと能力に関連した個人差の相互作用を確認しなければいけない。マクマハンとラバーテ（McMahan & L'Abate, 2001）は，学生のカップルを対象として，2つの異なるワークブックを用いた実験群を設定して研究を行い，実験群のほうがワークブックを用いない統制群よりも平均の得点の変化が有意に低いことを明らかにした。これらの矛盾した結果は，MMPI-2ワークブックを用いた実験群と日常的なトピックについて書いた統制群を比較することによって得られた結果に匹敵する。これらの結果は，ペネベイカーの研究でみられたように，来談者は特定のワークブックによって生起された強い感情に耐えられないことを示唆している（Esterling et al., 1999; Esterling & Pennebaker, 2001; Pennebaker, 2001）。残念ながら，まだこれらの減少が一時的なものなのか長期的なものなのかはわからない。このことは，遠隔的にワークブックを実施することの責任の問題と同様に，さらに研究が必要である（L'Abate, 2002）。

展示 13.3　ワークブック実施の短所と危険性

1. 選択されたワークブックは，問題への適切な解決法ではないかもしれない（不十分な診断や不適切なワークブック施行の結果として）。
2. 治療契約が適切でないかもしれない（インフォームド・コンセントが実施されていない，など）。
3. ワークブックの実施者が，来談者が記入したワークブック課題と来談者を一致させることができなくなることもある。
4. 診断されインフォームド・コンセントに署名した来談者が，実際にワークブックに記述したかどうかを確認することが困難である。これは行動化したり，衝動性が高い集団や犯罪者といった集団にワークブックを施行するときに，特に問題となる。
5. ワークブックを，ある特定の集団へは施行してはいけないという制約が守られない可能性がある。
6. ワークブックの実施者が，ワークブック実施の過程において，適切で，肯定的で，支持的なフィードバックを与えないかもしれない。
7. 妥当性が保証されたワークブックはわずかである（L'Abate, 1992, 2001c, 2002; L'Abate et al., 1992）。市販されているワークブックのうちで妥当性が保証されているものはきわめて少ない（L'Abate, 2001a）。したがって，明確に実証されていないワークブックを使う場合には，専門家が注意し統制することが必要である。
8. 専門家による即時的な統制なしでの実施には，指示遵守の問題が存在する。ワークブックと宿題も例外ではない。しかし，宿題が完遂されないときには，治療を付加することができる。

インターネットを通した自己診断，自己管理，ワークブックの施行はさらなる問題を引き起こす可能性がある。まだ知られていない短所や危険が存在するかもしれない（本書の12章を参照）。しかし，このアプローチの有用性は，健常な，あるいは臨床的な対象集団に適用してみないことには，明らかにならないだろう。

3節 ワークブックの一例

本章の最後に，2つのワークブックの実例を示そう。1つは"情動能力"の開発のための固定的なフォーマットであり，もう1つは"情動の表出"を促進するためのより柔軟なフォーマットである。

情動能力に関するワークブック

展示13.4で示された筆記課題は，情動に関する文献（L'Abate, 2002）の文脈のなかでサーニ（Saarni, 1999）によって開発されたワークブックに基づいている。またそれは，ラバーテ（L'Abate, 1994, 1997）が重要視する「傷ついた感覚」，ペネベイカー（Pennebaker, 1997)のいう「トラウマ」の概念にも影響されている。情動能力に関するワークブックの目的は，今まで以上に自分の感情や情動にうまく対処できるように教えることである。

このワークブックの課題は，(a) 感情と情動の重要性，(b) 感情と情動への気づき，(c) 感情の経験とそれらの表出，(d) その他の感情と情動の気づき，(e) 情動経験に関する語彙の使用とその表出，(f) 共感能力，(g) 不快な感情と辛い状況に対処する能力，(h) 関係のなかでの情動的なコミュニケーションの能力，(i) 情動的な自己効力の能力，(j) 情動の不適当さと異常，などのトピックから構成される。さらに，ワークブックをやりやすくしたり，記録するためにフォローアップ課題がある。理想的には，来談者の情動能力の変化を評価するために客観的基準が設けられるべきである。このワークブックは，以下に述べる情動表出のワークブックと一緒に，あるいはその補助として使われる。

情動表出に関するワークブック

情動表出に関するワークブックの概念は，ボナンノとケルトナー（Bonanno & Keltner, 1997）の研究，その他の多くの情動理論家の研究に基づいている。この

展示 13.4　情動能力を発達させるためのワークブック

課題1：感情と情動の重要性

　このワークブックの目的は、情動的能力の改善を助けることです。この最初の課題の目的は、あなたの人生を生き抜くために、さらには人生を楽しむために、感情と情動（そう、これら2つは違います！）がいかに大切であるかを理解することです。多くの人は、感情と情動の扱い方を知りません。なぜなら、多くの人はそれらに注意をはらわなかったり、それらを完全に避けてしまったり、あるいは生まれ育った家族のなかに情動を調整するための十分なモデルがなかったりするからです。したがって、あなたにとっての感情と情動の意味を理解することが大切です。

1. まず、あなたが感情や情動を、完全にコントロールしたり押さえ込んだりするとしたら1、感情や情動を結果にかかわらずまったく自由に、躊躇なく表に出すとしたら10だとして、1から10の尺度上であてはまるところに下線を引いてください。

　　　　　　　　抑制　　1　2　3　4　5　6　7　8　9　10　　表出

2. あてはまるところを選んでください。あなた（とその他の誰か）にとっての感情と情動は：
   a. ＿＿＿＿まったく重要ではない　　　　d. ＿＿＿＿重要
   b. ＿＿＿＿重要でない　　　　　　　　　e. ＿＿＿＿かなり重要
   c. ＿＿＿＿中立的あるいは無頓着　　　　f. ＿＿＿＿非常に重要
3. 感情と情動について、どうやってそう思うようになったかを説明してください。
4. あなたが自覚する感情と情動を、思いつくかぎりあげてください。
5. この感情と情動のリストのなかで、あなたが最もよく使うのは？
6. なぜそれらの特定の感情と情動をよく使うのでしょうか？
7. たいていの場合、自分の感情をどのように扱いますか？
8. それらの感情や情動は、あなたにどのように関係していますか？
9. あなたが生まれ育った家族は、どのように感情と情動を扱いましたか？　なるべく詳しく説明し、できればその実例をあげてください。
10. あなたが非常に強い感情を経験する状況はどういうもので、そのとき感情をどのように表出していますか？　あなたが非常に強い感情を経験した状況を3つあげ、それぞれについて a) あなたに何が起こったのか、b) どのような反応をしたか、c) その後あなたや周囲の人に何が起こったか、について書きなさい。

　状況1

　状況2

　状況3

宿題

　これから一週間、日常的にあなたが直面したすべての感情的あるいは情動的な状況を記述してください。あなたがこのワークブックを続け、理解し、あなたの情動的能力を改善することを望むなら、この日常的な記述を続けることが必要です。

ワークブックの特徴は，感情を扱う過程で来談者のパートナーや家族を介在させることである。それは3つの課題を含む。

1. 最初に，感情を自覚できるようになるための導入的，診断的課題として，来談者に11の感情語について定義し，各々の感情の例をあげるように求める。また，セラピストまたは来談者によってあげられたさらに3つの感情語について記入する欄がある。定義と実例が完成された後に，感情のリストが来談者にとっての重要度に応じてランク付けされる。以降のワークブックの課題は，最初に（個人にとっての）つけた順位に基づいて行われる。同じプロセスがパートナーや家族によってくり返される。

2. 標準的な形式の課題は，各々の感情の起源，発達，頻度，持続，強度，個人内・対人関係における結果，についての質問を含む。それぞれの課題では特定の感情，言語的には実行不能でないにしろ困難な過程に限定的に専念する。

3. 最後のフィードバック課題は，ワークブックの有用性や課題の一部分，あるいは来談者の課題に対する感情，ワークブック全体についての質問を含む。

このアプローチ（定義，順序づけ，規定した順序に基づいた課題の実施）は，ラバーテ（L'Abate, 1996）によって開発された多くの他のワークブックでも採用されている。ワークブックは，すべての来談者に同じワークブックを用いるという意味では普遍的なアプローチの象徴と思われるかもしれないが，最初の診断的・導入的課題における項目の個人ごとの順序づけによって，課題を個人やカップルごとに個別的なものにしていくことができるのである。

4節 結 論

ワークブックは，悩んでいる個人，カップル，家族，正常な発達上の問題を抱える個人を助けるものであり，多くの予防的，心理療法的，リハビリテーション的機能を満たすことが可能である。予防的で前治療的な範囲の実用化についての研究は，まだ始まったばかりである。このアプローチを臨床的な集団に適応するには，さらなる証拠が必要である。

将来への挑戦は，既存の，そして拡張を続けるインターネットの技術を個人の精神的健康サービス提供のために利用することである。プログラムされたワークブックを，コンピュータを用いた介入と組み合わせることは非常に有望であると思われる。このアイデアは，言語による対面的な心理療法の短所を解決することが可能である（Bickman, 1999; L'Abate, 1999a, 2002）。このアプローチの評価は，

その開発に関わっていない研究者によってなされねばならない。

◆ 引用文献 ◆

Asay, T. P., & Lambert, M. J. (1999). The empirical case for the common factors in therapy: Quantitative findings. In M. A. Hubble, B. L. Duncan, & S. D. Miller (Eds.), *The heart and soul of change: What works in therapy* (pp. 23-55). Washington, DC: American Psychological Association.
Beck, A. (1976). *Cognitive therapy and the emotional disorders.* New York: Meridian Press.
Bickman, L. (1999). Practice makes perfect and other myths about mental health services. *American Psychologist,* **54**, 965-978.
Bird, G. (1992). *Programmed distance writing as a method for increasing self-esteem, self-disclosure, and coping skills* [Unpublished Doctoral Dissertation]. Department of Counseling and Psychological Services, Georgia State University, Atlanta.
Bonanno, G. A., & Keltner, D. (1997). Facial expression of emotion and the course of conjugal bereavement. *Journal of Abnormal Psychology,* **106**, 126-137.
De Giacomo, P., & De Nigris, S. (2001). Computer workbooks in psychotherapy with psychiatric patients. In L. L'Abate (Ed.), *Distance writing and computer-assisted interventions in psychiatry and mental health* (pp. 113-133). Stamford, CT: Ablex.
Dobson, K. S., & Craig, K. D. (Eds.), (1998). *Empirically supported therapies: Best practice in professional psychology.* Thousand Oaks, CA: Sage.
Esterling, B. A., L'Abate, L., Murray, E., & Pennebaker, J. W. (1999). Empirical foundations for writing in prevention and psychotherapy: Mental and physical outcomes. *Clinical Psychology Review,* **19**, 79-96.
Esterling, B. A., & Pennebaker, J. W. (2001). Focused expressive writing, immune functions, and physical illness. In L. L'Abate (Ed.), *Distance writing and computer-assisted interventions in psychiatry and mental health* (pp. 47-60). Westport, CT: Ablex.
Gould, R. (2001). A feedback-driven computer program for outpatient training. In L. L'Abate (Ed.), *Distance writing and computer-assisted interventions in psychiatry and mental health* (pp. 93-111). Stanford, CT: Ablex.
Greene, R. L., & Clopton, J. R. (1999). Minnesota Multiphasic Personality Inventory-2 (MMPI-2). In M. E. Maruish (Ed.), *The use of psychological testing for treatment planning and outcomes assessment* (pp. 1023-1049). Mahwah, NJ: Erlbaum.
Hubble, M. A., Duncan, B. L., & Miller, S. D. (Eds.). (1999). *The heart & soul of change: What works in therapy.* Washington, DC: American Psychological Association.
Jordan, K. B., (2001). Teaching psychotherapy through workbooks. In L. L'Abate (Ed.), *Distance writing and computer-assisted interventions in psychiatry and mental health* (pp. 171-190). Westport, CT: Ablex.
Kazantzis, N. (2000). Power to detect homework effects in psychotherapy outcome research. *Journal of Counseling and Clinical Psychology,* **68**, 166-170.
Kazantzis, N., Deane, F. P., & Ronan, K. R. (2000). Homework assignments in cognitive and behavioral theory: A meta-analysis. *Clinical Psychology: Science and Practice,* **7**, 189-202.
L'Abate, L. (1986). *Systematic family therapy.* New York: Brunner/Mazel.
L'Abate, L. (1990). *Building family competence: Primary and secondary prevention strategies.* Thousand Oaks, CA: Sage.
L'Abate, L. (1992). *Programmed writing: A self-administered approach for interventions with*

individuals, couples, and families. Pacific Grove, CA: Brooks/Cole.
L'Abate, L. (1994). *A theory of personality development*. New York: Wiley.
L'Abate, L. (1996). Workbooks for better living. Retrieved from http://www.mental-healthhelp.com
L'Abate, L. (1997). *The self in the family: A classification of personality, criminality, and psychopathology*. New York: Wiley.
L'Abate, L. (1999a). Decisions we (mental health professionals) need to make (whether we like them or not): A reply to Cummings and Hoyt. *The Family Journal: Therapy and Counseling for Couples and Families*, 7, 227-230.
L'Abate, L. (1999b). Increasing intimacy in couples through distance writing and face-to-face approaches. In J. Carlson & L. Sperry (Eds.), *The intimate couple* (pp. 328-344). Philadelphia: Taylor & Francis.
L'Abate, L. (1999c). Programmed distance writing in therapy with acting-out adolescents. In C. Schaefer (Ed.), *Innovative psychotherapy techniques in child and adolescent therapy* (pp. 108-157). New York: Wiley.
L'Abate, L. (1999d). Structured enrichment and distance writing for couples. In R. Berger & T. Hannah (Eds.), *Preventive approaches in couples therapy* (pp. 106-124). Philadelphia: Taylor & Francis.
L'Abate, L. (1999e). Taking the bull by the horns: Beyond talk in psychological interventions. *The Family Journal: Therapy and Counseling for Couples and Families*, 7, 206-220.
L'Abate, L. (2000). Psychoeducational strategies. In J. Carlson & L. Sperry (Eds.), *Brief therapy strategies with individuals and couples* (pp. 396-436). Phoenix, AZ: Zeig/Tucker.
L'Abate, L. (2001a). *An annotated bibliography of selected self-help mental health workbooks in print*. Manuscript submitted for publication.
L'Abate, L. (2001b). Distance writing and computer-assisted interventions in the delivery of mental health services. In L. L'Abate (Ed.), *Distance writing and computer-assisted interventions in psychiatry and mental health* (pp. 215-226). Westport, CT: Ablex.
L'Abate, L. (2001c). Systematically written, systematic homework assignments: The case for homework-based treatment. In N. Kazantzis, F. P. Doane, K. R. Ronan, & L. L'Abate (Eds.), *The use of homework assignments in cognitive-behavioral therapy*. Manuscript submitted for publication.
L'Abate, L. (2002). *Beyond psychotherapy: Programmed writing and structured computer-assisted interventions*. Westport, CT: Ablex.
L'Abate, L. (in press). *Workbooks in mental health: A practical resource for clinicians*. Binghamton, NY: Haworth.
L'Abate, L., Boyce, J., Fraizer, L., & Russ, D. (1992). Programmed writing: Research in progress. *Comprehensive Mental Health Care*, 2, 45-62.
McMahan, O., & L'Abate, L. (2001). Programmed distance writing with seminarian couples. In L. L'Abate (Ed.), *Distance writing and computer-assisted interventions in psychiatry and mental health* (pp. 135-156). Stamford, CT: Ablex.
Nathan, P. E., & Gorman, J. M. (Eds.). (1998). *A guide to treatments that work*. New York: Oxford University Press.
Pennebaker, J. W. (1997). *Opening up: The healing power of expressing emotions*. New York: Guilford Press.
Pennebaker, J. W. (2001). Explorations into the health benefits of disclosure: Inhibitory, cognitive, and social processes. In L. L'Abate (Ed.), *Distance writing and computer-assisted interventions in psychiatry and mental health* (pp. 33-44). Westport, CT: Ablex.
Reed, R., McMahan, O., & L'Abate, L. (2001). Workbooks and psychotherapy with incarcerated felons. In L. L'Abate (Ed.), *Distance writing and computer-assisted interventions in psychiatry and mental health* (pp. 157-167). Westport, CT: Ablex.

Saarni, C. (1999). *The development of emotional competence*. New York: Guilford.
Seligman, M. E. P. (1998, December). Why therapy works. *Psychological Monitor*, p.2.
Smyth, J., & L'Abate, L. (2001). A meta-analytic evaluation of work-book effectiveness in physical and mental health. In L. L'Abate (Ed.), *Distance writing and computer-assisted interventions in psychiatry and mental health* (pp. 77-90). Westport, CT: Ablex.
Snyder, C. R., & Ingram, R. E. (Eds.). (2000). *Handbook of psychological change: Psychotherapy processes & practices for 21st century*. New York: Wiley.

14章
何事にも時があり
―人生の終焉に向けた筆記表現介入―

カロライン・E・シュワルツ　エリザベス・ディビィッド

「天の下の出来事にはすべて定められた時がある。」

—旧約聖書コレントの言葉（3章1節）

　癌に罹患することは人生の重大な転機となる。癌と診断されることは患者の人生において外傷的な出来事であるとしばしばいわれている（Butler et al., 1999; Lepore, 2001; Stuber et al., 1998）。癌患者の心理社会的問題を扱う精神腫瘍学は，この20年間に著しい発展を遂げてきた。それは診断直後あるいは治療前の患者を対象とした過剰ともいえる支持的介入をもたらした。しかし，自らの死に直面し，人生終末期に生じる情動的・実存的問題の最終局面に達している患者を対象とした場合，その援助を目的とした心理社会的介入は比較的不足しているのが現状である。

　われわれは癌で亡くなった多くの人々とともに過ごしてきた。この個人的かつ専門的な経験を通して，多くの患者が人生の晩年を絶え間なき治療に費やし，治癒率はさほど高くないにもかかわらず侵襲的な医学的介入を受ける姿を見てきた。現在患者が利用できるサービスでは，目前に迫ってきた死と直面したときに多くの人が抱える実存的な関心に対応していない。そのため，終末期という大切な時間に，自らの考えや感情について話し合い，理解して吸収できるようなはけ口が患者には欠如しているのである。臨床家は，患者は機会を与えられることがなければ自らが死にゆくことについて話し合うことはないが（Kubler-Ross, 1969），逆に，心の奥にある人生の関心事，すなわち実存的で親しい人との関係的な関心事

に焦点を当てる機会を与えれば，死にゆく運命に対処する心構えという感覚によって，この辛い期間の情動的ウェルビーイングが高められる可能性があるということをこれまでに述べてきた（Byock, 1997; Groopman, 1997）。

癌患者が医学的側面のみに焦点を当て，人生の他の側面を見なければ，愛する人との親しみや自らの終幕への糸口となる情緒的・実存的問題について，本気で取り組む重要な機会を失ってしまうと考えられる。情緒的・実存的問題は終末期におけるクオリティ・オブ・ライフ（QOL）を改善するために重要である。実際，患者の81％から90％にとって，QOLは「良き死」に至る中心的な条件であることが最近報告されている（Steinhauser et al., 2000）。この過程の促進を意図し，われわれは筆記表現法による介入を開発してきた。本介入では，末期疾患の終末期に生じる情緒的・実存的問題を処理するための媒体を患者に提供しようと努めている。本章の目的の1つ目は，介入の内容について説明し，予測される影響力に関する予備的データを紹介することである。これらのデータは一連の試験的集団から収集された。2つ目は今後，無作為比較試験の計画を容易にするために，測定した結果の効果サイズの推定値を示すことである。

1節 筆記表現法による介入

背　景

本介入は「人生の時」と名づけられた。自分の死後に遺すものについて考えるためには，これまでの人生の「時節」について理解することが必要であり，人生の「時節」を認めることで「死」がもたらす気持ちの高ぶりや心の痛みについて本気で考えることが容易になる，という考えに基づいている。なお，終末期の状態では患者の身体的・認知的・感情的資源は徐々に制限されていくため，患者がまだ身体的にも情緒的にも余裕のあるうちにこのサービスを提供することが望ましいと思われる。介入はユング派の伝統（Jung, 1964を参照）を基本に構成されており，日々の出会いや活動のなかでは十分に感じ取ることができない情緒的な経過に接近するための手段として，芸術表現および筆記表現を行う。ユング派の伝統のなかでも，視覚化や描画，筆記表現などの技術は，慢性的かつ末期的な疾患の患者を対象として，しだいに適用されることが多くなってきている（Kelley et al., 1997; Richardson et al., 1997; Simonton & Sherman, 1998）。

個々の筆記課題はリラクセーション誘導から開始する。この構成は，リラクセ

ーションの結果として生じる覚醒度の低下が参加者の認知的・情緒的処理を促進し，ことによると深める場合もある，という信念に基づいている。さらに，リラクセーションは防衛（たとえば，回避，抑圧）を和らげる可能性があり，より無意識的な内容を表層化することができる（Jung, 1927）。このようにすれば，死に関連する思考および感情を整理することができるであろう。死が目前に迫っているという深い理解は不安を喚起するものである。しかし，もし不安が人生の他の領域でポジティブな前進（たとえば，関係性を高く評価すること，プロジェクトを終わらせること）を引き起こすのならば，不安は不都合なものであるとはいえない。また，個々人が抱えるネガティブな思考や情動にじっくりつきあうことによって，それらに慣れることができるとも考えられる。したがって，リラクセーションによってネガティブな思考や情動を経験することが可能となり，それらを回避せずにすむのであろう。つまり，ネガティブな思考や情動に没入することにより，ネガティブな思考や情動への馴化が促進できるのである（Greenberg & Lepore, in press; 本書の6章）。短期的にみれば，これは精神的な苦しみとなるであろう。しかし，長い目で見れば，目前の死に気づいたときに，ネガティブな思考や情動への馴化がネガティブな情動的・心理的・認知的状態を緩和するかもしれないのである。

　表現療法はどんなものでも情動過程に接近するための「媒介手段」であり，指示を受けない自由な形式で実施される。「人生の時」介入では，患者が自分の力で詳細に書くことができると予測された筆記課題や話題について，実演あるいは提案を通して，日記のつけ方のレパートリーが広がるよう援助することを目指す。最初の集団セッションではなるべく制約のない筆記課題を選び，後のセッションでは的をしぼった刺激の強い話題を取り上げた。この構成は，集団凝集性は時間がたつにつれて自然に高まる，という概念を背景としている（Korchin, 1976）。

全般的手続き

　症状の重い患者にとって，毎週のセッションに参加することは容易ではなく，隔週で行われるほうがセッションへ出席しやすいであろうと予想された。そこで，本介入では隔週ごとに行われる合計6回のセッションが計画された。各セッションの時間は1時間半であり，安静化を目的としたリラクセーションから始まる（たとえば，漸進性筋弛緩リラクセーション）。介入は表現療法家（エリザベス・ディビィッド）と行動科学者（カロライン・E・シュワルツ）が実施した。われわれは，本介入を通して，文章を書く習慣が参加者の日課に組み込まれていくことを望んだ。各セッションでは2種類の筆記課題が行われるが，筆記に先行して視

覚化が実施される。視覚化は，参加者をリラックスさせ，筆記課題のイメージあるいは概念に関連する想像力を刺激することを意図して行われた。そして，集団セッションでの体験について整理する時間をもち，その後に筆記が行われる。整理の時間には，筆記に対する情緒的反応を話し合ってもよいし，これから書こうとしている内容の一部を話しても，あるいは話さなくてもかまわなかった。整理の時間は，集団のメンバーに話し合いへ参加するよう強要したわけではないが，彼らは参加したいと感じているようであった。また，整理の時間のなかで，参加者に彼らが書こうとしていることについて分かちあうよう勧めることはあったが，日記帳を提出するよう求めることはなかった（展示14.1は自発的に筆記内容を公開した人のものである）。文章を秘密にしておくことによって，彼らはより深く，より個人的な過程へと進行していくように思われた。

展示 14.1　光課題への参加者の反応（セッション1）

スポットライト

　真夜中，暗く静かな郊外の道を自転車に乗っていると，私は全世界が眠っているように感じる。というのは，車が通り過ぎる音もしなければ，子どもたちが道で遊んでいることもなく，空には雲がないからである。街灯の下を通るとき以外は，私は静けさと暗さに包みこまれる。先のほうに歩道を照らす光の輪があることに気づく。……だんだんと近づいて街灯のすぐ下を通り過ぎるとき，小さな黒い影が私の下にできる。走るにつれて，その影は長くなり，そして電灯が暗い夜に同化し，消え，また暗い夜に飲み込まれる。さらに走り続けると，また先のほうに，バハイ寺のドームがとても大きな光の輪に照らし出されていることに気づく……その白いドームは黒い空に映えてキラキラ輝いていた。ドームをじっと見つめていると，ツバメの群れが光のなかに飛びこんできて，光のなかから飛び去る瞬間，大きく羽ばたいている羽の裏側が一瞬照らされ，その後，暗い夜のなかに消えていく。それはほんの一瞬見えた景色であったが，鳥の旅はそのずっと以前から始まっているものであり，ドームを照らし出す光の輪のなかに現れたのはほんの一瞬であったけれど，その後もずっと続いてゆくものであることを私は知っている。
＊　＊　＊
子ども：どうして人は死ななきゃならないの？
母　親：もしこれまでに生まれた人が全員生きていたら，地球にはみんなが入る十分なお部屋がないでしょう。新しく生まれる人たちのために，順番に，みんな死んでいかなければならないのよ。
子ども：それは順番を守るように？
母　親：そう，それは上手な考え方ね。
子ども：じゃあ，今が僕たちの番なんだね？
母　親：そう，……今が私たちの番ね。

（注）キャロル・ファーレイ（Carol Farley）の"Limelight"より。©1998　キャロル・ファーレイの許可を得て再録。

2つの筆記課題が終了した後，そのときの参加者の情緒状態について参加者自身が理解できる機会を提供できるよう簡単なチェックが行われた。そして，次回までの2週間に，文章を書くという行為が日常生活のなかに積極的に取り入れられることを意図し，参加者にはホームワークが課された。ホームワークの内容として，参加者がその日に行った筆記表現課題を再度行うよう簡単に指示された。ほとんどの人が集団セッションの期間中に，筆記表現の継続を一時中止することはあったが，指示遵守度は総じて高かった。6回のセッションでの課題は以下に詳細に示した（筆記課題のための視覚化を行う際の具体的な言い回しについては付録を参照）。

セッション1・セッション2

最初の2つのセッションは，比較的自由に回答できる課題を設定し，自分の物語について語るための新たな表現手段を提案することで状況を整える段階である。第1セッションでは「ふるまいのルール」について概観することから始める。ふるまいのルールとは，(a) 集団セッション中に話す内容は，集団以外の場では絶対に秘密である，(b) 患者は筆記後の話し合いの時間を辞退することができる，(c) 集団は時間通りに開始・終了する，(d) 患者は全6回のセッションへ出席することを約束するが，もし参加できないときには前もって連絡する，という内容であった。その後，自由回答形式の筆記を開始する。具体的には，セッション1では「光」と「私は思い出す」を課題とし，セッション2では「静寂」と「音」を課題とする。これらの課題はゴールドバーグ（Goldberg, 1986）を応用したものである。

セッション3

セッション3では，より自由度の高い課題について文章化し，さらに個人レベルに踏み込んだ筆記が始まる。自由回答式の課題「触感」では，癌に罹患した過程で（身体的な）触感や他者による触感がどのように変化してきたかについて考えてもらう。この課題は比較的簡単な報告となるよう計画されている。その後，より深みのある内容について筆記するために十分な時間が設けられ，シャクター=シャロミとミラー（Shachter-Shalomi & Miller, 1995）を応用した「ライフレビュー」を行う。この後半の課題（ライフレビュー）では，人生の特定の年代（たとえば，児童期，思春期，中年期）について順を追って思い出し，それが肯定的であれ否定的であれ，各年代で最も心を打った思い出について書くようはたらきかける。その年代の鍵となる思い出のきっかけをつかむために，視覚化の過程ではいくつかの言葉を走り書きするよう求められる。この点で，この構成はセッション1，2とは異なる。視覚化の後，走り書きしたメモから思い浮かべたイメージあるい

は物語を書き記すよう促される。

セッション4

ライフレビューによって基礎を築いた後，2種類の人生の修繕課題（Shachter-Shalomi & Miller, 1995）が行われる。このセッション4では，2種類のつらく痛ましい経験について熟考し，痛みから解放され許すことができるように，それらについて文章化することが求められる。このセッションでは，参加者が現在解決したいと考えている関係，あるいは，長い間洞察を深めたいと考えてきた関係が何か特定する助けとなる。たとえば，ある女性は，この人生の修繕課題が母親との競合関係について気づくきっかけとなり，母親との競合関係のせいで，親という重要な存在の前で彼女は自分自身でいることができなかったのだと理解した。この気づきが不幸な力動性から解放される最初のステップであったと，後に彼女は報告した。

セッション5

セッション5では，倫理的遺書（Shachter-Shalomi & Miller, 1995）について参加者が文章化するための援助を行う。これはユダヤの伝統から借りたものであり，この文書は，患者の死後，愛する人によって読まれることを予定している。この文書は参加者が存命中に記し，また生きている間に何度も書き直す可能性のある文書である。そして，この文書はその人の根本をなす信念や価値観を映し出す水晶として役に立つ。したがって，この課題では，患者が家族や友人宛てに贈る遺産となるよう意図されている。患者の死後に文書が読まれることを考えているため，ポジティブな影響力を最大限得るためにはガイドラインを遵守することが重要である（展示14.2を参照）。倫理的遺書を書くことは，言語的にも筆記形式においても書き手が死ぬ前にその内容について他者と共有することを制限するものではない。実際，このセッションは患者が死ぬ前に愛する人と大切な話し合いをもつ契機となりうるのである。このセッションの構成はセッション3と似ている。すなわち，視覚化の過程で展開したいと考えている倫理的意志について，参加者はいくつかの言葉を走り書きするよう求められる。その後，文章化の時間のなかで，文章に肉付けしていくのである。

セッション6

最終セッションは，介入終了に向けて，集団過程で考えたことや，感じたこと，反応について話し合うために設定される。このセッション6では2つの筆記課題が実施される。まず，「神や自然に最も近づいたと感じたこと」に関する課題で

展示14.2　倫理的遺書を筆記する際のガイドライン

1. 特定の人に具体的に言い遺したいことがありますか？
2. あなたの遺産として遺したい大切な教えやメッセージなどはどんなことですか？
3. 文書を遺そうと思っている相手のどのようなところがあなたに尊厳や喜びを与えてくれましたか？　彼らのそのような特性について，あなたはどのように伝えたいですか？
4. もし人生のパートナーがいるならば，彼あるいは彼女が再び誰かと結ばれることを許したいと考えていますか？
5. あなたをしのんで，遺された人たちがどのような寄付行為をしてくれることを望みますか？　あなたは献金を望みますか？　それは何か具体的な理由のためにですか？

●べし・べからず集
1. お気に入りのジョークやあなたが過ごしてきた最良の時の思い出を文中に盛り込んでください。
2. 怒ったり批判したりせず，人々を罰するための罪の旅としてこの機会を利用しないでください。
3. あまりしっかりと葬儀についてリクエストをしないでください。葬儀は遺された人たちのためにあります（もちろん，この文章が読まれるときにはあなたの葬儀は終わっているかもしれません。生きている間に葬儀の計画について話し合っておくことをおすすめします）。
4. あなたが死ぬ前に，どこに倫理的意志の文書をしまったか愛する人に伝えてください。
5. 定期的に更新してください。
6. ワープロを使用するほか，できるだけ普通の書き方で文書を書くように心がけてください。その人その人の独特な書き方によって，その文書は受取手のためによりよいものとなるでしょう。

あり，参加者に「超自然的な力」に遭遇した経験について思い出すよう促す。超自然的な力とは，良心を形成し根本的な自己が関与する自分自身よりもさらに偉大な，絶対的な力の感覚について表現するための言葉であり，宗教とは無関係な言葉である。第2の課題「別れ」では，これが筆記集団の最後のセッションであると認めたときに生じる感情と思考について熟慮することが求められる。この課題は集団への親しみを高めることを意図しており，集団セッションが終了した後に感じるであろう事柄について，セッション終了後も引き続き書き続けることが可能である。また，参加者には，一般的な文章の書き方や自伝の書き方，あるいは日記の具体的な書き方について記述された参考文献のリストが渡される。その目的は，介入終了後も文章を書くことを継続し，精神生活を豊かにするための時間を引き続きもつよう促すことにある。

2節
QOLをアウトカムとした介入インパクトの推定値

参加者

　本研究はコミュニティ型支援サービス組織（ザ・ウェルネス・コミュニティ）が配布したパンフレットに返答した患者，あるいは，マサチューセッツ州ボストンにあるベス・イスラエル・デコネス・医療センターの腫瘍科ソーシャルワーカー長によって呼びかけられた患者を対象として行われた。本介入に関心をもった対象者は，最初のインテーク面接のために企画の責任管理者（シュワルツ）と会い，そのときに介入の主旨（「進行癌患者の情動的・実存的問題の処理を促進すること」）が説明され，文書によるインフォームド・コンセントが得られた。

手続き

　筆記表現介入は3つの試験的集団を対象に作成，試行された。われわれは比較的死期が近い人々を対象に本介入を実施することを重視したが，試験的集団のうち，第1集団には早期癌の人が含まれていた。彼らの参加する機会を否定しなかった理由として，彼らは癌がもたらす実存的問題に直面する必要性を感じており，本介入のようなグループ介入を探し求めていたことがあげられる。しかし，第2集団と第3集団では，集団への参加は起きている時間の少なくとも50％以上の時間動き回ることができ，再発または転移性の癌を抱える患者に制限された。全体の18％の患者はインテーク面接に参加し，インフォームド・コンセントに署名した。彼らのうち17名が試験的集団に参加した。対象となった患者は全員が女性であり，疾患部位は乳癌9名，卵巣癌3名，ホジキンス病2名，皮膚癌1名，小腸癌1名，子宮癌1名であった。そのうち5名は本介入で予定された内容または課題の構成に不快感を示したため，集団から離脱した（そのうち，1名はセッション1の前に，2名はセッション1の後に，2名はセッション2の後に離脱した）。1名の患者は集団介入の途中で死亡した。その他の12名が完全なデータを残した。

効果指標

　QOLを測定するための自記式質問紙が第1セッション前と最終セッション後の2つの時点で記入され，郵便で返信された。質問紙は，自覚している機能状態，気分，実存的ウェルビーイング，再構築されたコーピング，コントロール感

の保ち方，という5つの領域からQOLの信頼性と妥当性について測定していた。患者の自己報告による機能状態は「欧州癌の研究と治療学会」の癌患者用「QOL調査票C30」（3.0版；Aaronson et al., 1993）を用いて測定した。これは認知機能，役割機能，社会的機能，情動的機能という下位尺度から構成される。気分は「ブラッドバーン・ポジティブ情緒尺度」（Bradburn, 1969）を用いて測定された。この質問紙は，さまざまな肯定的情緒状態が過去1週間にどの程度生じたかを尋ねるものである。実存的ウェルビーイングは「ライフ幸福感尺度」短縮版（Ryff, 1989）を用いて測定された。これは人生の目的，個人的成長，自律性，環境的マスタリー，社会的関連性，自己受容という下位尺度から構成される。ただし，本研究では総合得点のみを計算して用いた。死への恐怖は「コレッテ＝レスター死の恐怖尺度」（Lester, 1974）によって測定された。これは自分の死，自分自身が死にゆくこと，他者の死，他者が死にゆくこと，のそれぞれに対する不安を測定する尺度である。再構築されたコーピングは「心的外傷後成長目録」（Tedeschi & Calhoun, 1996）によって測定した。この質問紙は，外傷的な出来事を体験した人々によって報告された肯定的結果について測定するものであり，下位尺度として，他者との関係，新しい可能性，個人的な強さ，スピリチュアルな変化，生への感謝から構成される（Tedeschi & Calhoun, 1996）。コントロール感については「シャピロ・コントロール目録」（Shapiro, 1994）におけるコントロール感の保ち方という下位尺度を用いて測定した。この下位尺度は人がコントロール感を獲得したり認知したりする方法について評価するものであり，ポジティブな方法（たとえば，積極的で主張のある方法，積極的で従順な方法），あるいはネガティブな方法（たとえば，消極的で主張のある方法，消極的で従順な方法）について4件法で返答する。コントロール感を獲得したり失ったりする方法として，積極的で主張のある方法（たとえば，活動する，修正する）と積極的で従順な方法（たとえば，信頼する，受け入れる）のバランスは保たれるといわれていることから，癌患者のQOL状態をよりよく予測できる（Astin et al., 1999; Schwartz et al., 1999）。「コレッテ＝レスター死の恐怖尺度」と「シャピロ・コントロール目録」は第1集団の終了後に新たに加えられたものであり，第2集団，第3集団の合計9名のみのデータを使用した。

統計解析

各QOLに関する効果サイズはコーエンの公式（$\mu_1 - \mu_2$）/ σ（Cohen, 1988）を用いて算出された。この方法は標準偏差単位での時間変化のマグニチュードについて評価することができ，0.2から0.4の効果サイズは小さいと考えられ，0.41

から 0.79 は中程度，0.80 以上は大きいとみなされる。われわれは臨床的効果サイズと統計的効果サイズという2つの異なる効果サイズを計った。臨床的効果サイズは臨床的に有意な変化があることを意味し，変化得点の平均値をベースラインと最終測定の標準偏差の平均値で割ることで計算される。統計的効果サイズは後の臨床試験を計画する際の推測に有用であり，変化得点の平均値を変化得点の標準偏差で割ることによって計算される。

結　果

　筆記表現介入は，測定した効果指標の半数以上に有意な臨床的・統計的効果サイズが得られたものの，必ずしも望んだような結果が得られたわけではなかった（図 14.1 効果量を参照）。正の（たとえば，望ましい）効果がみられたのは，機能状態における役割・認知・社会的・情動的機能，実存的ウェルビーイング，心的外傷後の成長感の一側面（たとえば，他者との関係），コントロール感の保ち方における積極的で従順な方法の使用，であった。一方で，死の不安とコントロール感の保ち方における消極的で主張のある方法には負の（たとえば，望ましく

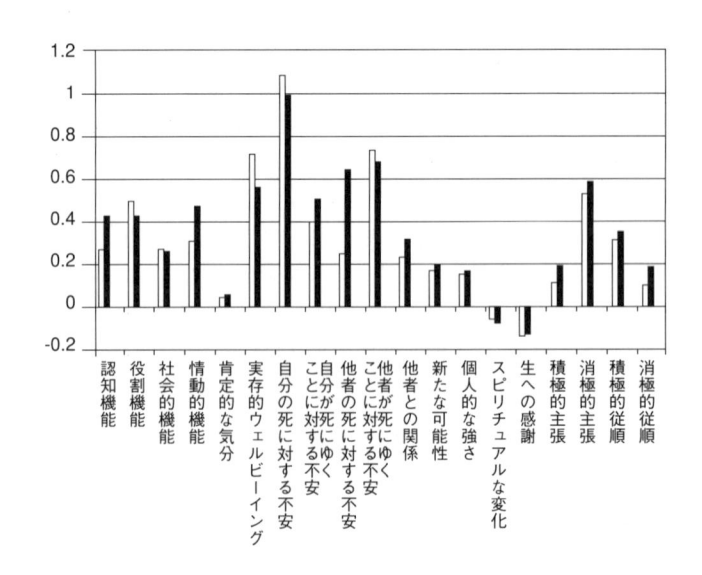

図 14.1　QOL アウトカムの臨床的・統計的効果量（ES）

ES の値に関しては，.20〜.39 は小さく，.40〜.79 は中程度，.80 以上は大きいといわれている。黒いバーは統計的効果量を示し，白いバーは臨床的効果量を示す。

ない）効果が認められた。肯定的な気分や，ほとんどの心的外傷後成長目録の下位尺度，コントロール感の保ち方における積極的で主張のある方法，消極的で従順な方法には有意な結果は得られなかった。被験者内の各測度の相関は .50 以上であると示され，統計的効果サイズは臨床的効果サイズより大きくなる傾向があった。

考 察

　筆記介入に関する第1段階，第2段階（Schwartz et al., 1997）を作成するために，ここに示されたデータを収集した。そのデータに従って，本研究では，介入内容を開発し，事前テストをすることが意図された（第1段階）。さらに，関連の深い効果指標を決定し，治療の適度な回数，期間，強度を決定することが第2の目的である（第2段階）。現段階は非常に多くの介入変数を探っている段階であり，この初期の段階で統制群を設定することは適切であるとはいえない。むしろ，介入に参加することで生じる利益やコストについて特定するほうが重要であろう。そして，介入によって引き起こされる変化のタイプに対する感度の善し悪しを決定するために，さまざまな効果指標について予備調査を行い，結果につながる過程を明らかにすることが大切である。これらの予備データが示唆するのは，本介入にはやはり利益とコストがあるということである。特に，参加者は，機能状態，実存的ウェルビーイングが向上し，再構築された対処の一側面として癌の罹患による社会的交流の増大を報告している。反対に，参加者は介入に参加している2か月間，死の不安の増大に苦しんだとも報告した。このような逆説的な変化はコントロール感の保ち方にも認められた。参加者は適応的でかつ受動的なコントロール方法（たとえば，紳士的な，落ち着いた，受容的な，傾聴的な，などの形容詞によって表現される方法）の使用が増えた一方で，非適応的でかつ能動的なコントロール方法（たとえば，じっとしていられない，攻撃的な，わがままな，むりやりに，などの形容詞によって表現される方法）の使用もまた増加していた。
　これらのやや矛盾をはらんだ知見は，複数の心理的適応段階は同時に進行・適応するという一般的な考え方にそって，キューブラー＝ロス（Kubler-Ross）の「死への諸段階」モデルを再概念化することを支持しているのかもしれない（Bibace et al., 1999; Bibace et al., 1998）。それらに従えば，キューブラー＝ロス（Kubler-Ross, 1969）の「死への諸段階」モデルにおけるいくつかの段階（たとえば，衝撃と否認，怒り，取引，抑うつ，受容）は共存しうる。例をあげれば，終末期の病にある人々は，死の受容の高まり（たとえば，積極的で従順なコントロール方法，実存的ウェルビーイング）と同時に，怒り（たとえば，消極的で主張のあるコントロール

法）や抑うつ，あるいはその影響（たとえば，死の不安）を経験するのである。

衝撃と否認の段階にある人は，筆記表現介入に参加する意志をもたないか，あるいは参加を中断したであろう。しかし，その段階にとどまっていたとしても，彼らは，人生最後の実存的問題と直面し，解決するための手引きを探し求めていた。患者がこれまでに代わる自己表現法を見つけるよう援助し，日々の生活のなかに精神生活を展開するための時間を作るよう促すことによって，介入は適切な方法で参加者のQOLに影響を与えたようである。この線での調査を発展させ，次のステップである無作為統制試験に進展するために，われわれは筆記表現介入について十分な情報を提示するよう試みた。ここでいう無作為統制試験では，筆記表現介入は，通常の治療を行う統制群（たとえば，癌患者のサポートグループ）[1]との比較を行う。われわれが検討した効果指標のほとんどで小～中程度の効果サイズが得られたため，そのような推定効果サイズを検出するのに適した潜在的試験に力を注ぐことが最良の方法であると考えられる。必須の標本サイズとして，中程度の効果サイズを得るためには1つの研究について64名の被験者が必要であり，小さい効果サイズを検出するためには1つの研究について400名の被験者が必要であるといわれる（Cohen, 1992）。しかし，無作為抽出試験は統制群が設定されるため，実験群と比較して統制群がどの程度機能するかによって統計的検出力は変わってくる。たとえば，もし死が近づくにつれて統制群が悪化する一方で実験群に改善がみられたなら，差異を検出する統計的検出力は大きくなる。しかし，もし両群が異なる割合ではあってもともに悪化したとしたら，検出力は小さくなる。したがって，図14.1における効果指標の臨床的・統計的効果というのは，研究計画のために用いられる効果サイズの最小見積り値を表している。

その他の問題として，将来的な臨床試験では，課題の特徴や実験者の期待という潜在的なバイアスを最小化するようなデータ収集手続きについて考えていく必要がある。たとえば，郵便（たとえば，Dillman, 1978）あるいはインターネットを利用して実施された研究は，いくつかの効果指標（たとえば，メンタルヘルス）には望ましい結果を残すものであったようである。参加者の体験についてより深く，より質的に優れた情報が優先されるならば，ニュートラル群への面接を実施することに価値があるであろう。また，選択した効果指標のすべてで標準データが得られたならば，今後の試みは増していくであろう。現在の研究では，すべての指標について標準データは得られなかったが，表14.1で示した介入前と介入後の標準化得点はいくつかの下位尺度で天井効果を示唆しており，もしそうだとしたら，変化の検出能力には限界があるといえる。

本介入を開発し，予備実験を行うのに費やした数年間をふり返ったとき，注意

表14.1 プリテストとポストテストにおける QOL の得点

構成（尺度）	n	プリテスト 平均	SD	ポストテスト 平均	SD
機能状態（EORTC）					
認知機能	12	77.78	21.71	83.33	20.10
役割機能	12	73.61	18.06	81.94	15.01
社会的機能	12	70.83	18.97	76.39	22.98
情動的機能	12	73.61	16.60	78.47	14.42
肯定的な気分					
(Brudburn Positive Affect Scale)	12	73.61	12.18	74.17	14.29
実存的ウェルビーイング					
(Ryff Happiness Scale)	12	63.35	7.02	68.00	5.82
死の不安					
(Collete-Lester Fear of Death Scale)					
自分の死	9	56.60	13.11	71.53	14.53
自分が死にゆくこと	9	42.01	18.50	50.00	21.48
他者の死	9	40.51	19.64	48.96	13.80
他者が死にゆくこと	9	42.16	26.15	59.03	20.28
再構築された対処					
(Post-Traumatic Growth Inventory)					
他者との関係	12	65.95	11.13	70.71	9.68
新たな可能性	12	57.67	20.71	61.33	22.46
個人的な強さ	12	69.17	12.03	71.25	15.97
スピリチュアルな変化	12	53.33	27.41	51.67	30.70
生への感謝	12	84.44	9.98	82.78	13.17
コントロール法					
(Shapiro Control Inventory)					
積極的主張	9	53.24	17.83	55.32	20.71
消極的主張	9	78.98	11.27	84.13	8.07
積極的従順	9	56.37	14.20	61.01	16.06
消極的従順	9	85.19	11.92	86.67	16.67

（注）値は 0～100 のマグニチュードに標準化してある。

すべきいくつかの論点があるように思われる。まず第1に，介入は心地よいばかりでなく，実際には参加を決めた患者が喜んで受けるものであるようである。介入のなかでつらく身を切るような性質の課題が与えられていることを考えると，このような印象は特筆すべきものであろう。全体的に，試験的集団に参加することを決めた患者は「サポートグループに勝る」ニーズを抱えていた。サポートグループでは，肯定的な態度や闘う気力，治療の探索などの維持を目指している。しかし，彼らが求めていたのは，むしろ，自らを脅かす癌の実存的影響について考え，話すことのできる状況であった。

　第2に思い出される経験は，人々は介入のなかで書いた内容が，自分でも想像のつかない性質の内容であることに胸を打たれていたということである。自由度の高い課題は，癌に特有の回想や死ぬ運命についての熟考を引き出し（展示14.1参照），的をしぼった課題は驚くべき，あるいは思いもしなかった記憶や認識をもたらすようであった。参加者のなかには，まったく予測しない方法で指示を与える「精神的な指針」あるいは「肩の上に乗った小人」と遭遇した，という形でその体験を表現した人がいた。リラクセーションと視覚化の一部を併用して筆記課題を行うことで，将来の出来事に関する予知過程について非常に的確に伝えることができると実感している。この考えは，ユング派の無意識の概念に一致する。ユング（Jung, 1927）は無意識を以下のように定義した。

> 私が知っているあらゆるものであるが，その瞬間私が知らないあらゆるものである。私がかつて意識したあらゆるものであるが，今忘れてしまったものである。私の感覚によって知覚されたあらゆるものであるが，私の意識には気づかれることはない。非自発的に，注意をはらうことなく，感じ，考え，思い出し，欲し，行うあらゆることである。私のなかに現れ，時々意識上にのぼるすべての未来なるものである。すべては無意識のなかに含まれる。(p.185)

　最近の調査の風潮では無意識の概念は評判がよくないため，他の筆記表現介入において類似の効果について述べた論文はないようである。したがって，われわれの結果が他の研究者による結果とどの程度類似しているのか知ることは難しい。われわれは，参加者の体験に関する質的研究を行うことにより，これらの経験についてより多くの情報を得ることができ，価値あるものとなるであろうと考えている。たとえば，終末期に人生を終える過程で，そのような予知資源を利用するインパクトを明らかにすることは有用であろう。

　第3の重要な論点は，この2年間にわたって，参加者を募集する際にいつも遭遇してきた困難についてである。われわれは，癌患者へのサポートグループのサービスを行い，新聞に広告を掲載しているいくつかのコミュニティ型施設，およ

び2つの大学付属病院から参加者の募集を試みた。そして，癌専門医が患者に予備研究への参加を呼びかけることはめったにないということを発見した。医師からの呼びかけの少なさは，研究に対する関心の欠如を表しているのかもしれないし，もはや患者を治療することはできないという気持ちの現れなのかもしれない。あるいは，現時点ですべての大学付属病院が直面している経済的危機が影響し，報酬の得られない研究活動に時間を割くことはできないのかもしれない。研究参加を表明した最初の患者は，コミュニティ型支援サービス組織や大きな大学付属病院で進行癌患者にサポートグループを提供している癌専門ソーシャルワーカーの呼びかけによって参加した。癌専門医の呼びかけによる参加者は一人もいなかった。

　医療提供者は患者への呼びかけについて非常に寡黙であるということ以外に，実験群の参加者は比較的質が類似している傾向があることにわれわれは注目した。参加者の傾向として，女性，白人，教育程度が高い，比較的裕福である，という特徴があげられた。したがって，社会経済状態や性別，民族的背景が異なる患者にも筆記表現介入が利益を与えるか判断することは不可能である。最初の2セッションの後に集団への参加をやめた患者（全参加者17名のうち2名）は，他の患者と十分な共通項があると感じておらず（たとえば，病気が進行性のものであると認識していない），視覚化課題そのもの，あるいは自己表現の一手段として文章を書くということに不快感があることを理由として報告していた。さらにこの類の調査を行うことにより，どのような患者が参加を選択するか見当をつける一助となり（Schwartz & Fox, 1995を参照），より質的に類似した患者群に接するための募集方法に修正することが可能であるかを確かめる一助となるであろう。

　ここで示したように，確かに試験的集団の参加者を募集するのは困難をともなうが，急成長している筆記開示研究分野には，健康へ影響する見込みがあるということを，このアプローチは秘めているのではないかと感じている。もしこの研究がさらに大きな臨床試験へと発展すれば，臨床的ケアと関連の深い因子に介入が影響力をもつかどうかを調べることが可能となるであろう。たとえば，介入の参加者は，統制群の患者よりも，治療的処置から緩和的処置へ視点を移すであろうか？　医療関連の歳出に影響力をもつ要因は何か？　介入に参加する患者は統制群の患者に比べ，いわば治療的な関わりが適当でないときに，積極的治療よりもむしろ快適さを重視する治療を選択し，病気と折り合いをつけて残りの時間を楽しむであろうか？　これらの疑問は，介入が個人レベルおよび社会レベルの両方に恩恵をもたらすかを検証することと密接に関係する。終末期ケアへの関心の高まりとともに，終末期のQOLの改善を目指した心理社会的介入を患者に提供していくことが望まれ，その必要性はますます高まっていくと信じている。

◆ 謝辞 ◆

　本研究の参加者募集に協力・援助してくださったヘスター・ヒル（Hester Hill），データ解析にご協力いただいたユンシェング・マ（Yungsheng Ma）とジョージ・リード（Gorge Reed），データ入力にご協力いただいたアンネ・プラット（Anne Pratt），データベースをセットアップしてくださったエイミン・ヴィダル（Amin Vidal），の諸氏に感謝申し上げます。また，草稿に対して有益なコメントをいただいたステファン・レポーレ（Stephen Lepore）に感謝いたします。

◆ 注 ◆

＊1：筆記表現介入の効果をグループ過程による効果と分離することが今後の無作為試験において有益な目標であると思われるかもしれないが，その場合は2グループを設定するというよりもむしろ3グループ設定することが必要になるであろう（たとえば，筆記なしのグループ介入，筆記のみ，筆記とグループ介入の組み合わせ）。われわれはそのようなデザインはおすすめしない。まず，われわれの経験からいって，参加者の増員（accrual）は難しいため，必要とされるサンプルサイズを50％にまで大きくすることで研究の実現可能性の低下につながる危険がある。第2に，介入の性質からいって，グループの凝集性よりも個人の内的体験に焦点を置くべきである。本介入はサポートグループではなく，参加者はインテーク面接のときにこのことを伝えられる。したがって，3グループの比較研究を実施するために資源を費やす価値はないと考えている。

◆ 引用文献 ◆

Aaronson,N.K., Ahmedzai,S., Bergman,B., Bullinger,M., Cull,A., Duez,N.J., Filiberti,A., Flechtner,S., Fleishman,S.B., de Haes,J.C. J.M., Kaasa,S., Klee,M., Osoba,D., Razavi,D., Rofe,P.B., Schraub,S., Sneeuw,K., Sullivan,M., & Takeda,F. (1993). The European Organization for Research and Treatment of Cancer QLQ-C30: A quality-of-life instrument for use in international clinical trials in oncology. *Journal of National Cancer Institute*, **85**, 365-376.

Astin,J., Anton-Culver,H., Schwartz,C.E., Shapiro,D.H., McQuade,J., Breuer,A.M., Taylor,T., Kurosaki,T., & Lee,H. (1999). A longitudinal study of sense of control and quality of life among women with breast cancer. *Behavioral Medicine*, **25**, 101-109.

Bibace,R., Dillon,J.J., & Sagarin,J.D. (1999). Toward a coexistence concept of causal reasoning about illness in children and adults. In R.Bibace, J.J.Dillon, & B.N.Dowds (Eds.), *Partnerships in research, clinical and educational settings* (pp.27-36). Stamford, CT: Ablex.

Bibace,R., Sagarin,J.D., & Dyl,J. (1998). The heuristic value of Werner's coexistence concept of development. *Journal of Applied Developmental Psychology*, **19**, 153-163.

Bradburn,N.M. (1969). *The structure of psychological well-being*. Chicago: Aldine.

Butler,L.D., Koopman,C., Classen,C., & Spiegel,D. (1999). Traumatic stress, life events, and emotional support in women with metastatic breast cancer: Cancer-related traumatic stress symptoms associated with past and current stressors. *Health Psychology*, **18**, 555-560.

Byock,I. (1997). *Dying well: The prospect for growth at the end of life*. New York: Riverhead Books.

Cohen,J. (1988). *Statistical power analysis for the behavioral sciences* (2nd ed.). Hillsdale, NJ: Erlbaum.

Cohen,J.A. (1992). Power primer. *Psychological Bulletin*, **112**, 155-159.

Dillman,D.A. (1978). *Mail and telephone surveys: The total design method*. John Wiley & Sons: New York.

Goldberg, N. (1986). *Writing down the bones*. Boston: Shambala.
Greenberg,M.A.,& Lepore,S.J. (in press). Theoretical mechanisms involved in disclosure: From inhibition to self-regulation. In I. Nyklicek, A.J.J.M. Vingerhoets, & L.R.Temoshok (Eds.), *The expression and non-expression of emotions in health and disease*. Amsterdam: Harwood Academic.
Groopman, J. (1997). *The measure of our days: New beginnings at life's end*. New York: Viking.
Jung,C.G. (1927). *The structure and dynamics of the psyche. Collected Works*, Vol.**8**. Berlin: Europäische Revue.
Jung, C. G. (1964). *Man and his symbols*. Garden City, NJ: Doubleday.
Kelley,J.E., Lumley,M.A.,& Leisen,J.C.C. (1997). Health effects of emotional disclosure in rheumatoid arthritis patients. *Health Psychology*, **16**, 331-340.
Korchin,S.J. (1976). *Modern clinical psychology: Principles of intervention in the clinic and community*. New York: Basic Books.
Kubler-Ross, E. (1969). *On death and dying*. New York: MacMillian.
Lepore, S.J. (2001). A social-cognitive processing model of emotional adjustment to cancer. In A.Baum & B.Andersen (Eds.), *Psychosocial interventions for cancer* (pp.99-118). Washington, DC: American Psychological Association.
Lester, D. (1974). *The Collete-Lester Fear of Death Scale: A Manual*. Pamona, NJ: Richard Stockton State College.
Richardson,M.A., Post-White,J., Grimm,E.A., Moye,L.A., Singletary,S.E., & Justice,B. (1997). Coping life attitudes, and immune responses to imagery and group support after breast cancer treatment. *Alternative Therapies*, **3**, 62-70.
Ryff,C.D. (1989). Happiness is everything, or is it? Explorations on the meaning of psychosocial well-being. *Journal of Personality and Social Psychology*, **57**, 1069-1081.
Schwartz,C.E., Chesney,M.A., Irvine,M.J., & Keefe,F.J. (1997). The control group dilemma in clinical research: Applications for psychosocial and behavioral medicine trials. *Psychosomatic Medicine*, **59**, 362-371.
Schwartz,C.E., Feinberg,R.G., Jilinskaia,E., & Applegate,J.C. (1999). An evaluation of a psychosocial intervention for survivors of childhood cancer: Paradoxical effects of response shift over time. *Psycho- Oncology*, **8**, 344-354.
Schwartz,C.E., & Fox,B. (1995). Who says yes? Identifying selection biases in a psychosocial intervention study of multiple sclerosis. *Social Science and Medicine*, **40**, 359-370.
Shachter-Shalomi,Z., & Miller,R.S. (1995). *From age-ing to sage-ing: A profound new vision of growing older*. New York: Warner.
Shapiro,D.H. (1994). *Manual for the Shapiro Control Inventory*. Palo Alto, CA: Behaviordyne.
Simonton,S.S., & Sherman,A.C. (1998). Psychological aspects of mind-body medicine: Promises and pitfalls from research with cancer patients. *Alternative Therapies*, **4**, 50-67.
Steinhauser,K.E., Christakis,N.A., Clipp,E.C., McNeilly,M., McIntyre,L., & Tulsky,J.A. (2000). Factors considered important at the end of life by patients, family, physicians, and other care providers. *Journal of the American Medical Association*, **284**, 2476-2482.
Stuber,M.L., Kazak,A.E., Meeske,K., & Barakat,L. (1998). Is posttraumatic stress a viable model for understanding responses to childhood cancer? *Child & Adolescent Psychiatric Clinics of North America*, **7**, 169-182.
Tedeschi,R.G., & Calhoun,L.G. (1996). The Posttraumatic Growth Inventory: Measuring the positive legacy of trauma. *Journal of Traumatic Stress*, **9**, 455-471.

付録

人生の時セッションにおいて筆記課題として取り上げられた視覚化の内容

――――――――――――――――――――――――――――― セッション1

課題：光

●導　入

　この場ではぜひみなさまに気持ちよくなっていただきたいと思います。筆記用具を置き，足を組まずに，身体全体がリラックスするように背もたれの支えを感じてください。もし目を閉じたほうが気持ちよければ，目を閉じてください。そうでなければ，焦点をぼかして，かすかに目を伏せるくらいでもいいですよ。さあ，深呼吸を何回かしましょう，深く吸って，吐いて……息を吸うときには，私たちがこの部屋に運んできた癒しのエネルギーをすべて吸い込むようにしましょう。息を吐くときには，日中の活動でたまった緊張を，頭のてっぺんから足の先まで残さず吐き出すようにしましょう。何回か深呼吸をしてください。〔しばらく間をおく〕さあ，心に浮かんだ最初のイメージに身を任せるようにしながら，心の中で光について思い浮かべてみましょう。その光はどんな見え方をしていますか？　万華鏡の一つひとつの小平面のようですか？　色はついていますか？　光がどのように現れたか書いてください。明るく，やわらかく，チラチラ光っていますか？　それは影を投げかけていますか？〔しばらく間をおく〕さあ，あなたが日中に経験した光について思い出してみましょう。あなたが起きたときの光……それはどんな光でしたか？　この研究のために部屋を出て，この場にやってきたとき，光はどのように見えてきましたか？〔しばらく間をおく〕あなたの身体のなかに宿る光をどのように体験しましたか？　それはあなたの情動に影響しますか？〔しばらく間をおく〕どのような光が心のなかに浮かんできますか？〔しばらく間をおく〕あなたの魂の光を感じてください……あなたの魂の光はどんな光ですか？　さあ，しばらく静かに過ごして，光の中であなたがどんな体験をしたか，よく考えてみましょう。次の説明をするときにまた声をかけます。さあ，部屋に帰ってくる時間です，背もたれの支えを感じて，静かに，そっ

と，ゆっくりと目をあけて，完全にリラックスしてリフレッシュした状態で部屋に戻ってきてください。さあ，静かにしたまま，筆記用具を取り，体験したことについて書いてください。

課題：私は思い出す

● 導入と終了：先の視覚化を参照

　さあ，心のなかで，私は思い出すという言葉について想像しましょう。最初に浮かんできた思い出を，そのまま思い浮かべていてください。それはいつのことでしたか？　あなたの周りには何がありましたか？　人はいましたか，それとも一人きりでしたか？　この思い出のシーンを眺めて，あなたはどんなことを考えますか？　私は思い出す……〔しばらく間をおく〕さあ，今朝起きたときのことを思い出しましょう。ベッドから出るときはどんな感じでしたか？　簡単でしたか？　それとも大変でしたか？　次に朝食について思い出してください。次に，これから一日の残りの時間を過ごす気持ちの準備について考えましょう。私は思い出す……〔しばらく間をおく〕あなたの一日をざっと思い出してください。どんな出来事を思いだしますか？　びっくりすることはありましたか？……〔しばらく間をおく〕。さあ，あなたの思い出をふり返ることができるよう，しばらく静かに過ごしましょう。次の説明をするときにまた声をかけます。それでは，この部屋に帰ってくる時間です，背もたれの支えを感じて，静かに，そっと，ゆっくりと目をあけて，完全にリラックスしてリフレッシュした状態で部屋に戻ってきてください。さあ，筆記用具を取り，あなたが体験したことについて書いてください。

======================================= セッション 2

課題：静寂

● 導　入

　さあ，心のなかで，最初に心に浮かんだイメージや考えに焦点を当てながら，静寂について考えてみましょう。静寂のイメージに包みこまれるように，あなた自身をイメージで包みこんでください。〔しばらく間をおく〕さあ，静寂につい

て詳しく考えてみましょう。それは薄いですか，厚みがありますか，明るいですか，暗いですか？　どのように静けさを感じますか？　期待を抱くことができ，穏やかで，癒されるものですか？〔しばらく間をおく〕あなた自身が静寂を感じていることを感じとってください……そして心のなかでそれに近づいて触ってください。静寂から思い起こす思い出はありますか？　静寂に包まれた時代はありますか？〔しばらく間をおく〕静寂はどんな音がしますか？　さあ静寂のなかで，私たちがこの部屋に運んできた癒しの静寂を感じながら，しばらく過ごしましょう。次の説明をするときにまた声をかけます。イメージをやめ，これから書こうと思っている題材について説明するのをやめましょう。

課題：音

●導　入

　さあ，心のなかで，最初に浮かぶ音に集中しましょう。体のなかで鳴り響くようにその音を聴いてください……それは柔らかく，大きく，快く響きますか？〔しばらく間をおく〕日中どんな音がしますか？　あなたが朝起きて，一通り朝の日課をすませる間に，どんな音がしますか？　部屋を出て，この状況に入るとき，……どんな音が浮かんできますか？　あなたが部屋に戻り，一日を終えるときにどんな音がしますか？〔しばらく間をおく〕心に浮かんできた音の音質や音色を感じ，じっくり聴いてください。おそらく，その音はあなた自身の声か，あなたの愛する人の声でしょう。その響きから，どんな思い出が浮かんできますか？〔しばらく間をおく〕あなたの身体に関連して心に浮かんでくる音はありますか？　あなたの情動と関係して心に浮かんでくる音はありますか？　あなたの知識に関連して心に浮かんでくる音はありますか？〔しばらく間をおく〕あなたの魂に関係して心に浮かんでくる音はありますか？　あなたの魂はどんな音がしますか？　……あなたの魂の歌はどんな歌ですか？〔しばらく間をおく〕永遠の世界に入っていくあなたに魂の歌が近づいていくように，魂の歌があなたに触れるように感じてください。さあ，あなたにしかない音を聴きながら，しばらく静かに過ごしましょう。次の説明をするときにまた声をかけます。〔しばらく間をおく〕さあ，もしその音にとても親しみをもったら，心に浮かんでいる音を口に出してもかまいません。用意ができたら，呼吸とともに音，すなわち魂の音が口をついて出てくるようにしてください。イメージをやめ，これから書こうと思っている題材について話すのをやめましょう。

セッション3

課題：触　感（touch）

●導　入

　さあ，片手を持ち上げ，のばして，もう一方の手に触ってみましょう。他の人に優しく触るように，あなた自身の手の触感を感じてみましょう。優しくふれると，どのように感じますか？　さあ，手を離して，触っているときと離しているときの違いを感じてください。〔しばらく間をおく〕さあ，触っていたときのことを思い浮かべてみましょう。どのように感じましたか？　優しかったですか？　それとも無愛想でしたか？　触られることにはどんな意味があるのでしょうか？〔しばらく間をおく〕他の人に最後に触られたのはいつのことでしたか？　それはどんなことでしたか？　その状況を覚えていますか？〔しばらく間をおく〕触れてほしいと待ち焦がれたときはありましたか？　それはどんなことでしたか？　その状況を覚えていますか？〔しばらく間をおく〕あなたはこれまでにふれられていることを感じることができない，つまり，麻痺感を経験したことがありますか？　それはどんなことですか？　その状況を覚えていますか？〔しばらく間をおく〕さあ，あなたが覚えているなかで最もいとおしい触感について思い出してください。それはどんなことですか？　どんな状況ですか？　さあ，ここで思い出した触感についてもう一度体験できるように，しばらく静かに過ごしましょう。次の説明をするときにまた声をかけます。さあ，もう一度，片方の手を持ち上げ，もう一方の手を触ってください……優しく，いとおしむように……あなた自身の愛を感じてください。それでは，イメージをやめ，これから書こうと思っている題材について話すのをやめましょう。

課題：ライフレビュー

●手続き
1. 誕生から現在の年齢に至るまで，人生の各段階について見直す。
2. このフォーマットでは，ある段階について立ち止まり見直すために，実施者からの指示を聞きながら，短時間の視覚化を行う。
3. 十分に文章化し，整理してから終了する。

● 導　入

　あなたは，心のなかで，生まれたばかりの自分，歩き始めたばかりの自分，幼い子どもの頃の自分に戻っています。それらの生後の数年間についてざっと思い出し，心に浮かんだ感覚や，印象，重要な関係について話してください。次に，幼児期と思春期以前の年代について思い出してください。それらの年代をざっとながめ，思い出した印象や感覚，重要な関係性について話してください。さあ，十代の頃，すなわち思春期について思い出してください。その印象や感覚，重要な関係はどんなことでしたか？　それでは，青年期についてざっと思い出してください。子どもの頃や思春期から他の人生の段階に目を移したとき，何が心に浮かびますか？　さあ，現在を含め，人生で最も華やかな年について思い出してみましょう。あなたは十分に大人になり中年期になっています。今のあなた自身を目の前にしたとき，何が心に浮かびますか？　その感覚や，浮かんでくる考え，関係性はどんなものでしょう？　さあ，人生や今までのハイライトを思い返しながら，しばらく静かに過ごしましょう。次の説明をするときにまた声をかけます。さあ，準備ができたら，ゆっくりと静かに，部屋に戻ってきましょう……背もたれの支えを感じながら，ゆっくりと目を開けましょう……あなたのまわりに気を配りましょう。そして，静かにしたまま，文章を書き始めてください。

───────────────────────────────── セッション4

課題：人生の修繕

● 説明手続き

　課題中に筆記が行われるという違いはあるが，それ以外はセッション3でのライフレビューの視覚化と同じ方法で視覚化フォーマットを説明する。課題が終了するときに思いを整理する。

● 視覚化

● 導　入

　愛着の度合いを参照する。終了するための質問：この特定の状況は，どのような主題となるでしょうか。あるいは，未解決である他の状況に関してどのような隠喩となるでしょうか？

　　　　　　　　　　　　　　　　　　　　　　　　　セッション5

課題：倫理的遺書

● 導　入

　今，心のなかで考えてみましょう。気楽で安全な雰囲気のなか，あなたはダイニングルームのテーブルのところに座っています。それはとても心地よいイスです。だんだん，あなたの向かいにぼんやりとした人影が見えてきます。あなたが感じている人影は，これまで生きてきたなかで，ずっと待ちこがれていた人の影です。あなたが好奇心をもち，期待してその姿を見るにつれて，形がはっきりしてきます。今，あなたはあなたの賢者の姿と顔を合わせています。準備ができたら，教えを分かち合ってくれるように賢者の像にお願いしてください。今まさに耳を傾けている賢者のことをすんなりと理解できれば，投げかけたい質問を思いつくかもしれないですし，ただ会話に没頭するかもしれません。しばらく静かに過ごしてその場の音を感じ，心のなかの賢者の姿についてよく考えてください。心のなかで，賢者の姿や教えと同化するように，手を伸ばし，賢者の姿に触れてください。あなた自身が溶け込んでゆき，調和と全体へと変化してゆく感覚を感じながら……その姿が溶け去るにつれて，心のなかの賢者や知識とつながりあった感覚を味わいながら……。さあ，テーブルのところに腰をかけたまま，心のなかの賢者について思い出すと，あなたが最も想いを注ぐ人々がテーブルの周りにいることでしょう。彼らはあなたが招いた愛する人たちです。さあ，彼らの顔を見ながら，テーブルの周りを見回してください……あなたは彼らに何と言いたいか考えながら……あなた自身の人生経験から彼らに何を教えたいか考えながら……ともに過ごす日々の中でしっかりと言っておきたいことを考えながら……。あなたが愛する人たちについてよく考えることができるよう，しばらく静かに過ごしましょう。今後の指示をするときにまた声をかけます。さあ，お客さんたちにお別れを言う時間です。彼らに想像のなかから消えてもらいましょう。そして，ゆっくりと，静かに，部屋に帰って来ましょう。イスの支えを感じて，周囲に気を配ってください……心のなかで起こったことすべてを思い出しながら……目を開け，十分にリラックスしてリフレッシュして戻ってきましょう。静かにしたまま，準備ができたら書き始めましょう。

課題：これまでに神や自然に最も近づいたと感じたこと

●導　入

　今，心のなかで，あなたは特別神聖な場所に移動しています。そこは安全で気持ちがよく，広々としています。とても落ち着いていると感じながら，そこに入っていきましょう。準備ができたら，超自然的な力のイメージを思い起こしてください。それは自然の力である可能性もありますし，神である可能性もあります。それはあなたの魂の次元で生じるイメージです。さあ，あなたの心や魂を眺め，超自然的な力のイメージに接したと感じたときのことについて思い出してください。それはどんな印象でしたか，どんな感覚でしたか，どんな思いがしましたか？　それでは，しばらく静かに過ごしましょう。次の指示をするときにまた声をかけます。それでは，静かにしたまま，書き始めましょう。

課題：別　れ

●導　入

　今日は，癌を患う方々のための筆記ワークショップの最終回です。私たちは，お互いに，またこの部屋に，そしてこのワークショップのために空けておいたこの時間に，お別れすることになります。別れを想像すると，どんな感情や考えが浮かんでくるでしょうか？　なにか身体に感じるものはあるでしょうか？　もしあるならば，身体のどこで別れの気持ちを感じるのでしょうか？　別れという体験について想像しながら，しばらく静かに過ごしましょう。次の指示をするときに声をかけます。さあ，静かにして書き始めましょう。

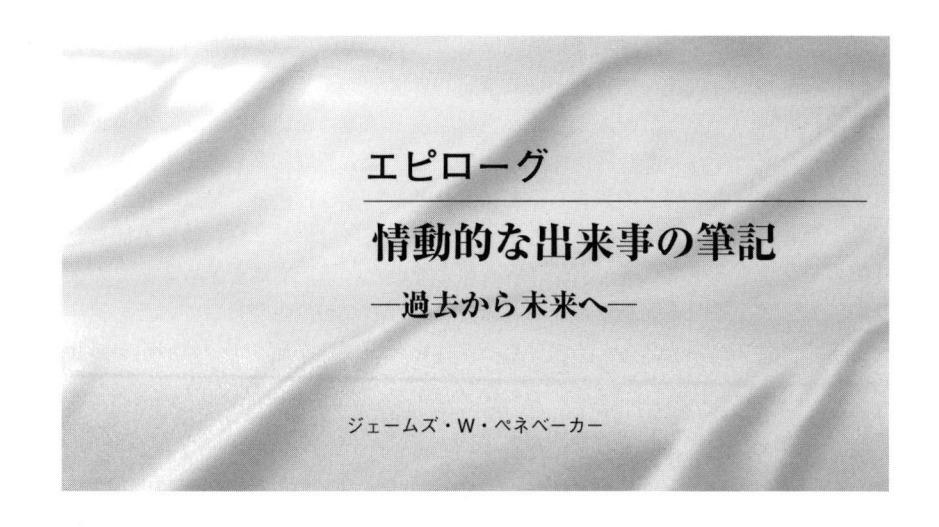

エピローグ
情動的な出来事の筆記
―過去から未来へ―

ジェームズ・W・ペネベーカー

　筆記と健康に関する研究はこの20年間に漠然としたものからみごとな科学的事業へと発展してきた。本書はさまざまなレベルにおいて刺激的で個人的にも満足している。広いレベルでいうと，この分野は情動経験を言葉におきかえることが発揮する驚くべき力を明らかにする膨大な数の実験によって立証されてきた。比較的単純なこのパラダイムはさまざまな母集団における広範囲の問題に適用されてきた。基礎メカニズムについては論争中であるが，理論の発展と臨床場面における利用が相互に有意義な影響を与えている。個人的なレベルでいうと，この筆記パラダイムをめぐる初期の研究成果の多くは筆者自身の専門性の発展と密接に関わっている。筆者は最も初期のいくつかの実験に関与したが，今では筆記に関係した研究と実践に広範囲に取り組んでいる。

　本書のそれぞれの章には最新の見解の基礎となる事柄といくつかの最新の実験結果，そして関連する文献情報が記されている。本章は，さらにデータを付け足して考察することよりもむしろ筆記パラダイムの歴史をふり返り，研究と実践における今後の指針を示唆する試論である。

1節 筆記パラダイム略史

　われわれは直観よりも演繹的論理を重視すべきであることを日頃から学生に話

しているのだが，非常に興味深い研究プロジェクトのいくつかは演繹的論理よりもむしろ直観から生まれている。この筆記パラダイムがその一例だ。個人的な情動筆記の経験（そしておおよそ自己反省的態度とは縁のない，たくさんの健康問題を抱えた家庭で育った経験）に基づいて，心の最も奥底にある考えと感情を探究することが健康状態をめざましく変化させるということに筆者は気づいたのである。最初の筆記実験にとりかかるまで，学生と筆者は抑制と自律神経系活動と健康の結びつきを探る一連の実験に取り組んでいた。筆記実験を始めるまでの数年間にも筆者は筆記実験をやりたいと思っていたのだが，当時行っていた抑制研究は筆記研究プロジェクトが正当であることを理由づけるある1つの理論を導き出した。

筆者が筆記実験に最初に取り組んだ当時の状況をふり返ることは重要である。筆者はバージニア大学の終身的地位を手放してサザンメソジスト大学の教授陣に加わった。大学院修士課程1年生のサンディ・ビィオールが修士論文の研究に早く取り組みたいと申し出てきた。大学の学部における心理学入門科目では5時間を上限として心理学実験の参加を単位取得の一部として認めていた。サンディのスケジュールと実験室の利用可能時間を考慮した結果，実験は1週間以内に実施しなければならなかった。このような現実的な条件があったため，サンディと筆者は学生に5日間—初日は質問紙に回答し，残り4日は筆記する—実験室に来てもらうことにした。われわれはなぜ人生で最もトラウマティックな出来事について人々に書き綴らせることにしたのか？　そうすることがよいと感じたからである。また，個人的なトラウマを語らない人々が健康障害をかかえていることを示す試験的証拠をわれわれはもっていた。

筆記実験を実行した。上述した理由により，われわれは毎日15分間から20分間，3日から5日続けてトラウマティックな経験もしくはその他のネガティブ経験を書き綴るよう人々に求めた。良いことはやめることができない。ふり返ってみて，筆記パラダイムに基づいたさまざまな形式の実験が，いずれも成功をおさめてきたことには驚かない。筆記の話題，筆記における視座（肯定的な視座に基づく筆記か，否定的な視座に基づく筆記か），筆記の日数，その他のさまざまな要因が健康によい効果を生み出す。筆記パラダイムの基礎としてきた筆者の独自の理論は（適切に）批判されるにしても，筆記は健康によい効果を生み出す。今も筆者は筆記パラダイムをこよなく愛している。

2節
本質を探る

　本書のさまざまな章で立証されているように，情動的な話題を筆記することは人々の生活と健康に影響する力をもっている。筆記実験を実施してきた研究者たちは皆，実験に参加した被験者に感謝されていることと思う。実験の教示や実験の背景にある基礎理論が違っていても筆記パラダイムが有益であるというのは皮肉なことである。

　ところで筆記パラダイムの本質は何か？　この問いに含まれる問題点は**本質**についてのとらえ方が個々人の分析するレベルによって異なるということである。この問いは学会で研究発表者の誰もが受ける「あなたが発見したその効果はどのようにして生じるのか？」というくだらない質問によく似ている。答えは文化や社会的文脈であるかもしれないし，知覚や記憶であるかもしれないし，神経伝達物質の活動や細胞の代謝であるかもしれない。あるいは明るく着色された高次の特定脳領域のfMRI画像にすべてが写しだされているかもしれない。現実にはこれらの答えのほとんどすべてが真実である。

　筆者にとっては，人々の行動を中断させ，人生を反省するひとときをつくり出すことが筆記法の本質である。筆記法は，自分がこれまでしてきたことや現在していることについて，誰にも遠慮せずに考えることができる数少ない機会の1つである。人々はさまざまな目標の優先順位をつけたり，自分の過去と未来に意味を見いだしたり，現在の自分が何者なのかについて考えることができる。残念ながら，このような「本質」の本質は漠然としている。それは自己制御や意味の探究，自分の人生についての首尾一貫したストーリーの創造，馴化，情動への気づきと情動の表出，そしてもっと微細な過程に関係した理論的立場を含んでいる。

　なぜ筆記が有益なのかを理解するためには，筆記がどのような場合に効果を発揮しないのかを知ることが必要だ。筆記がよい効果を生み出すのに欠かせない要素は何か？　各種の統制条件について考察すること，そしてまれに有効性を確認することができなかった実験条件について考察することにより，その問いの答えがみつかる。筆記が有益な効果を生み出すために以下に述べる諸条件が必要不可欠であることを本書の執筆者全員が同意するものと思う。

情動処理

　情動的話題について筆記するとき，人々は感情をひきおこす自由を保障される必要がある（本書の10章を参照）。情動は事実上，重要なあらゆる心理学的経験

の一部をなしている。情動をはっきり認めることができないと，話題の影響力の探究や話題の理解に制約が生じる。

　人生における激変にはポジティブ情動とネガティブ情動の両方がともなっているものである。そして，それらの感情の多くはおそらく矛盾している。まさに激変にともなうポジティブな特徴とネガティブな特徴を探究することが有益であることは直観的に理解できる。筆者はあらゆる情動—ポジティブ情動もネガティブ情動も—を自由に探究することが非常に健康的であると考えている。

首尾一貫したストーリーの創造

　言語と会話の基本機能の1つは，首尾一貫性をそなえて理解できる形で伝達することだ。拡大解釈していうと，情動経験を秩序だった形式で筆記することは無秩序に筆記することよりもたぶん健康的である。実際にいくつかの実験室で蓄積されている証拠（本書の6章，7章，8章を参照）は，首尾一貫したストーリーを書くことができる人々が最も恩恵を受けることを示唆している。ストーリーを物語ることやストーリーを秩序だてることを妨げる技法はまちがいなく有害だ。

　残念ながらわれわれは，情動的激変の筆記における**首尾一貫性**とは何か，**理解できる**とはどういうことなのか，そして**意味がある**とはどういうことなのかを正確に定義する段階には至っていない。ある人にとって意味のあることが他の人にとっては悩ましい反芻であることもある。筆者ならば中心的な論点であると考える事柄にはいっさいふれずに書き綴る人に，研究をすすめる過程でいく度も遭遇し，そのたびに頭をかかえこんだ。それにもかかわらず，その人の健康は改善し，当人はこの研究が非常に有益であったと断言している。このようなわけで究極的には意味は筆記する個々人の考え方次第であるといえよう。

筆記後の処理

　時折，筆記パラダイムに対してこのような批判がある。「わずか1日15分の筆記を4日続けるだけで，人々の人生が変わることなどありうるのか？　そのような大きな影響が合計1時間で起こりうるのか？」。このような批判をする人々は，実験の被験者が筆記後にその話題について考え込んだり，しばしば夢をみたりすると報告する事実を認識していない。心理学的には多くの人々が1日24時間，数日間にわたってその実験にひたっている。筆記実験の最も劇的な失敗例では，被験者は筆記終了後すぐさまその話題について考えないように別のことに注意を向けたり，筆記終了後にすぐさま授業や仕事に復帰したりすることを余儀なくさ

れていた。成功をおさめた実験では筆記した事柄が数時間あるいは数日間たっても書いた人の心に残っている。

信頼される環境

フロイト (Freud) が転移を重視していた時代からロジャース (Rogers) によって無条件の愛が重視される時代に至るまで，セラピストとクライエントのあいだには基本的信頼感と安全感が必要であることをセラピストたちは十分に理解してきた。筆記パラダイムにおける実験者と被験者の関係はセラピストとクライエントの関係とは違ったものであることが示唆されるが，そこにはやはり信頼の要素がある。筆記パラダイムが成功する本質的な要素は，被験者が真剣に筆記に取り組むこと，そして秘密が守られており，有害な社会的影響はないと被験者が信じていることだと筆者は考える。

方法論における障害

これまで述べてきた要素はいずれも筆記パラダイムが効果を発揮するために欠かせない条件である。だが付加的な条件が他にもまちがいなくある。たとえば，時間をかけて健康の改善が確かなものになっていく過程で，言語が果たしている正確な役割については確定していない。情動を経験した後，どの時期にその情動経験に向きあうのが最適なのかということについてもまったくわかっていない。筆記によって最も恩恵を受ける人はどのような人なのか，どのような情動的激変に対して筆記が最も効果を発揮するのかについてもわかっていない（本書の5章を参照）。今後の研究は筆記パラダイムの根底にある基礎過程を探究していくことになるだろう。

皮肉なことに，その「過程」や「本質」に関する問いに答えることができない（本質的に答えることのできない問いもある）おもな理由の1つは，われわれが使っている効果指標が実際には入り乱れているということだ。多数の実験で研究者たちは通院回数や免疫学的指標，欠席（勤）日数や学業成績，その他の客観的な指標を従属変数として利用してきた。実際にはこれはこの告白パラダイムの重要なセールス・ポイントの1つである。これらの実験は情動的な出来事について筆記することが人々の生活に影響を及ぼすことをくり返し立証している。

それらの指標についてはこれまで打ち明けていない秘密がある。それはそれらの指標がきわめてやっかいな問題を含んでいるということだ。たとえば通院回数について考えてみよう。学生の大多数が別の州の出身者で占められており，大学

キャンパス内の学生寮で生活している私立大学（たとえば，サザンメソジスト大学）では，1年生の約60%から70%が大学内にある学生保健センターを利用している。州立大学（たとえば，テキサス大学オースティン校）では，学生保健センターを利用する1年生はわずか35%から50%程度である。このことは，筆記実験がどれほど強力であったとしても，われわれの標本の30%から65%に関して有効性あるいは有害性を示す情報が入手できないことを意味している。統計学的に意味のある効果を確認するためには1つの実験条件に最低20名の被験者を確保する必要がある。それらの指標はやっかいな問題を含んでいるため，意味のある指標内分析を行うことはほとんど不可能である。このことは，ほとんどの研究者が，われわれが使っている従属変数と自分たちの使う自己報告指標やその他の指標の間に一貫した相関関係を認めることができない理由である。残念なことに，ほとんどの生物学的指標は自己報告指標以上に現実世界の指標と同じく変動しやすい（本書の9章を参照）。

このような従属変数に関する問題の解決策の1つは，信頼性のある別の指標を1つあるいは複数みつけることである。見込みのある指標の1つはクライン（Klein, 本書の8章）のワーキング・メモリ指標のようなものであろう。そのような指標が健康指標と確実に関係していることを示すことができれば，われわれは微細な過程の指標を検出することが可能になる。残念ながら，クラインが述べているようにワーキング・メモリ指標でさえ個人差は著しい。認知心理学や神経心理学の世界では，どのワーキング・メモリ指標が最良なのかについて意見が対立している。

他の解決策は非常に多大な作業を必要とするものであり，あまり興味をそそられるものではない。すなわち，現行よりも多数の指標を用いる大規模な実験を実施することが求められる（本書の11章を参照）。当面，筆記研究者は多数の共通指標を収集することが賢明である。筆記パラダイムの本質が1つの実験だけで決定されることはないが，将来行われるメタ分析が正しい方向を指し示すだろう。

3節
本質以外のこと―因果関係と相関関係と結果―

おそらく最も興味をそそられる筆記パラダイムの特徴は，伝統的に築き上げられてきた心理学と医学のあいだにある数多くの垣根を壊すことだ。本書のそれぞれの章で明らかになるように，筆記パラダイムは認知や対人過程，臨床的障害，健康心理学，性格心理学に興味のある研究者，そして心身相関現象に主たる興味のある研究者を惹きつけてきた（たとえば，本書の2章，3章，4章）。

筆記パラダイムに関する研究はわれわれをいったいどこに導いていくのだろうか？　筆者にはまったくわからない。筆者がとりわけ興味をそそられている疑問のいくつかを以下の節で述べることにする。

認知心理学および神経心理学的問題

　情動的話題について筆記したり語ったりすると，人々の考え方や情報の体制化の形式が変化する。これらの変化を忠実に反映する認知指標を見つける試みは，これまで欲求不満の種の1つであった。最近になるまでその試みのほとんどが失敗している。とても刺激的ないくつかの新しい研究は，筆記がワーキング・メモリにどのように影響を与えるのかを示唆している。トラウマについて筆記すると利用可能なワーキング・メモリ容量が増加するという。クラインによるワーキング・メモリに関する実験結果はレポーレ（Lepore）による反芻に関する実験結果やスミス（Smyth）による認知的体制化に関する実験結果，さらに筆記すると学業成績や対人機能が向上することを示したわれわれの実験結果と矛盾しない。

　ワーキング・メモリに関する実験結果は，筆記パラダイムに関する新たな疑問を生み出すため刺激的である。ワーキング・メモリを媒介変数とみなすべきなのか，それとも結果の指標とみなすべきなのか？　ワーキング・メモリが健康状態を変化させる媒介変数であるのならば，ワーキング・メモリを変化させるとともに健康を改善させる何らかの技法を期待することができる。情動的話題の筆記はもっと基礎的な認知活動に作用し，その結果としてワーキング・メモリの容量が回復するのかもしれない。この過程がどれくらいの速さで進行するのか興味をもつ人がいるかもしれない。実験の被験者が告白エッセイの最後の一文を書き終えた直後には，この不可思議なワーキング・メモリの増加はみられない。筆者の直観では，ワーキング・メモリの変化が現れるまでには数時間か数日間，あるいはそれよりも時間がかかるはずだ。

　複雑な情動的出来事の組織化の基本的変化がワーキング・メモリ容量の増加にある程度反映されるのなら，われわれは認知過程そのものに注目する研究に着手することができるようになる。そうなれば精緻な問題を扱う人々—fMRI，脳活動，細胞機能，そして遺伝子構造について語る神経科学者たち—と連携する必要がある。この先，筆者は脳のどの部位でこれらの変化が起こるのか，通常どれくらいの速さで変化が起こるのか，どのようにすれば変化を加速したり減速したりすることができるのかといったことをとても知りたいと思う。だが，何かの本質を探究するのと同じで，それらの事柄をすべて理解できたとしても，パズルの小さな断片をようやく理解できたにすぎない。

心身相関現象と医学への示唆

　多くの人々が筆記パラダイムを魔法のように思うのは，それが数多くの健康指標と生物学的指標に影響を与えるからである。（もちろんこれは，ほとんどの西洋文化がデカルトのいう精神と身体の分離を暗黙裡に信じているので魔法に思えるだけのことである。）さらに，いくつかの医学的効果指標の効果の強さは，他の伝統的な治療介入によってしばしば得られる効果の強さに匹敵する。

　筆記による医学的効果は特異なものなのだろうか，それとも一般的なものなのだろうか？　言いかえると，筆記による治療介入は特定の健康障害に対して格別に有効で，他の健康障害には有効ではないのだろうか？　証拠はどれも筆記が生物学的ストレスを全般的に弱めることを示唆している。気が動転するような経験に折り合いをつけたとき，人は世界や潜在的脅威に対する警戒心を弱める。その結果，防衛が全般的に低下する。この点について，いくつかの実験は筆記によって一般的な通院回数（たとえば，上部呼吸器系疾患などによる）が減ったり，血圧が下がったり，鎮痛剤の服用回数が減ったり，免疫機能が長期的に変化したりする（正直にいうと，われわれはこのことについてどのように解釈すればよいのかわからない）ことを明らかにしている。広い範囲で健康効果指標の改善が認められるとはいえ，筆記が広く非特異的に有益な生物学的変化を引き起こすという結論は慎重に下さなければならない。

　付け加えて，社会科学者は身体的健康の客観的指標にもっと注意をはらうべきである。軽微な疾患も重篤な疾患も長期のストレス水準に関係していることはよく知られている。上部呼吸器系感染症の患者は特定のウイルスが感染しただけでなく免疫系が脆弱である。この免疫系の脆弱は数時間，数日間，あるいは数週間にわたるストレス状態を反映している。社会科学で使われている自己報告のほとんどは，人々にある時点のストレスを報告するよう求めたり，過去を回顧するよう求めたり，過去の出来事を思い出すよう求める。ある人が今日，幸福で健康であると感じているなら，その人は1週間前のストレスに満ちたエピソードを思い出さないかもしれないし，2週間前にこじらせた軽い風邪ですら思い出さないかもしれない。通院指標やその他の病気行動の指標はストレスと病気の蓄積を示す理想的な指標として役にたつ。

　健康指標は説得力のある効果指標であるが，研究者や政策立案者はそれらの指標が粗雑であることを認識する必要がある。ある人々（特に経済的に貧困な大学生やマイノリティの大学生，あるいは社会的に悪い烙印を押された大学生）は在学中に一度も学生保健センターを訪れない。一般的に学生保健センターを訪れる人の80％以上は全学生のおおよそ20％である。医療処置を求めに訪れる大学生

の大多数は優先的に治療する必要のない人々（たとえば，治療する必要がない一般ウイルスによる風邪）や偽りの理由を告げる人々（たとえば，試験を受けないための口実や飛行機の予約変更による違約金の支払を逃れるための口実）である。ひどく病んでいる大学生であっても費用面から恐怖心に至るまでさまざまな理由で通院しない。このようなことから通院回数と医療費は実際の健康と病気をおおまかにしか表していない。

　通院回数や欠席（勤）日数などの指標にはこのような欠点があるが，これらの指標は医療費負担や労働者コストを反映しているという利点がある。われわれの文化が，主観的苦痛を単純に反映する効果指標よりも，経済的意味をもつ効果指標にいっそう多くの注意を向けているという人もいるだろう。

筆記で使われる言葉と自然環境

　筆記研究に取り組みはじめた当初数年間は，人々がトラウマティックな経験を実際にどのように書き綴ったのかを検討することはなかった。ところが1990年代半ばから，ある書き方が別の書き方よりもいっそうよく健康を改善することが少しずつ明らかになってきた。言葉の研究から少なくとも有望な3つの方向性が発展してきた。

　すべての人々を納得させる必要のある最初の問いは，言葉の使い方が必要条件なのか十分条件なのかという疑問だ。筆記実験は情動経験を言葉におきかえることを人々に要求してきた。あるトラウマを非言語様式—美術や舞踏や音楽など—で表現しても同じ効果が生じるのだろうか？　言語能力の高い大学生においては，言語は健康変化が生じるための必要条件であることをわれわれは確認してきた。ところが熟達した芸術家と私的な会話を交わしてみると，しばしば彼らは生活におけるやっかいな問題を仕事のなかで処理することができるのだという。言葉を書くという手段を快適に利用する識字能力のあるわれわれの文化の人々において，言葉の筆記は明らかにうまく作用している。識字力のない人々においてトラウマを語ることが果たす役割，特に通常は言葉を用いずに自己表現している人々における非言語的な表出が果たす役割を探究する必要がある。

　第2の問いは，健康な筆記様式と不健康な筆記様式を区別する試みに関係する。一定の言葉の使い方のパターンや様式は他の言葉の使い方のパターンや様式よりもポジティブな結果を生み出すのだろうか？　さらにわれわれは健康な書き方の訓練を人々に施すことはできるのだろうか？　これらの疑問は筆者の最近の研究の中心的な課題になっている。複数の実験をとおしてみると，よいストーリーを展開する人々や筆記セッションが進行するにつれて視座を変えることができ

る人は健康の改善を最もよく示すようだ（本書の3章, 9章を参照）。言語分析は, 筆記に取り組む過程で人々が変化したり成長したりする必要があることを示唆している。

　人生を回顧して再評価できるようにすることが筆記を成功させる鍵の1つであると仮定するならば, きわめて効果的な方法で個人がそれを実行できるように訓練することはできるだろうか？　この問題は高校の国語教師の関心と似ているかもしれない。自分の人生に意味と構造を与えるよいストーリーをつくり出すよう人々を訓練することはできるのだろうか？

　言葉に関する第3の問いは, 筆記パラダイムに参加した後の, 人との会話やコミュニケーションがどのように変化するのかということに関係する。筆記することによって最も恩恵を受けると思われる人々は筆記の初日から最終日にかけて筆記様式が変化する人たちだ。筆記様式は思考様式の変化や対人相互作用様式の変化を反映しているのだろうか？　われわれが現在進めているほとんどの研究では, 人々が社会的世界でどのように他者と話しあっているのかを調べている。試験的な実験結果は筆記パラダイムが筆記後数週間以内に発話パターンと言葉の用い方の変化を実際に生じさせていることを明らかにしている。本書の9章で論じられているように, このことは特に驚くべきことではない。執筆者が指摘しているように, トラウマティックな経験と筆記パラダイム自体はそれぞれ複雑な社会システムの一部をなしている。情動的話題を筆記すると, 人はその話題をそれまでとは異なる観点で考えるようになり, そこで得た新しい考えを友人に伝える傾向がある。要約すると筆記は認知的現象であるとともに社会的現象であるといえるかもしれない。

パーソナリティと個人差

　ある人々は他の人々よりも筆記パラダイムによっていっそう多くの恩恵を受けるのだろうか？　ラムレイら（Lumley et al., 本書の5章）が指摘しているように, この問いに答えることは当初考えられていたよりもはるかに難しいことが最近わかってきた。男性や失感情症傾向の低い人々は女性や失感情症傾向の高い人々よりもいっそう恩恵を受けるという証拠がある。ただ, われわれが行ってきたほとんどの筆記実験では健康状態を予測する信頼できる個人差は発見されていない。もちろんこれは健康効果指標の粗雑さと変化のしやすさによるものかもしれない。

　このことに関連した問いの1つは, それぞれ違った病気やトラウマ経験をもつ人々における筆記の価値に関するものだ。たとえば, 癌患者は心臓疾患患者よりも筆記による恩恵をいっそうよく受けるのだろうか？　子ども時代に受けた性的

虐待に対処しようとしている人々と，親の死に対処しようとしている人では，筆記による恩恵は違うのだろうか？　これらはまだ答えがみつかっていないきわめて重要な問題である。

社会と文化のダイナミクス

　最近の言語解析研究が示唆しているように，筆記パラダイムは社会生活に対して多くの影響を与えている。われわれが筆記パラダイムを理解しようと試みていた初期の数年間は抑制論にかなり依存していた。トラウマをもっていてそれを人に語らないということは，結果として長期的なストレスの蓄積を生じさせる能動的抑制の一例であると考えられていた。当時，われわれはこの抑制がどれほど社会的なものであるのかを認識していなかった。重要な秘密を他者に隠すことが抑制の主たる目的であった。

　9章の執筆者たちが述べているように情動経験は幅広い社会システムの一部である。トラウマティックな経験を友人に秘密にしている人は，たぶん交友関係のネットワークを維持するためにそうしているのだろう。さらに，その秘密を語ることで交友関係のネットワークが傷ついたり壊れたりするという信念を人は抱いているのかもしれない。この推論をおしすすめると，人はトラウマを筆記することによって以前とは違うやり方で社会的ネットワークに対応するようになるのかもしれない（本書の2章を参照）。われわれは実験室における実験と現実世界の双方でこのことを観察してきた。たとえば学生と筆者が最近行った筆記実験は，情動的話題を筆記すると，数週間後に現実世界における対人相互作用の様式が変化することを発見した。実験条件の被験者は人によく話すようになり，ポジティブ情動語の使用度，そして人称代名詞の使用度までもが変化した。

　最近行った2つの事例研究では，筆記法を実行した人々が社会生活をまったく変えてしまったことを偶然知った。1つ目の事例では，結婚生活10年の女性が筆記後に離婚した。その1年後の談話では，夫婦関係の不幸をめぐるさまざまな問題を筆記によって対処する機会が得られたことを彼女はとても感謝していた。2つ目の事例では，1年前に夫を突然亡くした女性が筆記法によって交際関係が一変したと述べた。彼女は筆記に取り組むまで，彼女のことを強く勇敢で陽気だと決まり文句のようにいう友人たちといつも過ごしていた。筆記が終わると，彼女は自分がその友人たちの前では絶えず幸せな顔を装っていたことを悟り，その友人たちとの関係はそのままにしておいて，新たに子どもの頃からの友人との交際をはじめた。筆記はわれわれの考え方を変え，やがてわれわれの社会的世界全般に影響を与える効力をもっている。

日記，大衆文化，そして臨床場面への応用

　この筆記開示の世界に最近登場した研究者ロリィ・ストーン（Stone, L.）は，インターネットで日記を検索している。amazon.com で検索したところ，日記に関する本が 9,000 冊以上もみつかった。標準的な検索エンジンを用いて彼女は 22,000 件以上の登録情報を発見した。日記のホームページの大多数は個人の実際の日記であった。

　昔から世界中の人々が日誌や日記を書いている。日誌や日記を書いている人々は情動的話題について書き綴ることがよいことを直観的に知っている。メディアがしばしば筆記研究に飛びつくことには何も驚きを感じない。日誌や日記は昼間のトーク番組や女性雑誌，新聞のライフスタイル欄でホットな話題になっている。

　日記を書くことはあなたの健康のために良いことなのだろうか？　この問いに対する答えをわれわれが知っているとあなたは思うかもしれないが，われわれは知らない。日記を書く人は日記を書かない人よりも健康なのだろうか？　筆者はこのことが真実であるということを今まで一度も確認したことがない—だが，ビタミン剤を飲んでいる人々は，ビタミン剤を飲んでいない人々よりも不健康である—日記を書いている人々と同じように，ビタミン剤を飲んでいる人々はわずかにではあるが病気がちかもしれない。しかしながら，ビタミン剤を飲んでいる人々も日記を書いている人々も，ビタミン剤を飲んでいない人々や日記を書いていない人々に比べれば，はるかに健康かもしれない。メディアが筆記実験に注目し，日記を書いている人々が膨大にいるのなら，筆記が実験室の外でどのように人々に影響を及ぼしているのかを調べることはわれわれに課された義務だ。

　われわれの実験ではどれほど厳密な実験的統制が行われているのだろうか？ 4 章，12 章，13 章，そして 14 章は現実世界に筆記パラダイムを応用することを目指した革新的な内容である。それらの章で述べられているような研究プロジェクトは，筆記パラダイムが実際にはどれほど強力なのかをわれわれに考えさせる。実験室における統制された実験とは違い，現実世界で行われる研究プロジェクトは筆記することを自己選択した人々—筆記介入法に自発的に取り組む人々—の集団において筆記がどのように作用するのかを明らかにするだろう。これらの研究プロジェクトの成果はわれわれ全員の研究の持久力を明らかにすることであろう。

人名索引

●A
エイベルソン（Abelson, R. P.）144
アレクサンダー（Alexander, F.）18
アントノフスキ（Antonovsky, A.）164

●B
バラデル（Baradell, J. G.）134
バウム（Baum, A.）180
ビール（Beall, S. K.）81, 82, 176
ボナンノ（Bonanno, G. A.）246
ブース（Booth, R. J.）11
ブレウィン（Brewin, C. R.）139, 141
ビュトー（Buteau, E.）8

●C
キャメロン（Cameron, L. D.）47, 121
カーヴァー（Carver, C. S.）118
キャトレイ（Catley, D.）12
コーエン（Cohen, J.）226
クリスチャンセン（Christensen, A. J.）82
クラッセン（Classen, C.）35
コンパス（Compas, B. E.）34
コンウェイ（Conway, M. A.）139
クロウ（Crow, D. M.）24, 26

●D
ダイーテ（Daiute, C.）8
ダノフ＝バーグ（Danoff-Burg, S.）8, 10, 102
ダンツァー（Dantzer, S.）155
ダーク（Darke, S.）143
ダーウィン（Darwin, C.）97
ディビィッド（David, E.）13, 255
ディビッドソン（Davidson, K. W.）8, 21
デ＝ジャコモ（De Giacomo, P.）240
デ＝ニグリス（De Nigris, S.）240
ディサビーノ（DiSavino, P.）22
ドナリー（Donnelly, D. A.）107
ドロッスマン（Drossman, D. A.）185

●E
エクマン（Ekman, P.）154
エリス（Ellis, A. J.）215
エスターリング（Esterling, B. A.）81, 82, 159, 178, 179, 180
エバーソン（Everson, S. A.）20
アイゼンク（Eysenck, H. J.）33

●F
フォア（Foa, E. B.）106
フォークマン（Folkman, S.）122
フランシス（Francis, M. E.）121, 145, 146, 197
フレデリクソン（Fredrickson, B. L.）122
フロイト（Freud, S.）26, 117, 281
フリードマン（Friedman, R.）205

●G
ガルッセン（Garssen, B.）33
ゴールドバーグ（Goldberg, N.）257
ゴールドスタイン（Goldstein, H. S.）20
グッドキン（Goodkin, K.）33
グールド（Gould, R.）240
グリーンバーグ（Greenberg, M. A.）88, 108, 112, 120, 121, 163

●H
ハバル（Habbal, R.）81, 82, 85, 87
ハリソン（Harrison, C. A.）217
ハッシャー（Hasher, L.）135
ヘルゲソン（Helgeson, V. S.）35
ホロヴィッツ（Horowitz, M. J.）141

●J
ジャコブソン（Jacobson, N. S.）225, 227
ジャガー（Jager, J.）228
ジェームズ（James, W.）97, 112
ジャネ（Janet, P.）4, 11
ジョルジェンセン（Jorgensen, R. S.）20
ユング（Jung, C. G.）254

人名索引

●K
カザンティス（Kazantzis, N.）　238
ケリー（Kelley, J. E.）　38, 45
ケルトナー（Keltner, D.）　246
ケネディ＝ムーア（Kennedy-Moore, E.）　76, 77, 79, 83, 92
キオフ（Keough, K. A.）　79
カーン（Kern, R.）　12
キング（King, L. A.）　10, 44, 54, 124, 125, 126, 129
キンナー（Kinner, S. A.）　217
クライン（Klein, K.）　10, 134, 282
キューブラー＝ロス（Kubler-Ross, E.）　263
クート（Kuut, T.）　228

●L
ラバーテ（L'Abate, L.）　12, 241, 245, 248
ラボヴィエ＝ヴェフ（Labouvie-Vief, G.）　92
レーン（Lane, R. D.）　92
ランゲ（Lange, A.）　12, 202, 204, 225
レポーレ（Lepore, S. J.）　10, 23, 35, 88, 89, 104, 108, 112
リザーマン（Leserman, J.）　185
レヴェンソン（Levenson, R. W.）　122
ラムレイ（Lumley, M. A.）　9, 286
ルトゲンドルフ（Lutgendorf, S. K.）　11, 164, 179, 185

●M
マン（Mann, T.）　102
マーク（Mark, M. M.）　37
マークス（Marks, I. M.）　103
メイヤー（Mayer, J. D.）　92
マクアダムス（McAdams, D. P.）　123
マッケンナ（McKenna, M. C.）　33, 46
マクマハン（McMahan, O.）　241, 245
メルケルバッハ（Merckelbach, H.）　231
メイヤー（Meyer, T. J.）　37
ミラー（Miller, R. S.）　257
ミロン（Millon, T.）　89
マイナー（Miner, K. N.）　44, 124, 126
モスコヴィッツ（Moskowitz, J. T.）　122
ムルハーン（Mulhern, R. K.）　34
マーレー（Murray, E. J.）　107

●N
ネイシュ（Neish, N.）　89
ニコルス（Nicholls, G.）　47, 121
ノーマン（Norman, S.）　89

●O
オヒーロン（O'Heeron, R. C.）　119

●P
パエッツ（Paez, D.）　84, 88, 110, 145
ペネベーカー（Pennebaker, J. W.）　4, 8, 13, 44, 54, 55, 75, 79, 81, 82, 88, 100, 105, 107, 119, 121, 122, 127, 136, 143, 144, 145, 146, 159, 164, 176, 177, 178, 180, 197, 212, 238, 241
ペトリー（Petrie, K. J.）　11, 105, 181, 185
フィップス（Phipps, S.）　34
プレイデル＝ピアス（Pleydell-Pearce, C. W.）　139
プロゴフ（Progoff, I.）　5

●R
リチャード（Richards, J. M.）　197
リメイ（Rimé, B.）　228, 231
ロジャース（Rogers, C. R.）　281

●S
サロヴェイ（Salovey, P.）　92
シャンク（Schank, R. C.）　144
シャイアー（Scheier, M. F.）　118
ショウトロップ（Schoutrop, M.）　108
シュワルツ（Schwartz, A. R.）　22
シュワルツ（Schwartz, C. E.）　13, 255
シュワルツ（Schwartz, G. E.）　92
シーガル（Seagal, J. D.）　88, 143, 144
セリグマン（Seligman, M. E. P.）　236
シャクター＝シャロミ（Shachter-Shalomi, Z.）　257
シサータン（Sithartan, T.）　230
スマート（Smart, L.）　141, 147
スミス（Smyth, J. M.）　12, 31, 43, 85, 88, 89, 104, 122, 162, 185, 197, 199, 200, 212, 229, 241
ソーグ（Sorg, B. A.）　142
スペラ（Spera, S.）　197

スピーゲル（Spiegel, D.） 37
スピルバーガー（Spielberger, C. D.） 19, 20
スタントン（Stanton, A. L.） 8, 10, 45, 102
ストーン（Stone, A. A.） 163
ストーン（Stone, L.） 288
サリヴァン（Sullivan, M. J. L.） 89
サルス（Suls, J.） 20
スウァンボン（Swanbon, T.） 110

● T

テイラー（Taylor, G. J.） 83
トラックス（Truax, P.） 225, 227

● U

ウルリッチ（Ullrich, P. M.） 11

● V

ヴァン＝デン＝ホウト（Van den Hout, M.） 231
ヴァン＝ツーレン（Van Zuuren, F. J.） 231
ヴィゴツキー（Vygotsky, L. S.） 70

● W

ウォーカー（Walker, B. L.） 39, 45, 46
ワトソン（Watson, J. C.） 76, 77, 79, 83, 92
ワトソン（Watson, J. P.） 103
ウェグナー（Wegner, D. M.） 141, 142, 147, 156
ワインバーガー（Weinberger, D. A.） 79, 80, 82
ホイットニー（Whitney, P.） 142

事項索引

●あ
アイデンティティの発達　56
アレキシサイミア（失感情症）　75, 83, 109
アンガー・アウト　19
アンガー・イン　19

●い
怒り　19, 263
痛みなくして改善なし（no pain, no gain）　122
意図的抑制　77
因果思考　47
インターネット　12, 202
インテラピー　219
インフォームド・コンセント　244

●え
遠隔筆記　235

●お
オランダ精神病スクリーニング法（SDPD）　222

●か
外傷後ストレス　211
外傷後ストレス障害（PTSD）　88, 173, 182
解除反応理論　3
回避志向型対処　36
架空の語り　60
家族の表出性　34
語りの体制化　22
語り療法　3
カタルシス　34, 173
学校　53
葛藤・回避型性格　33
可能自己　10, 125
癌　31, 253, 260
癌患者　8
冠動脈心疾患　8

●き
逆説的効果　22
QOL調査票C30　261

●け
血圧　19
言語学的指標　54
言語学的モデル　173
建設的怒り行動−言語化　21

●こ
効果研究　194
効果サイズ　31, 212, 225, 241
高血圧　17
高血圧症　17
高血圧パーソナリティ　25
構造化された筆記課題　12
構造化筆記法　211
行動的要素　98
行動療法　90
子ども　8
コミュニティ　260
コルチゾール　149
コレッテ＝レスター死の恐怖尺度　261
コンピュータ媒介療法　219

●さ
サイトカイン　166
サイバネティク理論　10
催眠療法　37
サポートグループ　267
サラソン認知干渉質問紙　134

●し
刺激に関連した馴化　103
自己概念　110
自己効力感　110
自己制御（理論）　54, 118
自己調節　10
自己直面　212
自己呈示　55
自己表象　56
指示遵守　203
私的身体意識テスト　134
自伝の語り　60
自伝的記憶　139
死の受容　263
死別　122

死への諸段階モデル　263
社会的アイデンティティ　8
社会的葛藤モデル　20
社会的関係　63
社会的共有　218
社会的スキル　60
社会的スティグマ　204
社会的望ましさ尺度　79
シャピロ・コントロール目録　261
集団療法　12
首尾一貫性　280
症状チェックリスト 90（SCL-90）　214
情動経験　19
情動処理　279
情動処理型対処　35
情動調整　99
情動調整理論　10
情動の馴化　100
情動の非表出　19
情動表出　17
情動表出型対処　35
情動抑制　18
自律神経系　9
神経心理学　283
神経内分泌系　155
心身医学　18
心身医学モデル　19
心身相関現象　284
人生終末期　253
人生の意味　125
人生の修繕課題　258
身体表現性解離質問紙（SDQ-5）　222
心的外傷後成長目録　261
侵入的思考　104

●す

スクリーニング　221
スティグマ（烙印づけ）　65
ストレス・ホルモン　180
ストレス・マネジメント法　36

●せ

生活経験尺度　134
精神分析理論　26
精神力動論　56
成長　124
生理学的要素　98
前頭葉　236

●そ

喪失　148
想像上のトラウマ　105, 121
ソーシャルサポート　35

●た

体験尺度　174
体験の要素　98
体験モデル　173
対人スクリプト　57
対人ストレス　53
対人相互作用　287
タイプC性格　32
単語数計測プログラム（LIWC）　121, 145

●ち

注意　100
注意資源　134
注意（の）配分　111, 147
中枢神経系　155
治療効果　4, 196

●て

TAS-20　83
手紙　218
敵意－攻撃モデル　20
出来事インパクト尺度（IES）　214
徹底操作　175

●と

統制可能性　35
特性の反芻者　22
特性不安　143

●な

ナチュラル・キラー（NK）細胞　158

●に

日記　176, 288
日誌法　5
認知行動療法　37
認知心理学　283
認知的再体制化　25
認知的再評価　213
認知的資源　142
認知的統合　4

●ね

ネガティブ情動語　145

●は
パーソナリティ　286
暴露療法　103
発達心理学　10
反省的怒り対処者　20
反応に関連した馴化　103
反応の意識的知覚　76
反応のラベルづけ　76

●ひ
悲観主義傾向　48
悲嘆　172, 211
筆記パラダイム　278
筆記様式　285
皮肉過程理論　141
否認・抑圧対処様式　33
表現療法　3, 255
費用対効果　205, 240

●ふ
ブラッドバーン・ポジティブ情緒尺度　261
フロー経験　129
プロトコル　212

●ほ
暴力防止プログラム　53
暴力予防介入　9
ポジティブ情動語　44, 145

●み
ミロン行動健康尺度　80

●む
無意識　266

●め
メタ分析　31, 37, 46, 163, 241
免疫機能　178
免疫系　155

●も
目標指向行動　10

●ゆ
ユング派　254

●よ
抑圧的対処　76
抑制パーソナリティ　77

●ら
ライフ幸福感尺度　261
ライフストーリー　117
ライフレビュー　257
楽観主義傾向　47

●り
リバウンド効果　157
リラクゼーション療法　13
臨床試験　193
臨床的有効性　12
倫理的遺書　258

●る
類推課題　134

●わ
ワーキング・メモリ　11
ワークブック　12, 235
ワインバーガー適応尺度　80

原書の編集者について

ステファン・J・レポーレ博士

コロンビア大学心理学教授。1991年にカリフォルニア大学アーヴィン校で博士号を取得した後，対人関係，ストレス対処過程，行動的介入がストレスから個人を防御しうるのかに注目しながら，ストレスが心身健康に及ぼす影響について研究を行っている。国立科学研究基金と国立衛生研究所の助成を得て行われてきた彼の研究は，多数の科学雑誌と本に発表されてきた。彼の優れた研究成果に対して行動医学会とアメリカ心理学会健康心理学部門（第38部門）から表彰された。

ジョシュア・M・スミス博士

シラキュース大学心理学科教授。ヴァッサーカレッジで認知科学の学士号を取得し，ニューヨーク州立大学ストーニーブルック校で健康心理学の博士号を取得した。彼の研究の興味は，ストレスと対処過程，特にストレスフルな経験やトラウマティックな経験に関する心理学的介入法の開発と応用や精神内分泌学，健康の成りゆきについての探究である。フェッツァー研究所と国立衛生研究所の助成を得て行われた感情表現筆記法の健康効果に関する研究は，一級の医学雑誌と心理学雑誌に発表された。スミス博士は優れた研究成果によってアメリカ心理学会，行動医学会，アメリカ心身医学会から表彰され，その他各種の優れた研究・教育・臨床活動を表彰されてきた。

●……監訳者一覧 ……………………………………………………………………………………

余語真夫（よご・まさお）

1966年　愛知県名古屋市に生まれる
1989年　同志社大学文学部文化学科心理学専攻
1992年　同志社大学大学院文学研究科心理学専攻博士課程後期課程退学
1995-96年 同志社大学在外研究員（サザン・メソジスト大学心理学科 J.W. ペネベーカー研究室）
現　在　同志社大学文学部心理学科助教授
専門領域：感情心理学・臨床社会心理学・健康心理学
研究課題：トラウマ体験の個人内処理過程と集団処理過程の研究，筆記療法の基礎研究
主著・論文
　　顔と心―顔の心理学入門―（分担執筆）　サイエンス社　1993年
　　被服と化粧の社会心理学―人はなぜ装うのか―（分担執筆）　北大路書房　1996年
　　オープニングアップ―秘密の告白と心身の健康―（監訳）　北大路書房　2000年
　　化粧行動の社会心理学（分担執筆）　北大路書房　2001年
　　健康心理アセスメント概論（分担執筆）　実務教育出版　2003年
　　The Cognitive, emotional and social impacts of the September 11th attacks: Group differences in memory for the reception context and the determinants of flashbulb memory. *The Journal of General Psychology*, 131, 197-224.（共著）　2004年

佐藤健二（さとう・けんじ）

1969年　神奈川県に生まれる
1999年　早稲田大学大学院人間科学研究科博士後期課程単位取得退学
現　在　徳島大学大学院人間・自然環境研究科助教授・博士（人間科学）
専門領域：臨床社会心理学・認知行動療法
研究課題：トラウマの開示が心身の健康に及ぼす効果―臨床心理学的観点から―
主著・論文
　　不安症の時代（分担執筆）　日本評論社　1997年
　　PTSD―人は傷つくとどうなるか―（分担執筆）　日本評論社　2001年
　　はじめての臨床社会心理学（共編著）　有斐閣　2004年
　　臨床社会心理学への展望（共著）　カウンセリング研究, 33巻, 69-81. 2001年
　　外傷体験の開示と外傷体験による苦痛および身体徴候の関連（共著）　カウンセリング研究, 34巻, 1-8. 2001年

河野和明（かわの・かずあき）

1964年　新潟県に生まれる
1992年　名古屋大学大学院文学研究科博士後期課程単位満了
現　在　東海学園大学人文学部助教授・博士（心理学）
専門領域：感情心理学・動物行動学
研究課題：否定的情動の言語化抑制・攻撃行動および攻撃性の機能論的分析
主著・論文
　　Effects of isolation on aggression in the domesticated house musk shrew (*Suncus murinus*). *Journal of Ethology*,14(1), p.77-81, 1996年
　　住まいとこころの健康―環境心理学からみた住み方の工夫―（共著）　ブレーン出版　1997年
　　自己隠蔽尺度 (Self-Concealment Scale)・刺激希求尺度・自覚的身体症状の関係　実験社会心理学研究, 40巻2号, p.115-121. 2001年

大平英樹（おおひら・ひでき）

1962 年	岐阜県に生まれる
1984 年	東京大学文学部社会心理学専修　卒業
1990 年	東京大学大学院社会学研究科社会心理学専攻　満期退学
現　在	名古屋大学大学院環境学研究科助教授・博士（医学）

専門領域：生理心理学・認知心理学・神経科学
研究課題：感情と認知の生理心理学・神経科学的研究
主著・論文：
　社会的認知の心理学―社会を描く心のはたらき―（共著）　ナカニシヤ出版　2001 年
　社会的認知研究のパースペクティブ（共著）　培風館　2004 年
　Functional association of the amygdala and ventral prefrontal cortex during cognitive evaluation of facial expressions primed by masked angry faces: An event related fMRI study. Neuroimage. *Neuroimage*, 21, 352-363.（共著）　2004 年
　感情制御の神経基盤―腹側前頭前野による扁桃体活動のコントロール―　心理学評論　2004 年（印刷中）

湯川進太郎（ゆかわ・しんたろう）

1971 年	愛知県名古屋市に生まれる
1994 年	早稲田大学第一文学部哲学科心理学専修卒業
1999 年	筑波大学大学院博士課程心理学研究科修了
現　在	筑波大学大学院人間総合科学研究科講師・博士（心理学）

専門領域：臨床社会心理学
研究課題：攻撃や怒りのメカニズムおよび制御に関する心理学的研究
主著・論文：
　心理尺度集Ⅰ：人間と社会のつながりをとらえる（分担執筆）　サイエンス社　2001 年
　攻撃性の行動科学―発達・教育編―（分担執筆）　ナカニシヤ出版　2002 年
　メディアと人間の発達（分担執筆）　学文社　2002 年
　攻撃の心理学（共編訳）　北大路書房　2004 年
　はじめての臨床社会心理学（分担執筆）　有斐閣　2004 年
　Focus on Aggression Research（分担執筆）　Nova Science Publishers.　2004 年

●…訳者一覧（執筆順　＊は監訳者）…………………………………………………●

＊余語　真夫	（同志社大学文学部心理学科）	1 章
＊湯川進太郎	（筑波大学大学院人間総合科学研究科）	2 章
余語　暁子	（医療法人余語興風会余語女性と子どものクリニック）	3 章
東谷サト子	（鳴門教育大学大学院学校教育専攻）	4 章
佐藤　　徳	（東京大学大学院総合文化研究科）	5 章
大澤　香織	（北海道医療大学大学院看護福祉学研究科）	6 章
木村　　晴	（東京大学大学院教育学研究科）	7 章
＊河野　和明	（東海学園大学人文学部）	8 章
＊大平　英樹	（名古屋大学大学院環境学研究科）	9 章
藤原　修治	（同志社大学大学院文学研究科）	10 章
伊藤　義徳	（早稲田大学人間科学部）	11 章
＊佐藤　健二	（徳島大学大学院人間・自然科学研究科）	12 章
高木　静香	（医療法人悟賛会ひだ神経科）	13 章
平井　麻紀	（大阪大学大学院人間科学研究科）	14 章
尾上　恵子	（一宮女子短期大学）	エピローグ

筆 記 療 法
―トラウマやストレスの筆記による心身健康の増進法―

| 2004年9月1日 | 初版第1刷印刷 | 定価はカバーに表示 |
| 2004年9月10日 | 初版第1刷発行 | してあります。 |

<table>
<tr><td>編 著 者</td><td colspan="3">ステファン・J・レポーレ
ジョシュア・M・スミス</td></tr>
<tr><td>監 訳 者</td><td>余 語</td><td>真</td><td>夫</td></tr>
<tr><td></td><td>佐 藤</td><td>健</td><td>二</td></tr>
<tr><td></td><td>河 野</td><td>和</td><td>明</td></tr>
<tr><td></td><td>大 平</td><td>英</td><td>樹</td></tr>
<tr><td></td><td>湯 川</td><td>進 太</td><td>郎</td></tr>
<tr><td>発 行 者</td><td colspan="3">小　森　公　明</td></tr>
<tr><td>発 行 所</td><td colspan="3">㈱北　大　路　書　房</td></tr>
</table>

〒603-8303　京都市北区紫野十二坊町12-8
電 話　(075) 431-0361 ㈹
F A X　(075) 431-9393
振 替　01050-4-2083

ⓒ 2004　制作／T.M.H.　印刷・製本／亜細亜印刷㈱
検印省略　落丁・乱丁本はお取り替えいたします。
ISBN4-7628-2398-8　　Printed in Japan